U0142473

公法系列

# 行政程序法論
## ——兼論聽證與公聽會制度

羅傳賢 著

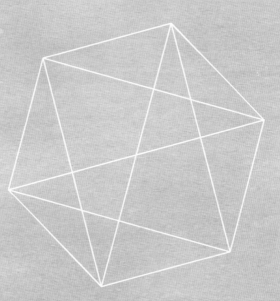

五南圖書出版公司 印行

# 五版序

　　行政程序法為貫徹諮商民主的理念，設計了資訊公開、聽證及陳述意見制度，自施行以來雖已屆十六年，但聽證及公聽會制度對朝野而言仍是陌生的舶來品，能夠清楚分辨或落實者不多，決策品質備受訾議，陳抗事件頻傳，值得重視改善。

　　美國哈佛大學政治哲學丹尼爾教授曾在中研院法律所舉辦的一項研討會中表示：在民主多元社會裡，各個目標間常有衝突，若先定下目標，通常只是引發爭議，而非達成共識。所謂「終極完美的制度」可能根本不存在，所以公正的程序才是改革的解答。

　　民生議題難免牽涉科學理性及公共利益的爭議，由於社會價值具有相對性，世人無法以科學方法，就政治或社會上不同的理念，精確判定何者才是真理。此外，公共利益具有多元性及變動性，其實質內涵並非公共對手任何一方的參與者能夠片面決定。因此，科學判斷及界定公共利益的最佳方法，就是透過嚴謹的程序，在資訊公開及賦予公平公開參與及溝通下，經過論爭過程，不斷地予以質疑和修正。因此，公聽會就成為現代政府給予平等對話及調和利益的最佳機制。

　　再者，在行政機關作成限制或剝奪人民自由或權利之行政處分前，舉辦聽證毋寧是強化行政決定的正當性基礎，可增進人民對行政的信賴，並預免事後救濟勞費與損害之難以回復的一種極重要事前程序。

　　基此，本書第五版特增列第八章「行政聽證與公聽會之舉行」，並附錄內政部舉行聽證及台北市政府公聽會有關法令，藉供參考，並期待讀者能夠有正確的認知，進而監督行政決策者妥善合理的運用。

羅傳賢 謹識

2017年8月

# 自　序

　　如果人的一生從搖籃到墳墓被無所不管才成為社會的話，我們幾乎受到行政法規及行政權的監管。難怪美國前聯邦最高法院大法官克拉克（J. H. Clarke）早於五十年代即先知先覺地宣稱：「行政程序法是目前及可預見未來，在法律領域中最重要的法律。」

　　我國為順應世界法治國家的主流趨勢，經行政法學界無數專家學者積極的參與及協助，立法院終於民國88年1月制定完成行政程序法，為我國開放政府及行政民主化奠定了堅強的基礎，相信其對國民權利的保護、公共參與的增進、及對政府專制濫權的防止，將發揮巨大的影響。

　　當然，我們仍應注意者，乃政府依正當法律程序為建立法治社會的要件，而公務人員的民主行政理念尤為遵守正當法律程序最具關鍵的環節。因此，為落實執行本法，並積極迎頭趕上歐美，當前最迫切的課題，就是加強教育宣導及灌輸公務人員對本法的認知。

　　本書大體上係融合拙作「行政程序法基礎理論」，及立法院議案關係文書中立法理由部分，重新整理編撰而成，俾供一般公務人員、研習行政程序法者、及有興趣入門的社會人士參考。

　　編撰期間，多承吾師司法院城副院長仲模不時給予關心與鼓勵，並提供寶貴資料，獲益良多，衷心感銘，特此致謝。

**羅傳賢** 謹識
於立法院法制局

目 錄 | CONTENTS

# 第一編 緒 論

## 第二篇　本　論

第一編

# 緒　論

# 第一章 ｜ 行政程序法之概念

## 第一節　行政程序法之意義

　　行政程序法（Administrative Procedure Act），指行政機關行使公權力之程序所為規範之通則性法律。是二十世紀，尤其是第二次世界大戰後民主國家所新發展的法律，各國規定的範圍並不相同，有的包羅很廣，有的涵蓋較狹，所以很難為劃一明確的定義[1]。行政法學者有從最廣義著眼，認為行政程序法包括一切行政權行使之程序，舉凡行政機關內部作業及對外發號施令之各種程序，莫不在內。亦有從廣義著眼，認為行政程序法，是指所謂「對外行政法」之程序而言，亦即行政權行使涉及人民權利之程序，主要包括行政立法、行政處分、行政契約、行政計畫等。此外，亦有猶囿於程序法即訴訟法的觀點，從狹義著想，謂行政程序法，僅為關於行政爭訟的法規者而言。惟從廣義方面著想者較為普遍[2]。

　　依前述界說，可知行政程序法的涵義相當廣，茲分為下列數點詳加剖析：

### 一、行政程序法是行政機關所適用的程序規範

　　依照權力分立的原理，行政機關是對於立法機關、司法機關而言的，行政程序，既為規定行政機關行為程序的法規，故規定立法機關立法行為程序的法規，如立法院職權行使法、議事規則；規定司法機關司法行

---

1　林紀東、張劍寒、翁岳生、古登美合著，各國行政程序法比較研究（台北：行政院研考會，1994年7月），頁3。按日本所謂「行政手續法」與本文之「行政程序法」二者所指意義與內容相同。

2　同前註。

為程序的法規，如民刑訴訟法、行政訴訟法都不是行政程序法[3]。

## 二、行政程序法是指行政機關行使公權力或代表國家作意思表示時，所遵循之程序規範

所謂公權力之行使，可能作單方行為亦可為雙方行為，可作具體行為亦可作抽象行為，可作法律行為亦可作事實行為。因此，公權力之行使，就行政程序法之學理觀點言，包括行政調查、行政處分、行政立法、行政計畫、行政契約、行政指導等行為。若行政機關非行使公權力，而立於準私人地位所作之行為，如經營企業、管理財產、簽訂私法契約等，縱使有程序規範可循，亦不得稱為行政程序法。

## 三、行政程序法是規定行政機關所為之事前行政手續之規定

以適用時間先後為標準，行政程序法可區分為事前與事後行政程序法，前者指為行政行為之時，尤其是為侵害人民權益之時，為求其公正妥當起見，先要正確把握為前提的事實，故先將處分或計畫公示，聽取相對人或利害關係人的意見，事先把利害關係調整，然後為具體的處分或執行第一次行政處分或行政立法程序等。而後者指為行政行為，而發生效力之後，認為有違法或不當者，提起聲明異議、訴願、行政訴訟之時，而為處理、裁決等手續，以為事後救濟而言[4]。然本文所謂行政程序法，是指行政機關所為各種行政行為時事前須遵循之方式、步驟及過程，並不包括事後救濟及司法審查在內。

## 四、行政程序法是規定行政機關所為之外部行政手續之規定

行政程序法以適用對象為標準，可分為內部的、外部的行政程序法。行政組織內部，基於上下行政機關的監督關係，所為的訓令通報；或對等行政機關相互牽制為目的所為之程序規制，是為內部的行政程序

---

[3] 　張劍寒，「行政程序法之內容及範圍」，憲政思潮，第31期（1975年7月），頁186。

[4] 　陳新民，行政法學總論（台北：自印本，2015年9月），頁299。

法[5]。而行政機關以調整公益和私益為目的，為保護相對人或利害關係人的利益，而建立的規制，是為外部的行政程序法，本文所討論者，為保護人民權利為主之外部程序，故不包括內部的行政程序法。

### 五、行政程序法是規定行政程序基本的通則

行政法包含實體法與程序法。實體法，是規定權利義務本體的法律，而程序法，是規定運用權利義務手續的法律。因行政程序法係規定行政程序的法規，並非規定權利義務之本體，故與行政實體法有別，亦即行政實體法是目的，而行政程序法是手段。此外，行政程序法一語，有形式和實質二種意義，形式意義的行政程序法，是指題名為行政程序法之法典而言，實質意義的行政程序法，則兼指各種規定行政程序的法規而言，我國目前已制定行政程序法，故本文第二編本論所討論之行政程序法，係以1999年立法制定之「行政程序法」為限。

## 第二節　程序正義與行政程序法

### 第一項　程序之概念

#### 一、程序之意義

「程序」（Procedure）是處理事件的過程及手續。由於程序先於權利（process before rights），正義先於真實（justice before truth）[6]，故從控制權力的角度言，程序是為實現某一實體權利而透過系列活動、步驟及流程的設定，俾對於決定的作成予以一定程度的控制[7]。惟如從法學角度而言，程序乃為實現某一實體權利或發生某一效果，所從事多數法律行為

---

[5] 林紀東等著，前揭書，頁7。

[6] 來自英國法諺語，亦是英國人普遍相信之道理。

[7] 李建良，「法律制度與社會控制」，收錄於林繼文主編，政治制度（中央研究院中山人文社會科學研究所，2000年4月），頁55。

的過程、方法和關係。過程是時間概念，方法和關係是空間概念，程序就是法定的時間和空間要素所構成的一個統合體[8]。

## 二、程序之價值

再者，程序具有二重性，即工具屬性和目的屬性，故程序價值可分爲工具性和目的性二種，分述如下：

### （一）程序之工具性價值

程序是實現一定結果或目的之手段或工具，亦即具有中性工具的價值，就如同篩子一樣，經它篩選的結果，均得其平。同時，程序也使政府與人民建立正式關係，並對公正的結果具有促進和保障作用，故也稱爲程序之外在價值[9]。

### （二）程序之目的性價值

程序不僅是實現實體公正的工具或手段，它本身也是目的，這種目的又通過某些需要表現出來，滿足這些需要而形成的價值就是程序之目的性價值，也稱內在價值。程序內在價值主要體現在下述三個方面[10]：

#### 1. 確保程序參與者之主體性

公正程序是對參與者權利的保障和對國家權力的限制，通過公正的程序，當事人在一定程度上可以避免成爲他人或國家用以實現某種外在目的的工具或手段，而成爲具獨立自主意志的主體。

#### 2. 確保程序參與者之平等性

公正的程序能確保所有的程序參與者受到平等的對待。一般而言，受到平等對待的要求，乃是源於人類希望受到尊重的願望。

#### 3. 確保程序參與者之參與性

參與往往意味著公民能夠自主地主宰自己的命運，通過確保程序參與者充分參與程序，並有助於當事人各方從心理上對裁決結果表示服從和確

---

[8]　孫笑俠，法的現象與觀念（濟南：山東人民出版社，2001年4月），頁148。

[9]　蔡長材，程序公正理論與實務之研究（台北：司法院，2000年11月），頁60。

[10]　同前註，頁57至59。

認，即使這個裁決結果對其不利，但最終仍會喚起社會大眾對國家法定制度的認同感，及尊重國家法定制度的威信或權威，從而促使形成一種良好法治秩序。

## 三、程序之特徵

至於現代法治社會，正當程序所具有的基本特徵，經歸納學者見解，則有如下五點：

### （一）專業分工

政府運作須把握職有專司、人有專責、權責分明、指揮靈活等原則，這些職能分工及專業化原則都依靠程序理性來加以實現，即能使專業訓練和經驗豐富之程序主導者作出合理的判斷。

### （二）意見溝通

溝通是程序正當性基礎[11]，故程序將意見溝通制度化，意即使當事人有權利進行意見陳述、辯論和說服，並且是直接參與，平等對話的，以達到集思廣益、促進理性決定的效果。

### （三）預期公平

程序是透過機會的公平和直觀的公正，來間接支持結果的妥當性。裁決結果是否客觀真實，往往是難以檢驗的，因此，只好由平等對待來滿足人們對公正的信賴心理，進而支持結果的妥當性。

### （四）防止恣意

程序是約束、克制公務員的方法，其對立物是恣意，故正當程序要求決定者有意識地暫時忘卻，或阻隔過早考慮真正關心的實質性問題，並按部就班地進行，以防止恣意和武斷。其次，程序是為了結果在未知狀態下可以使各種觀點和方案得到充分考慮，實現優化選擇。

---

11 洪鎌德，法律社會學（台北：揚智文化事業公司，2001年12月），頁320。所謂「正當性」就社會學之意義，指在一定的容忍範圍，對待決定事項，一般願意接受之情況。

## （五）形式理性

理性決定建立在超越具體問題的合理性之上，程序中排除了一切意氣用事及所有喜怒哀樂的情緒，通過形式性、儀式性或象徵性的方法活動，以符合人們對結果有客觀、合理及可行性的期待[12]。故理性而公正的程序是行政活動結果正當化的主要途徑。

## 四、程序之優先性

程序優先性是程序正義的首要價值，是一種道德，道德觀念越高，執行或主導程序者則越忠實貫徹，如輕忽它而不幸造成程序疏失，則不僅有釀成爭端之虞，嚴重者甚至造成民主的障礙。司法院大法官為停止興建核能四廠釋憲案作成釋字第520號之解釋理由中首次揭示「蓋基於法治國原則，縱令實質正當亦不可取代程序合法」此即宣示「程序優先」（procedural primay）在行政程序上之重要性。

因為人們常在行動中，特別是爭議中，想要實現或趨近真正的實質正義。但是，真正的實質正義為何，卻常難以確認，雖然許多人或群都可能片面主張所謂實質的正義，但卻往往只是主觀或直觀式的認定，結果各自所認定的實質正義卻未必相同，彼此更未必同意或相信他人所宣稱的正義。特別是在爭議或衝突的雙方或各方，更難獲致關於實質正義的共識，甚至即使一群人對於正義有共識，從其他觀點或立場來看，卻也未必就是正義。往往爭議到最後，還是得由掌握權力者說了算。而為了跳脫難以確認實質正義為何的窘境，也就必須先尋找程序共識，藉由較有共識的程序來確保實現或趨近真正的實質正義。從而就有了「程序優先」的原則。人們希冀藉由這種操作原則，通過比較能先有共識的程序來朝向實現或趨近實質正義[13]。

---

12  孫笑俠，前揭書，頁149。

13  http://blog.udn.com/chiag/9774253（最後瀏覽日期：2017.05.09）。

## 第二項　程序正義之緣起

### 一、程序正義理論產生之背景

正義是一種確定和永恆的目標，它將使每一個人都得到他自己需要、該得的東西及獲得平等對待的權利，並用作評價社會制度的一種道德標準[14]。而「程序正義」（procedural justice）這個概念和實體正義是相對稱的[15]，係指一種監督和通過程序過程的公正、公平及合理，俾實現正義的價值。程序正義能成為核心的理論體系是由英國「自然正義」（natural justice）和美國「正當法律程序」（due process of law）淵源而來，其並不是因行政程序法的產生和發展而形成的。但是，它與行政程序法的產生和發展有著非常密切的關係，除受行政程序法發展的影響外，並進而推動行政程序法的發展。

程序正義理論的代表人物是美國政治哲學家，曾任哈佛大學教授的約翰羅爾斯（John Rawls），他關於程序正義理論的代表著作是《正義論》（A Theory of Justice），亦即程序正義理論是他的正義論中的一部分。這部著作正式出版的時間是1971年，在此之前，美國聯邦行政程序法業於1946年公布施行，繼而，西班牙於1958年、瑞士於1968年也已公布施行了行政程序法；日本於1964年、西德於1976年制定了行政程序法。顯然，約翰羅爾斯的正義論並不是行政程序法產生的原因，但是，絕不能因此否定正義理論與行政程序法實踐的密切關係。首先，約翰羅爾斯的程序正義論受到行政程序法實踐的重大影響。先有實踐而後有系統的理論，這是歷史發展的常見現象。其次，約翰羅爾斯的程序正義論是對在他之前許多理論家的程序正義論的一次系統的探索和進一步闡述[16]。

---

[14] P. P. Craig, Public Law and Democracy in the United States of America (Oxford, Clarendon Press, 2008) p. 251.

[15] 實體正義，指機關應當準確認定事實，正確適用法律，使處理結論與案件的事實情節相適應。

[16] 應松年，行政程序法立法研究（北京：中國法制出版社，2001年3月），頁115。

## 二、程序正義之基本類型

　　約翰羅爾斯在正義論中闡述正義的對象是社會的基本結構，即用來分配公民的基本權利和義務，劃分由社會合作產生的利益和負擔的主要制度[17]，此外，並將程序正義分為如下三種[18]：

### （一）第一種是「純粹的程序正義」（pure procedural justice）

　　此理論純粹從程序規則來斷定是否正義，指只要嚴格遵守其程序規則，得到什麼樣的結果，均被視為合乎正義。亦即是否合乎正義就取決於是否遵守程序規則，而不取決於結果，例如賭博遊戲、彩券、抽籤之方式，無遊戲規則之競爭，只要賭博規則不偏不倚並被所有參與者嚴格遵守，則無論結果如何都被認為是公正的。

### （二）第二種是「完善的程序正義」（perfect procedural justice）

　　此理論認為正義之標準，須由結果及程序規則兩方一起來探討，即指程序不是獲得公正結果的唯一要件，此外，仍要看結果，也就是說結果的公正另有獨立的判斷標準，但是正義的程序總是能夠導致公正的結果，例如切分蛋糕，須完全均等地分給數人的場合，達到均分的結果才合乎正義。

### （三）第三種是「不完善的程序正義」（imperfect procedural justice）

　　是指滿足程序規則並不必然地導致正當的結果，亦即百分之百滿足這個結果得以實現的程序並不存在，但是，只有遵守程序規則才能獲得公正結果的可能性會增加到最大，例如醫師、科學家，他們常在試行錯誤中修正其診斷、判斷，而找出可以信賴的程序標準。又如刑事審判，合理的審判程序是獲得公正審判結果的必要條件，但是，無論程序要件如何完備，也不能完全避免誤判或冤獄。

　　羅爾斯認為，以上程序正義的三種基本類型在各自範圍內都是符合正

---

[17]　P. P. Craig. op cit., p. 251.

[18]　John Rawls著，黃丘隆譯，正義論（A Theory of Justice）（台北：結構群文化事業公司，1990年2月），頁82。

義的，但爲了彌補不完善正義場合不能確保正當結果的問題，便需要借助
於程序正義的正當作用，以程序進一步矯正結果，於是追加一種所謂半純
粹的程序，例如陪審制度、當事人主義的參與保障措施等[19]，這是一種法
律擬制，表現在行政程序領域，即爲行政程序法。

## 第三項　程序正義理論之內涵

程序正義爲程序應用於社會制度時的正當，也是一種形式正義。經歸
納學者之研究，程序正義理論包含如下三項內涵：

### 一、程序正義具有獨立之價值

程序正義不僅是實現實體正義的手段，而且它本身也是人們追求的
目的，即程序正義具有獨立的價值。換言之，程序正義作爲實現實體正義
的手段和工具的同時，也是保障和體現獨立於實體的程序「過程價值」
（process value）的機制，這些價值專指通過程序本身而不是通過結果所
體現出來的價值標準，諸如當事人對程序的參與、程序所體現出來的理
性、公正、人道、對人性尊嚴的尊重等，就是用來對法律程序本身進行獨
立價值評價的程序價值[20]。

程序所蘊含的這些價值固然也有助於正確和公正的實體結果的形
成，但程序自身的正當性和公正性並不由它所產生的實體結果來證明，而
取決於程序本身是否符合正義的基本要求。

申言之，程序自身所具有的這種相對獨立的價值，一方面意味著在一
個過程中體現了「看得見的正義」；另一方面，在一定程序上其並不取決
於通過該程序而產生的實體結果如何，恰好相反，程序正義可以爲實體結
果提供正當化的依據[21]。

---

[19] 張文顯、李步雲主編，法理學論叢（北京：法律出版社，2000年12月），頁362。

[20] 王萬華，行政程序法研究（北京：中國法制出版社：2000年11月），頁59。

[21] 應松年，前揭書，頁19。

## 二、法治所指的正義主要是程序正義

　　追求正義的實現，是法治的一首要理想。正義所蘊含的公平、公正、公道、平等、權利等價值內涵，是民主社會中所有價值體系追求的最高目標。法律作爲一種最具權威性的價值體系和規範體系，自然也應將正義作爲自己最終的理想目標。這種正義，其核心內涵應該是：每個人類社會的成員都應得到與其狀況和行爲相適應的、合理的、平等的、公正的對待等[22]。法律的任務，則旨在通過發揮自己的功能，促使這一理想目標的實現。既然正義是法治的一個首要的和最高的理想目標，那麼，作爲集實現法治理想目標的重要途徑、方式、手段於一體的理想的法律模式，則當然要將正義要素作爲其建構的重要內容要件，具體地規定、體現和包容在法律體系的創制之中。

　　在法律體系中，程序是法治的核心。對於政府權力而言，這意味在法治狀態下，靜態的政府權力受到法律的邊際約束；動態的政府權力受到法律的控制，政府權力的行使必須遵守法律，避免恣意和專斷。因此，沒有程序，法治的理念和要求無法轉化爲法治規範；沒有程序，法治的規範和原則無法轉化爲法治現實[23]。簡言之，法律的正義惟有通過公正的程序才能得到體現，才能成爲「看得見的正義」；法律正義惟有通過有效程序才能及時得到體現，才不至於成爲可望而不可及，或「遲來的正義」（lagging justice）[24]。

## 三、程序正義是實體正義之必要條件

　　實體正義是指某種結果或狀態是否符合正義的原則或標準，程序正義則是指這種結果或狀態的產生過程是否符合正義，其本質要求是公平（fairness）。但是，二者又是緊密聯繫的而且相互依存的，程序正義是實體正義的必要條件，如果程序不公正，則法律活動的結果或狀態也不會

---

[22]　劉作翔，邁向民主與法治的國度（濟南：山東人民出版社，2005年1月），頁73。

[23]　應松年，前揭書，頁15。

[24]　同前註。

具有公正性[25]。此外，實體正義只有通過程序正義才能展示出來。因為，程序能夠排斥恣意並不排斥選擇，從而使選擇有序化，在這樣的保障和控制下，實體正義才有實現的可能。

申言之，程序正義能夠在以下四個方面保障選擇合理性[26]：

（一）程序結構的嚴謹性要求程序的主導者經過專業訓練並有經驗，使程序主導者的行為合理化、規範化。

（二）程序過程的公開性使得選擇過程即使出現錯誤也容易被發現和糾正。

（三）程序對證據資料的依賴性和當事人之間進行自由對話的溝通使有關的各種事實、觀點和方案得到呈現和充分考慮。

（四）程序通過預期結果的不確定性和實際結果的拘束力這兩種因素的作用，能夠充分地激勵程序參加者參與的積極性，並導引以交涉溝通來促進選擇的合理化。

因此，可以說實體正義與程序正義的關係是目的與手段的關係，程序正義是手段，後者服務於前者，如無前述程序正義所發揮的作用，實體正義是無法保障的。

## 第四項　程序正義對行政程序的基本要求

程序正義對行政程序的基本要求，可以歸納為程序中立、程序公正、程序理性、及程序經濟四方面，如下：

### 一、程序中立

程序正義在很大程度上依據人們對程序的信任。而信任即來自於「程序中立」（procedural impartiality）。程序中立就是要求行政程序對當事人應當不偏不倚，使當事人受到同樣的對待。它包含著二方面內容：

---

[25] 同前註，頁128。

[26] 同前註，頁129。

一是對程序主持者的要求，要求程序主持者獨立，除了依法進行的調查外，不受其他對當事人有利或不利的影響；二是對程序設計的要求，要求程序設計應當公正，使當事人享有同樣的行使程序性權利的機會。程序中立的意義是顯而易見的，如果程序不中立，也就是對一方當事人有利而對另一當事人不利，或者對此一當事人有利而對那個當事人不利，那麼這程序就不可能是正義的，只有中立的程序才能夠使當事人對行政活動具有信心。

　　中立一向被視爲成功及適當程序之基礎，故公平程序最重要的一點是作決定的人必須中立，不偏祖任何一方。自從十七世紀以來，英國的司法，就有法官不得有自己個人動機之說，這項前提乃是分權觀念的基礎[27]。因爲法官獨立之參與具有正確裁判之關鍵價值。回顧美國歷史的證據顯示，中立裁決者之權利被普通法，甚至憲法創制者視爲程序正義之決定性因素，故沒有充分獨立之裁決者，絕沒有正當之程序。換言之，獨立裁決者之權利構成了正當法律程序之基礎[28]。因爲人民有受公正行政處分之基本權利，當行政機關欲剝奪人民自由或財產權利時，其認定事實及適用法律之程序必須非常公正，才能保障民權，雖然不同的情況得適用不同型態之程序，但要達到程序公正和無私，必須有中立裁決者。

## 二、程序公正

　　程序公正（procedural fairness）是指可能受到某一行政決定影響的當事人，應當有權了解作出該決定的相關資訊、反駁對自己不利的觀點、表達自己的意見。因此，程序公平被視爲是「自由的基石」（keystone of liberty）、「法律的心臟」（heart of the law）。相對人的程序性權利是否在行政程序中受到承認和保障，這是行政程序公正與否的前提標準。聽證

---

[27] Richard J. Pierce, Sidney A. Shapiro and Paul R. Verkuil, Afministrative Law and Process (New York: The Foundation Press, Inc., 2014), p. 484.

[28] Martin H. Redish and Lawrence C. Marshall, "Adjudiciatory Independence and the Values of Procedural Due Process," The Yale Iaw Journal, Vol. 95 (1986), p. 478.

權、陳述意見權、申請迴避權、受告知權等如果沒有在行政程序中受承認和保障，那麼這種行政程序就不會是公正的程序。

程序公正和程序中立很容易混淆，其實程序中立是從行政官員應當承擔義務的角度來保證程序正義的；而程序公正則是從當事人享有權利的角度來保證程序正義的。程序中立相當於英國普通法上自然正義原則中「任何人不得就自己案件當裁判官」的原則，而程序公正則是自然正義中的「被聽取意見的權利」[29]。

## 三、程序理性

現代法治社會權威之正當性的源泉是理性。理性而公正的行政程序是行政活動結果正當化（justification）的主要途徑[30]。至於理性化的決定在一定程度上依賴於程序所具有的「工具理性」（instrumental rationality）[31]及「溝通理性」（communicational rationality）。工具理性是適用於主體與客體之間，注重手段的有效性，爲完成工具與目的的關係，所需要的是經驗知識[32]。故表現在結構上主要是按照行政專業化原則來設計，因爲專業訓練和經驗的累積使角色擔當者的行爲更可能趨向於合理化；而溝通理性則適用於主體與主體之間，溝通是一種互動的方式，表現爲主體之間自由開放、不受壓制的環境中，誠意地進行討論和對話，眞誠地嘗試了解對方的觀點，以和平而理性的方式來尋求共識。

程序理性（procedural rationality），指行政程序應當是一個通過事實、證據以及程序參與者之間平等對話與理性說服的過程，而不是恣意、

---

[29] 應松年，前揭書，頁139。

[30] 同前註，頁37。

[31] 「工具理性」，指正當法律程序旨在藉程序參與將錯誤決策風險降至最低，所以重點並不在參與本身的價值，而是經由程序參與的手段確保決策正確性。亦即程序是提升決策正確性的工具。引自葉俊榮，環境行政的正當法律程序（台北：台灣大學法學叢書編輯委員會，1997年11月），頁3。

[32] 沈清松，現代哲學論衡（台北：黎明文化事業公司，1990年8月），頁380。

專斷地作出決定的過程[33]。一個通過壓制、專斷、恣意的過程而作出的決定，不但這個決定難以保證是正確的，而且這個過程本身就是不符合正義的。

申言之，以理性的要求來看，行政主體應當以合理的推理來作出決定。行政決定的過程必須是理性推論過程；正式決定中必須包括「關於所有事實、法律或紀錄所載的、通過自由裁量對實質問題的調查結果和結論，以及其理由或基礎」的說明。這就是理由的說明程序。行政決定應當有理由的說明，充分合法的決定應有最低限度的一定量的證據作為支持。理性推理是現代行政法對行政的要求從「合法性」發展到「合理性」在行政程序上的具體表現。程序合理性還要求，程序正義必須是「易獲得的」（accessible），而不是過於昂貴的奢侈品[34]。

## 四、程序經濟

程序經濟是對行政程序效率的考量。效率考量包括形式與實質意義之效率。形式意義的效率，是指決定的彈性、便利或迅速。實質意義的效率是指真正成本效益之權衡[35]。

效率與程序正義的關係是比較複雜的，在一定程度上，效率會影響程序正義，但是，如果不考慮程序的效率，同樣會影響程序正義。假如程序在公正性方面是完美的，但是利用這樣的程序卻要付出很高的經濟代價，甚至超過踐行該程序預期能夠產生的利益，那麼理性的人們將不會利用這種程序。此外，如果程序運作的成本過高，將會導致法律程序僅僅成為少數富人才能消費得起的「奢侈品」，這將導致一些人被不公正地剝奪了利用程序的權利。

因此，行政效率的考慮是否建立在合理基礎上，這也是行政程序符

---

[33] 應松年，前揭書，頁144。

[34] 同前註，頁33。

[35] 廖元豪，「從全球化法律理論檢討我國行政程序法的內容與方向」，萬國法律，第118期（2001年8月），頁11。

合程序正義與否的關鍵，在兼顧公平與效率同時，行政程序強調效率之前提包括[36]：（一）起碼是不損害相對人合法利益；實踐中行政效率需要以損害相對人利益爲代價的情形大都可以避免；（二）不違背公正的最低要求，如聽取相對人意見與利益衝突的迴避；（三）應符合當然公理，比如未經調查即實施處罰，雖然存在不損害相對人利益的可能性，但這樣做顯然是不符合當然之公理；（四）爲了提高行政效率，應當區分正式的程序與非正式程序，如果行政行爲所涉及的相對人的權益並非重大，那麼可以採取相對比較簡便的程序。

綜合前述，因爲人性是易於錯誤的，及可能因偏見或特別利益等不可捉摸的心理因素而影響判斷，故爲求客觀、理性、公正的決定起見，必須有程序法的規制，按程序法係實體法所發展出來的工具，用以創造團體意識及尊重人性尊嚴，使人民預見、預測政府行爲所受之約束調和衝突，減少裁量行爲之錯誤，而精確地實現實體法[37]。此外，基於法治國原則，縱令實質正當亦不可取代程序合法。

現代社會中，權威正當性的源泉是理性。而程序理性（procedural rationality），即如前所述，指爲制度之設計或安排時，確保允許平等參與、民意溝通、理性說服，而使人民能預見之合理標準，而不是恣意、專斷地作出決定的過程，此被公認爲係依賴實質標準獲致決定之最可靠方法，它的目標在於精確、合理地達成權威的判斷[38]，故價值民主化即是依據程序理性不斷發展而成的。並因而促使轉型民主社會容易獲得信任而成功。

換言之，民主政治理性的表現，就在於程序的理性，而民主的可貴，尤其表現在程序的正義（procedural justice）上。如果程序不夠周延

---

[36] 孫笑俠，法律對行政的控制（濟南：山東人民出版社，2000年1月），頁231。

[37] Jerry L. Mashaw, Due Process in the Administrative State (New Haven: Yale University Press, 1985), p. 105.

[38] David Lyons, Ethics and the Rule of Law (London: Cambridge University Press, 1989), p. 198.

或有違正義，就無法真正達到民主政治之目的。因此，民主社會中特別強調「程序的價值」（procedural value），而「程序的優先性」（procedural primacy）及「程序公平」（procedural fairness）[39]也成為法治極重要的原則，即在法律秩序中，程序是法治的核心。程序上的疏失與不義，不僅是釀成爭端的原因，其嚴重者甚至將造成民主的障礙。故英國梅因爵士（Sir Henry Maine）早於十九世紀時即警告說：「自由是維繫於程序的罅隙中」[40]。我國學者金耀基先生亦強調謂：「法治有其形式的一面，法律之強調適當的程序乃在突顯法治的形式理性或程序理性，不具此一理性，則不足以應付廣泛多變的情景與問題，無程序理性或形式理性，則不能有一普遍客觀的行為架構，從而此一是非，彼一是非，而行為之合法性將無以肯定」[41]。此亦即說，政府所追求正當的目的，必須以無損於目的之合理手段去實現，而不能為目的而不擇手段，因為理性的經驗知識已經確認，好的目的不是使用壞手段的理由，不正當或不合理的手段對正當合理之目的，具有毀滅性的破壞作用。而程序理性即在追求手段之合理性，由此即可見程序正義障之重要性了。

## 第五項　行政上程序保障法制之重要性

二次大戰之後，歐美人士普遍認為：「預防勝於治療」、「良好的行政優於不當行政之事後救濟」、「沒有程序保障的地方，不會有真正的權利保障」，故為確保公正的行政，完全保障國民的權利，只依靠行政實

---

[39] 「程序價值」指程序自身具有不依賴於實體，而存在的獨立價值，這些價值包括參與、人性尊嚴的尊重、公平、人道及程序理性；「程序優先」指程序先於權利；「程序公平」，平等對待是程序公平的一項原則，即複數以上的相對人在程序中應當具有同等的權益，再者，對相同情況應當作出相同的處理，否則必須說明理由。

[40] 引自羅志淵，立法程序論（台北：正中書局，1975），頁4。

[41] 金耀基，中國民主之困局與發展（台北：時報文化出版公司，1985年10月），頁77。查實質合理性基本屬於目的和後果的價值，是一種主觀的合理性；而「形式合理性」主要是一種手段和程序的可計算性，是一種客觀的合理性。

體法未必很充分。除此之外，在行政權的行使程序方面，也要加以法的規制，以強調行政手段之合理性及重視行政手段之正當性[42]，此不僅開展了行政法的領域，而且促進了民權保障。

至於「程序保障」（procedural safeguards）在行政決定方面之重要性，可歸納行政法學者之論述加以說明，茲分述如下：

## 一、可把行政機關控制在其權限範圍內

立法機關將權力授與行政機關行使，其實質標準通常是授權行政機關只有在其認為有某種事實存在，或某行動將在未來產生某特定事實之情況下，才可以行使，因此，附在這些實質標準的程序保障，提供一項手段，以約束、克制公務員，進而保證行政機關可以將其行動限制在符合這些實質標準的範圍內[43]。換言之，僅依賴實體規定無由達成「行政的民主統制」之目標，因之有必要透過程序保障以周全國民之權益保護[44]，誠如美國行政法學者勞奇（R. S. Lorch）教授所說：「程序保障能將行政權控制於公平及民主之利益下」[45]。又說：「行政程序法是一種防範行政權專擅所使用的工具」。

## 二、可以增加行政機關選擇最有效解決問題辦法之可能性

如果受行政機關行為潛在影響的各關係人，被允許以有意義的方式參與行政機關的決定過程，那麼行政機關就此較無機會根據不正確的事實作判斷，或以不完整的分析採取行動。準此，加諸於行政機關的各個額外程

---

[42] 橋木公亘，行政手續法草案（東京：有斐閣，1974年3月），頁10。

[43] Richard J. Pierce, Sidney A. Shapiro & Paul R. Verkuil, Administrative Law and Process (Mineola, New York: The Foundation Press, Inc, 2014), p. 222.

[44] 蔡茂寅，行政程序法草案之重要內容——重要之程序規定，收錄於國立台灣大學法律學系編，行政程序法草案研討會（1999年12月），頁86。

[45] Robert S. Lorch, Democratic Process and Administrative Law (Detroit: Wayne State University Press, 1980), p. 225.

序保障可以改進和提高機關決策過程之正確性[46]。簡言之，即藉由程序理性的提升來取得決策的正當性。美國行政法學者龐德（R. Pound）亦進而闡述謂：「程序保障主要具有指導和監督的功能，它的特色是客觀地防止行政官員之無知、反覆無常及腐化」[47]。由此可見，行政程序之適正化係以事前防止民權受到違法或不當侵害之方法。

## 三、可以提高行政機關的政治和公共責任

行政程序係爲防止民權因行政權錯誤所損害及達成機關行政目的二者間之平衡利益而設，故有了程序保障法制，行政行爲將被審慎地評估及考量[48]。此外，參與審查行政機關行爲是否符合實質目的或標準者，不僅是法院而已，立法部門、其他行政部門及一般大眾很多也都積極參與行政程序，如果機關行爲所依據的事實預期和推理過程，均已提供立法者、政治分析家、記者和科學家，那麼這些團體，各個都可以間接制衡行政機關裁量權之行使[49]。故美國行政法學者戴維斯（K. C. Davis）教授強調說：「程序保障是政府充當爲法律改革之工具，也被視爲保護利害關係人之手段」[50]。

## 四、使機關決策程序公開讓外界審查，可以減少人民將行政機關做為政治庇護或處罰手段之可能性

行政機關之決策中，有很高的比例屬政治性，因爲國會經常授與行政機關決策的權力，而其決策無可避免的將影響各地區之財富分配，假如行政機關常常受到立法者或行政官員的政治壓力，則其決策必然產生不公平的現象，故倘有程序保障，而行政機關必須給予當事人提出意見之機會，

---

46　Richard J. Pierce et al, op. cit., p. 222.

47　Roscoe Pound, Administrative Law (Littleton, Colorado: Fred B. Rothman & Co., 1981), p. 6-7.

48　Jerry L. Mashaw, op. cit., p. 102.

49　Richard J. Pierce et al, op. cit., p. 223.

50　Kenneth Culp Davis, Administrative Law (St. Paul, Minn: West Publishing Co., 1977), p. 4.

此不僅能使所有當事人感覺受到公平的對待，而且能使行政機關疏解各種政治壓力，進而減少將行政機關做為政治庇護或處罰手段之可能性[51]。故若考量民主主義、國民主權之觀點，則有必要保障國民居於主權者之主體地位，參與行政決定之作成[52]。

## 五、強化了民眾對政府決定之接受力

根據行政法學者之研究，行政決定之價值可從以下三個面向加以判斷：（一）決定之精確（accuracy of decisions）；（二）決策之效率（efficiency in decision-making）；（三）程序之可接受性（acceptability of procedures）[53]。由此可見，程序之可接受性為判斷行政決定優劣之重要根據，故負政治責任的機關對於行政決定，如想取得民眾的接受，需要公開和合理的決策過程。亦即通過程序的正當化，使有關之人得參與程序，於程序中得發揮一定的作用，藉此以促成接受決定的意識，而程序保障即是一種解決爭執技術之形式，它能使行政決定被審慎檢驗是否符合法律，進而使人民對於法律關係獲得信賴和安全感。

此外，美國聯邦最高法院大法官於歷次判決中曾強調行政上程序保障之重要性者亦不勝枚舉，茲舉最令美國人民稱頌者如下：

1. 道格拉斯（W.O. Douglas）大法官謂：「行政程序法分別了依法而治與依恣意而治，堅定地遵循嚴格之程序保障是我們在法律之下公平正義之保證」[54]。

2. 賈克遜（R. Jackson）大法官謂：「程序公平與規律是自由不可或缺的要素」[55]。

3. 法蘭克福特（F. Frankfurter）大法官謂：「自由的歷史大致上是程

---

[51] Richard J. Pierce et al., op. cit., p. 223.

[52] 蔡茂寅，前揭文，頁86。

[53] Lawrence Baxter, Administrative Law (Wynberg, Cape Town: Juta & Co. Ltd., 1984), p. 215.

[54] Joint Anti-fascist Refugee Committee v. McGrath 341 U. S. 123, 179 (1951).

[55] Shanghnessy v. United States, ox. rel, mezei, 345 U. S. 206, 224 (1953).

序保障之歷史」[56]。

4.克拉克（J. H. Clarke）大法官謂：「行政程序法是目前及可預見未來，在法律領域中最重要的法律」[57]。

5.布蘭岱斯（L. D. Brandeis）謂：「固執了程序之整備與修正，是我們自由發達的重要因素」[58]。

綜合上述，程序正義的保障已成為世界普遍性的價值，為民權保障的重要內容，民主國家有識之士普遍認為，只有程序保障的地方才會有真正的權利保障，故須在行政程序法方面加以法的規制。歸納行政法學界之看法可知，程序保障是一種政治和經濟改革的手段，消極上具有限制行政權專擅濫用，防止相對當事人的合法權益遭受行政權力的無端侵害，積極上有使行政決定具有確定性、合法性，並維護行政權力，提高行政效率之作用。由此可見，制定行政上程序保障法制之必要性。

# 第三節　行政程序法之功能

自從福利國家時代以來，因公共事務之增加，使政府職責倍見繁重，行政權力亦日越擴大，民主法治國家為保障人民權利，促進民主政治，實現政治參與，加強行政監督，均紛紛制定統一之行政程序法，此種統一行政程序法之制定，在民主國家具體發揮了許多功能，所謂功能是指事務或方法所發揮有利的作用也，茲歸納其有尊重人性尊嚴、落實民主行政、促進政治參與、實現開放政府、保障人民權利、兼顧公正與效率、促進公法教育等七項功能[59]：

---

[56] McNabb v. United States, 318 U. S. 332, 347 (1943).

[57] Administrative Law Review, Vol. 13 (1960), p. 6.

[58] Burclean v. McDowell. 256 U. S. 465, 477 (1921).

[59] 羅傳賢，行政程序法基礎理論（台北：五南圖書，1993年7月），頁19。

## 一、尊重人性尊嚴

　　法律程序必須將人當做人來對待，承認每個人都是具有尊嚴和獨立價值的平等的道德主體，不能把人當做為了實現某種目的的手段、工具或資源[60]。

　　所謂人性尊嚴，指每一個人本身即為目的，具有其固有之價值，唯其得以自我實現，始有尊嚴。其不得為他人用以實現一定目的之純粹手段或客體。人類文明得以建立、法規範得以創設，乃緣於人性尊嚴。蓋唯有人性尊嚴，始賦予每個人自由及平等，而以文明、和平之手段解決紛爭。民主立憲國家憲法之最高價值及規範，乃人性尊嚴。民主原則、法治原則及社會國家原則，均屬人性尊嚴之具體化。行政法既為憲法之具體化、實踐及延伸，其根本理念之基礎，自不外於人性尊嚴。行政程序法之基本作用及要式性要求，在於藉行政程序民主化、透明化，使人民具有行政程序之主體性，並追求預防紛爭及權利保護之平常性與事前性。行政決定附具理由，可防止行政之反民主及反法治，使行政得以自我審查，確保行政之合理及效率化，並達成滿足、權利保護及控制三大功能。人民參與行政程序、進行聽證，使人民享有行政程序之主體性，並防免錯誤、濫權、減少突襲性決定及保護人民之權利，可見行政程序法之規範體系，具有具體實現尊重人性尊嚴之功能[61]。

## 二、落實民主行政

　　所謂「民主行政」（democratic administration），是在行政上對國民的意見加以反映，亦即以為民服務並依民意為主的行政。其特質包括：（一）人民參與行政；（二）行政的公開化；（三）行政過程的民主化；（四）行政的公益性；（五）公平的對待[62]。而民主的方法，就是用公眾

---

[60]　應松年，前揭書，頁73。

[61]　參照蔡志方，「從人性尊嚴之具體化，論行政程序法及行政救濟法之應有取向」（中），植根雜誌，第8卷第2期（1992年），頁16至18。

[62]　白完基著，林光得、胡護青譯，「行政理念」，憲政思潮，第74期（1986年6月），頁78。

討論的方法來說服對方，因爲在複雜的社會中，對任何事務的討論要求全體無異議是很困難的，因此，爲使不同利益者彼此相調和，必須給予他們發表己見之機會。故美國行政法學者勞奇（R. S. Lorch）強調說：「諮商是民主行政的中心」[63]。這也就是說，民主在其最基本的形式上，是受到某些程序上規範之引導，因爲民主要求，相異與衝突而自以爲擁有政治事實與有所裨益的主張，皆受到公平的聽取意見，並要求在決策進行中充分與開放的公開審議，它是一個非武斷的政治體系，自經驗與實用的途徑來解決實質問題[64]。由此可見，行政程序法之制定，可使人民和行政權立於統一平等的基礎上。人民的意思充分反映行政權上，以符行政程序民主化之目的。

## 三、促進政治參與

政治參與乃謂一國的公民爲了從政府獲得某種產出（output），而設法參與或影響政府決策制定，所作的輸入（input）的行爲，「輸入」乃係公民爲影響政府的決策所採取的某種行動；而「產出」乃是個人想從政府所獲得的東西，如民權的保障，提供就業機會，自由的保障等皆是[65]。

公法學者普遍認爲：「參與是民主政治的基石」、「參與是裁量決定之工具理性（instrumental rationality）」[66]。現代民主憲政之運作與成長，主要繫於政治參與，公民參與政治，參加公共事務的討論不僅有助於其民主情操的培養，而且有助於對民主價值信念的加強，更有助於高尚民

---

[63]　Robert S. Lorch, op cit., p. 100.

[64]　Alan Engel 等著，張明貴譯，意識型態與現代政治（台北：桂冠圖書公司，1985年10月），頁284至285。

[65]　「參與」一詞在政治學中被認爲是「一種行爲，政治制度中的普通成員通過它來影響或試圖影響某種結果」。參與不同於「參加」或「到場」，它包含行爲主體的自主、自願和目的性，是一種自主、自願、有目的的參加，參與者意在通過自己的行爲，影響某種結果的形成，而不是作爲一個消極的客體被動接受某一結果。參照王萬華，行政程序法研究（北京：中國法制出版社，2000年11月），頁186。

[66]　D. J. Galligan, Discretionary Powers (Oxford: Clarendon Press, 1990), p. 333.

主性格的塑造。此外，現代民主政治所顯示出來特殊的法律價值，首先是個人人格尊嚴的承認，講求法律之前人人平等，不容許武斷及特權存在，而正當程序即是獲得參與平等之主要手段，亦即使參與者享受可預知、明晰及條理之程序，一方面以維護當事人之自尊心，一方面給當事人感受他們是受到公平的對待，故有學者認為公共參與、開放政府、合理決策及適當救濟是行政行為被公眾接受之基礎[67]。換言之，透過程序的參與，可以提高參與者接受依該程序所作成的決定之意願。而行政程序法之制定，即在實現開放政府，鼓勵民眾參與，俾使行政行為能更為合理周詳及易為民眾接受。

## 四、實現開放政府

　　現代法治國家為使享有自由裁量權之官員不至為虐，除都主張以行政監督、立法控制和司法審查來節制裁量外，為彌補代議民主的缺陷，防範官員裁量之專斷或濫用，邇來大力提倡「行政參與」與「知的權利」以規制裁量（structuring discretion），誠如美國大法官法蘭克福特（F. Frankfurter）所說：「民眾意見的自由保證了真實的揭露，它是民主程序不可或缺的條件」[68]。大法官道格拉斯（W. O. Douglas）亦說：「倘民眾討論被禁止，則被統治者同意之原理將毫無意義」[69]。另一方面，現代法治國家則重視資訊的自由，提倡「公開是公正的保證」原理，如美國第四屆總統麥迪遜（J. Madison）即闡述說：「一個民治的政府沒有民有的資訊或獲得資訊的方法，只不過是鬧劇或悲劇的序幕而已」[70]。其意在使人民知悉資訊，監督政府，以防止腐化。而行政程序法之制定，對法規制定之請願、資訊之自由、聽證之公開均有所規範，其不僅滿足了人民知的

---

[67] Lawrence Baxter, op cit., p. 189.

[68] Davis M O'Brien, the Public's Right to Know (New York: Praeger Publishers, 1981), p. 1.

[69] Ibid., p. 28.

[70] Scott A. Faust, "National Security Information Disclosure under the FOIA: The Need for Effective Judicial Enforcemcot", Boston College Law Review, Vol. 25(198), p. 611.

權利，間接加強了政治監督，進而使人民期待已久的「開放政府」（open government）意願得以實現。

## 五、保障人民權利

自由和平等之基本原則，構成正當法律程序不能或缺之最低保障，因此，正當法律程序之基本要求，乃行政程序透明化，亦即政府執行其任務時，不得使用專橫、反覆無常或不合理的方法，而偷偷摸摸竊走人民之權利，同時，人民依程序辦事，自然無需託人情關說或送「紅包」，從之獲得平等保護。誠如英國行政法學者韋德（H. W. R. Wade）所說：「個人自由權利幾乎是程序法制的副產品」[71]。故行政程序法之制定，可使人民在事前盡力於權利之維護，並可於事後獲得完備之救濟，對於人民權利之保障甚為周詳。因為行政公正性的保障，其本身固然有保障人民權利的作用，但是，由於行政程序法的內容，對於行政機關侵害人民權利或利益之行為，有事前之權利調整措施，如適時通知，公開聽證，有律師協助之權，獨立而公正之裁決，決定必須附具理由等正當程序，此外，被視為人權最後守護神之司法機關，當人民請求救濟時，亦可對行政行為做司法審查，其對保障人民權利發揮了極大的效果。

## 六、兼顧公正與效率

現代行政程序以民主和公正為宗旨，同時兼顧程序經濟，亦即對行政程序效率之考量。就效率之價值而言，其主要內容包括：

（一）行政活動過程應貫徹經濟、便利原則，應盡可能地節約人力、物力、財力，消除不必要的成本消耗，以較小的成本獲取較大利益。

（二）由行政活動的複雜性，絕對整齊劃一的程序不僅是不能，也是不可取的，因此為保障行政效率，必要的靈活性是必不可少的。

（三）規範性要求程序規則應當是明確及可操作性的[72]。

---

[71] H. W. R. Wade, Administrative Law (New York: Oxford University Press, 2009), p. 513.

[72] 羅豪才，現代行政法的平衡理論（北京：北京大學出版社，2008年3月），頁216至217。

　　行政參與與係使行政決定更為可接受性之有效方法，已如前述，但是行政效率和平等參與的要求之間，似乎有些衝突，尤其在現代國家，行政機能日越擴大，而必須將大量的行政行為迅速而有效率地執行之時，倘將行政程序要求類似司法程序，似必然阻礙迅速而有效率的行政，誠如日本公法學者中川剛教授所說：「程序權利之重視應考慮妨害行政效率的問題，行政程序若非迅速且經濟，則很難說是保障國民之權益」[73]。但是有些行政法學者則堅信，行政參與有助於提供必要的資訊給行政官員注意，雖然這項程序對效率有些影響，但卻符合了精確之目的，亦是行政決定可接受性必須付出的代價。

　　此外，也有些學者認為，雖然行政程序之公正性，或藉蒐集與評估有關資訊，以增進其精確性，但可能因而耗費時間、金錢或延誤時機，因為行政資訊是有限的，有時難以充分完成法律所賦予之使命，故考慮行政程序之效率是必要的[74]。美國勞奇（R. S. Lorch）教授亦認為：「理想的行政程序是具有彈性、迅速、省錢、有創造力、有活力及公平的特質」[75]。而行政程序法之制定，由行政自身之立場言，不僅使行政權之行使，進退准駁有統一明確之準據。而且能簡易、迅速、圓滑且有效。此外，它劃分了正式程序與非正式程序，除了法律有明文要求須踐行正式程序者外，大部分的行政行為得由行政機關主動或依當事人之申請，開始非正式程序，以兼顧行政上之需要與效率。故美國行政會議主席布里格（M. J. Breger）曾讚揚說：「好的程序增加了公正決定之希望，由許多案例證明，美國行政程序法維持了行政程序之效率與公平」[76]。

---

[73] 中川剛，「人權保障行政對應」，法律時報，第56卷第6號（1985年5月），頁83。

[74] Ernest Gellhorn, Barrry B. Boyer, Administrative Law and Process (St. Paul, Minn: West Publishing Co, 1982), p. 6.

[75] Robert S. Lorch, op. cit., p. 36.

[76] Marshall J. Breger, "Thoughts on Accountability and the Administrative Process", Administrative Law Review, Vol. 39 (1987), p. 3.

## 七、促進公法教育

公法教育發達，政治知識及信息傳播迅速，使人民及統治者了解到保障人民權利的意義與必要，亦是民權保障要素之一。又因人民欲協助政府，參與政治，需要公法知識，而公務員依法行政更須具備公法常識，故公法教育之加強實屬必要。美國大法官布蘭岱斯（L. D. Brandeis）曾在一項判決中指示：「政府不能拘謹地遵守法律，則其存在將陷於危機，違法是具有傳染性的，假如政府變成違法者，那將產生人民對法律的蔑視」[77]。換言之，一個最好的管制政府應是一位最好的法律教師，而另一方面，受管制的民眾亦應知道其權利所在，而行政程序法之制定，不僅統一紛亂的行政法律之規定，開拓了行政法學之嶄新領域，並且對公務員及一般人民之公法教育均具有積極促進的功能。

---

[77] Olmstead v. United States, 277 U. S. 438 (1928).

# 第二章 ｜ 行政程序法之法理淵源

　　在封建時期，統治者專制恣爲，個人的意旨，即是國家的命令或法律，人民的自由權利毫無保障可言，迨至十八、十九世紀，信仰洛克民權思想的制憲者，認爲人生而自由平等，所有政府的權威都是一種人爲的產物，不是自然的產物，是和人類自由爲敵的，因此人類必須經常監督它，防範它。亦即保障民權的基本要求之一，乃在防止有權者之干擾。因此，自民權思想興起，君權即受限制，激盪推衍；國家的政治作用，遂受相當的約束，於是規範行政的法規，而醞釀，而萌芽，而滋長發生，故行政法的演進的一般因素，係基於反抗專制政治的民權思想[1]。至於行政程序法之法理淵源，經歸納有民主參與原理、權力分立與授權原理、法治原理、自然正義原理、司法審查原理等五項[2]，茲分節說明如後。

## 第一節　民主參與原理

　　「民主參與」這觀念，可指人民參與政治過程，以個人或團體行動，謀求影響政府的結構、公共政策，或政府官吏的選擇等具體行爲而言。美國密西根大學教授柯恆（Carl Cohen）說：「參與是民主的本質」，他認爲民主之可能就是人民能於共同發揮指導社會方向的功能，所以堅持只有在人民眞正參與決定社會重大政策的情況之下，眞正的民主政治才會出現[3]。故其哲學基礎源自民主主義之政治思想，尤其是洛克及盧

---

[1]　管歐，「我國現行行政法原理的研究」，刊於中華大典編印會編，國父法律思想論集（台北：中華大典編印會，1965年11月），頁547。

[2]　羅傳賢，行政程序法基礎理論（台北：五南圖書，1993年7月），頁29。

[3]　中山大學中山學術研究所主編，民權主義理論與實現（台北：國立編譯館，1982年7月），頁12。

梭之政治思想。

英國民主主義的政治思想家洛克（John Locke），他的主要著作為《政府論二篇》（Two Treatise of Government），其立論主旨反對君權神授說，反對專制君主制，他認為人民在自然狀態中，因缺少大家所同意的法律，且無法官以裁決糾紛，個人無力量抵抗不公平的侵害，實有諸多困難與不便，所以大家乃依自由平等的原則，訂立契約、建立政府，政府的責任在維護自然權利，即生命權、財產權及自由權。他的基本觀念是：「統治者的權力建築在被統治者的同意上」、「個人的幸福居於首要的地位」[4]。根據他的意見：人民與人民之間，或人民與統治者之間，並未訂立契約須永遠服從政府。政府是受社會全體的委託，只在為大眾謀利益的條件之下始有權力統治，假若政府違背了受委託的目的，社會即有權力取消或撤換他們。洛克的政治理論是以個人平等為基礎的社會契約，自然是人民主權論者，主張人民有政治參與的權利，並主張「多數統治」，他強調每一個少數派的個人都須服從多數人的意見，個人是國家的構成員，具有主人的資格。政府的權力須得到主人的明示或默許的同意方能行使。

法國民主主義的政治思想家盧梭（Jean J. Rousseau），於1762年著《社會契約論》（Social Contract）一書，開宗明義就說：「人是生而自由平等的，但到處都受著束縛。」他認為人類在自然狀態中乃是自由平等的，自給自足，自滿自得的，由於文明、知識、藝術的產生及進步，乃使人失去了平等，他認為國家和政府是經由社會契約的訂立而建立起來的，因為只有經過大家的參與和同意，才能使人服從政治權力，依天賦人權一律平等的原理，誰都無權統治他人，誰都無服從他人的義務，但每個人都有權管理自己，服從自己。經人民同意而建立起來的權力，依民意以統治人民，無異是自己服從自己，人民是王權者，政府須依民意以行事[5]。

由以上可知，民主主義之本意在於統治者與被統治者間盡可能地同一化，則民主主義即不僅是一種政治原理，而且必須實踐民主行政程序，於

---

4　張金鑑，動態政治學（台北：七友出版傳播事業公司，1980年9月），頁330。
5　同前註。

此場合，雖然民主行政無法與民主政治同樣採取代議的代表制型態，但爲了使國民脫卻其僅是行政客體之立場，除了一方面以裁判的統治確保行政之適法性外，另外，國民之參與行政決定成立手續，亦是不可或缺的[6]。因爲行政的一舉一動莫不直接間接與人民權利義務有關，故在民主政治中，政府的措施必須依據民主原則或公開接受政治挑戰；爲了民主參與，民主國家建立了行政聽證程序，使一切管制法規之決策正當化。由此可見，形成近代行政程序法的原則，原就是自國家權力中確保國民自由及權利的民主主義所發展出來的。

## 第二節　權力分立與授權原理

所謂「權力分立」（separation of powers），是將政府的功能分爲立法、行政、司法等三種，各種職能均有其所掌理的獨立機關，其互相間保持著牽制與均衡（check and balance）的原則，以防止政府權力的絕對化，確保個人自由權利的一種制度，爲近代國家統治體系之基本原則。關於權力分立論之起源，眾說紛紜，或主張始於法國之孟德斯鳩，或認爲英國之洛克堪稱眞正的創始者[7]。

洛克認爲，政府的權力應有下列三種：（一）立法權（legislative power）；（二）執行權（executive power）；（三）外交權（federative power），但是這三種權力的劃分，並非三權並立之謂。因爲他認爲，執行權與外交權雖然性質顯有不同，惟在事實上，常常是台在一個機構之內，而且這也是比較好的辦法，至於立法權與執行權則應分立，一定要分屬於不同機構，而且立法權優於執行權是基本的[8]。洛克未於立法權及執

---

6　兼子仁著，李茂生譯，「法國行政手續法概觀」，憲政思潮，第57期（1982年1月），頁66。

7　許志雄，「權力分立論」，憲政時代，第8卷第2期（1982年10月），頁66。

8　周道濟、孫震、馮瀧祥合著，三民主義研究（台北：中央文物供應社，1984年2月），頁575。

行權外劃出司法權，並非漠視司法作用。相反地，從其定義可知，立法權之作用，主要指司法權。執行權之作用，主要指刑事法之適用，從而國家之主要作用，本質上是司法性的，國家是自然狀態中所欠缺之法官。當時執行權一詞涵義較廣，通常泛指行政作用與司法作用，而且行政作用不及司法作用發達[9]。

　　立法與執行何以必須區分，洛克舉出兩點理由：1.法律之制定需時短暫，立法機關非經常有事可做，無常設之必要，而法律之效力永續不斷，需不斷執行、留意，有常設執行機關職司其事之必要，故立法權與執行權往往分離；2.權力慾是人性的弱點，一人同時擁有立法權與執行權，誘惑性太大難以抗拒。申言之，立法者同時是執行者，立法者可能不遵守自己制定之法律，立法及執行之際使法律偏袒個人，不利於共同社會之其他人，而違反社會及政府之目的[10]。

　　孟德斯鳩則主張三權分立學說及制衡原則，他說：「長久的經驗告訴我們，無論誰掌握了大權，都會濫用職權，都會把他的威權施用到極點，若想制止職權的濫用，必須用權力來牽制權力」[11]。又說：「當立法權和執行權集中在同一人或同一群執政官時，自由便不復存在，因為人們將害怕這個君王或元老院制定殘暴之法律，並用殘暴之手段執行之」、「如果司法權不和立法權及執行權分立，便無自由可言。假如司法權與立法權結合，市民之生命與自由將受專制之控制，因為法官就是立法者，倘若司法權與執行權結合，法官將握有壓迫者之暴力」、「如果由同一個人，或由達官貴族或人民組成之同一機關兼行這三種權力——立法權、執行公共決議權，及裁判私人犯罪或爭訟權——則一切自由皆不復存在」[12]。於是他將政府的權力分為立法、行政、司法，他並強調：這三種權力必須分屬於不同的人之手，分屬於三種獨立的機關，使他們互相牽制，誰都不得濫用

---

[9]　許志雄，前揭文，頁55。

[10]　同前註。

[11]　周道濟等，前揭書，頁578。

[12]　許志雄，前揭文，頁59至60。

職權。

美國麥迪遜（James Madison）於撰寫1787年新憲法時曾經宣稱：
「立法、行政及司法等一切權力之集中於無論個人、少數人或許多人，亦
不論係承襲、自命或挑選，已可宣布爲符合虐政之確切定義」[13]、「防止
各權力逐漸集中於同一部門的最大保障，乃在於給予各權力部門的掌權者
必要的憲法手段與個人動機，以抵抗其他部門侵犯」[14]。準此，分權是必
要的，但並不需是絕對的，只要三權之一不能行使政府其他二者之一全部
的權力即可，是即美國憲法上的權力分立原則，不僅在區分權力，而且在
使權力間有適度的混合或重疊，就在這既分又合之間，使三權相互依存且
相互作用，始終維持著一個具有相當彈性，可適度伸縮的緊張關係，以適
應不可避免的權力衝突與權力間之消長[15]。

但三權分立之原理，因福利國家時代之來臨，政府職能擴大，爲處理
現代問題，而感單純三權分立形式不適當，而逐漸發展成授與立法權與授
與司法權二項原理，茲將其授權原則分述如下：

## 一、授與立法權原理

所謂「被授與之權力不得再委任」之原則，係源自拉丁法諺
（delegata potestas non potest delegari），爲美國憲法解釋或適用時之基本
原理之一，與三權分立思想有不可分離之關係。不得再委任原則意謂，人
民或制憲者賦予國會議員以制定法律之權力，則該等權力應不得再轉授他
人行使，蓋立法權專屬於國會已於憲法第1條第1項作斬釘截鐵的宣示，行
政權不容有主動或被動之立法權限，以害三權分立互爲制衡之憲法精神。
惟查憲法，並無如上揭「不得授權」之法條上直接依據，該原理毋寧係消

---

13　陳侃偉、萬德群合著，美國政府及公共行政（台北：黎明文化事業公司，1974年1
　　月），頁507。

14　湯德宗，「三權憲法、四權政府與立法否決權」，美國研究，第16卷第2期（1986年6
　　月），頁40。

15　同前註。

極的機械民主法治時代當然的產物，其僅爲一廂情願的理想主義所爲理論的歸結，在其後蛻變的法政社會思潮及相應的制度裡，實難予以實證其即爲憲法上的一項鐵則[16]。

直到1932年，美國聯邦法院尚認爲：「國會立法權之不得授與，爲毋庸置疑之原則。」在此之前於 Field v. Clark一案中，聯邦最高法院曾作同樣主張：「國會之不能將立法權授與總統，乃係一般公認的原則，亦爲保持民主立憲政治於不墜的要件」。話雖如此，但國會自始即授與行政機關某些法規制定權和類似司法之個別案件裁決權。因爲二十世紀福利國家的發展，政府職能擴張，事務越益繁雜，社會急遽變遷，國會不可能鉅細靡遺釐定詳細的法律，法院亦不可能裁判一切有爭執的案件，爲因應事實的需要，國會只得決定法律政策，而以授權行政機關制定規章，並裁決行政事務的爭議。行政法學者哈特（James Hart）分析授權訂定行政命令有如下之長處：

（一）立法權得專注基本政策，促勿捨本逐末。

（二）節省時間以監督行政是否切實執行。

（三）行政命令較諸法律更易修改，以適應環境。

（四）使行政人員免於受法律細節之掣肘而進退兩難。

（五）行政人員恃其經年累月的面對特殊問題之處理，得累積經驗訂定各種特別規章命令以求適用。

（六）加強行政人員之職務責任。

（七）規章命令特別而具體的規定優於裁量且可防止濫權。

（八）補充性命令可以增強法律的確實性。

（九）不確定立法得依事件之發展與條件之合致而善加適用[17]。

嗣經判例法之發展，形成了一個授權原則（delegation doctrine），此

---

16　城仲模，行政法之基礎理論（台北：三民書局，1994年10月），頁108。

17　James Hart, An Introduction to Administrative Law with Selected Cases (New York: F.S. Crafts & Co., 1946), p. 154-155.

授權原則即包含以下三個限制：

（一）立法權專屬國會，故凡憲法明定應由國會制定法律用爲規範之事項，原則上不得認爲其授權有效。

（二）國會確實無法詳密踐行憲法上賦予之全部立法權時，得以骨架立法（skeleton legislation）或偶發性事件之立法（contingent legislation）之方式，將次要及細節部分授權行政部門以命令形式而爲補充[18]。

（三）授權並非可以漫無止境或過分含混，其應有準則或制約。至所謂準則或制約，則因案而異，甚難爲具體而明確之規定。諸如公平和合理的（Just and reasonable）、公共利益（public interest）、公共便利、利益以及必要性（publie convenience, interest, or necessity）、不公平的競爭方法（unfair methods of competition）、合理的變動（reasonable variations）、不適當或不必要地搞亂公司控制系統之結構（unduly or unnecesarily complicate the structure of a holding company system）、或不公平或不平等地分配有價證券持有者之投票權（unfairly of inequitably distribute voting power among security holders）[19]。

由前揭授權原則可知，若國會已定有準則或制約，使行政機關制定命

---

[18] 城仲模，前揭書，頁112至113。所謂「骨架立法」係指國會僅就一般原則或基準而爲決定，餘皆委由行政部門予以補充之立法方式。而「偶發性事件之立法」，係由最高法院所揭示之原則，如1892年Field v. Clark一案，美國最高法院認爲：「授權總統於其認爲某國所課關稅實非平等或不當者，得暫時停止關稅法所定自由輸入他國產品之規定，尚非違憲」。又1928年J. W. Hampton Jr. Co. v. United States一案，最高法院認爲，「授權總統得以命令調整百分之五十以下幅度的關稅稅則，應係合憲」。

[19] 準則之認定，經城仲模教授之研究可歸納爲如下幾點（同前註）：

1.所定準則之認定，與授權事項之範圍、性質關係至爲密切；

2.所定準則之認定，非必以行政機關所要求之明確度爲必要；

3.所謂準則，應從法律全體內容及立法過程去理解；

4.爲司法審查所作程序上之保障有關之準則應從寬解釋；

5.準則之認定，應特別注意其事項之「必要性」，惟此等並非絕對，僅供行政機關裁量時乏警惕或作司法審查時之參考而已。

令補充法律時有所遵循時，則此法規制定權之授與即為適當，但如授權適當而行政行為超出了授權範圍，即為越權（ultra vires）行為，越權行為則是違憲而無效的[20]。尤其在基本民權的保障方面，法院經常藉著縮小解釋授權以避免嚴重的違憲問題，後來，法院更積極主張，為控制行政機關的權力，最好的方法係程序保護，而非準則，亦即行政機關必須遵守公平的手續，如通知利害關係人，及給予參與聽證之機會[21]。

## 二、授與司法權原理

依據美國憲法第3條第2項第1款規定，司法權所及之範圍：「基於本憲法，與合眾國各種法律，及根據合眾國權力所締結之條約所發生之一切普通法與衡平法案件」。由此規定可知，聯邦法院對於一切憲法、聯邦法律、國際法、普通法與衡平法之一切案件皆有司法管轄權，而未提及行政機關有司法權，此係權力分立原理之應用。

但在1932年Crowell v. Benson一案中，美國聯邦最高法院即表明行政機關得行使「準司法權」。法院所持理由有三：

第一，對其有絕對管轄權的事件，國會可以把初步裁決的功能，指定行政機關擔任，國會將這種功能重新分配，並未違背權力分立的原則，因為權力（power）與功能（function）不能混為一談，司法權力與司法功能應加區分。政府行政部門不得侵犯司法權力，但未嘗不可行使一部分司法的功能[22]。

---

[20] Glen O. Robinson, Ernest Gellhorn and Harold H. Bruff, The Administrative Process, 2nd ed. (St. Paul, Minn: West Publishing Co., 1980), p. 43.

[21] 戴維斯（K. C. Davis）教授亦認為，不授與原則之目的並非阻止授權，或需要有意義的法律標準，而是重視程序保障，並反對非必要的與無法控制的自然裁量權，標準的唯一焦點應該轉移而加重於保障措施，而非標準，當立法機關忽略授權標準時，法院不應該認定該授權是非法的，而應該有彈性地儘快要求行政人員提供標準。參見 Walter Gellhorn, Clark Byse & Peter, L. Strauss, Administrative Law, 8th ed. (Mineola, New York: The Foundation Press, Inc., 1987), p. 76.

[22] 張劍寒、翁岳生、城仲模、古登美、朱志宏合著，行政制裁制度（台北：行政院研考

　　第二，在決定究竟將裁決的功能分配給法院抑或行政機關時，國會應視行政效率爲一重要考慮之因素，國會應當考慮，過多的案件會使司法機關不勝負荷，因而影響到司法效率。

　　第三，雖然國會可以把初步裁決之權授與行政機關，但是國會不能視行政機關所作之決定爲定案；易言之，國會不能排除司法審查，國會若排除司法審查，就違背了權力分立的原則。

　　而公法學者則認爲，產生授權行政機關裁決之原因有如下幾點：[23]

　　（一）在自由的社會經濟活動與發展中，確有反社會、不公平、獨占、惡霸等不良現象，迫使政府不得不採取管制行動。工商界的獨占、操縱與壟斷確實影響了一般消費者的利益與生活，政府固不能不加以干涉。政府爲取締這些罪惡及保護合法工商業者，遂需要設置永久性的而非臨時的機構作不斷的經常監視。

　　（二）法院的觀點與行動每是固執的、保守的，似不足以與變動不居的社會動態相適應，故不得不採行行政程序以作工商管制。司法裁判的觀點，多站在維護私人權益的立場，對於公共利益、社會幸福每不重視，法院所作的裁定，是站在法律專家的觀點，對於社會經濟的關係以及科學技術的事實與立場，則均屬漠然。行政管制的人員則可延用經濟人才與專門技術人員，使其觀點能與社會經濟及科學技術相配合。

　　（三）司法審判之手續繁複，行動遲緩，牽延時日，社會爭執，不能久待。法官亦缺乏助手去幫助他了解事實與問題，裁判不免限於書生之見或鑽牛角尖。以行政管制機關裁判社會爭執，觀點較廣、易見及全面，且行動較爲迅速，不致拖延。

　　基於上述之理由，司法權是有必要授與行政機關執行，美國最高法院也支持如此理論，但司法權之授與關乎個人之權利甚巨，故必須有嚴格之限制，除了要求機關所使用之決定程序必須保證遵守授權之指示外，而且

　　會，1979年6月），頁179。

23　張金鑑，美國政府（台北：三民書局，1981年10月），頁117。

要求行政決定接受司法審查，以保證採用公正精確之決定程序，也因此產生了行政程序法之制定與發展。

## 第三節　法治主義原理

法治主義意指所有政府行為必須有法律之基礎或法律之授權。簡言之，即政府依法而治，而非依人而治。奧國思想家海耶克（Friedrich A. Hayek）教授對法治主義之理想曾闡述說：「政府之行為受固定及預先公布之規則所限制，這些規則使人民公平確實的預見政府在某種情況下，如何使用其強制權力，而且基於此認識而得以計畫個人之事務」[24]。

亞里斯多德（Aristotle）曾說：「法治是比單獨一個人之統治較好，縱使法治須靠個人裁判，但他們只是法律的保護者（1aw-guardians）或法律之代理人（ministers of the laws）而已。亦即法律非具人格，因為他們依道理，而非依某些人而進行，是避免政府官員武斷專制之唯一最好的希望和理想[25]。

洛克認為立法者在為他人造法時，需與自然法，亦即神的意志相一致，政治必須依著預先之規定，抽象且普通的法行使才可。他說：「立法者或最高權力者不能使之握有即席、專斷命令的支配力量，他必須靠業經公布的法律和公認的裁判官行使正義，決定臣民的權力。因為自然法沒有具體的文字，除了人心外無法發現，若沒有確定的裁判官，容易因熱情或利害，錯誤引用法律的他們，甚難發現其錯誤……，立法者對於特殊事件應一視同仁，無論對富者、貧者，對寵臣、農夫等均需依著業經公布確定的法律來治理」[26]。

---

[24] Robert L. Cunninggham, Liberty and the Rule of Law (Texas: A & M University Press, 1979), p. 3.

[25] Philip B. Kurland, The Rise and Fall of the Doctrine of Separation of Powers, Michigan Law Review, Vol. 85, No. 3(1986), p. 613.

[26] 吉林正著，蔡啟清譯，現代政治的機能與構造（台北：台灣商務印書館，1969年1月），頁44。

　　盧梭亦認爲政治應依法律而治，法律務求普遍性。他說：「法律的對象應經常是普遍且一般，法律可以規定特權，但不能指名將其特權歸屬某特定人。法律可以假設數種市民階級，以及規定各階級的資格、條件，但不能指名誰應屬何等階級。法律以共同意志與普遍的對象相結合，無論何人，若只是憑他個人的動機所發出的命令，不能稱爲法律，就是以主權者的資格所發出亦只是命令而非法律」[27]。

　　法治主義自從光榮革命以來，成爲體制的基本原則之一。英儒戴雪（A. V. Dicey）稱之爲「法律至上」（the supremacy of law），他的主張至少包括下列二個原則[28]：

　　第一，任何人無論其社會地位如何，擁有的財產多寡，均受同一法律與法院之支配，這即是法律之前人人平等之原則，假如觸犯了法律，內閣總理與一般販夫走卒所應負之法律責任，並無二致。

　　第二，無論何人倘不是觸犯了已經存在的法律，並經普通法院依正當程序，便不能被剝奪其生命、自由或財產。

　　英國法學家雷茲（J. Raz）更進一步闡述說：「法治具有三個重要的價值：（一）它抑制了獨斷的權力；（二）它保護了個人的自由；（三）它保護了人性的尊嚴」[29]。

　　美國法學家康林翰（R. L. Cunninggham）則歸納法治主義之原則包括以下七項：（一）所有法律應是預期、公開及明確的；（二）法律應是相當穩定的；（三）行政處分應有公開、穩定、明確及一般性的法規爲依據；（四）必須保證有獨立之司法；（五）自然正義之原則必須遵守；（六）自法院對履行法治原則有司法審查權；（七）人民應有獲得司法救濟之道[30]。

---

[27] 同前註。

[28] John Dickinson, Administrative Justice and the Supremacy of Law in the United States (New York, Russell & Russell Inc., 1959), p. 34.

[29] J. P. Day, Liberty and Justice (London: Croom Helm, 1987), p. 122.

[30] Robert L. Cunninggham, op. cit., p. 1-10.

　　曾經爲英國殖民地的美國，其法律思想深受其母國的影響，其獨立宣言中幾乎爲洛克自然權利及社會契約之翻版，美國憲法增修條款第5條及第14條中均明文規定：「無論何人不依正當的法律程序，不能被剝奪其生命、自由或財產」。由此可見，美國憲法在實質上已採用法治主義，亦即法治主義徵現於正當法律程序，國家沒有依據自己制定之法律程序不得有所作爲。

　　按「正當法律程序」在成文法之根據，可追溯至英國1215年之大憲章（Magna Carta），該憲章第39條規定：「自由民非依據國之法（the law of land）予以審判者，不得逮捕或禁錮之，亦不得剝奪其財產、逐放於外國、或加以任何危害」。首先使用了「國之法」這句話，後來，1355年愛德華三世（Edward III）公布之「倫敦自由律」（Statute of Westminster of Liberties of London）第3條規定：「任何人不論其身分及其何種狀態下，未經以正當法律程序要求其答辯，不得自其所有地或租用地被驅逐、處死、沒收其財產、或剝奪其繼承權」。從此出現了「正當法律程序」這個用語。

　　英國的這種傳統觀念，經殖民者傳入美洲，早在1641年的「麻薩諸塞灣自由典則」第1條即規定：「除非根據本團體經由大會依照公平、正義，明白制定而已公布之法律的權力，對任何人均不得剝奪其生命，污損其名譽、逮捕、限制、放逐、危害其身體，奪取其妻室子女，剝奪其動產及不動產」。迨1776年獨立革命之初，維吉尼亞州又將前述大憲章中保障自由的「國之法」一語引入其憲法。嗣後十三州中，有八個州的憲法，以及1787年的「西北區法案」（Ordinance for Northwest Territory），亦均規定了大憲章中的「國之法」條款，及憲法增修條款第5條採用「正當法律程序」之規定後，各州憲法紛紛仿效，遂蔚爲風尚，成爲美國一項非常普通的民權保障概念[31]。根據十七世紀初英國大法官柯克（Sir Edward Coke）之解釋，「國之法」及「正當法律程序」之意義相同，就是「正

---

31　荊知仁，美國憲法與憲政（台北：三民書局，1991年3月），頁77至78。

當的普通法的程序」（due process of the common law）之意思。

正當程序條款，其中由於很多判例，成了多采多姿的發展，被作了很富彈性的解釋：

第一，「正當法律程序」這句話不單是程序上的意味，而被認為也要求法律實體的合理性，因此，在法院審查立法的合理性時，也成為其依據。

第二，行政機關對國民權利、自由的侵犯，也逐漸被認為有正當程序的要求[32]。亦即行政行為上，不論法規制定或行政裁決均不能任憑其自薦進行，行政機關除非依據預先制定之法律，否則不得行為，行為時必須依據預先制定之程序適用法律及平等地適用於任何人。此種控制制度之存在是使其不致流於獨裁之必要途徑，也因而促使行政程序法之誕生，換言之，行政程序法即是演繹憲法增修條款第5條及第14條正當程序規定之結果。

至於我國行政程序法實踐正當法律程序之概觀，請詳閱緒論第三章第三節。

## 第四節　自然正義原理

自然正義原理是源於自然法的基本法律原則，也是法治社會的基本原則。

英美法諺曰：「自然法不可變」、「正義對任何人均不拒絕」。而自然法所存在之正義即為「自然正義」（natural justice），英國司法上又稱為「理性正義」（rational justice）、「實質正義」（substantial justice）、「基本正義」（fundamental justice）、「普遍正義」（universal justice）、「正義本質」（the essence of justice）、「無形容詞句之正義」（justice without any epithet）或者是「光明正大之行為」

---

[32]　橋本公亘，行政手續法草案（東京：有斐閣，1974年3月），頁63。

（fair play in action）等[33]。自然正義係存於人類之理性，以人類固有自立的、自然本性的生命發展原理，爲成立依據之公平正義。美國哈佛大學教授的約翰羅爾斯（John Rawls）在1971年出版之《正義論》（A Theory of Justice）一書中闡述謂：正義是用作評價社會制度的一種道德標準；正義的對象是社會的基本結構，即用來分配公民的基本權利和義務，劃分由社會合作產生的利益和負擔的主要制度；正義的原則應包括如下[34]：

（一）平等自由原則：每個人對與所有人所擁有的最廣泛平等的基本自由體系和相容的類似自由體系都應有一種平等的權利。

（二）社會和經濟的不平等應儘量滿足以下二個條件：1.各項職位和地位必須在公平的機會平等下，對所有人開放，亦即「機會的公正平等原則」；2.使社會中處境最不利的成員獲得最大的利益，亦即「差別原則」。

（三）自由優先原則：平等自由原則優於公平機會原則，公平機會原則又優於差別原則。

英國法諺：「法乃正義之準則，違反正義準則之行爲，即屬違法行爲」。因此，英國行政程序的法律規制，是依自然正義的原理和以此爲基礎而將其補充的制定法所發展出來的，在此所稱的自然正義是指所有各種權限正當行使其所必要的基本原則，用以促進或確保客觀及公正，其基本原則，則包括：1.「任何人不得就自己的案件當裁判官」（no man shall be judge in his own cause）的原則，又稱爲「排除偏見」的原則（the rule against bias）；2.「任何人之辯護必須被公平地聽取」（a man's defence must always be fairly heard）之原則（又稱爲雙方聽證的原則）[35]。而這些

---

[33] J. M. Evans, Judicial Review of Administrative Action, 4th ed. (London: Stevens & Son Ltd., 1980), p. 157。依英國公法學者沙克斯（Socks）之闡述，自然正義之措施，是指理性的人認爲於特別情況下之公平程序。

[34] P. P. Craig, Public Law and Democracy in the United States of America (Oxford, Clarendon Press, 2012), p. 251.

[35] 杉村敏正、兼子仁合著，行政手續、行政爭訟法（東京：筑摩書房，1973年11月），頁25。

都是普通法上的原則，其之所以被稱爲「自然性」，是因爲這種正義觀念
具有普遍性的緣故。然而，在判例史上，雖然也有將自然正義解釋爲「自
然法」（natural law）的一部分，且將自然法和普通法同視，而且經自然
法優位的原則判示爲英國法的一部分，但自然法優位的原則在十九世紀中
葉，已被判例所否定，且已確立了議會優位的原則。因此，在目前，自然
正義的原理僅止於有關議會制定法解釋的普通法上原則，即前揭二原則係
在法院司法上當然的原則，但這些原則係行使正當權限時所不可或缺的，
因而法院認爲，議會在授與行政機關權限時，議會已認爲授與之權限將被
公正地行使，故將其從司法的領域移至行政的領域。在英國，自然正義是
法治的核心概念，也是英國法官據以控制公行爲及行政行爲的方法[36]。對
於自然正義之違反，被視爲是違反議會意圖所課予的顯示性條件的不正當
程序，或屬於濫用權之一種，而依逾越之法理，則視該行爲爲無效。此
外，違反自然正義可做損害賠償（damages）、強制命令（injunction）、
宣示性裁判（declaratory judgement）、中止命令（prohibition）、移審命
令（certiorari）等，以各種的訴訟手段採取救濟。

　　前揭英國基於人的本性、理性、公平和正義等自然正義之法理，嗣後
被美國所繼承而列入憲法增修條款第5條及第14條，爲正當法律程序之條
款，誠如英國行政法學者韋德（H. W. R. Wade）所比喻：「自然正義於英
國，其根本性如同正當程序條款之於美國」[37]。茲將自然正義所衍生之二
原則分述如下：

## 一、「任何人均不得就自己的案件當裁判官」原則

　　此原則又稱爲「公正原則」即形成自然正義內容的第一原則，其最基
本的要求，係一位官員不應在其所裁判的案件中有直接之個人利益。而此

---

[36] Paul R. Verkuil著，法治斌譯，「英美行政法的分流」，憲政時代，第13卷第4期
　　（1988年4月），頁30。

[37] Bernard Schwartz and H. W. R. Wade, Legal Control of Government (Oxford: Oxford
　　University Press, 1972), p. 241.

處所說的「自己案件」，是指金錢的利害關係或其他可能成為偏見原因的利害關係[38]，包括足以影響行政決定之非財產因素，即物質因素、感情因素和精神因素。然而，首先要注意的是個人偏見問題，即決定影響他人權利之權限，若是依法授與合議行政機關，如各種委員會者，必須使具有前述利害關係的構成員迴避後才作決定，若不將其除外而作決定時，即是違反自然正義的原則。但若此種種權限係由獨任制行政機關行使時，即使他就是具有前述利害關係人，但因為他是能行使此權限之唯一的人，因此，只要他確實盡其職責做決定即可。其次，構成行政機關共同偏見的問題，即所謂「部門偏見」（departmental bias），如部長或機關首長都會注重其本身的政策，而不可避免的有促進其政策的傾向，因此，將無關於政策的司法性案件之決定權限，交給這些人員是不甚妥當的，為避免偏見，司法案件應由「行政法庭」（administrative tribunal）處理。相對的，對於意圖依據政策的行政決定，只要在其作成最後決定前，設有「調查」（inquiry）之司法性程序，其部門偏見問題即不存在。

## 二、「任何人之辯護必須被公平地聽取」原則

此原則又稱為「公平原則」，意即公平「聽另一方之意見」（audi alteram partem, "hear the other side"），早於1724年，英國某法院之判決曾揭示：「上帝從伊甸園（Eden）驅逐亞當（Adam）時，同時也給予他辯白之機會」[39]。由此可見，聽證為自然正義之核心。此原則，幾世紀以來，已成為大眾之要求，但現在是憲法正當程序條款所明定，為基本的憲法權利。正當程序之文字上意義就是「公平程序」（fair procedure），正當程序保證國家將給予個人基本公平的待遇。亦即說，沒有給予聽證以為其權利辯護之機會，任何人將不被剝奪生命、自由、財產。最高法院在Earle v. McVeigh一案中曾說：「正當程序是政府一般的責任」。此原則經推論為：（一）當事人必須知道案件決定之理由；（二）當事人必須有獲

---

[38] 杉村敏正，兼子仁合著，前揭書，頁31。

[39] 手島孝著，趙倫秀譯，「行政聽證之法理」，憲政思潮，第57期（1973年7月），頁1。

知任何資料或建議之機會。但此原則只如其字意停留於原則，並不是適合於行政機關之所有行為。

然而，自然正義之原則，如前所述，是一種普通法上的原則，在什麼情況之行為可排除其適用，係依判例加以明示，即若行政行為牴觸自然正義，構成無可忍受之程度時，自應以自然正義原則認定該行為無效。但國會為行政程序的公正公平，有將該事項以法律予以規定之必要[40]。

美國政府在給予「聽證」機會前，取決於上述憲法上所保障之自由或財產之權利是否被剝奪，如其被剝奪或侵害者並非權利（right）而係一種特惠（privilege）時，即無憲法上正當程序有關聽證之保障。依學者通說「權利」與「特惠」不同，權利乃合法保障之利益，而特惠乃缺乏法律保障之利益，是一種「賞賜」（gratuities）或者是「恩惠行為」（acts of grace）。凡權利受影響之當事人有權請求聽證，而特惠受影響之當事人則無聽證請求權。

由前述可見，聽證程序係由自然正義之原則衍生而成的正當法律程序。

## 第五節　司法審查原理

理論上，法治主義之原則，是要求行政行為須依據法律遵從法律行使，惟為充分滿足這種要求，必須確立若行政的行使違反了法律而侵害到國民的權利時，有迅速予以糾正的同時，並應給予國民救濟手段之機會，若無救濟途徑則法律尊嚴不能維護，人民權益亦將失其保障，所謂法治主義必然流於口號，誠如英美法諺：「有權利，即有救濟」（where there is a right, there is a remedy）、「有權利而無救濟，即為非權利」（a right without remedy is not a right），故為確保人民之權利，不受行政權力所發生之錯誤、偏見或越權等行為所侵害，必須有司法審查（judicial review）

---

40　杉村敏正，兼子仁合著，前揭書，頁25。

制度。

　　近代法治國家，就其行政制度的架構爲中心言，可將其分爲「行政國家」和「司法國家」兩種類型，前者是法國或德國所發展出來的，承認與一般私法不同的公法，認爲在公法上的爭議裁判權，應不在司法法院，而應交給行政部門內的行政法庭來做裁判。相對的，後者是英、美傳統的型態，不承認這種特殊的行政制度，以司法法院應管轄行政案件爲其主張。

　　在權力分立的政治制度下，司法機關可以說是憲法的維護者，負責解釋憲法及審判各種訴訟案件。美國憲法的締造者將大部分的人民權利及自由，規定於憲法前十條之增修條款中，憲法對民權之定義僅以宣言之方式用粗略之言語表示，然後藉著司法機關之監督與解釋加以具體化，使民權不至成爲空洞之物，誠如大法官賈克遜（R. Jackson）所說：「創造自由就像創造電力一樣，沒有一定實質的存量，但當它呈現飽滿或發光時，必須散發出來」。又說：「自由不是爲未來而創造，每一年代都必須擁有它」[41]。亦即法院遵循不時隨社會的變動需要而調整的解釋原則來保障民權。誠如麥葛羅斯基（R. G. McCloskey）所言：「保障民權須靠獨立之司法，除非法院介於當事人間自由地處理案件，如監督行政官員武斷之行爲，否則民權只是空的承諾」[42]。德國行政法學者烏勒（C. H. Ule）教授亦曾說：「人民權利的確實保障以及人格得以合乎人性尊嚴地發展，只有經由獨立法院的保護方屬可能，任何行政內部的控制，不管受到多高的評價，都無法取代法院此種權利保護的功能」[43]。由此可見，爲了有效監督行政裁量，保護民權，司法審查是最重要的一環。

　　行政程序法爲保障民權，除了以各種程序加強事前對權利侵害之

---

[41]　Anarea L. Bonnicsen, Civil Rights & Liberites (Palo Alto Co: Mayfield Publishing Co., 1982), p. 1.

[42]　Robert G. McCloskey, Civil Liberties, International Encyclopedia of the Social Sciences (New York: Crowell, Collier and Macmillan, Inc., 1968), Vol. 3, p. 311.

[43]　轉引自葉俊榮，「論行政裁量的司法審查與程序上的要求」，憲政時代，第11卷第4期（1986年4月），頁72。

預防外，並強調司法機關事後之審查程序，誠如法學者狄更遜（John Dickinson）所說：「當行政裁決具有最後或決定性時，行政正義即蔑視了法律至上」[44]。因此，法治國家之行政程序法均規定，行政機關之最終處分，受處分人已用盡行政救濟者，均可尋求司法救濟。

如美國聯邦行政程序法第702條明文規定：「任何人因機關行為而受不法待遇，或因有關法律涵義內之行政處分，而受不利益影響或侵害之人，均有權提請司法審查」。嗣後最高法院以判例擴張原告適格之範圍，允許以集體利益或公共利益，及以非經濟的利益受侵害為由提起訴訟，基此消費者保護團體、環境保護團體、公益事業等均有當事人之適格。依同法第706條規定，審查法院應作下列行為：（一）強制機關非法停止及無理延遲之處分；以及（二）發現有下列情形之一者，將機關之行為、事實之認定及結論，視為違法並撤銷之：1.專斷、反覆無常、自由裁量之濫用或其他違背法律之規定者；2.違反憲法之權利、權力或豁免權者；3.法律之管轄、權限或限制之逾越，或欠缺法律上之權利者；4.未遵守法定之程序者；5.基於機關聽證紀錄而審查之案件，欠缺實質證據之支持者。準此，司法審查可就行政機關法律錯誤所為之行為宣告違法而撤銷之。對行政機關所為之事實認定，法院得根據該主管機關對系爭事實所依憑之證據做審查標準，如不符實質證據要求者，可以判決推翻之。

此外，立法機關授權行政機關自由裁量的行政行為，如有法律可以適用，法院亦得就：（一）是否與法律授權相符？（二）是否有證據支持？（三）是否與行政政策相符？（四）是否遵行必要之行政規則？以及（五）是否合乎公平和公開程序等要件，加以審查該裁量行為是否專斷、反覆無常、或濫用裁量。是以公法學者梅智（L. Mainzer）在〈政治官僚〉（Political Bureaucracy）一文中認為：「行政法上之正當程序，即正式被法院接受之合理程序」[45]。由此可見，司法之事後審查與救濟負有行

---

[44] John Dickinson, op. cit., p. 38.

[45] George E. Bekkley, The Craft of Public Administration (Boston: Allyn and Bacon, Inc., 2004), p. 369.

政程序之「警察責任」，爲正當程序之核心，對民權保障之貢獻甚大，亦爲行政程序法之法理淵源之一。

# 第三章 ┃ 我國行政程序法之立法沿革與原則

## 第一節　行政程序法之研擬及立法過程

### 第一項　制定行政程序法之必要性

　　現在民主法治國家，莫不致力於行政程序法法典化，在歐陸法系國家，如奧國於1925年制定「普通行政程序法」；瑞士於1965年制定「行政程序法」；德國於1976年制定「行政程序法」。在英美法系方面，如美國於1946年公布施行「聯邦行政程序法」。在亞洲國家方面，日本於1964年曾研擬「行政手續法草案」，幾經變革，終於1993年11月12日公布「行政手續法」。儘管各國行政程序法所規定之內容、範圍等，均有差異，但顯然行政程序法之制定，已經是民主法治國家的一種共同趨勢。我國行政法學界為順應世界的主流趨勢，乃積極參與行政程序法之研擬及協助制定，希望能迎頭趕上，造福全民。

　　我國最早在行政法領域中有系統的論述行政程序法之理論，介紹分析各國法制，並強調行政程序法典化之重要性者，為已故台灣大學林紀東教授，爾後許多行政法學者亦紛紛撰文表明行政程序法在民主國家之功能，以及在確保法治行政中之重要性，茲列舉數位名教授之看法如下：

　　（一）林紀東教授謂：「行政程序法制定具有保護人民的權利，增加行政的效率，亦可藉此擴大政治參與，以發揮民主政治的精神等功能，為現代民主國家必不可少的法律」[1]。

　　（二）張劍寒教授謂：「國家欲健全法治，進行行政革新，行政程序法之制定至為重要」、「行政程序法為民主國家行政法現代化之表徵，

---

[1]　林紀東，行政法（台北：三民書局，1994年11月），頁462。

不僅可保障人民之權益，且可增進行政效能，復能維護政治之公道」[2]、「行政程序法一方面是防止行政權之越軌，另一方面是指導行政權之睿智運用」[3]。

（三）翁岳生教授謂：「行政手續法在確保個人在行政手續上之法律地位方面，具有重大意義」、「行政手續法之頒布實施，不但使德國之法治基礎，更深更厚，國權因而更加鞏固，人民之權利亦得到適切之保障」[4]。

（四）吳庚教授謂：「一國法治程度實可以行政程序法之有無制定來衡量」、「行政程序法是有1.貫徹依法行政；2.維持處分之正確性；3.提供人民參與決策之機會；4.代替行政爭訟程序；5.保障人民權益等功能」[5]。

（五）古登美教授謂：「制定統一之行政程序法爲實現民主，配合現代行政之必然趨勢」[6]。

（六）城仲模教授謂：「行政程序法完成立法後，可達成確保依法行政原則，促進人民參與行政之機會，保障人民之權益，促進行政效率等效益，收關政府再造工程之成效」[7]。

此外，值得一提者，乃1995年3月行政院提出「行政程序法草案」，送請立法院審議時，該草案總說明中特別強調「制定行政程序法之必要

---

[2] 林紀東、高崑峰、張劍寒、翁岳生、古登美合著，我國行政程序法之研究（台此：行政院研考會，1981年3月），頁89、247。

[3] 張劍寒，「由憲政思潮看現代行政」，憲政思潮，第9期（1970年1月），頁194。

[4] 翁岳生，行政法與現代法治國家（台北：台大法學叢書編輯委員會，1990年9月），頁257。

[5] 吳庚，行政法之理論與實用（台北：自印本，2003年8月），頁524至527。

[6] 古登美，「從日本1983年行政程序法草案論行政程序法之法典化」，社會科學論叢，第34卷（1986年6月），頁145。

[7] 城仲模，「行政程序法重要內容及因應措施報告」，法務部城部長仲模在行政院第2613次院會專題報告，1999年1月21日。

性」如後：行政程序法係規範行政機關作成行政行爲前應遵行一定程序之法律。現代民主法治國家，莫不致力於統一之行政程序法典，使各行政機關於爲行政行爲之際均能遵循一定之公正、透明之程序，並使人民易於了解。詳言之，行政程序法制定之必要性可歸納其理由如下：

## （一）由確保依法行政而言

依法行政原則係行政法上基本原則，亦爲法治國家之要求，爲確保行政行爲之合法性，必須制定行政程序法，使行政機關得以作成正確之行政決定。

## （二）由人民參與行政而言

現代管理處處需要人民之支持與援助，各種行政行爲須使人民了解，方能推行順利，欲促進其了解，宜將行政行爲之程序，制爲完整之法典。現代行政措施，政府與人民極需融爲一體，而制定行政程序法，實施行政參與，乃使政府與人民融爲一體之有效重要方法。

## （三）由保護人民權利而言

行政實體法，固與人民權利息息相關，行政程序法，與人民之權利，亦有重大之關係。爲防止公務員恣意之行爲，保護人民之權利，實有制定行政程序法，以資遵循之必要。

## （四）由促進行政效率而言

欲使行政行爲，達到迅速簡單經濟之目的，固有多種方法，而規定行政行爲之一般準則，使其有一定軌道可循，以免因分歧、錯雜、凌亂，而流於遲鈍與繁瑣，實爲重要之點，故欲各種行政行爲，能在整齊劃一之程序下爲之，以增加行政效率，實有制定行政程序法之必要。尤以我國向無統一之行政程序法，各種行政行爲之程序，或無規定，或散落於各行政法規，各方基於民主化、公正化、透明化等考量，咸認有制定統一法典之必要。目前我國正在積極從事法治建設，爲順應輿情，符合民主法治理念，乃參酌各國立法例或草案，研擬制定本法[8]。

---

[8]　立法院，第3屆第6會期第12次會議，「立法院議案關係文書」，院總字第1584號

## 第二項　行政程序法之研擬經過

　　我國程序法體系之成立與發展，深受「重視實體規範，輕視程序規定」之大陸法系思想影響，先發展事後救濟程序法制，晚近才積極研究發展事前程序法制，例如：行政院研考會早於1974年即委託台灣大學林紀東教授組設專案小組對行政程序法問題進行比較研究，並草擬我國行政程序法草案。至1979年先後完成「各國行政程序法比較研究」及「我國行政程序法之研究」兩項報告，尤其初步草擬研究條文共93條，分總則、行政規章、行政處分、行政救濟四章，為我國未來行政程序法典的立法奠定良好基礎。

　　惟時隔十餘年，因為國內外行政程序之發展已有大幅改變，同時台灣近年來由於社會急速變遷，人民權利意識高漲，衍生許多社會問題，例如勞工、環保等。而此等社會問題之解決均與行政機關之行政程序有密切之關係，故1989年9月，行政院經建會乃委託台灣大學法律研究所翁岳生教授組成「行政程序法之研究」專題研究小組，執行專題研究計畫，於1990年12月完成報告，並提出行政程序法草案，分總則、行政處分、行政契約、法規命令與行政規則、行政計畫、行政指導、陳情、附則等共八章，計145條。並附有研究報告：「美國行政程序法概要」、「德國聯邦行政程序法最新發展」、「日本1989年行政手續法綱要案之研究」、「行政程序法與一般法律原則」、「行政機關若干基本問題之研究」、「行政程序法的資訊公開」、「論行政處分」、「行政契約法概要」、「行政立法程序之研究──美國行政程序法本土化應用之嘗試」、「論行政計畫之確定程序」、「試論日本行政指導」、「行政程序法中程序性規定之建構原則」等十二篇，暨附錄行政程序法草案初稿、行政程序法草案第一次及第二次座談會會議紀錄、問題之回應、及日本行政手續法要綱案（1989年）等資料，為嗣後國內研究行政程序法及起草本法之重要文獻之一[9]。

---

（1998年9月29日），頁348至349。

[9]　行政院經建會委託國立台灣大學法律學研究所教授翁岳生主持專題研究計畫，該研究

## 第三項　行政程序法之立法過程

　　上述研究草案引起政府及立委的注意，當研考會版草案尚未正式提出時（1990年年底才正式提出），行政院就要法務部負責起草行政程序法，法務部遂於1990年4月起，聘任行政法學者與有關機關之代表共十六名，組成「行政程序法研究制定委員會」，以過去兩次草案爲基礎，將上述兩個草案一併討論，進行研擬工作，於1993年年底完成草案定稿。開始時每一條條文都有註明是台大版草案第幾條、或研考會版草案第幾條。最後提出之草案共有172條，分爲七章，其章名分別爲總則（另分十一節）、法規命令、行政處分（另分三節）、行政契約、行政計畫、行政指導、與陳情[10]。

　　草案提出後，行政院有意見，認爲理想過高，沒有辦法接受，就刪除部分條文，法務部遂於1995年3月提出新版本的行政程序法草案，其中行政計畫、行政指導、陳情等部分均被刪除，剩下135條條文。總則以外，只有行政處分與行政契約保留下來。這就是行政院提到立法院的行政程序法草案。

　　實際上在行政院未提案前，已有立委陳婉眞等二十四人，於1993年4月，提出行政程序法草案（即經建會委託研究版本）；於1994年，立委吳東昇等二十人提出法務部早先草擬之草案（即以經建會版本爲基礎而研擬出的草案）；嗣後行政院修改法務部的版本，於1995年提出新版本函請審議。此時共有三個草案，謝啓大委員邀請學者、專家協助，整理出一整合案，成爲法制等聯席委員會於1998年5月7日審查通過的法案，條文較行政院版草案多一點，將法規命令、行政指導、陳情等部分亦納入行政程序

---

　　　小組發表「行政程序法之研究」一文，由經建會健全經社法規工作小組編印（1990年12月），頁3至10。

[10]　翁岳生，「行政程序法過程與展望」，收錄於國立台灣大學法律學系編，行政程序法草案研究論文集（1999年2月），頁4。

法，行政計畫則未採納[11]。嗣立法院於1999年1月15日完成三讀程序，又將行政計畫列入，明定自2000年1月1日施行，1999年2月3日由總統正式公布。

行政程序法嗣經修正六次，即於2000年12月27日總統公布增訂第174條之1條文，2001年5月20日總統公布修正第174條之1條文，2001年12月2日總統再公布修正第174條之1條文；2005年12月28日總統公布刪除第44、45條條文：2013年5月22日總統公布修正第131條條文；2015年12月30日總統公布修正第127條及第175條條文。

# 第二節　行政程序法之立法原則

我國行政程序法共分八章，第一章總則、第二章行政處分、第三章行政契約、第四章法規命令及行政規則、第五章行政計畫、第六章行政指導、第七章陳情、第八章附則，計175條，其內容係將外國學說理論及數十年來我國有關行政程序的司法判例，解釋變成統一的成文法典，對於我國行政法制的現代化與合理化革新，具有劃時代的意義。茲分別說明本法之立法原則如下[12]：

## 一、以規範公權力行政為原則

制定行政程序法之目的，即在於對行政機關行使公權力影響人民權利義務之過程給予必要之規範，使行政行為遵循公正與民主之程序，以保障人民權益，貫徹依法行政，提高行政效能，故其規範範圍，以行政機關行使公權力之行為為限。爰依行政行為之種類，分別就行政處分、行政契約設專章予以規定。

---

[11] 同前註，頁6。

[12] 立法院，前揭文書，頁350至352。本法立法原則係1995年5月25日法務部部長馬英九在立法院法制、內政及邊政、司法委員會聯席會議之口頭補充說明。

## 二、職權進行主義

行政程序之發動及終結，原則上由行政機關依職權決定之，不受當事人意思之拘束。行政程序與訴訟程序不同，並無所謂不告不理之限制，多數情形均屬由行政機關發動程序，尤其以負擔處分及行政罰之處分爲然。但行政機關依法規有開始行政程序之義務，或須當事人申請方得開始行政程序者，是爲例外。

## 三、職權調查原則

行政行爲之合法性與人民權益之保障，以行政機關能充分掌握正確之事實爲前提，除法律特別規定外，應依職權調查事實，不受當事人陳述或提出證據之拘束。基於職權調查之必要，行政機關得採取通知相關人員到場陳述、要求當事人或其他提出物證、選定適當人爲鑑定或實施勘驗等調查方法。當事人亦得自行提出證據或申請調查證據。此外，行政機關對當事人有利或不利之事項，均應注意，盡其調查之能事；於作爲行政行爲時，應斟酌全部陳述及調查證據之結果，依客觀的論理法則及經驗法則判斷事實之眞僞。

## 四、當事人參與之原則

所謂參與原則，指有權參與行政決定的作出過程，並且影響決定的內容。爲確保行政程序符合公正、公開與民主之要求，應規定當事人參與之權利與責任。

就當事人參與之權利而言，一方面規定當事人陳述意見及參與聽證之原則，另一方面規定當事人閱覽卷宗之權益。詳言之，在不影響行政效能與公益之前提下，應給予當事人以口頭或書面陳述意見之機會，尤其行政機關對人民作成行政處分前，更應踐行。但給予當事人陳述意見之機會，尚屬非正式的聽證程序，對人民權益之保障未臻周延，故有另訂正式的聽證程序之必要，並就行政機關應舉行聽證之情形詳加規定，例如：法規明文應舉行聽證或行政機關作成行政處分前，認爲有舉行聽證之必要等。本法之聽證程序原則上採言詞公開之方式，詳細規定其各項程序，並應作成

聽證紀錄。再者，爲當事人於行政程序進行中能適時主張其權益，亦應賦予當事人閱覽卷宗之權利，行政機關原則上不得拒絕，以示公平。

就當事人參與責任而言，爲確保行政行爲之合法性與正確性，宜規定當事人參與行政程序之責任，例如：到場陳述、提供物證、接受鑑定或勘驗等責任。但基於期待可能性之合理考量，此項責任，尚非義務，故當事人如違反此項參與責任，在行政程序上尚不能強制執行，必須各個法律基於實際需要特別規定當事人有參與之義務，始得依相關法律規定予以強制執行。惟當事人可能因違反參與之責任，於事實認定或法律判斷上遭受對其不利之結果。

## 五、兼顧行政效能之原則

行政程序之目的不僅在於保障人民權利，亦應兼顧行政效能，故各國立法例對於行政程序之規定，均明示或默示應儘量符合目的、迅速及節省勞費之方式行之（奧國一般行政程序法第37條第2項、德國行政程序法第10條）；對於行政程序之方式，採非正式原則，僅限於行政程序法或其他法律有明文規定之事件，行政機關始有義務踐行正式程序或方式。本法亦從之，於保障人民權益與促進行政效能間，力求平衡，例如：行政處分除法規另有要式之規定外，得以書面、言詞或其他方式爲之；有嚴重妨礙正常職務進行者，行政機關得拒絕閱覽卷宗等等。但對於關係人民權益較鉅之事實，仍明定其正式程序或方式，例如上述應舉行聽證之規定；書面處分應記載一定事項等是。

## 六、兼顧行政實體法之原則

如將行政法區分爲「行政實體法」與「行政程序法」，則所謂行政程序法，應僅限於實現行政實體法上權利義務之程序法。但有鑑於行政實體法與行政程序法有密切關聯，且行政實體法理論複雜，學說不一，實務見解亦有分歧，目前正在繼續發展中，現階段尚難完成行政實體法總則部分之法典化，故於著手行政程序法之法典化時，並將行政實體法之部分原理納入其中，可使行政程序法更具確保民主、法治之功能，基於此，本法

乃兼設行政實體法之規定，例如：於第二章中詳細規定行政處分之法理，包括附款之容許性、種類與限制、行政處分之無效、撤銷、廢止與信賴保護補償制度、公法上不當得利、時效制度等。又於第三章中詳細規定行政契約之法理，包括行政契約容許締結之原則、特別成立與生效要件、無效原因、情事變更原則、行政機關單方調整與終止權、約定自願接受強制執行、損失補償等。

# 第三節　行政程序法實踐正當法律程序之概觀

## 第一項　正當法律程序之意義

### 一、正當法律程序之概念

「正當法律程序」（due process of law），亦即法律程序必須符合正當之謂，此乃國家與國民之關係的基本原則，與人權有密切關係之重要法理[13]。所謂「正當性」就社會學之定義是指：在一定的容忍範圍，對於內容尚未完全確定之決定，一般的願予接受之情況。而「正當化」則是確認其正當性，是一種接受決定之意識。「透過程序的正當化」則意指：使有關之人得參與程序，於程序中發揮一定之作用，藉以提高此等意願[14]。因此，理性而公正的行政程序是行政活動結果正當化的主要途徑。正當法律程序是一個國家是否尊重人權的重要指標，是法治國家對人民應盡的義務。正當法律程序的價值，在於個人尊嚴之尊重與最低限度的公正。

### 二、正當法律程序概念的形成

正當法律程序概念的形成，可溯至1215年英國之大憲章第39條英王約翰不隨意拘捕的承諾，及自然正義之法理，此原係對司法審判程序所定規範，經由美國將正當法律程序入憲後，正當法律程序逐漸擴大適用至各

---

[13]　謝瑞智，活用憲法大辭典（台北：文笙書局，2000年11月），頁246。

[14]　Karl Larenz著，陳愛娥等譯，法學方法論（台北：五南圖書，2013年8月），頁91。

項行政法之領域。至於行政程序正當性標準至少包括：

（一）相對人的程序性權利是否在行政程序中受到承認和保障，這是行政程序正當與否的前提標準。

（二）行政機關的權力與行爲是否受到行政程序控制，這是行政程序正當與否的核心。

（三）行政效率的考慮是否建立在合理基礎上，這是行政程序正當與否的關鍵。

（四）能否確保行政機關從相對人實體權利角度來考慮問題，是行政程序正當與否的最終標準[15]。

　　美國制憲時，師承英國大憲章及自然正義之觀念，於聯邦憲法增修條文第5條及第14條中二度提到「不得未經正當法律程序，即剝奪任何人之生命、自由或財產。」至於何謂「正當法律程序」，憲法並無明文規定，政府必須根據已確立的程序上慣例與方式，及法院依具體案件所做的判決意旨來行事，一般而言，所謂程序上的正當法律程序，無非是程序公正的最低要求，並提供法院作爲判斷法律程序是否正當的指導方針而已，包括如下：[16]

（一）政府對人民權利加以干涉時，必須有管轄權且公正無私。

（二）擬議行動及所主張依據之通知。

（三）說明爲何不採取擬議行動之理由。

（四）提出證物的權利，包括傳喚證人的權利。

（五）知道反方證據的權利。

（六）交互詰問的權利。

（七）完全依據所提出之證據做裁決。

---

[15] 孫笑俠，法律對行政的控制——現代行政法的法理解釋（濟南：山東人民出版社，2000年1月），頁229至231。

[16] Richard J. Pierce, Sidney A. Shapiro and Paul R. Verkuil, Afminitrative Law and Process (New York: The Foundation Press, Inc., 2014), p. 255.

（八）聘請律師協助的權利。

（九）法庭必須準備已提出證據之紀錄。

（十）法庭必須準備事實發現及決定理由之書面說明。

歸納前述之正當法律程序，至少包括：

1. 程序無偏私地對待當事人。

2. 在行使權力可能對當事人權利義務產生不利影響時，必須提供某種形式的表達意見和為自己利益辨護的機會。

3. 說明理由。

美國程序上正當法律程序，適用的對象主要包括司法程序及行政程序。其廣泛之意義是：人民在政府限制其自由權利前有請求聽證的權利等被賦予的程序保障之總稱。

另外，對未為憲法明文規定之各種重要基本權利的保障，稱為「實質上之正當程序」，如隱私權或墮胎等社會權因人權章典未加規定，乃依實質的正當程序而受到保障，美國憲法增修條文第9條規定：「不得因本憲法中列舉某種權利，而認為人民所保留之其他權利可以被取消或輕忽」。實質正當程序的法理，尤其在解釋未有法律明確規定之人權上，具有默示的含意推定之作用[17]。

## 第二項　我國正當法律程序之憲法基礎

### 一、我國憲法第8條之規定

我國憲法並無類似美國憲法增修條文第5條及第14條之明文規定。因此，正當法律程序在我國憲法上之基礎何在，乃成為學界探討之課題之一。

我國憲法關於程序上正當法律程序的概念，係衍出於憲法第8條規定：人民身體之自由應予保障，除現行犯之逮捕由法律另定外，非經司法

---

17　謝瑞智，前揭書，頁246。

或警察機關「依法定程序」之逮捕、拘禁、審問、處罰，得拒絕之。前揭條文強調須依「法定程序」，才能限制或剝奪人民身體的自由。至於「法定程序」是什麼內涵，條文並未指明。

## 二、司法院之主要解釋

正當法律程序在我國司法審查上之運用則始於1995年司法院釋字第384號。嗣後大法官將原來僅適用於限制人身自由的正當程序保障，逐步擴張適用於其他領域，包括行政處分程序。其中與行政程序法密切相關且最重要者包括釋字第491號、第520號、第709號解釋等，茲須特別說明如後。

### （一）釋字第384號

釋字第384號謂：憲法第8條所稱依法定程序，係指凡限制人民身體自由之處置，不問其是否屬於刑事被告之身分，國家機關所依據之程序，須以法律規定，其內容更須實質正當，並符合憲法第23條所定相關之條件。檢肅流氓條例第6條及第7條授權警察機關得逕行強制人民到案，無須踐行必要之司法程序；第12條關於秘密證人制度，剝奪被移送裁定人與證人對質詰問之權利，並妨礙法院發見真實；第21條規定使受刑之宣告及執行者，無論有無特別預防之必要，有再受感訓處分而喪失身體自由之虞，均逾越必要程度，欠缺實質正當，與憲法意旨不符。準此，我國司法解釋認定，正當法律程序之適用，由憲法第8條出發，且僅限於人民身體自由之保障，此與美國聯邦最高法院所論正當法律程序係保障人民自由權利之本旨相一致[18]。

再者，解釋理由書中指明：「檢肅流氓條例上開規定，縱有防止妨礙他人自由，維護社會秩序之用意，亦已逾越必要程序欠缺實質正當」。換言之，法律所定內容欠缺正當性，其範圍似與憲法第23條所定比例原則相當，並相當於美國聯邦最高法院對正當法律程序實質正當中，所採手段與

---

[18] 郭介恆，「正當法律程序——美國法制之比較研究」，收錄於城仲模教授六秩華誕祝壽論文集，憲法體制與法治行政，第2冊（台北：三民書局，1998年8月），頁155。

所欲達成目的間須有相當合理關聯之論證相符[19]。由此可見，釋字第384號解釋提出正當法律程序之程序正當及實質正當，違憲規範之審查具有正面之意義，惟在適用上仍限於刑事程序，且未明確界定程序正當及實質正當之適用範圍。

### （二）釋字第491號

釋字第491號解釋文謂：「對於公務人員之免職處分既係限制憲法保障人民服公職之權利，自應踐行正當法律程序，諸如作成處分應經機關內部組成立場公正之委員會決議，處分前並應給予受處分人陳述及申辯之機會，處分書應附記理由，並表明救濟方法、期間及受理機關等，設立相關制度予以保障」。上述解釋實際上限縮了行政程序法第3條第3項第7款：「對公務員所為之人事行政行為」，不適用本法的程序規定。因為免職處分本是人事行政行為的一種。如果說，行政程序法第3條第3項是把本法適用範圍挖了個洞的話，那麼司法院釋字第491號就是就這個洞做了部分回填。今後人事行政行為將不包括依公務人員考績法所為的「專案考績免職」[20]。更值得注意者，乃本件解釋宣示之專案考績免職正當程序較行政程序法所定「正當行政程序」猶有過之[21]。

### （三）釋字第520號

行政院決議停止興建核能四廠適用憲法疑義聲請解釋乙案，司法院大法官於2001年1月15日作成釋字第520號解釋理由中揭示「蓋基於法治國原則，縱令實質正當亦不可取代程序合法」。基此，鄭重揭示了「程序優先」（procedural primay）之重要性。

### （四）釋字第709號

司法院於2013年4月26日公布釋字第709號，其解釋文謂：「都市更

---

[19] 同前註，頁156。

[20] 台北市政府訴願審議委員會編，訴願程序與行政程序相關要論暨法令選輯（2000年7月），頁61。

[21] 湯德宗，行政程序法論（台北：元照出版公司，2000年10月），頁163。

新條例第10條第1項有關主管機關核准都市更新事業概要之程序規定，未設置適當組織以審議都市更新事業概要，且未確保利害關係人知悉相關資訊及適時陳述意見之機會，與憲法要求之正當行政程序不符。都市更新條例第19條第3項、第4項規定，並未要求主管機關應將該計畫相關資訊，對更新單元內申請人以外之其他土地及合法建築物所有權人分別為送達，且未規定由主管機關以公開方式舉辦聽證，使利害關係人得到場以言詞為意見之陳述及論辯後，斟酌全部聽證紀錄，說明採納及不採納之理由作成核定，連同已核定之都市更新事業計畫，分別送達更新單元內各土地及合法建築物所有權人、他項權利人、囑託限制登記機關及預告登記請求權人，亦不符憲法要求之正當行政程序。上開規定均有違憲法保障人民財產權與居住自由之意旨。相關機關應依本解釋意旨就上開違憲部分，於本解釋公布之日起一年內檢討修正，逾期未完成者，該部分規定失其效力」。

　　解釋理由書第四段進一步闡述謂：「都市更新事業計畫之核定，限制人民財產權及居住自由尤其直接、嚴重，本條例並應規定由主管機關以公開方式舉辦聽證，使利害關係人得到場以言詞為意見之陳述及論辯後，斟酌全部聽證紀錄，說明採納及不採納之理由作成核定，始無違於憲法保障人民財產權及居住自由之意旨」。

　　此外，解釋理由書第七段再強調說：「都市更新條例第19條第3項、第4項所規定之舉辦公聽會及由利害關係人向主管機關提出意見，亦僅供主管機關參考審議，並非由主管機關以公開方式舉辦聽證，使利害關係人得到場以言詞為意見之陳述及論辯後，斟酌全部聽證紀錄，說明採納及不採納之理由作成核定，連同已核定之都市更新事業計畫，分別送達更新單元內各土地及合法建築物所有權人、他項權利人、囑託限制登記機關及預告登記請求權人。凡此均與前述憲法要求之正當行政程序不符，有違憲法保障人民財產權與居住自由之意旨」。

　　可見聽證為落實正當法律程序重要關鍵，基此，大法官首度以前揭解釋宣告，都市更新事業計畫之核定，應透過正式聽證程序作成行政處分，即由主管機關以公開方式舉辦聽證，使利害關係人得到場以言詞為意見之陳述及論辯後，斟酌全部聽證紀錄，說明採納及不採納之理由作成核定。

## （五）釋字第739號

獎勵土地所有權人辦理市地重劃辦法關於主管機關核准實施重劃計畫之程序，未要求主管機關應設置適當組織為審議、將重劃計畫相關資訊分別送達重劃範圍內申請人以外之其他土地所有權人，及以公開方式舉辦聽證，使利害關係人得到場以言詞為意見之陳述及論辯後，斟酌全部聽證紀錄，說明採納及不採納之理由作成核定，連同已核准之市地重劃計畫，分別送達重劃範圍內各土地所有權人及他項權利人等，均不符憲法要求之正當行政程序，有違憲法保障人民財產權與居住自由之意旨，相關機關應依本解釋意旨，於本解釋公布之日起一年內檢討修正，逾期未完成者，該部分規定失其效力。

## 第三項　我國行政程序法有關正當法律程序之架構

正當法律程序不只是一個被衡量的權利保障，更是一種用來調和各種價值理念的制度。正當法律程序之原則在行政程序上，要求行政機關作成行政決定前必須遵守公正作為義務，且必須踐行公正告知、聽證或給予意見陳述機會、及說明理由等程序[22]。我國行政程序法自不例外，茲略述其有關正當法律程序之架構如下：

### 一、公正作為義務

公正即公平正義，包括以下二含義：

### （一）實體上的公正

即行政機關應當準確認定事實，正確適用法律，使處理結論與案件的事實情節相適應。

---

[22] 行政程序法之正當程序之基本制度概括為聽證、教示、辯論、代理、迴避和時效制度，其基本設計為：1.行政機關進行取證的義務：相對人聽證權；2.行政機關告知信息的義務：相對人知情權；3.行政機關兼聽意見的義務：相對人的辯論權；4.行政機關排除偏見的義務：相對人申請迴避權。參閱孫笑俠，法的現象與觀念（濟南：山東人民出版社，2001年4月），頁234。

### (二) 程序上的公正

與行政機關應當公平地對待各方當事人，程序上公正表現不偏不倚，合乎比例原則及信賴保護原則[23]。

人民對於行政機關的決策應該有基本公正的期待，機關公正作為的義務，在行政程序法上表現有組織適法、迴避與片面接觸之禁止等三方面：

#### 1. 組織適法

合法組織係行政機關之基本義務。組織適法的要件，可以從本法第114條的反面解釋得知，這應該是公正作為的基本要求。實務上對於合議制機關組成不合法之決定均認為該決定難謂適法，均構成得撤銷之原因。第114條第1項明定應參與行政處分作成之委員會已於事後作為決議者。僅得於訴願程序終結前為之，得不經訴願程序者，僅得於向行政法院起訴前為之。而組織不合法所做之決定應由行政機關反證證明，經事後補正之組織瑕疵所做之對實體決定之合法性已不生影響，否則應屬違法之處分。

#### 2. 迴避

「公正」與「公平」是源自英國自然正義原則的兩大要求，本法第一章第四節「迴避」規定即是基於「公正」要求予以法制化的，其內容包括：

(1)迴避之事由：為避免利益衝突及存在偏見，本法規定公務員應自行迴避之情形（第32條）。

(2)迴避之方式：分成應自行迴避，當事人得申請迴避，及由該公務員所屬機關依職權命其迴避等三種方式（第32、33條）。

#### 3. 禁止片面接觸

按禁止片面接觸的原則，即有事必須請兩造當事人都來談，不能私下片面接觸，因為一旦有程序外接觸，另造當事人知道了，即很難相信程序是公正的。因此，除非職務上有必要，不得與當事人或代表其利益之人為行政程序外之片面接觸。如已接觸，應將所有片面接觸往來之書面文件附

---

[23] 應松年，比較行政程序法（北京：中國法制出版社，1999年1月），頁69。

卷，並對其他當事人公開（第47條）。

## 二、公正告知

行政機關通過公開行使行政權力的依據，說明所作決定的理由，滿足公眾知的權利，增強行政的透明度，體現了行政的民主。此外，行政程序之當事人或利害關係人，有即時獲悉與其利害攸關之事實及決定之權利。沒有預先告知，即令人發生失權的效果，相對人自然不服。爲維護前述「受告知權」[24]。本法對告知的類型及告知方式詳爲規範。

### （一）告知的類型

告知，依時點及作用區分，可分成下列三種：

#### 1. 事前之告知

簡稱「預告」，即行政機關在作成終局決定前所爲之告知，俾給予相對人合理期間準備，及時採取程序行爲。例如調查事實時通知相關人陳述意見（第39條）；舉行聽證前，應書面通知當事人及其他已知之利害關係人（第55條）；限制或剝奪行政處分作成前應以書面通知相關人陳述意見（第102條及104條）。

#### 2. 決定及理由之告知

又稱爲「事後告知」，即行政機關作成終局行政決定後，將其決定告知程序當事人或利害關係人，其目的在使當事人或關係人，明白行政決定的內容，並依告知的內容對其發生效力。例如行政處分或其他行政行爲決定及理由告知（第43條）；書面處分應送達，書面以外應以適當方式通知或使其知悉（第100條）；依送達、通知或使其知悉之內容對其發生法律效力（第110條1項）。

#### 3. 救濟途徑之教示

書面行政處分應記載事項包括救濟途徑之教示（第96條第1項第6款）。

---

[24] 同前註，頁19。

### （二）告知方式

#### 1.通　知

以口頭使其知悉，書面或其他適當方法通知（第110條第1項）；通知第三人參加為當事人（第23條）；通知鑑定人到場說明（第41條第2項）；勘驗時應通知當事人到場（第42條第2項）

#### 2.書面通知

調查事實及證據時、書面通知相關人陳述意見（第39條）；指定、更換或指定當事人時，以書面通知全體有共同利益之當事人（第30條第2項）；書面通知相對人及已知之利害關係陳述意見（第102條、第104條等）。

#### 3.送　達

分自行送達、郵務送達、補充送達、留置送達、寄存送達、囑託送達、公示送達等方式，於總則第九節詳細規範（第67條至第91條）。

#### 4.公　告

對不特定人所為之告知，包括：管轄權限變更公告（第11條）；權限委任或委託公告（第15條）；對不特定人之送達，得以公告代替（第75條）；一般處分公告（第110條）。

#### 5.刊登政府公報或新聞紙

(1)應刊登者：包括權限之委任或委託（第15條）；委託民間辦理（第16條）；應舉辦聽證之公告（第55條第2項）；法規命令之發布（第157條）；裁量基準及解釋令函之行政規則之發布（第160條第2項）。

(2)得刊登者：包括對不特定人之送達（第75條）；一般處分之送達（第100條第2項）。

## 三、陳述意見及聽證

陳述意見及聽證都是保障人民「聽證權」（right to be heard; right to hearing）的重要程序，而屬於廣義的「聽證程序」之一環。本法第一章總則中第十節對「聽證程序」有一般性之規定外，第二章第二節再進一步規定的「陳述意見與聽證」，主要係保障「不利益處分」之相對人於處分

前，能有參與表達意見之機會。

### （一）陳述意見

以書面或言詞陳述意見之機會（第39條、第102條、第104條、第105條、第106條）。

### （二）正式聽證

包括作成行政處分前，依法應舉行聽證，或行政機關認為有舉行聽證之必要者（第107條）；訂定法規命令得依職權舉行聽證（第155條）；訂定法規命令依法應舉行聽證（第156條）；行政計畫之確定裁決應經公開及聽證程序（第164條）。

## 四、說明理由義務

為使行政決策合理化，本法除於總則章第43條明定：「行政機關為處分或其他行政行為，應斟酌全部陳述與調查事實及證據之結果，依論理及經驗法則判斷事實之真偽，並將其決定及理由告知當事人」外，並於各章明定行政決定應「記明理由」，例如第二章「行政處分」中第96條第1項第2款、及第97條、第三章「行政契約」中第147條第3項、及第六章「行政指導」中第167條第1項等均有規定有關說明理由為行政應作為之義務。

# 第四節　行政程序法與其他公法之關係

## 第一項　行政程序法與行政罰法之關係

行政程序法係規範行政機關行政行為之普通法，而行政罰法係針對行政罰裁處之專法，行政罰法所規範的行政罰之裁處，性質上為行政處分之一種，故應適用行政程序法第一章總則及第二章行政處分之規定。惟行政罰法基於裁處程序所設特別規定，應優先於行政程序法適用。故行政罰法中有關行政罰裁處之行政程序規定，實為行政程序法之特別規定，應優先適用。

## 第二項　行政程序法與行政執行法之關係

　　行政執行法規範之行政執行種類，包括本於法令的行政處分之間接強制、直接強制、公法上金錢給付義務不履行之強制，及直接本於法令之即時強制、直接執行等。

　　行政執行之採行屬於程序規定，除適用行政執行法程序規定外，仍須遵守行政程序法相關之規定。因此，就此觀點而言，其屬行政程序之一部分。但就本質而言，行政執行法的行政執行仍與行政程序法所規定行政程序有所不同。前者是指行政處分頒布後，人民負有公法上履行義務，限期仍不履行，所採之強制手段，所強調的是「行政處分頒布後之強制執行」。後者原則上是指，行政處分頒布前行政機關應遵守之程序，主要著重在「行政處分」的頒布上，而非在於強制執行上[25]。

　　然而，行政強制執行之措施，通常帶有貫徹法律上之要求或禁止規定之意旨，其外表上雖以「事實行為」為之，惟實務上寓有規制之作用，故亦屬行政程序法第92條第1項所定之「公權力措施」，而為行政處分，此種情形最常見於警察行政。

　　再者，行政程序法第100條「書面以外之行政處分，應以其他適當方法通知或使知悉」；及第103條第4款「行政強制執行時所採取之各種處置，無須給予陳述意見之機會」等規定，即針對行政強制執行之措施而來。

## 第三項　行政程序法與訴願法之關係

　　訴願程序係由行政機關進行審理決定，依行政程序法第2條第1項之規定，本法所稱之行政程序包括機關作成行政處分之程序。而訴願決定亦屬行政處分之一種，故訴願機關作成訴願決定之行為，應無須將其排除於

---

[25] 蔡震榮，行政執行法（台北：元照出版公司，2013年11月），頁10。

行政程序之外[26]。且依我國行政程序法第109條之規定，不服經聽證作成之行政處分者，在提起行政救濟時，得免除訴願及其先行程序。由此種行政程序可以取代訴願程序規定可以得知，訴願程序應亦具行政程序性質，且訴願法爲行政程序法之特別法，因此，訴願法之程序保障規定，若較行政程序法上之一般程序保障規範爲低者，甚至訴願法上未有之程序規範，皆應準用行政程序法上關於總則之規定、作成行政處分之程序之規定。

訴願程序作爲行政救濟制度之一環，具有確保人民之權利或利益免於遭受違法或不當侵犯之功能。訴願審理機關對於系爭行政處分進行廣泛的事後審查，包括合法性及合目的性之審查，原則上並得取代原處分機關之地位，對於裁量及判斷餘地之問題，自行進行決定。因此，人民在訴願程序可比在行政法院的訴訟程序，獲得更廣泛的救濟。

話雖如此，但從整體程序價值體系言，事前行政程序之理念，當然包括事後救濟程序之理念，因此若事前行政程序越完備充實，事後救濟程序之必要性則降低。因爲事前行政程序係「行政民主化」與「行政之現代化」之必要條件，其民主主義之價值，自絕不低於事後救濟程序之權利利益價值。據此，行政法學發展之長期目標，應著重於事前行政程序法體系之架構，行政實務，亦應以充實事前行政程序爲重心，期待事後救濟程序盡可能爲備而不用之制度[27]。

## 第四項　行政程序法與行政訴訟法之關係

行政程序及行政訴訟皆屬行政法上制度，其間存有某些共通及銜接之處，例如對於人民權利之保護，皆是行政程序與行政訴訟之主要目的。前者係透過在程序上貫徹依法行政，以維持行政行爲結果之正確性，而發揮

---

[26] 洪家殷，「行政程序法與行政救濟之關係」，月旦法學雜誌，第50期（1999年7月），頁76。

[27] 蔡秀卿，「修正後訴願法適用上之課題」，台北市政府訴願審議委員會編印，訴願程序與行政程序相關手續暨法令選輯（2000年7月），頁43。

保障人民權利之作用。而行政訴訟則是當人民之權利受到違法行政行為之侵害時，得請求法院予以排除。以資救濟之制度[28]。因此，此兩種制度所提供保障之方式或時間或有不同，但皆不脫保障人民權利之內涵。此外行政程序及行政訴訟皆是國家藉由程序規範，以確保最後決定正確之手段，只是前者屬行政上之程序，後者則屬於司法之程序。惟既皆屬程序規定，則程序法之重要原理原則即應為二者所共通。如行政處分及行政機關之概念同屬行政程序法及行政訴訟法之概念；行政程序之當事人，原則上也是行政訴訟之當事人；有關卷宗之閱覽，有時也涉及相同的行政處分等。

行政機關依行政程序法作成行政處分後，當事人如經訴願程序後仍有不服即可依行政訟訴法尋求司法救濟；或依行政程序法第109條規定：不服依前條作成之行政處分者（即作成經聽證之行政處分），其行政救濟程序，免除訴願及其先行程序。換言之，相對人或利害關係人不服行政機關作成經聽證之行政處分者，其行政救濟程序，係逕行提起行政訴訟。

行政法院根據憲法有關人民權利保障或正當程序之規定，對行政處分之合法性就其事實上及法律上關係之全部範圍，進行司法審查，使人民權利不至成為空洞之物[29]，故行政法院在行政程序中肩負了「警察責任」。當行政法院積極發揮糾正違法行政處分，保障人民權利功能時，必能促使行政程序目的之真正實現。故基於權利保護之觀點，行政程序及行政訴訟之間，存有一種互動關係。詳言之，當行政程序對人民權利之保護越為周到時，則行政法院對行政之控制就越不迫切。相對的，若已建立之行政法院體系能充分地顯示權利保障之功能時，行政程序之權利保障功能亦將退居其次[30]。

---

[28] 洪家殷，前揭文，頁67。

[29] 陳清秀，行政訴訟法，（台北：元照出版公司，2015年9月），頁52

[30] 洪家殷，前揭文，頁67。

## 第五項　行政程序法與政府採購法之關係

　　就最廣義的行政行為之性質言，行政行為包括了行政機關之公法行為與私法行為，故行政程序法與政府採購法二者均為規範最廣義行政行為之法律。

　　政府採購法，一方面要求公務員依法行政，對公務員不法、不忠之行為加以稽察，申訴審議判斷視為訴願之決定，故具有公法及行政法之性質；他方面規定其採作業之程序，故為程序法；招標之結果與廠商訂立私法契約，明定履約管理一章，足見亦見私法性質。此外罰則之規定，亦為行政刑法之性質，當無疑義[31]。由此可見政府採購法與行政程序法一樣均具公法性質。

　　惟查，行政程序法之規範範圍，係以行政機關行使「公權力」之行為為限。而「政府採購法」則係以政府機關、公立學校、公營事業辦理工程之定作、財物之買受、定製、承租及勞務之委任或僱傭等「私經濟行政」為適用範圍，有關此等採購事項，應依政府採購法及其子法之規定判斷之，似不生行政程序法之適用問題[32]。惟如依法規委託其他團體或個人行使公權力，則為行政契約行為，應適用行政程序法。

## 第六項　行政程序法與地方制度法之關係

　　地方自治團體依地方制度法第2條之規定，為公法人，是一行政主體，具有國家所賦予的統治權——自治權，此一自治權可包含自治組織權、自治行政權、自治立法權、自治財政權等。公法人基本上是達成國家目的而由法律所創設的，因此，具有公權力性質的權限，並服從於國家之特別監督[33]。準此，地方自治團體已完全符合行政程序法第2條有關行政程序與行政機關之定義，故其行政行為應適用行政程序法之規定。

---

[31] 唐國盛，政府採購法法律應用篇（台北：永然文化出版公司，2016年10月），頁36。

[32] 參照法務部2001年3月12日法90律字第002106號函釋

[33] 張正修，地方制度法理論與實用（台北：學林文化公司，2009年7月），頁85。

惟查行政程序法第四章法規命令及行政規則，將法規命令定義爲：「指行政機關基於法律授權，對多數不特定人民就一般事項所作抽象之對外發生法律效果之規定」。而將行政規則定義爲：「指上級機關對下級機關，或長官對屬官，依其權限或職權爲規範機關內部秩序及運作，所爲非直接對外發生法規範效力之一般、抽象之規定」。而排除「職權命令」之規定。前揭情形與地方制度法所規定之地方自治法規體系中自治規則、委辦規則尚得依職權訂定者，似有混淆不清之處，如地方自治法規之訂定是否完全適用行政程序第四章之規範，不無疑義。

至於地方制度法所規定之地方法規與行政程序所定法規之關係，因類別不同而有如下情形：

按地方制度法第25條規定：「直轄市、縣（市）、鄉（鎮、市）得就其自治事項或依法律及上級法規之授權，制定自治法規。自治法規經地方立法機關通過，並由各該行政機關公布者，稱自治條例；自治法規由地方行政機關訂定，並發布或下達者，稱自治規則」。因自治條例之制定應經地方立法機關議決通過。故自治條例非屬本法所定之法規命令或行政規則。從而，地方自治團體於制定自治條例時，自無本法相關規定之適用[34]。

按地方制度法第27條第1項規定：「直轄市政府、縣（市）政府、鄉（鎮、市）公所就其自治事項，得依其法定職權或法律、基於法律授權之法規、自治條例之授權，訂定自治規則」。但行政程序法所稱法規命令，僅指行政機關基於法律授權者而言。準此，地方行政機關依其法定職權訂定之自治規則，應非行政程序法所稱之法規命令。其次，地方行政機關依法律授權訂定之自治規則，如其內容係屬對多數不特定人民就一般事項所作抽象之對外發生法律效果之規定，則爲行政程序法所稱之法規命令。地方行政機關依自治條例授權訂定之自治規則，似非行政程序法所稱之法規命令。

---

[34] 法務部2013年3月6日法律字第0920007530號函釋。

　　機關固然已經沒有什麼空間訂定職權命令，地方行政機關處於垂直和水平結構的雙重角色，卻只有地方制度法規範其組織職權，更只能就中央委辦事項主張概括的傳來立法權；復因憲法對人權保障採取的法律保留原則越趨嚴格，使得憲法保障的地方自治，不但未給職權命令創造特別的合憲存在空間，反而使其受到更大的擠壓。從這個角度看，行政程序法對行政命令體系的重建，並統一適用於中央與地方，應可認為已正確回應了憲法的發展，故未來合理的調整，應該是刪除地方制度法中有關職權命令的部分，進一步簡化自治法規的類型[35]。

## 第七項　行政程序法與政府資訊公開法之關係

　　政府資訊公開法係為建立政府資訊公開制度，便利人民共享及公平利用政府資訊，保障人民知的權利，增進人民對公共事務之了解、信賴及監督，並促進民主參與而制定，復依同法第3條規定：「本法所稱政府資訊，指政府機關於職權範圍內作成或取得而存在於文書、圖畫、照片、磁碟、磁帶、光碟片、微縮片、積體電路晶片等媒介物及其他得以讀、看、聽或以技術、輔助方法理解之任何紀錄內之訊息」。亦即，該法係規範政府機關一般性資訊公開之規定，故應普通法性質。

　　行政程序法第46條第1項明定「當事人或利害關係人得向行政機關申請閱覽、抄寫、複印或攝影有關資料或卷宗。但以主張或維護其法律上利益有必要者為限」。此種閱覽卷宗請求權之請求權人以當事人或利害關係人為限，故以行政程序之開始進行為前提，係一種行政程序中之個案資訊公開，屬程序權利，行政機關若於行政程序中有所決定者，即屬本法第174條所稱之程序行為，依該條前段規定，當事人或利害關係人不服行政機關於行政程序中所為決定或處置，僅得於對實體決定聲明不服時一併聲明之。

---

35　蘇永欽，「職權命令的合憲性問題」，台灣本土法學雜誌，第11期（2000年6月），頁117。

　　由此可知，政府資訊公開法施行後，保障人民「知的權利」，承認人民有向政府機關請求提供政府資訊的一般性資訊請求權，凡無須主動公開之政府資訊，於受請求時應被動公開。惟人民申請提供政府資訊之情形，倘係發生於行政事件進行中，當事人或利害關係人向該管行政機關申請閱覽卷宗者，應優先適用本法第46條規定。

第二編

# 本　論

# 第一章 │ 總 則

## 第一節 法 例

法例者，乃根據一定之法源，規定其適用之範圍，而爲本法適用之通例，其效力及於行政程序法之全部，故冠各章之首。條文包括行政程序之意義，本法之立法目的、適用範圍、行政行爲應受一般法律原則拘束等，共計10條。

### 第一項 立法目的

立法目的之條文無非要宣示立法精神或宗旨，作爲今後解釋之南針，及使執法者受其指引而注意手段與目的相配合。

爲保障人民權益，增進行政效能，擴大民眾參與，以及提升人民對行政之信任，並以適法、公正、迅速爲行政行爲之目標[1]。故本法第1條開宗明義即規定：「爲使行政行爲遵循公正、公開與民主之程序[2]，確保依法行政之原則，以保障人民權益，提高行政效能，增進人民對行政之信賴，特制定本法。」

基於前揭立法目的，吾人在檢視行政機關適用行政程序法規是否合法無誤，以及分析各類行政活動之程序是否符合正當時，必須藉由本條所確立的五大項立法目的進行分析。

---

[1] 立法院，第3屆第6會期第12次會議，「立法院議案關係文書」，院總字第1584號（1998年9月29日），頁375。

[2] 行政公開，指將行政權力運行的依據、過程和結果向相對人和公眾公開，使相對人和公眾知悉，行政公開是人民知的權利在行政中的具體體現。

## 第二項　行政程序與行政機關之定義

### 一、行政程序之定義

　　廣義的行政程序，應指所有行政作用之遂行，所應遵守之一定程序，包括單方面的立法、決定、措施，以及雙方面之締約等行為之程序，本法第2條即採廣義的定義，並例示其範圍謂：「本法所稱行政程序，係指行政機關作成行政處分、締結行政契約、訂定法規命令與行政規則、確定行政計畫、實施行政指導及處理陳情等行為之程序。」至於各該行為之程序部分，就涵蓋管轄之確定、送達、調查證據、迴避、閱覽卷宗、聽證等程序。

### 二、行政機關之定義

　　至於「行政機關」一詞之概念，亦須進一步加以界定。依據行政法學通說，行政機關係就法定事務能決定並對外表示國家或地方自治團體或其他行政主體意思之組織，以行使公權力，從事公共行政事務為其特性；其組織有單獨之法規為依據，並有獨立之編制、預算及印信[3]。故本法第2條第2項明定：「本法所稱行政機關，係指代表國家、地方自治團體或其他行政主體表示意思，從事公共事務，具有單獨法定地位之組織。」至於機關之內部單位則不同，內部單位不得以自己名義作成意思表示於外，又無單獨之法定地位，即非本法之行政機關。例如名稱為部會、府、署者一般均屬機關，其內部基於分工原則，再劃分之司、處、組、科等皆屬單位[4]。

---

[3]　據行政院解釋：行政機關，係以具有「獨立編制」、「獨立預算」、「依法設置」及「對外行文」等四項為認定標準。（參照行政院1985年11月7日台74組一字第081號書函）。另法務部進一步解釋謂：本法行政機關係採廣義說與實質說，並不限於行政院及其所屬各機關，其他具有單獨法定地位之組織，於從事公共事務、行使公權力時，亦屬本法之行政機關（參用法務部2001年9月24日法90律決字第025465號函）。如港務部改制為公法人後，及國史館所設台灣文獻館，均屬本法之行政機關。

[4]　關於是否屬於本法行政機關之疑義，據法務部解釋有如下三例：

　　至於其他行政主體，是指行政法上享權利負義務，且有一定職權且得設置機關組織以實現其行政上任務之組織體，包括依據公法所設立之行政法人、財團法人、基金會、營造物、社團法人，及由政府獨資或依據公司法規定所組織政府資本超過百分之五十之公營事業機構。

　　再者，由於國家功能日益擴張，爲達到便民目的，輒將部分公權力委託個人或私法人團體行使，以增進效益，爲確定受委託行使公權力之個人或團體有關責任之歸屬，本法特將其擬制爲行政機關，即第2條第3項規定：「受託行使公權力之個人或團體，於委託範圍內，視爲行政機關。」此等「公權力受託人」包括自然人、私法人與非法人團體，如財團法人海峽交流基金會。

## 第三項　適用範圍

### 一、適用本法之原則

　　本法爲行政程序之一般性規定，屬普通法之性質，其他法律對於行政程序事項有特別規定者，優先適用其規定。故第3條第1項明定：「行政機關爲行政行爲時，除法律另有規定外，應依本法規定爲之。」本項是對本法之適用範圍，作原則性概括之規定，至於例外排除則於第2項用列舉式規定。

---

(1)經濟部能源委員會組織在尚未完成法制化前，既非機關，僅具內部單位性質，如以該會名義爲行政處分，自與行政處分之要件及其應記載事項之規定不合（法務部2001年4月6日法90律字第009007號函）。

(2)原行政院衛生署所屬嘉義醫院（公立醫院）擬以公民合營型態經營，如其原具有之單獨法定地位之組織體仍存在而未裁撤，則其於從事公權力行政時，仍屬行政程序法上之行政機關（法務部2001年6月6日法90律字第018721號函）。

(3)查公立學校係爲達一定之行目的而依法律或法規命令規定所設置，爲行政機關之一種（翁岳生等，行政法（台北：自版，2000年3月），頁429），其屬行政程序法第2條第2項所稱之行政機關，並無疑義，如其爲行政行爲時，除法律另有規定外，應適用行政程序法規定（法務部2001年2月5日法90律字第044376號函）。

　　詳言之，本法為現行法制下各行政程序之基本法，凡個別法律針對個別行政專業領域有完整的或更嚴格的程序性規定，且該程序規定相較於行政程序法屬相同或相反規定者，至少就該程序規定言，均可視為本法之特別法，例如：社會秩序維護法、環境影響評估法、政府採購法、訴願法、公務員保障法、行政執行法、行政罰法、專利法、商標法、都市計畫法、土地徵收條例、檢肅流氓條例等。

　　再者，本條項所定之「法律」，依法務部之見解，係包括法律授權內容具體明確之法規命令在內[5]。

## 二、本法之排除適用

　　查本法所謂「法律」，原則係指立法院通過，總統公布之法律。因此，職權命令如有程序之特別規定，於本法施行後均不得再適用。至於上開「法律」是否包括法律授權之委任命令，尚有不同見解，故嗣後各機關訂定或修正委任命令時，應注意使有關程序規定符合行政程序法規定[6]。

　　此外，尤應注意者，乃本法之適用範圍，原則上僅限於行政機關行使公權力之行為。其他民意、司法及監察機關因非屬行政機關，應予排除適用。故本法第3條第2項乃規定：「下列機關之行政行為，不適用本法之程序規定：一、各級民意機關。二、司法機關。三、監察機關。」

　　本條係機關除外之規定，因為這三種機關與行政機關職權及性質並不相同，故予以除外，諸如：

### （一）各級民意機關

　　係由地位平等，職權相同所組織的集合體，以辯論、說服、妥協、多數決原理來做衝突處理及利益調和，其工作性質是制定一般性規範的機關，其制定規範的立法行為基本上不能成為本法的對象。但是，當民意機

---

[5]　參照行政院2000年3月9日台89法字第06991號函，同意依法務部所擬乙說（即多數說）之意見辦理。

[6]　參照法務部「行政程序法諮詢小組」第1次會議結論，1999年7月12日。及陳愛娥教授見解（參照法務部行政程序法諮詢小組，第20次會議紀錄，2001年5月4日）。

關直接變動特定人的權利義務，或確定其權利義務之範圍時，該行為實質上被視為行使行政權的行為，屬於行政處分，例如對議員的懲罰決議等

## （二）司法機關

係由獨立的司法官，依據既存之法規範，對具有法律上爭執之具體事件或法規範本身之疑義，予以據理考量及裁決公平來追求個別正義，其工作性質為具體訴訟案件的判斷，是司法權的行使，非行政處分。

## （三）監察機關

係由監察委員對違法失職的公務員獨立行使其調查、彈劾、糾正、糾舉及審計權，不受任何干涉，以整飭吏治。

前述三種機關之人事行政，如職員之任免、考績、退撫、法規命令之訂定等，及監察院掌理公職人員之財產申報、司法機關之公證、非訴事件之處理等，本質上屬行政行為，但仍予排除本法適用，殊非合理，未來此三機關如執行前述行政行為時，應主動比照本法之規定為宜。

此外，前揭「程序規定」係指所有相關的程序規定，包括程序規定引發之程序權。

## 三、適用本法之例外

某些事項雖屬行政行為，但其性質特殊仍不適用本法程序規定為宜，故第3條第3項即明白規定：「下列事項，不適用本法之程序規定：

一、有關外交行為、軍事行為或國家安全保障事項之行為。

二、外國人出、入境、難民認定及國籍變更之行為。

三、刑事案件犯罪偵查程序。

四、犯罪矯正機關或其他收容處所為達成收容目的所為之行為。

五、有關私權爭執之行政裁決程序。

六、學校或其他教育機構為達成教育目的之內部程序。

七、對公務員所為之人事行政行為。

八、考試院有關考選命題及評分之行為。」

前述行為被排除適用之立法理由及排除界限，茲析述如下[7]：

（一）對於軍事行為及對外關係涉及高度政治性、機密性的國家利益，性質特殊，故排除其適用本法。惟並非所有外交及有關涉外事務均屬此種行為，如核發護照為內政事務，即應有本法之適用[8]。其次，軍事行為、國家安全保障事項除具有機密性與緊急性者外，仍應認有本法之適用[9]。再者，2003年10月修正通過之台灣地區與大陸地區人民關係條例於第95條之3明定：「依本條例處理台灣地區與大陸地區人民往來有關之事務，不適用行政程序法之規定。」其立法理由謂：有關大陸事務之行為因具有高度機密性或必須急速因應，而直接以維護國家之生存、發展或免於威脅為目的，致不宜適用行政程序法所定規定。

（二）關於外國人出入境，則基於國家主權、較少隱私權期待及檢查

---

[7]　立法院，前揭文書，頁380。

[8]　據法務部解釋：本法第3條第3項第1款所稱之「外交行為」，學者認為應以涉及高度政治性、機密性的國家利益者始足當之，故適用時應作狹義之解釋，即應限於對外交涉事項，而非泛指外交行政之一切事項而言。此外，外交部亦認為：前開規定所稱之「外交行為」，係指屬於國家主權行使、與國家安全保障有關且具高度政治性、機密性或急速因應之行為而言，並非所有外交及有關涉外事務均屬此種行為，而全然不受該法之規範（外交部2000年9月8日外89條2字第8901012369號函參照）、（法務部2000年10月20日法89律字第037139號函釋）。

[9]　據法務部解釋：上開所稱「國家安全保障事項」應屬「不確定法律概念」，如何解釋及適用，行政機關有判斷餘地。大陸事務涉及各機關之業務範圍，究是否有關國家安全保障情形，宜由各機關依其業務職掌就具體個案予以判斷認定。如主管機關認為符合國家安全保障事項者，自得依行政程序法第3條第3項第1款規定排除適用（法務部2001年3月15日法90律字第008360號函釋）。此外，法務部再進一步有高度機密性或必須急速因應，而直接以維護之生存、發展或免於威脅為目的，致不宜適用行政程序法所定程序規定之下列行為：一、國家安全體制之運作行為。二、國際多邊事務及衝突處理之行為。三、有關大陸事務之行為。四、有關國防政策之行為。五、有關重大財經及影響國家安全之科技研發成果之保護行為。六、國際恐怖主義之控制行為。七、國家安全情報工作與特種勤務之策劃與執行行為。八、攸關國家生存之環境保護行為。九、維護國家資訊安全之行為。十、國際人道援助之行為。十一、其他有關保障國家安全之行為（參照法務部2002年5月22日法令字第0910019582號令）。

之急迫性等理由，在國際上並沒有作爲權利而得以承認，故屬於國家自由裁量的行爲；難民之認定及歸化程序亦類似外交行爲，屬於國家主權行使及保障國家安全之考慮，故均排除其適用本法。

　　（三）犯罪偵查程序雖亦爲實質之行政程序，但其與司法作用緊密聯結，亦難適用本法之規定。所謂「犯罪偵查程序」包括檢察官與司法警察調查犯罪嫌疑人犯罪情形及蒐集證據的程序，是行政機關進行「行政調查」的程序，其所得資料固然可以移送檢察宮偵查犯罪的參考證據，同時也可以作爲行政上處分的依據，故於此情形，並非犯罪偵查程序，似仍應適用本法。

　　（四）犯罪矯正機關或其他收容處所爲達成收容目的所爲之行爲，指監獄、看守所，及由國家實施強制收容的處所基於特別權力關係所爲之行爲。此類應包括保安處分執行處所、少年觀護所、少年輔育院、煙毒勒戒所、中途學校、婦女習藝所、精神醫療機構、拘留所等。排除之理由在於客觀上難以實施公開透明，且本款規定之行爲，形式上，雖是行政機關之行政行爲，但其作用，乃在執行法院之裁判，並以感化教育、施以禁戒或強制治療等方法防止再犯罪爲目的，性質特殊，應屬於刑事法領域，因此明文排除適用[10]。至於非屬「強制收容」之處所，如老人院、遊民收容所、孤兒院等社會福利機構似不屬排除範圍[11]。

---

[10] 參照法務部2001年3月1日法90律字第049752號函釋：至所稱「其他收容處所」，依學者見解係指基於犯罪矯正以外之其他目的（例如預防犯罪、調理治療），而由國家實施「強制收容」（被收容人之自由因收容而受到限制）的處所。例如：保安處分執行處所（感化教育及強制工作處所、監護、禁戒及強制治療處所）、少年觀護所、煙毒勒戒所、中途學校、精神醫療機構、警察機關爲拘留違反社會秩序維護法之人而設置的留置室或拘留所等（湯德宗，行政程序法論（台北：元照出版公司，2003年10月）頁137、138參照）。

[11] 依家庭暴力防治法、性侵害犯罪防治法、兒童及少年性交易防制條例等所設立之中途之家、緊急庇護中心、短期收容中心處所等，宜視其性質、收容目的是否具強制性質或係依法院裁定之司法行爲以決定是否排除行政程序法之適用，宜請內政部分別參考上開說明本於職權審認之（法務部2001年3月1日法90律字第049752號函釋）。

　　（五）有關私權爭執之行政裁決程序，為對於私人間的行為，為僅靠兩當事人來調整利害有困難時，行政機關從公共利益的角度，作為第三人，以解決兩當事人的紛爭，調整其利害為目的，而以兩當事人為相對人作出處分，其性質上乃準司法權之行使，與一般行政程序有相當差異，不宜一體適用本法。例如單純之民事糾紛，應由當事人依法律程序，尋求解決，行政機關不宜加以介入，應由當事人自行協調達成協議，至於有關專利、商標、著作權之審定、評定等程序均涉及高度專業判斷，但因其各有專法規範程序，得排除適用。又如鄉鎮市調解條例之調解、採購申訴審議委員會之審議、耕地三七五減租條例、礦業法、公害糾紛處理法等私權爭執經行政裁決仍無法解決，仍得訴請民事法院救濟，故不適用本法。

　　（六）學校或其他教育機構為達成教育目的之內部程序，性質上亦有其特殊之處，相對而言較強調內部紀律之貫徹，同等性質之公務員與前述監所人犯之內部程序已有專法訂其程序，得排除本法之適用。例如課程安排、教室及學生宿舍的分配管理、給予學生獎學金、成績評量、及維持法律之合理措施等均屬「內部措施」，為維持學校秩序、實現教育目的所必要且未侵害學生受教育之權利者屬內部經營關係，應予排除本法之適用，但如勒令退學、開除學籍等，依司法院釋字第382號解釋，屬「外部措施」之行政處分，仍應適用本法。再者，此處的學校只限於國家或地方公共團體設置的公立學校。又公立學校聘任的教師不屬於公務員服務法第24條所稱的公務員，唯兼任學校行政職務之教師，就其兼任之行政職務，則有公務員服務法的適用（釋字第308號解釋）。有關學校教師升等的評審處分，於教師資格等身分上權益有重大影響，屬行政處分（釋字第462號解釋），故也有本法的適用。

　　（七）對公務員所為之人事行政行為不適用本法之程序規定，此是指人事指揮監督權限的事項（經營關係內的事項），例如調動職務：職務升遷、處理事務的方式等。其是否包括改變公務員之身分或對公務員權利或法律上利益有重大影響者？另退休、離職公務員對於行政機關於其具有公務員身分時所為之人事行政行為提出陳情，是否適用本法之規定？又本法

所稱「公務員」範圍爲何？前述疑義經法務部研商後獲具體結論如下[12]：

1. 凡構成行政處分之人事行政行爲，因於事後當事人仍可依訴願、行政訴訟程序或其相當之程序請求救濟，故行政機關於此類行政處分時，即應依行政程序法之規定爲之。至於非屬行政處分之其他人事行政行爲則視個案情形，由主管機關自行斟酌。

2. 改變公務員之身分或對公務員權利或法律上利益有重大影響之人事行政行爲或基於公務員身分所產生之公法上財產請求權遭受侵害者，仍應依行政程序法之規定爲之。

3. 退休、離職公務員對於行政機關於其具有公務員身分時所爲之人事行政行爲提出陳情者，仍依前述1.之結論處理。

4. 本法所稱「公務員」範圍應分別視其事件適用之法律而定，如公務員服務法、公務人員任用法、公務人員保障法等。

（八）考試院有關考選命題及評分之行爲，涉及高度的主觀評價，尊重閱卷之專業判斷，故不適合向相對人提示處分的理由等，亦排除本法程序之規定。不過，以不正當行爲理由對合格決定的撤銷等處分，不在此限。至於非屬考試院之教育部所舉辦之公費留考，則有本法之適用。

## 第四項　行政程序應遵循之一般法律原則

行政行爲應受成文法之拘束，乃法治國家之根本，固不待言，縱法未明文規定，行政行爲仍應受法治國家一般共通的法理，即一般法律原則之拘束。

一般法律原則又稱爲「超實證法」，亦即先於實證法而存在之根本法律規範，構成法律內容之指導原則，亦得作爲法院審查之依據[13]。因爲法律內部一致性植基於一般法律原則，故其在整個法律領域內，不只在法

---

12　參照法務部「行政程序法諮詢小組」第5次會議結論，2000年3月31日。

13　葉俊榮，「行政程序法與一般法律原則」，收錄於行政院經建會健全經社法規工作小組委託台灣大學法律學系執行，行政程序法之研究（1990年12月），頁230。

律解釋上，甚至在法律補充上均有形或無形，直接或間接地，有意或無意地扮演相當重要的角色。行政機關應依法行政，乃法治國家之基本原則，而所謂「法」，並非僅止於形式意義的法律，尚包括非成文的一般法律原則，故行政程序時應注意掌握其涵義，以符合法治國原理。故本法第4條至第10條共計七個條文爲例示性的明文揭示依法行政原則、明確原則、平等原則、比例原則、誠實信用原則、信賴保護原則、注意當事人有利及不利原則、裁量權正當行使原則等七項行政行爲的程序導引規定。然而並非涵蓋所有原則，似僅就行政法學實務普遍肯定之幾項重要原則作例示規定，其他諸如不當聯結禁止原則、情事變更原則，於本法其他部分如行政處分、行政契約章中亦有規定。以下僅就本法總則明定部分說明如下：

## 一、依法行政原則

本法第4條規定：「行政行爲應受法律及一般法律原則之拘束。」

按照依法行政原則，行政應受立法者規定之拘束，並應受行政裁判之監督。行政法院在裁判權範圍內審查行政行爲是否符合法律，依法行政原則包括法律優位原則及法律保留原則。

### （一）法律優位原則

所謂「法律優位」，又稱爲消極的依法行政，係指法律優越於行政作用，行政作用不得與法律牴觸，亦即執行權應受法律及法之拘束，則行政與法較之，實居於劣勢。此外，法律優位並非僅指形式意義法律之優位，尚且包括憲法、憲法之指導原則，乃至其他一般之行政法基本原則，如比例原則、信賴保護原則等。基於此，行政程序與法律優位發生關係之情形如下：

1.行政機關法規訂定行爲，不得牴觸其上級規範，即憲法及法律。此在我國中央法規標準法第11條已明定：「法律不得牴觸憲法，命令不得牴觸憲法或法律，下級機關訂定之命令不得牴觸上級機關之命令。」如有牴觸，其效果即依憲法第116條規定：「省法規與國家法律牴觸者無效。」憲法第125條規定：「縣單行規章，與國家法律或省法規牴觸者無效。」憲法第172條：「命令與憲法或法律牴觸者無效。」例如立法院制定所得

稅法規定國民納稅義務，財政部不得自行訂定行政規則，免除所有國民繳納所得稅。

2.行政機關之行政處分牴觸現行法規，其結果乃是一種違法之行政處分，但並非當然無效，而只是該行為存有瑕疵。具有瑕疵之行政處分，其效果原則上並不當然無效，而僅係得撤銷，於撤銷前仍係有效，且其效力不僅及於當事人，且對原處分機關亦有拘束力，甚且其效力亦拘束普通法院，此即行政法上「行政處分推定為有效」之原則。

## （二）法律保留原則

所謂「法律保留」，又稱為積極之合法性，係指行政權除因確信公益上有必要而得為行政措施外，凡對於人民義務之負擔、權益之侵害，均應屬立法權之範圍[14]。法律保留原則在劃分行政作用之自由及受拘束之範圍，法律保留所及之範圍內，行政作用應以法律為基礎。

法律保留原則在我國現行法上已經有所依據，如依我國憲法第8條關於人身自由，第19條納稅義務，第20條兵役義務，第23條基本人權之限制概括條款等有關規定觀之，凡是有關人民自由或權利之限制，均應以法律定之。所謂法律，依憲法第170條規定，係指經立法院通過，總統公布之法律而言。故司法院大法官會議釋字第38號解釋亦謂：「不得以地方議會決議通過規章代替法律以限制人民自由權利。」又依中央法規標準法第5條規定，應以法律定之者，有如下四項：

「一、憲法或法律有明文規定，應以法律定之者。

二、關於人民之權利、義務者。

三、關於國家各機關之組織者。

四、其他重要事項之應以法律定之者。」

前揭第1、3款規定甚為明確，不再贅述。第2款「關於人民之權利、義務者」，其涵義至廣，因我國憲法第二章所列舉之各種自由權利與義務，僅是抽象概括的規定，其具體之內涵為何，殊不易清楚劃分，嚴格言

---

[14]　城仲模，行政法之基礎理論（台北：三民書局，1999年10月），頁25。

之，社會上各種事實，尤其政府所管理的眾人之事，無不直接間接與人民之權利義務有關，若一一制定法律，似非所宜。因之，人民之權利義務為法律所應規定者，在理論上，應以有關人民權利之取得、喪失或變更，以及義務之課予或免除之事項為宜。若與人民權利義務之取得、喪失、變更、課予或免除不發生影響者，似不必以法律定之[15]。至第4款「其他重要事項之應以法律定之者」，尚無明確之標準可資依據，惟憲法第43條規定總統發布緊急命令權是其適例。

法律保留原則在法學界尚有「侵害保留說」及「全部保留說」之爭論，茲分述如下：

### 1. 侵害保留說

即對於自由與所有權侵害之行政權的發動，必須以形式法律為根據，此類行政稱為「侵害行政」，侵害行政須以法律為前提要件，是為侵害保留。亦即除了在侵害自由與財產範圍之內，須有法律授權，行政權始得活動之外，在非保留範圍中行政權之活動被推定允許。目前此說仍為行政法學之通說。

### 2. 全部保留說

即取消法律保留僅限於對自由及財產權之侵害，及限於一般權力關係，而擴張保留範圍於其他行政活動，如特別權力關係及給付行政，亦即特別權力關係及給付行政之範圍，行政機關之活動同樣須有法律的根據。此說所持之理由有二：

(1) 民主原則：民主要求國民之支配及於行政，則行政活動應專基於國民之代表所公布之規範，若法律之依據僅及於侵害行政，則國民的支配將無以實現。

(2) 平等原則：平等性不僅因直接不平等的負擔，亦因不平等的授益所導致間接不平等的負擔而被侵害，為防止此類違反平等原則所引發之侵害可能性，授益處分亦須有法律依據。

---

15 管歐，法學緒論（台北：五南圖書，2010年3月），頁154至155。

### 3. 重大事項理論

目前多數學者認爲，基於法治國家原則與民主原則，凡任何涉及基本權重大性之領域，或對於基本權之實現屬重大事項，均需保留由立法者以法律規定，此即所謂「重大性理論」[16]。詳言之，給付行政原則上亦應有法律保留原則之適用。亦即於給付行政中，凡涉及人民之基本權利之實現與行使，以及涉及公共利益，尤其是影響共同生活之「重要的基本決定」，應由其直接民主基礎之國會立法者，自行以法律規定之，而不許委諸行政之行爲。

再者，實務上亦有層級化保留之說，依司法院釋字第443號解釋理由書，可知大法官建立之層級化保留體系如下：

1. 第一級：「憲法保留」，憲法第8條之人民身體自由須以憲法規定保障之。
2. 第二級：「絕對法律保留」，如剝奪人民生命或限制人民身體自由者，以制定法律之方式爲之。
3. 第三級：「相對法律保留」，即涉及人民其他自由權利之限制者，亦應由法律加以規定，如以法律授權主管機關發布命令爲補充規定時，其授權應符合具體明確之原則。

   例如內政部在兵役法未限制役男出境，且未授權行政機關得以命令訂定役男出境處理規定下，即訂定役男出境處理辦法，就是違反法律保留原則。
4. 第四級：「不需法律保留」，若僅屬執行法律之細節性、技術性次要事項，則得由主管機關發布命令爲必要之規範。
5. 給付行政：倘涉及公共利益之重大事項者，應有法律或法律授權之命令爲依據之必要。例如敬老津貼、老農津貼均屬給付行政重大事項，都須制定法律。

---

[16] 許宗力，「憲政體制與機關爭議之釋憲方法論」，憲政時代，第27卷第4期（台北：2002年4月），頁7。

此外，依傳統理論，特別權力關係及行政規則，則為法律保留之例外，即不適用法律保留原則。

## 二、明確性原則

本法第5條規定：「行政行為之內容應明確。」所謂「明確性」，即包含明白與正確之意，並以如下三個要素作為判斷基準：（一）可理解性；（二）可預見性；（三）審查可能性。

所謂明白，係以一般人能了解者為限，而正確，即指使用之詞語恰能表現行政行為之意旨，不致有含混或模稜兩可之情形，亦即行政行為之構成要件及目的，清晰確定，藉使人民均能易為判斷，而無待專家之解釋。

按「法安定性」係法治國原則之重要內涵，其要求國家權力之行使應遵行權限分配之規定，且必須合理而有預見之可能性。因而法規制定者應以具有一般效力的、明確的且對人民公布的法規，規定在何種情形下可能採取何種方式之國家行為，或規定人民何者當為，何者不當為。尤其對於干涉人民權益之行為必須有法律授權，且此項授權之法律必須充分明白規定授權之內容、標的、目的與範圍[17]。

行政行為應明確之原則，此種要求不能太過分，倘若法律過分刻板而精打細算，則勢將難以完全適應多變化之生活、社會關係之轉變或個案之特殊性。另一方面，法規制定者根本不可能將所有的法規構成要件詳盡羅列為呆板的規定。因為上述所謂「明確性之要求」，並非禁止法規制定者利用概括條款、不確定法律概念及授權行政裁量之規定。此即意味：法規所規定之要件及內容，必須使法院對依據該法規所作成之國家行為，有從事司法審查之可能；而且，該法規必須使有關之機關及人民均能了解，俾有所遵行，藉著此種法規明白性，或至少有預見可能性之要求，得避免權力之濫用。至應如何規定，始稱明確？端視法規所規律之事實特性而定，尤其應視其是否使關係人有正確掌握其概念之可能及影響之強度而定，並應斟酌國家行為是干涉行為或給付行為，是涉及人民基本權之「核心範

---

17 林錫堯，行政法要義（台北：元照出版公司，2016年8月），頁42。

圍」或僅涉及「基本權之保障範圍」。倘法規之不明確已達到不能忍受之程度，則該法規不合法[18]。

### 三、平等原則

本法第6條規定：「行政行為，非有正當理由，不得為差別待遇。」所謂「正當理由」，包括為保障人民在法律上地位之實質平等，並不限制法律授權主管機關，斟酌具體案件事實上之差異及立法目的而為合理之不同處遇（釋字第211號解釋），以及並不禁止法律依事物之性質，就事實狀說之差異而為合理不同之規範（釋字第481號解釋）。

本條「平等原則」，指法律及命令之前平等，基於人性尊嚴的尊重，相同事實應予平等對待，如果程序沒有給予平等對待，程序主持者必須說明差別待遇的理由。平等原則係憲法上原則，拘束行政、立法及司法，我國憲法第7條已有明文規定。

平等原則並非要求採取一種機械式的，於日常生活不容有差別待遇的平等，而應從實質觀點，視事實之相同或不同是否如此重要，以致本於「正義理念」，必須予以相同處理或不同處理。因此判斷是否符合平等原則，並非依據抽象的標準，而是應依事實之性質與特性予以判斷，選擇實質正當的標準，例如：納稅義務係以給付能力為標準，不是以社會救濟為標準。通常，現存法規體系已提供判斷是否符合平等原則之標準，但並非絕對的標準[19]。例如為扶助原住民族，大學招生留有特別名額之保障。

平等原則，首先宜由立法予以實現，再由行政予以具體化。一般認為，從平等原則，可導出禁止恣意原則與行政自我約束原則，以下分別說明之：

### （一）禁止恣意原則

禁止恣意係公法上之原則，拘束立法、行政及司法。此不僅禁止故意的恣意行為，而且禁止任何客觀上違反憲法基本精神及事物本質之行為。

---

[18]　同前註，頁40至43。

[19]　同前註，頁41至46。

準此，所謂恣意，與「欠缺合理、充分的實質上理由」同義[20]。關於判斷恣意之準則有如下三點：

　　1. 如果無規則，便構成恣意。

　　2. 規則必須合乎實質正義，否則仍係違反平等原則。

　　3. 規則一旦建立，便必須被立法者及執行者一致的貫徹，以維持體系內之一貫性。

　　違反平等的原則，恣意的命令與自治法規，無效。恣意的行政處分，原則上違法而得撤銷。

### （二）行政自我約束原則

　　指行政機關於作成行政行為時，如無正當理由，應受其行政慣例之拘束，否則違反平等原則。例如：行政機關依據裁量性準則的行政規則所形成的行政慣例，乃為行政自我約束之由來，下級機關無特別理由，不得違反該準則，而為不同之處理。

　　平等原則並非禁止一切的差別待遇，只要具備以下的要件，即為合理的差別待遇，而為憲法、法律所允許：

　　1. 事實狀態確有不利的差異存在：例如身心障礙者在就業市場上之不利地位。

　　2. 採取差別待遇是為追求實質平等的正當目的：如對原住民考試加分，是為提高其與多數民族之競爭力。

　　3. 事項的本質有必要予以差別：例如禁止未成年人吸煙，乃因吸煙對其身體戕害較鉅。

　　4. 差別待遇的方式、程度，須為社會通念所能容許，同時不能出現逆差別待遇，形成另一種不平等：例如對實際成長於我國之「假華僑」之考試加分優待，即屬社會通念所不能容許之逆差別待遇。

### 四、比例原則

　　比例原則，即在要求「方法」與「目的」之均衡，故又稱禁止過分

---

[20] 同前註，頁47。

原則，亦屬憲法層次之效力，拘束立法、行政及司法，法律、行政行爲及裁判均不得違反比例原則[21]。其主要在調和「公益上之必要」與「權利或自由之侵害」。換言之，吾人一方面承認國政之推行應消極地排除障礙，積極地謀求公共福祉，以發揮福利國家經世濟民的功能，當公益的追求與個人權益的保護處於緊張關係時，爲了公益的追求，於事理上承認人民的自由權利應受限制；然而，在另一方面，亦執著於此種自由權利之「侵害或限制」不可漫無邊際，應以該被認可的公益上所「必要」者爲限，在此種公益、私益相互調和的思想契機下，隨時代潮流之演進，必然發展出職司公私利益調和的比例原則[22]。「比例」本身的含義就應該是一種相對關係，必要與目的之間具有相稱性、均衡性。本法的比例原則，內涵包括適當性、必要性、與比例性三原則：

### （一）適當性原則

行政行爲應合於行政目的之達成。例如殺雞通常不足以儆猴，此時殺雞欲以儆猴，即屬不適當之手段。

### （二）必要性原則

又稱最小損害原則，係指行政行爲不超越實現目的的必要程度，亦即達成目的需採影響最輕微手段，而不得逾越必要之程度。例如殺雞用牛刀，則不免於造成雞隻過大之損害。

### （三）衡量性原則（狹義比例原則）

係指手段應按目的加以衡判，如殺雞取卵、以炮擊雀、竭澤而漁，手段與目的均顯失均衡。質言之，指採取之方法所造成的侵害不得與欲達成目的之利益顯失均衡。亦即行政目的與手段間應維持適當的比例關係。例如高速公路上取締超速車輛，可用照相或馬上開車追逐攔截等方式，但馬上開車追逐攔截不是對公安侵害最少的方式。

---

[21] 同前註，頁48。

[22] 葉俊榮，「論比例原則與行政裁量」，憲政時代，第11卷第3期（1986年1月），頁79。

## 五、誠實信用原則

本法第8條規定：「行政行為，應以誠實信用之方法為之，並應保護人民正當合理之信賴。」前段即誠實信用原則，後段為信賴保護原則。

誠實信用原則，指每個人對其所為承諾之信守，而形成所有人類關係所不同或缺之信賴基礎，此原來適用於民法領域內，其主要內容建立在主觀的「善意」，與客觀的「衡平」兩項基礎上，前者要求人與人間之交易往返應本乎至誠，不容心懷詭詐，對於先前的所作所為，不容任意推翻，此即所謂「契約應嚴守」；後者則指稱人際往返應慮及正義、公平的貫徹，與夫正當、善良秩序的維護。例如台電公司在蘭嶼興建核廢料儲置場，卻對當地原居民謊稱是興建罐頭工廠，這就是違反誠實信用原則。

誠實信用原則，如今亦被視為公法上重要原則，不僅行政機關於執行職務時應予注意，而且人民在行使或保護其權利時，亦應正視[23]。學者嘗謂：「苟無誠信原則，則民主憲政將無法實行，故誠信為行使一切行政權之準則，亦為其限界。」依法行政原則之貫徹，務期法律未被濫造。因此，立法權之行使非可恣意為之，誠實信用原則對立法活動，宜認為與行政活動同，亦有其適用[24]。故法規制訂時亦應遵循誠信原則。

此外，在誠信原則的要求下，行政裁量之行使主觀上應善意，客觀上應衡平，而且就事論事，不虛假詭詐，尤應遵守以下幾點原則[25]：

1. 摒棄個人的情緒好惡。
2. 不強人所難。
3. 不出爾反爾。
4. 權力應經常地行使。

---

[23] 林錫堯，前揭書，頁50。

[24] 黃守高，現代行政法之社會任務（台北：東吳大學中國學術著作獎助委員會，1988年7月），頁156。

[25] 葉俊榮，行政裁量與司法審查（國立台灣大學法律學系研究所，碩士論文，1985年6月），頁196。

## 六、信賴保護原則

　　所謂「信賴保護原則」，係指本於法之安定性，行政行為須具有可預見和可預測性，俾人民能預先知所遵循，故人民因信賴行政行為所生之損害應予保護[26]。信賴保護原則亦屬公法上重要原則，具有憲法層次之效力。

　　保護人民權利首重法律秩序之安定，因為人民之一切生活行動均須依現行法律秩序準則，以便計畫安排和決定其生活之進行，以及財產之交易。因此，就人民對法律秩序之安定所產生的信賴，應依法予以保護，否則人民就其行為無法預測嗣後的法律效果，勢將導致社會生活之不安定，甚至造成社會秩序之動盪。基於信賴保護原則，原則上禁止負擔性法律、命令或自治法規有溯及既往之效力，即對於過去業已終結之事實，禁止事後作成使關係人更為一般法律不利之規定[27]。

　　信賴保護原則之適用通常須符合下列要件：

### （一）積極要件

#### 1.信賴基礎

　　首先須要有一個令人民信賴之國家行為，即積極表示於外的國家意思。如行政處分、行政規則、法規命令。

#### 2.信賴表現

　　指當事人因信賴而展開具體之信賴行為，包括運用財產及其他處理行為，而產生法律上之變動，且信賴表現必須建立在信賴基礎上者，方受保護。

#### 3.信賴值得保護

　　人民之信賴係基於善意，如當事人基於詐欺、脅迫或賄賂方法使行政機關作成行政處分，則不能構成信賴保護。本法第119條規定：

---

[26] 翁岳生，「行政程序法過程與展望」，收錄於國立台灣大學法律學系編，行政程序法草案研究論文集（1999年2月），頁4。

[27] 林錫堯，前揭書，頁52。

「受益人有下列情形之一者，其信賴不值得保護：

一、以詐欺、脅迫或賄賂方法，使行政機關作成行政處分者。

二、對重要事項提供不正確資料或爲不完全陳述，使行政機關依該資料或陳述而作成行政處分者。

三、明知行政處分違法或因重大過失而不知者。」

## （二）消極要件

值得保護之信賴，始能適用信賴保護原則，故下列情形無信賴保護原則之適用：

1. 公益之要求強於信賴利益，但行政處分受益人已使用行政處分所提供之給付或其財產上之處分已不能回復原狀或只能在不可期待之損失下始能回復者，仍有認爲信賴值得保護。

2. 國家行爲係基於顯然錯誤之基礎行爲。

3. 國家預先保留廢止權。

## （三）信賴利益受損害之補償

司法院釋字第525號解釋強調謂：信賴保護原則攸關憲法上人民權利之保障，公權力行使涉及人民信賴利益而有保護之必要者，不限於授益行政處分之撤銷或廢止（行政程序法第119條、第120條及第126條參照），即行政法規之廢止或變更亦有其適用。行政法規公布施行後，制定或發布法規之機關依法定程序予以修改或廢止時，應兼顧規範對象信賴利益之保護。除法規預先定有施行期間或因情事變更而停止適用，不生信賴保護問題外，其因公益之必要廢止法規或修改內容致人民客觀上具體表現其因信賴而生之實體法上利益受損害，應採取合理之補救措施，或訂定過渡期間之條款，俾減輕傷害，方符憲法保障人民權利之意旨。至經廢止或變更之法規有重大明顯違反上位規範情形，或法規（如解釋性、裁量性之行政規則）係因主張權益受害以不正當方法或提供不正確資料而發布者，其信賴即不值得保護；又純屬願望、期待而未有表現其已生信賴之事實者，則欠缺信賴要件，不在保護範圍。

例如行政機關核發某公司加油站建築執照，半年後再以公益爲由而予

以廢止，致使該公司遭受損失，即應審酌相對人既得利益之保護，並給予合理補償。

## 七、有利不利應予注意原則

行政機關就該管行政程序，應於當事人有利及不利之情形，一律注意（本法第9條）。另本法第36條亦規定，行政機關於調查證據時，對於當事人有利不利之事項一律注意，無須受當事人意思之拘束。此原則又稱「一體注意原則」。此就當事人有利及不利事項一律注意，係指在同一事件之範圍內而言，對於尚未受理或依職權發動之其他事件無此原則之適用（最高行政法院94年判字第1277號判決參照）。

按現行行政程序法之立法精神有二：一為保障人民權益；二為維護行政效能。行政程序有如車之兩輪，相輔相成，不可有任何偏廢，故在執行行政程序法之公務員，須妥慎從事，既不得一味追求公益，偏重行政效能之維護而刻意苛求，造成擾民，甚至侵害民權。亦不宜僅偏重人民權益之保障而不顧公益，蓋公益與私益並非全然對立之命題，保障私益亦屬維護公益之一部分。簡言之，即應善盡公共服務與管理人、代理人之義務，就公益與私益為平衡考量，而依實際情況客觀地衡量取捨。

除了注意上述公益與私益平衡考量原則外，所謂「有利及不利之情形」，並不以認定事實為限，凡有關行政程序資料及一切情形，為求實質真實之發現，達成行政程序最終目的，均應予以同等之注意，其不利於當事人之情形有疑問者，倘不能為不利之證明者，即不得為不利之認定。惟因職業習慣或職業上之偏見，踐行行政程序之公務員，對於當事人不利之情形，往往有較高之注意，對於當事人有利之情形，則往往予以較低之注意，甚或根本不予注意。對於此等現象，除訴諸有關公務員之職業良知與專業倫理之外，本法只能規定當事人得請求有關公務員為有利於己之必要處分，而賦予當事人申請權之行政程序權利，以資救濟。

## 八、裁量權正當行使原則

行政機關行使裁量權，不得逾越法定之裁量範圍，並應符合法規授權

之目的（本法第10條）。學理上又稱「裁量禁止濫用原則」。

惟行政機關獲得法規之授權而取得裁量之權力，應認為行政機關會以最正確與妥適之方法對個案作最合乎立法意旨的決定，故行政裁量必以「無誤的裁量」為前提，故裁量不再是「自由裁量」，而應是「合義務之裁量」。換言之，行政機關行使裁量權，並非絕對自由，除應遵守一般法律原則外，並應依其職務，遵循法律授權之意旨，在授權範圍內，斟酌情況，選擇合乎行政目的之決定，不得逾越裁量權之範圍，此早為行政法學通說及判例承認，故本法予以明文規定，以求明確[28]。

目前我國通說認為裁量限於「法律效果」，而非「構成要件」之裁量。至於行政裁量之瑕疵，主要之情形如下[29]：

## （一）裁量逾越

裁量逾越：指行政機關所選定之法律效果或處分相對人，已超越法律所授權之裁量範圍。如稅法規定對於逃漏稅主管機關得處罰二至五倍，而主管機關得處罰六倍。又如對於違規之停車，依法只能處以罰鍰，而竟吊扣執照處分。

## （二）裁量濫用

裁量之濫用，是指行政機關作成裁量處分，牴觸法律授權之目的，或漏未審酌應斟酌之觀點，或參雜與授權意旨不相關因素之考量，如外國人申請歸化，內政部除國籍法外，尚以該國與我國無邦交而拒絕之；如為圖利自己之親友，所作成有利之裁量決定或動機等。又行政裁量若違反一般之法律原則及憲法保障基本權利之意旨者，如誠信原則、平等原則、比例原則等，亦構成裁量之濫用[30]。例如對於同為妨礙都市計畫應予拆除之一

---

[28]　立法院，前揭文書，頁382至383。

[29]　李震山，行政法導論（台北：三民書局，2015年8月），頁76至77。

[30]　依據英國判例，行政機關不合理裁量包括以下內容之情形：(1)行使裁量權作成行政決定時，將不相關之因素納入考慮，或未將相關因素納入考慮；(2)行使裁量權時，以非法律所授予之目的或不正當之動機作成行政決定；(3)以惡意或不誠實行使裁量權；(4)行使裁量權時，忽視公共政策；(5)行使裁量權時，其行使不公正、不完善、恣意、不

排房屋，僅就其中一、兩間房屋單獨執行。

## （三）裁量怠惰

　　裁量怠惰，係指行政機關怠於行使法律所賦予之裁量權，其原因或係出於過失而不知有裁量權之存在、因故意而不行使裁量權。或已行使裁量權，但並未認清系爭事實之裁量基礎或對重要事實並未確實掌握。例如廢棄物清理法規定，對於違規任意丟棄家庭廢棄物者，應處新台幣1,200至6,000元之罰鍰，惟主管機關卻不問違規情節輕重，一律科處6,000元罰鍰，即消極不行使裁量權，而屬裁量怠惰。又如便利超商之工讀生因一時疏忽，販賣菸品予十八歲以下之青少年，觸犯菸害防制法，但主管機關未思量該販賣行是否初犯、行為多寡、販賣數量及是否屢勸不聽等情節，即裁處罰緩之上限5萬元，即屬裁量怠惰。

# 第二節　管　轄

## 第一項　管轄之概念

　　管轄指行政機關依法規之規定，所具有之權限。換言之，管轄一方面係機關處理行政事務之權力，另方面則為對屬於本身任務範圍之事項，有予以處理之職責。管轄權之劃分係為區分與確定不同機關間彼此管轄事務之範圍與界限。而管轄權指行政主體或行政機關掌理某特定行政事務之權利與義務，行政決定應由有管轄權之機關為之，否則，如有管轄權錯誤（jurisdictional error）之情事，應屬無效[31]。

---

公平、過分、剛愎、反復；(6)行使裁量權時，法律解釋不適當；(7)行使裁量權時，忽視人民法律上合法之期待；(8)行使裁量權時，違反禁反言原則；(9)行使裁量權時，其行使是如此不合理，以致於任何具理性之人均不可能如此行使（參照羅明通、林惠瑜，英國行政法上合理原則之應用與裁量之控制，台北：群彥圖書公司，1995年9月，頁46至50）。

[31]　Michael T. Molan, Administraive Law (London: HLT Publications, 1990), p. 96.

　　管轄之劃分及變動應以法規為依據，行政機關不得任意為之，以避免有功則爭，有過則推之流弊。至於如何進一步區分行政機關之管轄，一般而言，有如下區分方式[32]：

## 一、事務管轄

　　以事務種類確定行政機關之管轄權，使擁有不同專業人才與所需專門配備之不同行政機關分別掌理各自熟悉、專門之行政事務，以提高行政處分的實質正確性。例如財政部長，財務行政為其主管範圍，警政署長以警察事務為其主管範圍。

## 二、土地管轄

　　以區域之劃分確定同一行政主體內有相同事務管轄權之不同行政機關間彼此之管轄權範圍，其目的在於顧及地方之特殊性及確保行政之親民性。如台北市長以台北市為其管轄區域。

## 三、層級管轄

　　在多層級的上、下級機關結構中，確定上級機關可否以及在何種條件下得就特定行政事務直接自為決定。行政事務之所以得不由下級機關先行決定，而直接交由上級機關掌理，其目的在於使較有豐富經驗的上級機關負責人得馬上就行政事務作較為深入的審查，缺點則是減少了一次行政自我審查的機會。一般而言，除非有法律的明示授權，否則上級機關不能任意「攫取」下級機關管轄權範圍內的事務。

## 四、功能管轄

　　在有事務及地域管轄權之行政機關內部，究竟應由那一機關成員負責掌理事務，通常是由僅具行政原則性質之職務分配表或內部職務指令決定之。因此，某一行政事務縱非由機關內部所原先指定之機關構成員某甲，

---

[32] 許宗力，「行政機關若干基本問題之研究」，收錄於行政院經建會編印，行政程序法研究，頁240至241。

而是由其同事某乙處理，並不涉及違反管轄權之問題。然非無例外，法規如果特別規定特定行政事務只能由某特定機關構成員（如機關首長）自行掌理，違反者將使作成之行政處分陷於違法。這種例外情形一般稱之功能管轄。

## 第二項　無法定土地管轄之補充規定

### 一、立法理由

作成行政處分之機關必須屬於在土地管轄及事務管轄上之有權官署，原本無管轄權之機關所為行為，除非因委任或委託之關係，從上級或平行之機關獲得授權，否則即屬有瑕疵之處分行為。在法律上強制遵守機關之權限劃分，其主要理由：一係貫徹憲法上之權力分立原則以及設置部會之制度；二係維護人民審級救濟之利益，蓋行政機關一旦違反管轄之劃分，則行政爭訟之審級救濟必陷於紊亂[33]。

### 二、無法定土地管轄之管轄權順序

根據法律保留原則，行政機關之管轄權，依其組織法規或其他行政法規定之（本法第11條第1項）。如無法依組織法規或其他行政法規定其管轄權者，為求周延應依下列補充規定之順序定之，即本法第12條規定：
「不能依前條第一項定土地管轄權者，依下列各款順序定之：
　一、關於不動產之事件，依不動產之所在地。
　二、關於企業之經營或其他繼續性事業之事件，依經營企業或從事事業之處所，或應經營或應從事之處所。
　三、其他事件，關於自然人者，依其住所地，無住所或住所不明者，依其居所地，無居所或居所不明者，依其最後所在地。關於法人或團體者，依其主事務所或會址所在地。
　四、不能依前三款之規定定其管轄權或有急迫情形者，依事件發生之

---

[33]　吳庚，行政法之理論與實用（台北：自印本，2016年9月），頁382。

原因定之。」

本法「法規」適用於中央法規之涵義，依法務部之研究結論，指法律、法律具體授權之法規命令，及法律概括授權之法規命令。同此適用涵義者，尚包括本法第15條、第16條、第18條、第24條、第46條、第53條、第174條，有關「法規」之規定，先此敘明。

## 第三項　管轄恆定原則及權限移轉

### 一、管轄恆定原則之意義

所謂管轄恆定原則，乃行政機關之權限均以法規為依據，不允許當事人協議變動之。故本法第11條第5項明定：「管轄權非依法規不得設定或變更。」

基於前揭條文規定，行政機關權限內事項，固以自己處理為原則，但有時基於實際需要或某種困難，而委由其他機關或人民辦理為便者，為其例外。此種特殊情形包括權限之委任、委辦地方自治團體、權限之委託及行政委託等三種類型，此種權限之委任、委辦或委託，即指涉及公權力行使之權限之移轉，如不涉及公權力之行使，則不屬之[34]。此外，其均涉及權限之變更，故皆須法規之授權，始得為之。再者，其法規依據應採列舉，而非概括方式規定。

### 二、權限移轉之類型

公權力之權限移轉是指有管轄權之機關，將其部分權限移轉至其他機關或個人行使，而非其管轄權之移轉，其類型如下：

#### （一）權限之委任

行政機關將權限之一部分委任其下級行政機關以受任機關名義執行，而委任者與受委任者之關係，自然亦存在有監督之關係者，稱之為權限之委任。例如經濟部將其依法主管之商標、專利業務，指定其所屬之智

---

[34] 參照法務部2000年7月4日法89律字第021734號函釋。

慧財產局辦理；又如台北市政府將菸害防制之權限委任其所屬衛生局，以該局名義並執行之。

## （二）權限之委託

行政機關因業務上之需要，將其權限之一部分委託其他不相隸屬之行政機關以委託機關名義執行者，稱為權限之委託。此之所謂「權限委託」係指涉及公權力行使之權限移轉而言。例如商品檢驗法第4條明定，檢驗工作除由標準檢驗局執行外，主管機關得將有關檢驗之技術工作，委託其他政府機關、法人或團體代為實施。本法第15條第2項即規定：「行政機關因業務上之需要，得依法規將其權限之一部分，委託不相隸屬之行政機關執行之。」前揭所稱「委託不相隸屬之行政機關執行，係指在同一行政主體內不相隸屬之行政機關間，由委託機關將其部分權限移轉予受託機關行使而言。」例如中央信託局股份有限公司受銓敘部委託辦理公務人員保險業務。受託機關在受託權限範圍內，取得與行政機關相關之權限與地位。

不論委任或委託，應將委任或委託事項及法規依據公告之，並刊登政府公報或新聞紙（本法第15條第3項）。

前揭所定「公告」，依公文程式條例規定，對公眾宣布事實或有所勸誡、示禁或徵求人力、物力或人民意見時所用之文書。基此，公告屬機關對不特定大眾宣告之行為，也是一種直接對外意思表示之行為，而此種意思表示通常係針對某項具體事件或特定法律概念所為。至於公告的方法，包括刊登新聞紙、政府公報、在指定布告欄貼示，亦包括使用電子方式，上網周知並提供下載程式等。

前揭所定「政府公報」及「新聞紙」之內涵，根據法務部研商結論略以：1.本法各條文中所稱之「政府公報」者，係指具有公報形式性（含以機關名義發行之）、定期性（包括按季、按月或按週發行者）、對外性及開放性之文書而言，包括行政機關於網路上之具有上開性質之電子公報，惟不包括電子公布欄；2.至於本法各條文中所稱之「新聞紙」者，解釋上

包括網路上之電子報，惟不包括電子公布欄[35]。

### （三）委　辦

　　依據地方制度法第2條第3款規定：委辦事項，指地方自治團體依法律、上級法規或規章規定，在上級政府指揮監督下，執行上級政府交付辦理之非屬該團體事務，而負其行政執行責任之事項。可見，委辦為機關內部行為，受委辦者為地方自治團體，屬「團體委辦」之概念，此與依本法之權限委任或委託不同。可見，委辦雖不在本法第15條、第16條規範範圍，而屬地方制度法之領域，但仍應有法規依據。譬如經濟部將其掌理之工商登記辦理事項委由縣市政府建設局辦理，並以自治監督機關之地位產生監督關係。

### （四）行政委託

　　行政機關將其權限（公權力行使）之一部分委託人民（包括自然人與私法人），以人民自己名義執行者，稱為行政委託，諸如稅捐之扣繳、代繳、勞保費之扣繳、金融檢查、違規車輛拖吊、汽機車排氣定期檢驗、紡織業外銷拓展之配額管理、工業區開發之公共投資、國民住宅、公司登記之審核、及各種行政檢查、評鑑之委託。本法第16條規定：「行政機關得依法規將其權限之一部分，委託民間團體或個人辦理（第1項）。前項情形，應將委託事項及法規依據公告之，並刊登政府公報或新聞紙（第2項）。第一項委託所需費用，除另有約定外，由行政機關支付之（第3項）。」

　　前揭第1項規定僅係公權力委託容許性之概括規定，並非委託之法源依據，且其適用範圍以對外行使公權力之委託為限。如單純辦理一般事務之委託，如環境清潔、文件與物品之整理、電腦程式設計與資料輸入等不具權限移轉性質：即屬私法行為。

　　基此，權限委任、委託團體或個人行使公權力均須有法律或法律授權之命令的根據，其得為委任、委託之法規依據包括憲法、法律、法規命

---

[35]　參照法務部2000年12月10日法89律決字第043418號函。

令、自治條例、依法律或自治條例授權訂定之自治規則、依法律或法規命令授權訂定之委辦規則，並應就委任、委託事項具體明確規定，不宜以概括規定為之，亦不得為權限之全部委任或委託[36]。

再者，不同行政主體間僅有委辦而無委託可能；有隸屬關係亦僅得委任，不得委託。行政機關之權限有委任所屬下級機關，委託不相隸屬之行政機關、委託民間團體或個人辦理之必要者，應依本法第15條、第16條規定於法規中明定[37]。且該法規須係就擬委任或委託之具體事項為規範，始是為之；否則，如僅以職權命令或行政規則為依據，應不得委任或委託。再者，如不涉及公權力之行使，則不受本法之限制。

至於委託方式究應以行政契約或行政處分為之，宜由行政機關斟酌委託事項及相關法規規定而定，如係以訂立契約方式委託行使公信力，自有本法第三章行政契約相關規定之適用。就原則而言，委託之事項如涉及公權力之行使，並且直接影響人民之權利義務者，委託之協議，應屬行政契約，例如大陸委員會與海峽交流基金會所簽之契約。若委託辦理純粹事務性或低層次之技術性工作，則仍應以一般私法契約視之，例如委託廠商印製文件等[38]。

再者，如委託之事項係由受託之民間團體或個人在我國領域外實施，而屬外國法權範圍，受託之民間團體或個人無行使公權力（權限）之餘地者，既不涉及公權力之行使，是項委託行為自得不適用本法第16條之

---

[36] 參照法務部2007年12月14日法令字第0960700882號函。

[37] 前揭法條，所謂「法規」適用於中央法規係指法律、法律具體授權之法規命令及法律概括授權之法規命令；適用於地方法規係指(1)自治條例；(2)依法律或自治條例授權訂定之自治規則；(3)依法律或中央法規授權訂定之委辦規則（法務部2000年7月20日法89律決字第000258號函所附「行政程序法各條文中『法規』之涵義彙整表」參照）。至於公權力事項如客觀上不須以形式意義的法律或法規命令為依據，行政機關亦得執行者，例如高級中等以下學校學生獎助學金等等，而實際上，亦無形式意義的法律或法規命令存在時，此種公權力事項之委託即無本法第16條之適用（法務部行政程序法諮詢小組第26次會議紀錄，2002年1月24日）。

[38] 同前註，頁415。

規定[39]。

　　行政機關依據本法第15條及第16條爲委託時，應注意下列程序：1.因業務上之需要；2.須有法規之依據；3.須先行公告委託事項及法規依據；4.刊登政府公報或新聞紙；5.約定委託所需費用之負擔歸屬。

## 第四項　勞務委託及行政助手

　　除前述權限之委任、權限委託、委辦、行政委託外，尚有二個名詞，有些類似但內涵並不同，值得加以辨別，茲分述如下：

### 一、勞務委託

　　事務性或低層技術性勞務之委託：行政事務若未牽涉到公權力之行使，又非法律授權給行政機關辦理之事項，則此時行政機關將之委由私人行使之「勞務委託」，即無本法第16條之適用，但應視其情形，如仍有政府採購法之適用者，應依該法規定之採購方式及程序處理。例如垃圾清運、租用交通車、研究計畫委託學術機構等。

### 二、行政助手

　　行政助手又稱行政輔助人，乃是私人在行政機關的指揮監督之下，協助遂行行政任務，達成行政目的之謂。行政助手也是行政機關手足的延伸，必須在行政機關的指揮監督下發揮作用，並無獨立的法律地位，一切對外的權利義務關係均由行政機關所吸收，因此亦不屬權限移轉之類型。

　　行政助手與行政委託之間的區別如下：

　　1.行政助手並不以自己名義行使公權力，行政委託則通常以自己名義爲之。

　　2.行政助手於執行業務時不具有獨立性，但行政委託則以獨立性之具備爲其概念要素。如租用民間拖吊車進行違規車輛之強行移置，因爲有警察人員在旁指揮監督，因此歸類爲行政助手，其租用契約亦以私法契約之

---

[39]　參照法務部2000年7月10日法89律字第023261號函釋。

方式締結。又如主管機關雇工強制拆除違建或違法魚塭，受僱者受在場公務員之指揮監督，執行拆除工作，也是行政助手之適例。

## 第五項　管轄權競合之解決方法

凡二個以上之行政機關，依本法第11條、第12條之規定均有管轄權者，則造成管轄權之競合，而依行政機關管轄權之競合之解決方法不外依序使用下列方法：一、優先原則；二、協商解決；三、指定管轄。

詳言之，若能分別受理事件之先後，即宜由受理在先之機關管轄；若無法分別先後，則由機關定之；若協商無效或有統一管轄之必要，則宜由其共同上級機關指定管轄機關，或由各該上級機關協議定之[40]。故本法第13條第1項乃規定：「同一事件，數行政機關依前二條之規定均有管轄權者，由受理在先之機關管轄，不能分別受理之先後者，由各該機關協議定之，不能協議或有統一管轄之必要時，由其共同上級機關指定管轄。無共同上級機關時，由各該上級機關協議定之。」

## 第六項　管轄權爭議之解決方法

### 一、管轄爭議之意義

行政機關本於行政一體之原則，固應尊重對方之管轄權，但對管轄權有無之認定，有時難免有不一致之情形。此即所謂「管轄爭議」，又稱為權限衝突，指兩個或兩個以上之行政機關，對於同一事件均認為有管轄權（積極衝突），或均認為無權限而不行使管轄權（消極衝突）[41]。衝突發生之原因甚多，諸如管轄區域界址不清、法令解釋見解不一致以及事件之複雜性等。

---

[40] 立法院，前揭文書，頁391。

[41] 吳庚，前揭書，頁206。

## 二、權限衝突解決途徑

權限衝突解決之途徑不外：1.協商解決：由爭議之各個機關以協商方式解決；2.由共同上級機關或自治監督機關解決，又稱爲「指定管轄」：行政機關間之管轄爭議無法協調解決時，其屬中央機關者由共同上級機關裁決，其屬不同之自治團體之行政機關者，應由自治監督機關解決之，故本法第14條規定：「數行政機關於管轄權有爭議時，由其共同上級機關決定之，無共同上級機關時，由各該上級機關協議定之（第1項）。前項情形，人民就其依法規申請之事件，得向共同上級機關申請指定管轄，無共同上級機關者，得向各該上級機關之一爲之。受理申請之機關應自請求到達之日起十日內決定之（第2項）。在前二項情形未經決定前，如有導致國家或人民難以回復之重大損害之虞時，該管轄權爭議之一方，應依當事人申請或依職權爲緊急之臨時處置，並應層報共同上級機關及通知他方（第3項）。人民對行政機關依本條所爲指定管轄之決定，不得聲明不服（第4項）。」

再者，爲防範在管轄權之競合未解決前，損及公眾權益，乃賦予機關必要之處分權，但課予應通知其他相競合機關之義務，防止其他機關因不知情而爲不同之處置。故第13條第2項規定：「前項機關於必要之情形時，應爲必要之職務行爲，並即通知其他機關。」

## 第七項　管轄權之變更與移轉

### 一、管轄權之變更

管轄權之劃分及變動應以法規爲依據，行政機關不得任意爲之，已如前述，行政機關違背管轄規定之行爲，係屬有瑕疵之行政行爲。故如行政機關之組織法規變更管轄權之規定者，相關行政法規理應配合修正，倘尚未配合修正時，爲免疑義，原管轄機關宜會同組織法規變更後之管轄機關公告或逕由其共同上級機關公告變更管轄之事項，如行政機關經裁併者，則得僅由組織法規變更後之管轄機關公告。此外，如有變更管轄之公告，其生效日期及發生移轉管轄之效力應予明定，以杜爭議。故本法第11

條於第2項至第4項續規定：「行政機關之組織法規變更管轄權之規定，而相關行政法規所定管轄機關尚未一併修正時，原管轄機關得會同組織法規變更後之管轄機關公告或逐由其共同上級機關公告變更管轄之事項（第2項）。行政機關經裁併者，前項公告得僅由組織法規變更後之管轄機關為之（第3項）。前二項公告事項，自公告之日起算至第三日起發生移轉管轄權之效力。但公告特定有生效日期者，依其規定（第4項）。」

再者，行政機關原來對案件有管轄權，後因法令或事實變更而喪失管轄權時，自應移送案件於有管轄權之機關，並應通知當事人。但為維護當事人利益或保障行政效能，如經當事人及有管轄權機關之同意，仍非不得由原管轄機關繼續處理。故本法第18條規定：「行政機關因法規或事實之變更而喪失管轄權時，應將案件移送有管轄權之機關，並通知當事人。但經當事人及有管轄權機關之同意，亦得由原管轄機關繼續處理該案件。」

## 二、管轄權之移轉

管轄權之移轉，指依法規之規定，某一行政機關之權限逐行移歸另一機關行使，例如在實施戰地政務之省份，省政府喪失對各縣政府之監督權，而由隸屬於軍事系統之戰地政務委員會行使。類此之權限移轉係較長久性之管轄變更，與臨時性之移轉管轄不同，後者指因官署逾期不為裁決，或因事件不宜由原有管轄權之官署處理（例如將造成群眾聚集妨害公安），因當事人聲請或依職權移轉其管轄[42]。

行政機關如發現對人民申請之事件無管轄權，本應依規定不予受理，並告知其正確之管轄機關。若誤為受理，自有義務主動移送案件於管轄機關，通知申請人，並給予其期限利益，以維護申請人之權益，故本法第17條規定：「行政機關對事件管轄權之有無，應依職權調查；其認無管轄權者，應即移送有管轄權之機關，並通知當事人（第1項）。人民於法定期間內提出申請，依前項規定移送有管轄權之機關者，視同已在法定期間內向有管轄權之機關提出申請（第2項）。」

---

[42]　吳庚，前揭書，頁205。

## 第八項　行政協助

### 一、行政協助之意義

　　國家設官分職，各有所司，旨在分別負責，以共同達成國家目的。但各機關顯然無法永久獨行其是，必要時自亦有職務上相互協助之義務，此乃所謂職務協助之主要內涵。然而，職務協助之法律要件必須明確，以避免相關主管之恣意，或濫用上命下從之權，或受制於與工作無關之考量[43]。

　　行政協助，又稱職務協助，係指平行或不相隸屬之行政機關爲達成其任務，請求另一行政機關在後者權限範圍內，給予必要補充性協助，而未變更或移轉事件管轄權之謂。本法第19條第1項規定：「行政機關爲發揮共同一體之行政機能，應於其權限範圍內互相協助。」此即明白揭示行政協助之意義。例如重陽節將至，新北市政府社會局爲辦理敬老金發放，因符合資格者爲設籍該市之年滿80歲居民，惟社會局請求民政局提供該等資料，即屬行政協助。

### 二、行政協助之特徵

　　根據行政法學之研究，可歸納行政協助之特徵有如下三項[44]：

#### （一）被動性

　　從程序上言，職務協助行爲之發動，原則上是以其他機關之請求爲要件，旨在積極維護國家設官分職，各有職掌之既有體制，尊重組織法上之任務與職權規定，並避免有較具執行力之機關，恣意涉入他機關之管轄權範圍，濫用並擴張本身職權，並藉此宣示各機關應盡力自己達成任務，非必要不應依賴其他機關。

#### （二）臨時性

　　從時間上言，職務協助僅是臨時性，因爲協助之事件大抵爲具體單一

---

[43] 李震山，前揭書，頁113至114。

[44] 同前註。

事件，該事件處理完畢，職務協助應停止。此種以個案爲出發之情形，不可能使事件成爲長期例行工作，因此，又稱「個別性」。如持續相當時間則應爲委託關係。

### （三）輔助性

原則上，職務協助過程中，請求機關仍是程序上之主體，被請求機關僅居於輔助地位，而僅就請求機關無法執行之部分介入協助，而非全部包辦。

職務協助與前述委託之發生管轄權移轉者，顯然有別，又職務協助具有補充性，被請求機關主要係提供補助性之行爲，倘請求機關將主要行爲，如人民申請某項許可時，是否許可之決定移轉予被請求機關，已構成權限移轉，則已成爲委任或委託。

## 三、請求協助之原因

行政機關執行職務時，有下列情形之一者，得向無隸屬關係之其他機關請求協助：

（一）因法律上之原因，不能獨自執行職務者。

（二）因人員、設備不足等事實上之原因，不能獨自執行職務者。

（三）執行職務所必要認定之事實，不能獨自調查者。

（四）執行職務所必要之文書或其他資料，爲被請求機關所持有者。

（五）由被請求機關協助執行，顯較經濟者。

（六）其他職務上有正當理由須請求協助者（第19條第2項）。

前項請求，除緊急情形外，應以書面爲之（同條第3項）。

前述「隸屬關係」一語，包括就該待辦事項有指揮、監督關係在內，並非以行政體系內直接上下隸屬關係爲限，蓋如就該事項，行政機關相互間有指揮監督關係，已屬指示權範疇，被指示機關或人員，應依指示辦理，而無須藉助行政協助之制度。

## 四、禁止協助之事由

職務協助以不妨礙本身工作之推行爲原則，職務協助經請求後，被請

求機關有審核之權,其拒絕職務協助約可分為兩種情形:

第一種情形是必須拒絕,而無裁量權行使之餘地者。此大多係屬於因法律上之原因,如所請求協助之事項,根本並非被請求機關土地管轄、事務管轄,及功能管轄範圍之內。又如依法律及事件之性質應保密,而無提供文件、卷宗及答復詢問之義務時,亦屬之。

第二種情形,被請求機關得依合義務性裁量決定是否應拒絕職務協助,如不合程序之請求,包括請求程序、要件、特質不符等,得請其補正或拒絕之,或認為由第三機關執行,顯然較為簡單或花費較少時,或若因實施職務協助,而自身任務之執行將受到重大妨害時,得斟酌情形,決定是否拒絕職務協助[45]。

故本法第19條乃續規定:「被請求機關於有下列情形之一者,應拒絕之:一、協助之行為,非其權限範圍或依法不得為之者。二、如提供協助,將嚴重妨害其自身職務之執行者(第4項)。被請求機關認有正當理由不能協助者,得拒絕之(第5項)。」

## 五、請求協助爭議之裁決

被請求機關認為無提供行政協助之義務或有拒絕之事由時,應將其理由通知請求協助機關。請求機關對此有異議時,由其共同上級機關決定之,無共同上級機關時,由被請求機關之上級機關決定之(本法第19條第6項)。

被請求機關得向請求協助機關要求負擔行政協助所需費用。其負擔金額及支付方式,由被請求協助機關及被請求機關以協議定之;協議不成時,由其共同上級機關定之(同條第7項)。

---

[45] 同前註,頁114至115。

# 第三節　當事人

## 第一項　當事人之範圍與能力

### 一、當事人之範圍

　　當事人者，一般指權利和利益直接受行政決定影響的人。當事人在行政程序中之權利[46]，包括受通知權、閱覽卷宗權、陳述意見或參與聽證權、要求說明理由權、委任律師協助權。故本法第20條特對當事人例示規定：

　　「本法所稱之當事人如下：

　　一、申請人及申請之相對人。

　　二、行政機關所為行政處分之相對人。

　　三、與行政機關締結行政契約之相對人。

　　四、行政機關實施行政指導之相對人。

　　五、對行政機關陳情之人。

　　六、其他依本法規定參加行政程序之人。」

　　基此，本法之當事人係採廣義的見解，即行政活動已經或可能針對的人，都是行政機關的相對一方。

　　至於「相對人」是指參與行政法律關係，對行政機關享有權利或負擔義務的公民、法人或其他組織。行政處分相對人應是行政處分對外直接發生法律效果之人。詳言之，第1款之申請人及申請之相對人，如行政程序之申請人，固為當事人，而前揭所稱之「申請相對人」，係指權利或利益受申請事項影響之第三人。至於行政處分、行政契約、行政指導等行政程序，對相對人而言，當使其具有當事人之範圍，因行政機關依職權發動程序，該潛在之相對人即取得程序上當事人之地位。

---

[46] 當事人在行政程序中之權利，包括：(1)受通知權；(2)閱覽卷宗權；(3)陳述意見或參與聽證權；(4)要求說明理由權；(5)委任律師協助權。

## 二、當事人之能力

行政程序之當事人能力者，乃指有參與行政程序作為當事人之能力。換言之，即得為行政程序法律關係主體如申請人及其相對人之法律資格。如欠缺當事人能力，即不得成為行政程序當事人。

有行政程序當事人能力者，依本法第21條規定，計有五種：

### （一）自然人

依民法規定有權利能力者，有當事人能力。

### （二）法人

與前述自然人同具有權利能力，當然均有行政程序上當事人能力；法人包括公法人與私法人在內。

### （三）非法人之團體設有代表人或管理人者

係指未經法律許可或未為設立登記之團體，又稱為無權利能力之社團。非法人團體在民法上雖無權利能力，惟以該團體之名義參與行政程序者，亦所常見，為應實際需要，該團體亦得以其名義為行政程序當事人[47]；如公寓大廈管委會、祭祀公業、寺廟、神明會、同鄉會、校友會、學生會、俱樂部等。

### （四）行政機關

行政程序之進行依法律規定，有時以行政機關為行政行為之相對人，故行政機關亦有當事人能力。另依本法第2條第3項規定受委託行使公權力之個人或團體於委託範圍內，亦視為行政機關。

### （五）其他依法律規定得為權利義務之主體者

若不許其有行政程序之當事人能力，則該法律與其有關之權利義務形同虛設，故本條第5項許其有當事人能力；如公寓大廈管理條例中之管理委員會，及商業團體法中工商設有門市部者，視同商業之公司、行號等。

行政程序當事人能力有無，行政機關依職權調查，如向主管機關提

---

[47] 立法院，前揭文書，頁465。

出申請，該申請名義人之自然人已經死亡或者根本無其人，或法人已經解散，則權利主體不存在，自欠缺當事人能力者，不能取得當事人地位，行政機關應逕行駁回其申請，毋庸爲實體上有無理由之准駁。對無當事人能力者，不得開始行政程序，其作成行政處分者，應認有重大明顯之瑕疵而無效。

## 三、行爲能力

行政程序之行爲能力，乃得獨立參與行政程序，實施表達其意思行爲之資格。

有行政程序行爲能力者，依本法第22條第1項規定，計有五種：

（一）依民法規定，有行爲能力之自然人。

（二）法人。

（三）非法人之團體由其代表人或管理人爲行政程序行爲者。

（四）行政機關由首長或其代理人、授權之人爲行政程序行爲者。

（五）依其他法律規定者。

無行政程序行爲能力者，應由其法定代理人代爲行政程序行爲（同條第2項）。

外國人依其本國法律無行政程序之行爲能力，而依中華民國法律有行政程序之行爲能力者，視爲有行政程序之行爲能力（同條第3項）。

準此，外國籍駐華特派員如涉及本法第2條第1項之行政程序，自亦有前開條文之適用[48]。

行政機關進行行政程序時，應依職權審查該程序之當事人有無行政程序能力，有欠缺者，如能補正，應通知補正，如未成年人提出申請，即應定相當時間通知法定代理人認可予以補正，逾期不爲補正，或者無從補正時，行政機關應不經實質審查，逕以申請不合法，駁回其申請，無行政程序行爲能力者所爲之程序行爲，無效。

---

[48] 參照法務部2000年10月20日法89律字第037139號函釋。

## 四、參加為當事人

因程序之進行將影響第三人之權利或法律上利益者，行政機關得依職權或依申請，通知其參加為當事人（本法第23條）。第三人即利害關係人，例如商標、專利事件，認為審定或註冊之商標、專利，因近似或其他事由損害其權益者，即屬於第三人地位；又如土地徵收程序中，已與土地所有人訂立買賣契約而尚未完成過戶登記之人，應使其有參加之機會，以確保其權益。

# 第二項　代理人

## 一、委任代理人

所謂代理人，是指在行政程序及賦予辯明機會的程序中，能夠代替當事人及參加人，為當事人及參加人進行有關行政程序及賦予辯明機會程序之一切行為者。代理人在其權限範圍內進行的行為，被視為當事人和參加人本人之行為，該行為的效果溯及當事人和參加人本人。

在法治國家之行政程序中，當事人之法律上利益，無論在法律上或事實上，必須皆能由其本人，或由其所授權之人主張之。因此，行政程序之當事人應得委任「代理人」[49]。代理人為當事人處理事務而享有代理人地位。代理人之資格，本法並未規定，依學理或實務經驗，代理人委由律師、相關專業人員或其他熟諳法令之人員擔任為宜。行政程序代理人應於最初為行政程序行為時，提出委任書（要式行為），代理權之授與，及於該行政程序有關之全部程序行為。

無行為能力人或限制行為能力人，若未依法律之特別規定使其得獨立為法律行為時，應由其法定代理人代為進行行政程序。當事人原則上得委任代理人代為行政程序。惟依法規之規定或依行政程序之性質須當事人親自為之者，則不得委任。故本法第24條第1項明定：「當事人得委任代理人。但依法規或行政程序之性質不得授權者，不得為之。」基此，當事人

---

[49] 陳敏，行政法總論（台北：自印本，2016年9月），頁67。

原則上得委任代理人代爲行政程序行爲，惟依法規之規定或依行政程序之性質須當事人親自爲之者，則不得委任。授權之範圍原則上及於該行政程序之全部程序行爲[50]。申言之，行政程序之當事人除依行政程序之性質不得授權代理者外，行政機關如有禁止其委任代理人之必要者，應依前揭法條但書規定於法規中明定。

其次，當事人雖得委任代理人，惟代理人之人數若漫無限制，易延滯行政程序之進行，故同條第二項即規定：每一當事人委任之代理人，不得逾三人。

至於同一申請案件當事人委任之代理人如超過三人以上時，其委任行爲固違反上開規定，惟其中何代理人應行辭任或解任，仍應尊重當事人之意思，故主管機關宜指定期間命其辭任或解任，以資補正，逾期未予補正者，宜解爲其委任因違反法律強制規定而無拘束主管機關之效力[51]。

## 二、代理權之授與範圍

本法第24條第3項規定：「代理權之授與，及於該行政程序有關之全部程序行爲。但申請之撤回，非受特別授權，不得爲之。」代理權之授與範圍，原則上及於該行政程序之全部行政行爲，但申請之撤回，關係當事人之權益甚鉅，故規定應經當事人之特別授權，方得爲之。

## 三、代理之形式

代理人有無代理權、有無受特別授權，均以委任書之內容爲依據，故第24條第4項規定，代理人應於最初爲行政程序行爲時提出委任書，以明其代理權限。

## 四、代理權授與之撤回

代理權授與之撤回，於當事人與代理人間，固於撤回時即發生效力，惟對於行政機關，則應於受通知後始生效力，免生爭議。本法第24條

---

[50] 參照法務部2001年1月10日法90律字第046903號函釋。

[51] 參照法務部2001年2月26日法90律字第002213號函釋。

第5項規定：「代理權授與之撤回，經通知行政機關後，始對行政機關發生效力。」

## 五、代理人單獨代理原則

代理人有二人以上者，均得單獨代理當事人（第25條第1項）。違反前項規定而為委任者，其代理人仍得單獨代理（同條第2項）。代理人經本人同意得委任他人為複代理人（同條第3項）。

## 六、代理權之效力

代理人之代理權係源自於本人授權，如本人死亡或受監護之宣告等原因而喪失行政程序行為能力者，該代理權本應隨同消滅，惟為保護當事人權益，並免延滯程序之進行，故本法第26條即規定：「代理權不因本人死亡或其行政程序行為能力喪失而消滅。法定代理有變更或行政機關經裁併或變更者，亦同。」

# 第三項　輔佐人

## 一、輔佐人之意義

輔佐人乃隨同當事人到場而予以協助當事人為程序行為之人。輔佐人協同當事人在言詞辯論中支持當事人[52]，其所為之效果應及於當事人。例如當事人及參加人是外國人或者有語言障礙時，輔佐人輔佐其陳述；作為法人的會計事務承辦者就財務事項輔佐法人代表等，此外，當事人及參加人欠缺專業知識時，也可以由有關的專家為輔佐人。

## 二、輔佐人到場之要件

輔佐人可協助當事人為行政程序行為，亦可協助行政機關了解事實，故當事人或代理人得偕同輔佐人到場，惟為避免浮濫，應經行政機關之許可。如行政機關認為必要時，亦得命當事人或代理人偕同輔佐人到

---

[52] 董保城，行政法講義（台北：自印本，1994年9月），頁260。

場，故本法第31條規定：「當事人或代理人經行政機關之許可，得偕同輔佐人到場（第1項）。行政機關認爲必要時，得命當事人或代理人偕同輔佐人到場（第2項）。」

由前揭規定可知，成爲輔佐人需要行政機關許可，此與前述成爲代理人不需要許可不同。再者，輔佐人必須和當事人或代理人一起出席，其不能單獨在聽證日期出席聽證會，也不能進行聽證日之外的閱覽卷宗等程序。

此外，行政機關倘認爲輔佐人不適當，得撤銷其許可或禁止其陳述（同條第3項）。

詳言之，輔佐人應該在實際的審理中發言，所以陳述意見機會的程序，不援用輔佐人之規定，此與代理人所起的作用不同。

### 三、輔佐人之陳述

輔佐人所爲之陳述，當事人或代理人未立即提出異議者，視爲其所自爲（第31條第4項）。

輔佐人之陳述具有被視爲當事人及參加人陳述之效力，此與代理人並無區別。

## 第四項　當事人之選定及指定

### 一、選定或指定當事人之意義

行政程序有時常涉及眾多之當事人，如未經共同委任代理人，無論在言詞審理、聽證程序以及文書通知上皆有不可克服之困難，不僅行政程序容易延滯，亦會增加行政程序人力物力之耗費，且容易發生程序上之瑕疵，有害法律之安定。

以大眾爲行政程序之對象時，爲求行政程序之經濟與順利進行，得由當事人自行選定或由行政機關依職權指定數人之當事人爲全體進行程序。經選定或指定後，其他當事人即停止其行政程序之進行權而脫離行政程

序，惟行政程序之結果對之仍有效力[53]。

## 二、選定或指定當事人之要件

由於社會變遷，行政程序所涉及者常有多數人，如該多數人均具有共同利益而未共同委任代理人者，為免延滯程序之進行，本法第27條即規定：「多數有共同利益之當事人，未共同委任代理人者，得選定其中一人至五人為全體行政程序行為（第1項）。未選定當事人，而行政機關認有礙程序之正常進行者，得定相當期限命其選定：逾期未選定者，得依職權指定之（第2項）。」

## 三、選定或指定當事人之辭退與脫離

經選定或指定為當事人者，即有為全體進行行政程序之義務，故第27條第3項規定，經選定或指定為當事人者，非有正當理由不得辭退。

此外，選定或指定當事人之目的，即在使程序迅速進行，故經選定或指定當事人後，僅得由該被選定或指定之當事人為行政程序行為，他人不得為之。但申請之撤回、權利之拋棄或義務之負擔，因違反當初申請之目的，或與全體當事人權益關係密切，故同條第4項規定：「經選定或指定當事人者，僅得由該當事人為行政程序行為，其他當事人脫離行政程序。但申請之撤回、權利之拋棄或義務之負擔，非經全體有共同利益之人同意，不得為之。」

## 四、選定或指定當事人之職權

本法第28條規定：「選定或指定當事人有二人以上時，均得單獨為全體為行政程序行為。」選定或指定當事人有二人以上時，均得單獨為全體進行行政程序，以免任何一行為均須全體意思一致始得為之，致與選定、指定當事人之目的相違[54]。

---

53　立法院，前揭文書，頁412。

54　同前註，頁414。

### 五、選定或指定當事人之更換或增減

多數有共同利益之人於選定或經行政機關指定當事人後，得隨時予以更換或增減，以求人選之適當。再者，行政機關對於其指定之當事人，於必要時，如身體健康欠佳或未能盡職等不適任之情形，有權予以更換或增減，以兼顧共同利益人全體之權益[55]。故本法第29條規定：「多數有共同利益之當事人於選定或經指定當事人後，仍得更換或增減之（第1項）。行政機關對於其指定之當事人，爲共同利益人之權益，必要時，得更換或增減之（第2項）。依前二項規定喪失資格者，其他被選定或指定之人得爲全體行政程序行爲（第3項）。」

### 六、選定或指定當事人更換或增減之生效要件

行政機關所指定、更換或增減之當事人，係爲全體爲行政程序行爲，其所爲行政行爲之效力歸屬於全體共同利益人，故其人選應使全體共同利益人知悉，以使共同利益人全體得視人選之適當與否，決定是否更換或增減[56]，故本法第30條規定：「當事人之選定、更換或增減，非以書面通知行政機關不生效力。行政機關指定、更換或增減當事人者，非以書面通知全體有共同利益之當事人，不生效力。但通知顯有困難者，得以公告代之。」

# 第四節 迴 避

## 第一項 迴避之概念

### 一、迴避制度之起源

迴避制度源自於英國自然正義原理之排除偏見原則，因爲正義必須植基於信心（just must be rooted in confidence），故司法及準司法程序，不

---

[55] 同前註，頁415。

[56] 同前註，頁414。

得有偏見原因，由於人是感情之動物，公務員自亦不例外。故在行政程序上當事人具有理由足以合理懷疑行政官員有偏見之虞者，該公務員即有迴避之原因。

所謂「法的偏見」（legal bias），其來源有如下四種[57]：

## 二、偏見之來源

（一）物質利益（material interest）亦即在財務上、金錢上有直接利益關係者。如執行職務得因作爲或不作爲使本人或關係人獲取利益者。

（二）個人態度、關係及信仰（personal attitudes, relationships, beliefs）亦即有個人敵意、親密之個人、友誼、家庭關係、職業上關係、雇員與雇主關係而對決策者之態度有重大影響者。如有利任用陞遷、調動及其他人事措施者。

（三）對機關之忠貞（loyalty to the institution）亦即對組織之忠誠，似不可能在客觀與利益間保持公正平衡者。

（四）事前對該案曾參與裁判（prior involvement and pre-judgement of the issues）即前已參與同一案件之審查，似已有先入爲主的觀念。

## 三、偏見之檢驗方式

至於偏見之檢驗（test of bias），有二種方式[58]：

（一）主要檢驗方式：考查是否有「眞正可能」（real likelihood）偏見。

（二）次要檢驗方式：考查是否有偏見之「合理懷疑」（reasonable suspicion）。

經檢驗結果，若有偏見之眞正可能或合理的懷疑，公務員必須迴避（disqualification of a presiding or participating employee），以確保行政決

---

[57] Gerard Hogan and Daid Morgan, Administrative Law (London: Sweet & Maxvell, 2012), p. 246-249.

[58] Ibid.

定之公正性。依各國行政程序法之立法例，迴避有自行迴避及申請迴避二種，我國亦採之，茲分述如下。

## 第二項　公務員自行迴避

　　行政程序之進行應力求公正、公平。公務員包括各機關任務編組之聘任委員、學者、專家、社會公正人士等，處理行政事件時，必須公正無私，始能確保當事人之權益，並維護行政機關之威信。凡處理行政事件之公務員因特定情形有可能使行政程序發生偏頗之虞者，應隨時自行迴避。故本法第32條即規定：

　　「公務員在行政程序中，有下列各款情形之一者，應自行迴避：

　　一、本人或其配偶、前配偶、四親等內之血親或三親等內之姻親或曾有此關係者為事件之當事人時。

　　二、本人或其配偶、前配偶，就該事件與當事人有共同權利人或共同義務人之關係者。

　　三、現為或曾為該事件當事人之代理人、輔佐人者。

　　四、於該事件，曾為證人、鑑定人者。」

　　申言之，前揭條文第1、2款係因利益衝突，第3、4款因存在成見而構成迴避之原因。

## 第三項　申請公務員迴避

### 一、申請迴避之原因

　　公務員有應自行迴避之情形，或有相當理由足認其執行職務將造成有偏頗之虞或程序之不公正時，應許當事人得善意申請其迴避，以確保其權益，故本法第33條規定：「公務員有下列各款情形之一者，當事人得申請迴避：一、有前條所定之情形而不自行迴避者。二、有具體事實，足認其執行職務有偏頗之虞者。」

## 二、申請迴避之程序

### （一）提出申請

前項申請，應舉其原因及事實，向該公務員所屬機關為之，並應為適當之釋明；被申請迴避之公務員，對於該申請得提出意見書（第33條第2項）。

### （二）不服駁回提請覆決

不服行政機關之駁回決定者，得於五日內提請上級機關覆決，受理機關除有正當理由外，應於十日內為適當之處置（同條第3項）。

### （三）停止行政程序

被申請迴避之公務員在其所屬機關就該申請事件為准許或駁回之決定前，應停止行政程序。但有急迫情形，仍應為必要處置（同條第4項）。

### （四）命該公務員迴避

公務員有前條所定情形不自行迴避，而未經當事人申請迴避者，應由該公務員所屬機關依職權命其迴避（同條第5項）。

## 三、應迴避而未迴避之法律效果

公務員應迴避而未迴避，而對做成行政處分有重大影響時，法院自得予以撤銷。

例如高雄高等行政法院於美麗灣環評事件判決中謂：美麗灣渡假村公司於2004年與台東縣政府簽訂民間參與經營案興建暨營運契約，申請開發渡假村新建工程環境影響評估審查，依法代表或督導開發案件主辦單位（台東縣政府）之環評審查委員，均認應迴避表決。但系爭環評審查結論既有應迴避而未迴避之委員參與表決，並附條件通過環評，台東縣政府所為之環評審查結論即有違誤，應予撤銷[59]。

---

[59] 高雄高等行政法院102年度訴字第228號判決。

# 第五節　程序之開始

## 第一項　行政程序開始之原則

### 一、依職權主義為原則

行政程序之開始，一般依職權主義為原則，當事人申請為例外，即因該管公務員之簽辦、其他機關之簽辦或移送、當事人之申請、或第三人之檢舉等而成案之謂。

所謂職權主義，即行政程序應否及何時開始進行，原則上屬行政機關之裁量範圍，行政機關得依合義務性之裁量自行決定之，不受當事人意思所拘束，以求行政之機動與效能。亦即行政機關有便宜原則之適用，所謂便宜原則又稱權變原則或隨機應變原則。

詳言之，作成行政處分除依法規須經聽證程序外，是否必須先經當事人之申請，應否先調查事證、聽取證言或送請認定等，應由機關視個別事件而定，並無一定準則可循。

### 二、行政程序開始之規定

行政程序與訴訟程序不同，並無所謂不告不理之限制，多數情形均屬由行政機關發動程序，尤其以負擔處分及行政罰之處分為然，至於授益處分則有時須由當事人申請，方有程序之開始，或因當事人撤回申請而使程序終了，是為例外。故本法第34條規定：「行政程序之開始，由行政機關依職權定之。但依本法或其他法規之規定有開始行政程序之義務，或當事人已依法規之規定提出申請者，不在此限。」

申言之，行政程序之開始，有排除本法第34條前段由行政機關依職權定之規定之必要者，應依同條但書規定於法規中明定。

## 第二項　當事人提出申請之方式

所謂「申請」，係指人民基於法規規定，為自己利益，請求行政機

關為許可、認可或其他授益行為之公法上意思表示[60]。亦即申請是相對人請求行政機關作為或不作某種意思表示的一種權利，其意味對行政程序的一種發動和對實體內容的一種請求，但行政程序之開始，以行政機關依職權裁量決定為原則，即申請在程序上能否得到受理，請求在內容上能否得到滿足，係取決於行政機關，已如前述。但當事人亦得依法提出申請。故本法第35條規定：「當事人依法向行政機關提出申請者，除法規另有規定外，得以書面或言詞為之。以言詞為申請者，受理之行政機關應作成紀錄，經向申請人朗讀或使閱覽，確認其內容無誤後由其簽名或蓋章。」

申言之，當事人依法向行政機關提出之申請，應以書面為之或容許以書面或言詞以外之方式為之者，應依前揭規定於法規中明定。

# 第六節　調查事實及證據

## 第一項　行政調查之概念

### 一、行政調查之意義

「行政調查」（administrative investigation），係指行政機關為達成行政目的，依據其職權，對一定範圍內的行政相對人所為之檢查、訪查、查詢、察案、檢驗或要求提供文件紀錄、回答問題或兼備任何前述行為之各種資料蒐集活動之總稱。行政機關行使公權力作成各種行政行為，首須確定其所欲規制之事實關係，而事實關係之確定則端賴調查事實及證據。

### 二、行政調查之特徵

（一）行政調查是行政機關的行為，除行政機關外，其他任何組織或個人都不具有行政調查的主體資格。

（二）行政調查是行政機關依職權的裁量行為，雖有些屬任意性的，但多數則具有命令性、強制性和執行性。行政相對人拒絕和違背行政

---

[60] 立法院，前揭文書，頁423至424。

調查，有時會導致相對人權利被限制或被剝奪。行政調查既是行政機關法定職權，也是其法定義務，故必須依法行使。

（三）行政調查的對象是行政相對人，即對人民而言，故行政機關內部所進行的檢查或了解等活動，如業務檢查、人事查核等不是行政調查。

（四）行政調查的根據是規定調查職權的法規範、調查對象應當遵守的法規範或應當執行的行政決定、命令。行政調查和行政立法、行政處分、行政強制執行、行政救濟等行政活動緊密相關，是行政管理過程中的一個不可或缺的環節，但行政調查並不依賴於哪一種行政活動，而是獨立的一種行政職權，分別依據不同的法規行使[61]。

（五）行政調查間接影響相對人的權益。行政調查並不直接處理或改變相對人的實體權利和義務。但是行政調查之宗旨在於執行法律和保障行政目的之實現，故具有迫使相對人服從的強制性效力，所以，它能夠對相對人的權利義務產生一定影響，特別是容易限制相對人的權利行使，給相對人增加程序性義務[62]。

行政調查與刑事搜索不同，其欲實現之法目的不同，行政調查之目的係為確保行政權之適正行使，保護公益，而刑事搜索之目的係為逮捕犯罪之被告及扣押犯罪證據[63]。此外，前者之檢查人員常為一般行政人員，人民比較不會產生緊張的對恃關係，後者之搜索人員為檢察官或攜帶警械之警察，被搜索人常會有緊張恐懼的情緒。

## 三、行政調查之種類

### （一）針對事務性質分

現在一般所謂的「行政調查」，從其目的、方法等看來，大致可分為二種：

---

[61]　楊建順，日本行政法通論（北京：中國法制出版社，1998年11月），頁501至502。

[62]　同前註。

[63]　行政院研究發展考核委員會，行政檢查之研究（1994年11月），頁284。

### 1. 一般性的行政調查

係為確保行政機關適當地行使間接的、一般性的行政作用為目的而實施之調查。通常此乃指為具體實現行政上的政策方案，設定基準規範，而必須藉蒐集情報或資料等方式來完成之行政調查，如戶口調查、住宅調查、國勢調查、工商普查、經濟情況調查等。

### 2. 個別性的行政調查

係為確保行政機關適當地行使特定且個別的行政決定，或為直接、個別之目的而蒐集情報資料的作用或作業[64]。

本法所規範之調查事實，即屬此類，指行政機關為適當行使特定且個別的行政決定所為之了解事實真相，蒐集證據資料及相關整理之活動，包括製作調查紀錄，通知相關之人陳述意見、要求提出證據資料、鑑定、勘驗等手續。具體者如公平交易委員會對違反公平交易法案件之調查。

## （二）依調查之功能分

### 1. 規劃性調查

即為一般性的行政調查，以提供行政機關規劃未來施政方向、擬訂國家政策、確定行政計畫及研討現行法令修正內容所為之蒐集資料活動。其又可分為統計調查、及準立法調查二種。前者乃指行政機關為取得決策之基礎資料所為之調查活動，其方法包括普查、問卷調查、訪談等。後者即為妥適行使法律授權訂定法規命令之目的，在研討法規草案之前，須廣泛蒐集資料，其蒐集方式有採正式聽證、公聽會，或非正式受理人民意見陳述或進行問卷調查等[65]。

### 2. 許可要件審查

即作成許認可等授益處分之前所為之調查，其方式包括到場說明、書面審查、現場勘查等。例如化妝品衛生管理條例第8條規定，業者應繳納

---

[64] 新井隆一，行政法（東京：成文堂，1982年3月），頁83。

[65] 洪文玲，論行政調查，收錄於台灣行政法學會主編，行政法爭議問題研究（上）（台北：五南圖書，2000年12月），頁733。

查驗費。此處之查驗結果，構成行政決定之基礎[66]。

### 3. 監督檢查

乃對於受法令規制監督之個人或團體，爲確認或督促其遵守法定義務之目的，所爲之檢視查察活動，又稱爲「regulatory inspection」，其方式爲強制性申報、臨檢定期檢驗等。例如藥事法第71條有關檢查藥物製造業者處所設施及業務，並得出具單據抽驗其藥物之規定。又如水污染防治法第25條之檢查污染物來源，噪音管制法第12條之檢查、鑑定，毒性化學物質管理法第23條之查核毒性化學物質之運作，抽取毒性化學物質之樣品實施檢驗。

### 4. 制裁證據調查

即行政機關因檢查發現、民眾檢舉或其他機關告發，知有違法事實存在，爲了實施行政制裁，乃對特定違反義務行爲人展開蒐證之調查。此與前揭許可要件審查，均屬於構成要件事實之調查[67]。

## （三）依可否實施強制手段分

### 1. 任意性調查

係指無刑罰或行政制裁爲擔保，亦不能強制實施，純賴受調查者之協助、配合方能達成調查目的者，例如透過訪談、基於自願或同意自動提供資訊等。

### 2. 強制性調查

係指行政機關依法律規定經由強制性手段所實拖之調查。強制調查依其是否行使實力強制，而分爲直接以實力擔保其實效性之直接強制調查，如以實力加諸相對人之身體、財產、住所，實現其意志，及以實力以外之手段擔保之間接強制調查，如透過罰則規定，間接課予受調查者忍受義務[68]。

---

[66] 同前註，頁735。

[67] 同前註，頁737。

[68] 李震山，前揭書，頁398。

## （四）依發動權之來源分

### 1. 依職權之調查

本法第36條規定：「行政機關應依職權調查證據，不受當事人主張之拘束，對當事人有利及不利事項一律注意。」行政機關為調查事實所必要之一切證據，應依職權調查，並決定調查之種類、範圍、順序與方法，不受當事人提出之證據及申請調查證據之拘束，但對當事人有利不利之事項，均應予以注意。

### 2. 依申請之調查

本法第37條：「當事人於行政程序中除得自行提出證據外，亦得向行政機關申請調查事實及證據。」又如社會秩序維護法第39條，為發現真實及確保當事人之權益，當事人亦得自行提出證據或向行政機關申請調查證據，俾能促請行政機關注意調查與待證事實有關聯之一切證據。

## （五）依對象之不同

**1. 對人之調查**：指行政機關針對特定人所為之「行政傳喚」，要求相對人提供資料或證言，傳喚、相驗（如社會秩序維護法第41條）。

**2. 對物之調查**：勘驗、鑑定、調查、調閱、索取文件、取走物品、抽取樣品。

**3. 對處所之調查**：行政機關派檢查人員親赴特定處所進入檢查之行為。

# 第二項　行政調查法制之重要性

行政調查之基本問題在於如何調整以下兩方面的利益；一方面是政府為擔保正確之行政決定而為資料蒐集之利益：另一方面為確保受調查者私人生活自由領域之利益。詳言之，行政機關對於行政命令與行政處分的作成，通常皆須經過調查的手續，其他行政行為，如監督，指導、一般政策的決定，及立法事項的建議，亦莫不依賴調查所得的資料，以為張本。惟行政調查活動之實施，常進入人民個人資料，或其居住處所之中，均造成人民生活作息之干擾、隱私之侵犯，或阻礙營業活動順利進行，牽涉人民

之隱私及拒絕干擾的自由權利，故行政調查程序法制之重要性可分成政府知之必要及保障人民權利等二項加以說明如下：

## 一、政府知之必要

　　機關負有發現眞實之職務義務。申言之，基於其爲國家之表意機關，爲順利推行國事，服務人民，且爲達施政之目標與行使法定之職權，常需大量之資訊（information）以做適當之行政決定。因行政決定主要須具有理性，而理性的行政決定就是運用科學邏輯方法，以客觀的態度作實事求是的決定。若不依據客觀的情報資料，而只憑個人直覺判斷，必然經不起完全理想的考驗，其可行性必甚低，故執行起來難免會遭遇障礙或無法貫徹。因此，如想制定合理正確的決定，必須儘量蒐集各方面精確的情報資料。誠如美國學者福萊斯德（Jay W. Forester）所說：「行政就是把情報資料轉變成行動的過程，而這一轉變過程，即稱爲決定」[69]。

　　美國行政法學者史華滋（Schwartz）教授也曾說：「資料有如行政引擎運轉中之燃料，沒有它，行政機關將不能明智地實踐法規制定和裁決之實質權力」[70]。凡未得充分的事實根據，而作冒險性的決定，皆屬不良的行政，故無論何事，必須對於事實的各方面調查清楚，然後才能獲得正確的結論，故俗語：「知識就是力量」，其道理即是在這裡。因此，爲了承認政府有知之必要（need to know），而使政府在合理的範圍內，以合法之手段及程序蒐集私人資訊，滿足其政務的需求，法治國家即定有法制，例如德國聯邦個人資訊保護法第9條規定，關於個人資料之取得，如係基於國家行政事務之推行者，原則上應允許國家爲之。惟其取得均應依法律之規定，並應向該當事人說明其法律之根據方可，否則，不得強制爲之。由此可見，行政調查程序法制化之重要性。

---

[69] 姜占魁，行政學（台北：五南圖書，1991年4月），頁303。

[70] Bernard Schwartz, Administrative Law, 3rd ed. (Boston: Little, Brown and Company, 1991), p. 92.

## 二、保障人民權利

人民基本自由權包括身體自由、居住及行動之自由，其權利行使之對象主要係對抗政府之非法逮捕、拘禁、審問、處罰。現代民主憲政國家，對於人權之保障，以身體自由之保障爲基礎，倘人權保障而無身體自由，則其他均將落空。此外，爲進而對各種人權加以保障，以期維護個人的價值與尊嚴，發揮人性，共維社會國家群體之安和樂利，其中，首先須加保障者，即爲「精神生活之自由」。蓋僅有身體之自由，而精神不自由，亦不過「半個自由人」而已，而非眞正之保障自由也。「精神自由」，通常謂之爲「意見自由」（freedom of expression），亦即表達其意見之自由。

此外，身體自由之延伸包括居住自由，英美普通法中即有一項原則──每人之住宅即其堡壘（everyman's house is his castle）。因免於受政府不正當干擾是憲政體制的基礎，故居住自由之保障包括下列三種：（一）不得無故侵入居住處所；（二）不得無故搜索居住處所；（三）不得無故封錮居住處所[71]。

而行政機關爲調查對事實及蒐證所爲之製作紀錄、通知陳述意見、要求提出證據、鑑定或勘驗等，與前揭個人身體自由、意見自由、居住自由等權利之保障均有先天上之衝突，故爲免行政調查執行過當或濫權而損害人民正常生活，必須有行政調查法制之存在，以使行政調查權之行使有適用之原則可循，並限制其權力之範圍。

行政調查權之行使，爲符合憲法保障民權之精神，民主法治國家均要求行政機關應遵守下列四個一般原則[72]：

1. 調查必須經法律授權及爲合法之目的。
2. 需要的資料必須與合法調查的主題相關。
3. 要求之資料須充分地指明，不可過於含混或不合理。
4. 需要的資料須非法律所保障之特權範圍。

---

[71] 涂懷瑩，中華民國憲法與人權保障，再版（台北：自印本，1982年2月），頁127至132。

[72] Ernest Gellhorn and Barry B. Boyer, Administrative Law and Process (St. Paul Minn: West Publishin Co. 1982), pp. 93-97.

## 第三項　調查事實及證據之方式

調查事實及證據方式依行政程序法之規定，有職權調查及申請調查二種，分述如下：

### 一、職權調查

職務調查原則，指行政機關主動依法定職權進行調查、蒐集證據，並決定調查的種類、範圍、順序及方法，不受當事人請求的限制。

行政程序具有公益追求之本質，行政機關爲確保國家行政權之合法行使及肩負最終發現者之職務義務，自應依職權調查證據。

各國立法例對調查證據，大都採職權調查主義爲原則，本法亦採之，於第36條明定：「行政機關應依職權調查證據，不受當事人主張之拘束，對當事人有利及不利事項一律注意。」故行政機關爲調查確定事實所必要之一切證據，應依職權調查事實，並決定調查之種類、範圍、順序及方法，不受當事人提出之證據及申請調查證據之拘束。但行政機關本其職權，對當事人有利或不利之事項，均應予以注意[73]。其乃是因應行政在追求共同利益及行政目的時，具有主動、自發、積極之特質。

### 二、申請調查

本法之調查證據程序，雖採職權調查原則，但爲發現眞實及確保當事人之權益，於行政程序中，當事人亦得自行提出證據或向行政機關申請調查證據，俾能促請行政機關注意調查與待證事實有關聯之一切證據，藉以淡化行政專斷或濫權之可能性。至於是否應爲調查，由行政機關依合義務性裁量決定之。

換言之，當事人之舉證活動，又不過居於協助行政機關發現眞實之目的而爲。如行政機關認無調查之必要者，得不予調查，並於決定理由敘明。故第37條規定：「當事人於行政程序中，除得自行提出證據外，亦得

---

[73] 立法院，第3屆第6會期第12次會議，「立法院議案關係文書」，院總字第1584號（1998年9月29日），頁426。

向行政機關申請調查事實及證據。但行政機關認為無調查之必要者，得不
為調查，並於四十三條之理由中敘明之。」

綜上，本法對於行政機關依職權或依申請作成行政決定前之調查證
據、認定事實，係採職權調查主義，故行政機關對於應依職權調查之事
實，負有概括調查義務，且應依各種合法取得之證據資料認定事實，作成
行政決定[74]。

## 第四項　調查事實及證據之程序與方法

調查事實及證據由行政機關依職權運用可掌握之資料來源，以闡明事
實之存在或不存在，故其得使用之證據方法，原則上應不受限制。至於調
查事實之方法為何，自應由該管機關依具體個別案件需要而定，由機關裁
量為之，依本法規定有關調查方法有如下五種：

### 一、製作調查之書面紀錄

行政機關調查事實及證據，必要時得據實製作書面紀錄（本法第38
條）。書面紀錄並不拘泥格式，且係「必要時」據實製作書面紀錄但實務
上，以製作「調查筆錄」為最常見。詳言之，是行政調查人員為查清案件
真實情況、確定違法之行為人，依照法定程序對被害人、知情人、證人或
鑑定等進行調查詢問時所製作的紀錄，以其記載的文字內容來反映一定待
證事實而言，調查筆錄就是書證的一種表現形式。

### 二、通知相關之人陳述意見

聽取當事人意見是正當法律程序之要求，故行政機關基於調查事實
及證據之必要，得以書面通知相關之人陳述意見。通知書中應記載詢問
目的、時間、地點、得否委託他人到場及不到場所生之效果（本法第39
條）。

本條所謂相關之人，包括當事人、參加人、利害關係人、證人、鑑

---

[74] 參照法務部2002年1月23日法律字第090049092號函。

定人等。故如就證據種類而言，包括當事人陳述及證人證言二種，分述如下：

## （一）當事人陳述

當事人陳述，是指行政制裁的當事人在行政機關調查階段，就其所涉及的有關問題，向行政機關調查人員所作的敘述說明或辯解。行政制裁的當事人是行政處罰直接指向的對象，其對行政處罰所涉及的有關問題，特別是有關自己違反行政管理法規範的事實問題，當然了解最爲清楚，其所作的陳述在證據的證明力上必然較強，對查明事實，證明行政處罰的合法性和妥當性至關重要。所以，無論是行政機關的調查人員，還是案件當事人自身，都應充分重視當事人陳述的證據。

當事人陳述可以口頭，也可以書面提供，如果法規規定必須書面時，則應當採取書面提供方式。行政機關調查人員對當事人的口頭陳述，一般以記入筆錄爲宜，因爲這對證據的穩定和可信度更有保障。當然，當事人陳述筆錄必須經當事人查閱無誤後簽名或蓋章。當事人如認爲筆錄有誤，而要求更正或補充時，應當允許之。

## （二）證人證言

行政調查程序中的證人證言是指未介入行政違反行爲的其他公民，就其所了解所知道的有關情況，向行政機關調查人員或案件當事人所作的陳述。證人證言所反映的內容，通常是證人所親自耳聞目睹的事實，但有時也可能不是其親身經歷，而是從別人那裡聽到，即所謂的「傳聞證據」。因傳聞證據得作爲證據的一種，故行政機關調查人員和行政處罰當事人都可在行政調查或聽證中提供。對證人而言，法律只要求其據實陳述自己所知悉的事實，包括據實陳述自己從別人那裡聽來的事實，而並不要求其對自己所陳述的內容作出某種程度的判斷。所以，那些與被調查案件無關的陳述，或者證人對自己所陳述內容的主觀推測、判斷等，均不能在調查程序中提供爲證人證言。

證人提供證言，一般並不要求必須書面形式，可以以口頭陳述，如果證人願意自行書寫證言者，應當允許之。有時爲了證據的穩定性，行政

調查人員或當事人在蒐集證據時，這種筆錄也是證人證言的一種形式，但需要注意者，乃將證人的證言製成筆錄時，應當完整地記錄證人的陳述，不能夾帶詢問人的主觀意見。此外，該筆錄應由證人查閱無誤簽名或蓋章後，才能作為證人的書面證言。

### 三、要求提出證據資料

行政機關基於調查事實及證據之必要，得要求當事人或第三人提供必要之文書、資料或物品（本法第47條）。要求時應用通知書告知當事人或第三人。

實務上，若干被管制之工商業者，依法需保持一定紀錄、報表或帳簿等，以供被賦予管制功能機關隨時查閱，其目的在使管制機關便於管理監督，維護共同利益。此種情形，主管機關得派員索取查閱。至於對當事人或第三人所提出之文書、資料或物品有暫時保管必要者，應給予書面證明，不易保管者，得委由第三人保管。

前述得要求提出之證據資料，一般有如下四種：

### （一）書　證

書證是指以文字、符號、圖形等方式，記載或表達人類的思想和行為，並能夠證明待證事實的某一部分或全部的資料。書證因真明確記載了能夠證明待證事實的某種情況，具有極為重要的證明作用。至於書證的形式和類型並未統一，如根據書證的製作方式，則可分為原本、正本、副本、影本、抄本、節錄本。

### （二）物　證

物證是指以其外部特徵和物質屬性來證明待證事實的一切物品和痕跡。能夠成為物證的物品和痕跡，必須是與待證事實相關聯，無關聯的物品，不能作為物證提供。因為作為一種客觀存在的具體證據載體，物證是以它的存在情況、形狀、質量、特性等來證明某種待證事實的[75]。因此，

---

[75] 楊惠基，聽證程序理與實務（上海：上海人民出版社，1997年9月），頁121。

以其容易認定，便於判斷的優勢，成爲行政程序中廣泛使用的證據之一，對查明案件眞相，有著重要的證明作用，得能夠收到良好的結果。

## （三）**視聽資料**

視聽資料是利用錄音、錄影設備或者電腦網路儲存設備製作反映出的形象或音響的組合等資料來證明案件事實的證據資料。視聽資料是介於物證和書證之間的一種獨立的新型的證據形式，它以其內容即聲音、影像、網路儲存資料而不足外部特徵來作爲證明力，但這種聲音，影像與網路儲存資料又不是以靜態的文字、符號或圖畫來記載和表達思想爲其內容，而是以自己獨特的表現形式來反映有關事實當時情況和內容。因此，視聽資料證據既不同於書證，也不同於物證，具有可固定、可保全及更接近眞實的優勢。

## （四）**法律規範文件**

法律規範文件是以其文字所記載和表達的內容證明行政行爲之職權依據或當事人行爲上合法合理之依據。法律規範文件實際上是書證的一種特別形式，只不過這種書證的原始製作人是法律規範文件的製作或發布機關而已。

## 四、鑑　定

鑑定是對案件的專門問題進行鑑別和判斷的活動。能在行政或訴訟程序上，提供辦案所需專業意見之機關、團體或個人即爲鑑定人，以鑑定人爲證據方法，其陳述專門知識之意見或判斷特定應證事項之意見，稱爲鑑定。英美稱鑑定人爲專家證人。鑑定結論是指鑑定人運用自己所掌握的專業知識或特有工具，根據所提供的案件有關事實材料或提出自己待解的問題進行分析鑑定後得出的結論性意見。

現代科學發達，分工精細，各種社會問題亦變化多端，行政決定遇有專業性案件，以現有人員設備，如無特別知識之人配合協助，實不足以資因應，故行政機關基於調查證據之必要，得選定對特定事物有專業知識或特別經驗之人爲鑑定。鑑定人對於鑑定之經過及結果，負有以言詞或書面報告之義務。故本法第41條明定：「行政機關得選定適當之人爲鑑定（第

1項）。以書面為鑑定者，必要時，得通知鑑定人到場說明（第2項）。」

實務上，有鑑定人義務者，以下列之人為限：（一）從事於鑑定所需之學術、技藝或職業者，例如律師、會計師、醫師、工程師、大學教師等；（二）經機關委任有鑑定職務者，例如法醫師、檢驗員等。

## 五、勘　驗

勘驗係通過直接觀察取得資訊之調查方式，即是以人類之官能直接察驗物之存在與否及其狀態之查證程序。其行為內容在於實際直接察勘或驗知物之存在其狀態，其作用在獲取證據資料，故又稱為「實地檢查」或「現場勘驗」，如在交通肇事事故處理中，必須進行現場勘驗，以確定責任。

在所有政府取用私人資訊之方法中，以勘驗私人之身體、文件或住所等方式，乃為最有效之方法之一。

為執行健康、安全和福利的法律，行政機關時常須派行政官員親自勘驗家宅和營業場所，以判定是否有不合標準的居住條件或其他違法情形。此行政檢查所包含的範圍很廣，如商業設備和個人車輛之安全檢驗、餐廳旅館的安全檢查、工廠排放的環境檢查、及公寓或家宅之消防衛生檢查等。雖然它們有時被使用為法律執行之目的，其實其主要作用卻在於發現和糾正不符法規之情事[76]。此外，在特定個案調查時，為發現真實，得對待證事實有關之人、地、物實施勘驗，故本法第42條第1項規定：「行政機關為了解事實真相，得實施勘驗。」此外，有些個別法律亦准許主管機關得派員進入營業處所檢查，此種檢查不得解釋為犯罪搜索權。

行政機關在進行勘驗時，為求對方及其他關係者之協助，或為使勘驗圓滿達成，必須在事前將調查的時日、場所、對象（物件）等通知相對人或其他關係者。故本法第42條第2項規定：「勘驗時應通知當事人到場。但不能通知者，不在此限。」

此外，行政機關在進行勘驗時，要注意不要破壞藝術、損害企業及商

---

[76] Ernest Gellhorn and Barry B. Boyer, op. cit., p.98.

業秘密。勘驗要製作筆錄。勘驗筆錄的內容必須是當事人違法行為發生狀況的現場記載，現場筆錄應當能夠真實記載和完整反映當事人行政違法行為發生的時間、地點、違法的內容包括違法物品、工具、違法行為人等事項。詳言之，現場筆錄作為證據，應當注意其製作內容和形式上的規範，現場筆錄必須是在當事人違法行為發生地或者行政機關對當事人違法行為的發現地製作，離開違法現場事後追記的筆錄不能稱為現場筆錄。

再者，現場筆錄儘管是行政機關調查人員製作，但為保證其客觀性，必須經當事人閱讀或向當事人宣讀，由當事人在筆錄上簽名或蓋章，如當事人提出異議要求更正或補充者，可以在筆錄上予以註明。當事人拒絕在現場筆錄上簽章，調查人員應邀請現場其他人員作證簽字，並在筆錄上註明。

## 第五項　採證之法則

### 一、自由心證之概念

行政機關於行政程序中進行調查證據，究係採法定證據主義或自由心證主義，頗有斟酌的餘地。然考量行政著重專業、機動、效能等特質，賦予行政機關自由心證應較法定證據為優。行政機關經斟酌全部意見陳述內容及調查證據之結果，得依自由心證，判斷事實之真偽。但應告知當事人心證之結果及其所以得此心證之理由，以求慎重確實。所謂自由心證，並非謂無證據亦可認定事實，亦非謂證據之取捨漫無標準，行政機關作成處分或裁決仍必須以依法調查所得並獲有心證之事實關係為基礎，對證明力之判斷雖不受證據形式的拘束，但形成內心確信時不能違背經驗法則及論理法則[77]。故本法第43條明定：「行政機關為處分或其他行政行為，應斟酌全部陳述與調查事實及證據之結果，依論理及經驗法則判斷事實之真偽，並將其決定及理由告知當事人。」

---

[77]　吳庚，前揭書，頁504。

## 二、論理法則之意義

所謂論理法則，指以理論認識之方法，即邏輯分析方法，故其具有客觀性、普遍的妥當性，與經驗法則之主觀性與相對性有別，其作用有二[78]：

（一）具有適合性：其作用在判別證據與事實間是否具有關聯性，若缺乏適合性之證據，資為認定事實之基礎，有悖邏輯法則。

（二）具有妥當性：認為事實之證據，雖具有適合性；如據以認定，並不合理者，仍缺乏妥當性。故論理法則之作用，即在判斷其證據與事實間是否具有妥當性。

## 三、經驗法則之意義

至於所謂經驗法則，指人類歷史相治相承，本於於經驗累積歸納所得之定則，而所謂經驗，則包括通常經驗及特別知識經驗。故判斷事實之真偽時，不得違反邏輯上推論之論理法則，亦不得違背日常生活閱歷所得而為一般人所知悉之普通法則如相當因果關係，或各種專門職業、科學上或技術上之特殊法則。如就相當因果關係而言，係指經驗法則，綜合行為當時所存在的一切事實，為客觀之事後審查，認為在一般情形下，在此環境，有此行為之同一條件，均可發生同一之結果者，則該條件即為發生結果之相當條件，行為與結果間即有相當之因果關係。反之，若在一般情形下，在此同一條件存在而依客觀之審查，認為不必皆發生此結果者，則該條件與結果之因果關係並不相當，僅為偶然之事實而已。

申言之，行政機關認定事實所依憑之證據，係採論理及經驗法則，亦稱自由心證主義，是以任何證據，只要具有證據力，均可採用，並無限制。

---

[78] 陳樸生，刑事證據法論（台北：自印本，1992年10月），頁440。

# 第七節　資訊公開

## 第一項　資訊公開制度之發展

　　政府資訊公開制度最早發源於北歐之瑞典，該國早在1766年即已制定具有憲法效力之新聞自由法（Freedom of Press Act）。但眞正將該項制度予以體系化者應屬美國。在美國創國初始，其開國元勳即已深切體認到滿足人民「知之權利」（right to know）之重要性，例如憲法起草人麥迪遜（James Madison）即曾警告說：「一個民治的政府沒有民有的資訊或獲得資訊之方法，只不過是鬧劇或悲劇之序幕，或可能兩者兼備而已，知識將永遠支配無知，且一個有意成爲支配者必須本身擁有知識所能給予的權力，以便隨時應用」[79]。又指出「被宣稱爲統治者之人民，必須被賦予知之權利」[80]。第二任的總統傑佛遜（Thomas Jefferson）亦曾指陳：「我國政府之基礎在民意，而施政之首要目標，即是要保障該項權利……，要防止人民犯錯之不二法門，就是要給他們關係本身事務之全部資訊」[81]。然而這些理想卻因現實政治環境之影響，而一直未能付諸實現。

　　到1930年代，由於福利國家思想之興起，政府之功能急速擴張，個人對國家之依賴與期望，日益加深，尤其在資訊處理自動化之趨勢下，政府得以具有充分之能力及有效之工具，獲取所需之各項資訊，惟在民主政治體制下，政治之事項乃公共事務，亦爲全體國民所關心之對象。國民既爲主權者，對政府之行動，應有逐一知之權利，政府對於其所獲得、累積與運用之資訊，以及政府各項行政行爲規定等資料，似有建立「公共資訊制度」（public information system）之必要，以具體實現國民知之權利，使國民採以判斷政府是否行使公正，是否有負國民所託。然政府之行政資

---

[79]　Scott A. Faust, "National Security Information Disclosure Under the FOIA: The Need For Effective Judicial Enforcement", Boston College Law Review, Vol. 25 (1984). p. 611.

[80]　Davis M. O'Brien, The Public's Right to Know (New York: Praeger Publisher, 1981), p. 29.

[81]　翁岳生等，資訊立法之研究（台北：行政院研考會，1985年11月），頁145。

訊中甚多涉及國家機密、私人隱私以及公益之事項,似又不宜全無限制地公開,因此,對於各級政府何項資訊應予公開,何項資訊應予限制,人民請求閱覽抄錄之程序及行政人員之責任等,似有研擬加以法制化之必要。

美國國會有鑑於此,乃於1966年制定資訊自由法,1974年又制定「隱私權法」(Privacy Act),以規範政府保存個人紀錄之處理,1976年又制定「陽光下政府法」(Government in the Sunshine Act),用以規範機關會議之公開,以上三種法制使行政程序對資訊公開之規定更為周全,也成為其他民主先進國家爭相仿效之對象[82]。如西德於1977年公布聯邦個人資訊保護法,法國於1978年公布資訊處理貯存與自由法,同年奧地利也公布資訊保護法,丹麥於1979年公布資訊保護法,使人民知之權利得以具體實現。

## 第二項 政府資訊公開之意義與功能

### 一、政府資訊公開之概念

所謂「資訊公開」(freedom of information),即指人民或團體有獲得政府紀錄與資料之權利, 政府有將人民所要求的資訊予以公開之義務的一種制度,為廣義陽光法案之一部分:至於狹義的「陽光法」(sunshine law)係指強制任何重大從事影響政策活動的組織或個人,必須向政府或有關單位登記,並告知其經費收支與活動內容,以便接受社會大眾監督之規範。

許多文獻曾將「資料」(data)和「資訊」(information)二者視為同一概念,互為使用。其實兩者尚可嚴格區分,如資料乃代表人、事、時、地、物或任一活動與事態之真相(fact),其表現之方式可為文字、數字或圖形。但當該資料被溝通、接受及了解時,就變成資訊。換言之,資料即潛在之資訊(data are potential information)[83];資料經處理後,即

---

82  同前註,頁146。

83  Raymond Wacks, Personal Information-Privacy and the Law (Oxford: Clarendon Press,

可供作行爲活動及管理決策所需之資訊。茲就政府資訊之定義、政府資訊公開之原則、人民需要政府資訊之原因、政府資訊公開之功能等分述如下。

## （一）政府資訊之定義

政府資訊，指政府機關於職權範圍內作成或取得而存在於文書、圖畫、照片、磁碟、磁帶、光碟片、微縮片、積體電路晶片等媒介物及其他得以讀、看、聽或以技術、輔助方法理解之任何紀錄內之訊息（政府資訊公開法第3條）。

至於，政府機關之定義，則包括如下（政府資訊公開法第4條）：

1. 中央、地方各級機關：包括其設立之實（試）驗、研究、文教、醫療及特種基金管理等機構。
2. 受政府機關委託行使公權力之個人、法人或團體：就其受託事務視同政府機關。

## （二）政府資訊公開之原則

美國國會在制定資訊自由法時認爲：「秘密政府對任何人都沒有好處，它傷害了企圖獲得服務的人民，也傷害了政府的尊嚴及作用，它產生了人民的懷疑，挫折了人民的熱誠，及愚弄了他們的忠貞」[84]。可見美國人肯定公開的正面意義，對於政府機關的秘密行事，極爲反感，然在資訊自由法制定之前，所謂人民「知之權利」，只是一個新聞上的口號，而非一項法律之權利。直至1966年美國國會制定通過資訊自由法之後，這個口號才正式成爲事實[85]。該法之目的在於保證一般民眾能順利取得行政機關所擁有之資訊，同時，在取得這些資訊之過程中，並不會妨害政府合法之活動，以及侵害個人之隱私權。茲列舉美國資訊自由法之立法原則如後：

1. 公開是一般原則，而非例外。

---

1989), p. 25.

[84] Janet A. Bradley, "Pro se Complaints and the Freedom of Information Act: Neglected, not Rejected", Administrative Law Review, Vol. 37, No.1 (1985), p.15

[85] Bernard Schwartz, op. cit., p. 130.

2.所有個人都有查閱和獲得資訊的平等權利。

3.必須負責說明文件不公布的合理理由係政府,而非申請人。

4.被不當拒絕獲得文件的個人,有權向法院請求救濟。

5.免除公開事項,設定具有可行性之標準。

為促進政府程序之民主化與透明化,並滿足人民知之權利,以適時維護權益,我國政府資訊公開法亦採政府資訊公開原則如下:

1.政府資訊以公開為原則:限制公開為例外。

2.政府資訊可分原則:部分屬於「豁免公開」,其他部分如能合理切分者,仍應公開。

3.限制公開者應負舉證責任:機關拒絕公開所請資料時,自應負舉證(說明)責任。

### (三)人民需要政府資訊之原因

一般而言,人民需要政府所蒐集資訊,其主要原因有以下三點[86]:

#### 1.政府資訊可作為對政府績效的觀測

像記者、作家、政治人物及一般人民獲得資訊乃為了了解政府做了些什麼及其原因。譬如,有了食品及藥政署的實驗資訊就可證明該署是否作出正確的判斷,證明上市藥品及藥材的功效。

#### 2.政府資訊可作為商業目的之用

企業公司用此作為一種較經濟的資料蒐集方式。例如,企業公司喜歡食品及藥政署、環境保護署所蒐集的資訊,以便評估其競爭者所生產物品之技術品質。

#### 3.政府資訊可作為訴訟目的之用

當人民涉入與行政機關或私人發生法律糾紛時,即需有足夠的資訊以便作較好的答辯或舉出較有利的證據。例如,一代表空軍飛行員的律師,即可能要求拷貝政府的報告,來鑑定飛機失事的原因,若無其他不當操

---

[86] Richard J. Pierce; Sidney A. Shapiro & Paul R. Verkuil, Administrative Law and Process (Mineola, New York: The Foundation Press. Inc., 2014), p. 418-419.

作，律師可能利用這些資訊，以決定是否控告飛機製造商設計上有疏忽之責任。

## 二、政府資訊公開之功能

政府資訊公開之功能，經歸納學者之見解，有實現人民知之權利、促進政治參與及溝通、發揮直接政治監督之效果、慎用為制裁違法之武器，及兼顧個人隱私權之保護等五項，茲分述如下：

### （一）實現人民知之權利

知之權利被普遍認識與重視，實係二次大戰後之現象，1948年12月由聯合國大會通過之「世界人權宣言」，即於第19條明定：「人人有主張及發表自由之權，此項權利包括：經由任何方法不分國界以尋求……消息意見之自由。」翌年4月5日瑞典將有關知的權利之保障納入憲法體系內，在構成其憲法之四項法律中，「新聞自由法」即明文保障人民知之權利。惟此一權並非絕對；有關國防、外交、犯罪偵防、公私團體與個人之合法經濟利益等資料，或是出於維護個人隱私及安全、禮儀及道德等之考慮，均可構成政府拒絕人民申請之理由。嗣西德基本法亦對人民知之權利有所規定，該法第5條不僅對人民之言論與出版等傳統之自由權利明文承認，且同時規定「人民有自一般可以接近之來源取得資料而不受阻礙之權利」[87]。由於憲法國際化之影響，人民知之權利亦逐漸為各國所接受。

所謂「知之權利」，實係基於國民主權原理，同時存在著自由權與社會權之性質，為憲法上表現自由權利之一種，在現代民主政治中，知之權利內涵本包括著權利、自由及參與，故已被主張為道德、法律或政治權利[88]。

在國民主權的民主政治中，行政資訊均是利用國民繳納之稅金所取得，是屬一種特殊型態之「公共財產」（public property），自應有向國

---

[87] 法治斌，「知之權利」，法學叢刊，第27卷第1期（1982年3月），頁73。

[88] Davis M. O'Brien, op. cit., p. 18.

民加以公開之必要[89]。此外，政府為人民之公僕，其所作所為無非是保障全體國民之安全與福祉，政府資訊可對外公開，責任之歸屬自較易建立，公務員必如臨深淵，如履薄冰之態度處理公務，不敢稍有懈怠，責任政治當可及早確定[90]。

　　另一方面，資訊自由為民主社會中一項極為重要的價值，亦為評估現代政府是否尊重公民權的一項主要指標。因為，知之權利為國民適正行使參政權必備之條件。由於國民必須知悉其政治現在的實情，以做為政治判斷之資料，誠如日本山口大學平松毅教授所言：「知之權利應該認為是國民個人可以直接向國家要求的一種基本民權」[91]。又因知之權利與表現自由乃一脈相傳，故美國最高法院大法官道格拉斯（W. O. Douglas）在其所著「We the Judges」一文中曾說：「民主政治必須以人民能自由獲得形成人民公意之資訊，並保障其自由討論與表意意見為前提，否則所謂基於被統治者同意之原則，將毫無意義」[92]。由此可知，人民獲得政府機構持有之資訊，乃為國民參與政治之契機，亦為行使憲法上各種權利所不可或缺之條件。

## （二）促進政治參與及溝通

　　隨著福利國家理論之倡行，政府行政權力大幅擴張，在資訊處理系統自動化之影響下，政府所需處理之事務已多至無法盡行列舉之地步，而國內外交通亦是便捷無比，印刷事業更是一日千里，新聞之傳播與資料之傳遞，甚至可在瞬間內完成。再加上國民教育之普及，人民智識水準之提高，故不僅人民求知之主觀意願存在，且客觀上亦有充分之工具可資利用。但問題卻在資料及知識之來源無法控制，多數資料之對外傳布，皆由政府之善意與主動，反之，人民所擁有者多僅係殘缺不全，甚難窺問題之

---

89　翁岳生等，前揭書，頁146。

90　法治斌，前揭文，頁74。

91　平松毅，「知權利展開」，法律時報，第44卷第7號（1972年），頁56。

92　Davis M. O'Brien, op. cit., p. 29.

全貌[93]。

　　由於人民無法先行了解狀況，提出切合時需之建議，其參與政治之興趣必受影響，對於政府推動或頒行之政策，由於其決定過程之秘密與排他性，形成單向輸入之效果，故亦難獲人民由衷地支持。長此以往，易使人民產生對政治之冷漠感，如此自非國家之福。倘政府能主動將原始眞實之資料提供給有興趣之人民，既可預先建立正確之認識，亦可及時收一正視聽之效果。此外，政府對人民尋求資料之要求，如僅量予以滿足，則因此表現出開誠布公之態度，必爲人民刮目相看，並進而支持政府。

### （三）發揮直接政治監督之效果

　　人性有甚強烈之權利慾望，且有權者恆濫權。蓋權力乃是一個行爲者支配其他行爲者以遂己意之力量，能爲多種目標而服務，而爲人們獲得各種方便與利益之最高法門，故對既得權力，常有意無意間加以擴大運用。大多數學者即本此觀點，而主張對行政權加以監督。對行政權監督之方法除行政首長監督、立法監督、司法監督外，民主法治國家均允許人民直接的監督，亦即提倡公共監督、公開事實認定及理由、公開先例及公開聽證[94]。

　　公開是公正之最佳保證，誠如美國行政法學者戴維斯（K. C. Davis）教授於「裁量正義」（Discretionary Justice）一書闡述：「公開是專橫獨斷的自然敵人，亦是對抗不公正的自然盟友」[95]。美國最高法院大法官布蘭岱斯（L. D. Brandeis）亦曾言：「公開實爲應付現代社會及工業疾病之最好治療藥，此正如陽光爲最佳之消毒劑，燈光爲最有效之警察一樣」[96]。由此可知，資訊是做明智抉擇或智慧判斷所必需者，倘計畫、政策或法規不公開，則對政府之故意違法或無意誤用權限，即無法加以監

---

[93] 法治斌，前揭文，頁74。

[94] 許慶復，行政裁量監督之研究（台北：三民書局，1980年6月），頁87。

[95] Kenneth Culp Davis, Discretionary Justice: A Preliminary Inquiry (Baton Ronge: Louisiana State University, 1970), p. 97.

[96] Bernard Schwartz, op. cit., p. 129.

督；事實認定是阻止政府專斷的必要條件，若能將事實認定加以公開，則利害關係人就能知其底蘊而不致處於「敵暗我明」之狀態中，對誤濫之請求救濟才能達到「武器平等」之公平原則。此外，政府內部作業資料可對外公開，不使閉鎖，使有關民眾可以參與，以防獨斷偏頗。因此，政府資訊公開實有導致開放政府、影響行政決策、加強監督、防制惡政及防止腐化之效。

### （四）慎用爲制裁違法之武器

英國學者馬夏（N. Marsh）教授認爲，資訊公開理論基礎在於：1.秘密本身有如邪惡（secrecy as an evil perse），是陰謀的工具（instrument of conspiracy）；2.秘密意指不正當（secrecy means impropiety），是不平等之原因（cause of inequality）；3.公開是民主政府的本質，公開越多資料，對公共利益越有幫助[97]。由此可知，秘密無疑是「惡政之原因」（cause of maladministration），其與無效率是並肩而行[98]。資訊公開可防制一切因秘密所衍生之邪惡、陰謀、不正當或不平等之行爲。換言之，資訊先天具有權力之特質，可用爲制裁（imformation as sanction）之武器。

雖然政府機關不僅有權取得資訊，並且有權將資訊加以發布，以讓民眾知悉，但是必須特別注意者，乃是因爲其實際上發布新聞的權力，影響力如同行使正式權力一樣重大。如行政機關對私人發布不利的新聞，對該個人所造成的傷害，絕不亞於法院或政府機關對他所做的不利裁決。此在警告消費者關於危險產品或詐欺之銷售行爲，在實際上發生很大的輿論制裁力量，如在證券管理方面，政府機關發布的新聞可能因此摧毀一家公司或經紀商。衛生機關如宣布某種消費產品中可能含有害健康之物時，對該產品之製造者亦將造成毀滅性的傷害[99]。因此，政府機關如把資訊公開當作制裁之一種武器，其行政程序公正性已引起大眾之關切，因其資訊正確

---

[97] Norman Marsh, Public Access to Government-held Information (London: Stevens & Son Ltd., 2001), p. 2-4.

[98] Lawrence Baxter, Administrative Law (Wynberg, Cape: Juta & Co. Ltd., 1984), p. 233.

[99] Bernard Schwartz, op. cit., p. 129.

性與否影響深遠，故須審慎為之，亦即政府機關必需自訂新聞發布程序規則，以限制對待決案件發布新聞之裁量。

### （五）兼顧個人隱私權之保護

所謂「個人資訊」（personal information），係指包括有關個人及被合理視為屬於他私自的或敏感的，而當然保留或至少限制他人蒐集、使用或傳布之事實、溝通或意見[100]。

在高度資訊化社會中，為保持資訊能健全地流通，以滿足人民知之權利之要求，同時並使人民的隱私不至因而受到侵害，故民主法治國家通常都建立「資訊公開」與「個人資訊保護」二種制度，相輔相成，使人民既可享受高度資訊化的好處，又可避免高度資訊化所可能引起的壞處。

每一個人出生、求診及住院有關病歷及診治狀況，醫院均將保持紀錄，入學受訓之學業、品行甚至家世背景，各個學校亦維持其資訊檔案；其餘諸如在服務單位的工作情形，買賣房地產、車輛、船具、有價證券、事業投資、存款、借債及償債情形，各個主管業務機構均留有機關紀錄[101]。由於電腦功能日益多樣化，處理資料速度漸快且正確度高，電腦網路擴展迅速又操作方法日趨簡易，以電腦處理資訊時，經常發生下列四個問題[102]：

1. 對於大量的個人資訊不知不覺中迅速地被處理著，令人不禁感到不安。

2. 被迅速運用的各種個人資訊，可能有互相矛盾之處，部分地利用個人資訊，有對資料主體造成錯誤判斷之虞。

3. 若輸入錯誤資料，不僅不易發現，且該資料的利用尚有對資料主體形成錯誤認識之虞。

4. 隨著電腦網路的發展，在終端機即可能為電腦操作，此舉讓無正當權限者對資料有不當利用、修改、加工等機會。

---

[100] Raymond Wacks, op. cit., p. 26.

[101] 翁岳生等，前揭書，頁11。

[102] 陳秀峰，「日本之個人資訊保護制度兼論歐美之資訊保護法」，憲政時代，第17卷第1期（1991年7月），頁102。

上述四問題使個人隱私遭受被侵害的威脅。民主先進國家基於國民有工作謀生、追求幸福之權，政府機構或企業，均不得於從事資訊工作之過程中，損害國民之基本人權。因此，對於建立個人檔案之機關團體之職權應加以限定，其建檔資料內容，與作業管理方法，調用資料之規定與限制，以及隱私權遭受侵害之救濟及其對加害人之處罰等，均有加以立法保護之必要，於是除了資訊自由法外，紛紛制定冠有「隱私權法」（Privacy Act）或者是「資料保護法」（Data Protection Act）等名稱之相關法律。

## 第三項　我國政府資訊公開法制之發展

我國早在1993年10月即由立法委員黃爾璇等23人提出「政府資訊公開法」草案，翌年3月立法委員程建人等44人復提出同名之草案，唯皆未獲通過。迄1999年初制定「行政程序法」時，始仿傚美國立法例納入「資訊公開」，惟仍僅設架構性規範，而將細節委諸嗣後立法。本法第44條第3項規定：「有關行政機關資訊公開及限制之法律，應於本法公布後二年內完成立法。於完成立法前，行政院應會同有關機關訂定辦法實施之。」行政院與考試院乃於2001年會同訂定「行政資訊公開辦法」，試行資訊公開。

嗣行政院分別於1999年至2005年間三度提出「政府資訊公開法」草案，函送立法院審議，終2005年12月6日三讀通過。並同時廢止行政程序法第44條、第45條條文。此後，資訊公開應依政府資訊公開法為之。

基此，行政程序法第一章第七節「資訊公開」應僅剩下第47條禁止公務員與當事人進行行政程序外接觸之規定，仍然有效。其餘第46條有關申請閱覽卷宗之規定雖未廢止，但因政府資訊公開法已有新的規定，故應適用新法。

## 第四項　行政程序中之卷宗閱覽請求權

### 一、閱覽卷宗請求權之概念

　　資訊公開除了行政機關例行地主動對民眾提供資訊外，亦包括行政機關應人民申請而個別公開之資訊。司法程序中普遍承認當事人得請求閱覽卷宗，此種當事人公開與「武器平等」（waffengleichheit）的原則在行政程序中亦有等同的意義[103]。

　　尤其行政機關握有裁量餘地時，人民在行政裁量事件中對裁量結果的預測可能性較低，此種不利益得藉閱覽卷宗獲得彌補，又行政裁量餘地既是源於法律未逮，人民只能訴諸法治國家一般法律原則的保護，而欲主張此等原則，尤須以堅強的事證為依據，故允許當事人於行政程序中得閱覽卷宗尤饒具意義，亦即使其對處分的了解不侷限於處分書的記載，猶及於作成程序中處分機關或其他機關的出發點、動機、意見，以便在行政程序中知所舉措因應。否則，行政機關一方面為行政法關係當事人的身分，一方面卻得「獨占」所有涉案資料，使人民處於「敵暗我明」的未知之中，根本談不上當事人公開，也談不上武器平等。此外，一旦行政程序終結，由於既已閱覽卷宗，對案情了解更為深刻，當事人於決定是否提起訴訟及如何為理論構成時，均甚有助益[104]。

### 二、本法對閱覽卷宗請求權之規定

　　當事人或利害關係人於行政程序進行中，為能適時主張或維護其權益，必對程序進行之情形有所了解，故本法第46條規定：「當事人或利害關係人得向行政機關申請閱覽、抄寫、複印或攝影有關資料或卷宗。但以主張或維護其法律上利益有必要者為限（第1項）。行政機關對前項之申請，除有下列情形之一者外，不得拒絕：一、行政決定前之擬稿或其他準

---

[103] 葉俊榮，「行政程序法的資訊公開」，收錄於行政院經建會健全法規工作小組出版，行政程序法之研究（1990年12月），頁263。

[104] 同前註，頁263至264。

備作業文件[105]。二、涉及國防、軍事、外交及一般公務機密，依法規規定有保密之必要者。三、涉及個人隱私、職業秘密、營業機密，依法規規定有保密之必要者。四、有侵害第三人權利之虞者。五、有嚴重妨礙有關社會治安、公共安全或其他公共利益之職務正常進行之虞者（第2項）。前項第二項及第三款無保密必要之部分，仍應准許閱覽（第3項）。當事人就第一項資料或卷宗內容關於自身之記載有錯誤者，得檢具事實證明，請求相關機關更正（第4項）。」

　　前揭法條之立法目的，係因當事人或利害關係人於行政程序進行中，為能適時主張權益，必須對程序進行之情形有所了解，爰賦予其等有申請閱覽卷宗之權。惟如無限制地任當事人閱覽卷宗，則不免有侵害他人權利、妨礙社會治安、公共安全或行政正常運作等公共利益之虞。是以，為確保當事人等之卷宗閱覽權與公共利益間之衡平，行政機關對於當事人或利害關係人申請卷宗抄錄閱覽之准許與否，除應審查是否具有同條第2項所列之情形外，尚須考量該申請是否為主張或維護其法律上利益有必要者[106]。

## 三、行政程序中卷宗閱覽請求權與政府資訊公開請求權之差異

　　行政程序中卷宗閱覽請求權之規定，與政府資訊公開請求權性質不同。該二種權利之區別略為：

---

[105] 據法務部解釋：其立法目的，旨在促使公務員勇於表達意見，並避免外界之憶測或混淆，以確保行政程序依法正常運作。本部行政程序法諮詢小組第十一次會議曾決議，例示函稿、簽呈及會辦意見等符合上開規定，得予拒絕（法務部2001年5月17日法90律字第013119號函）。

[106] 參照法務部民國1990年11月27日法89律字第041632號函釋：次按「法律上利益」一語，除前揭本法第四十六條第一項所定者外，行政訴訟法亦有相關或類似規定（行政訴訟法第4條至第6條、第9條、第37條、第42條及第43條規定參照）。查行政訴訟法以「法律上利益」為要件，係認法律以外之政治上、宗教上、文化上、感情上利益或反射利益，不在值得保護之範圍使然，吳庚，行政爭訟法論（自印本，2014年9月），頁102。

## （一）權利主體不同

卷宗閱覽依本法第46條規定，乃當事人或利害關係人限於主張或維護其法律上利益有必要才要公開，其請求權之主體有限制，非任何人皆可行使；資訊公開是政府主動或依申請對社會大眾公開。

## （二）主被動提供之不同

卷宗閱覽是被動提供，必須由當事人或利害關係人向本案繫屬之行政機關申請；政府資訊公開是政府機關主動或依人民申請而提供。

## （三）權利存續期間不同

卷宗閱覽需在行政程序進行中或行政程序終結後、法定期間救濟之前為之，其權利行使期間比較特定；政府資訊公開無期間之限制。

## （四）本質與目的不同

卷宗閱覽為行政程序進行中附屬之程序權；政府資訊公開屬於獨立之實體權利。

## （五）救濟途徑不同

卷宗閱覽遭拒絕時，原則上僅能依本法第174條規定得於對實體決定聲明不服時一併聲明；政府資訊公開可依政府資訊公開第20條規定，提起行政救濟。

### 四、申請卷宗閱覽遭拒，不可直接提起行政訴訟之理由

（一）原則上當事人或利害關係人僅能依本法第174條規定得於對實體決定聲明不服時一併聲明。

（二）本法第174條之立法目的，即指明為謀行政效率，避免當事人或利害關係人動輒對行政機關之程序行為聲明不服，而影響程序之進行。

## 第五項　不服行政程序行為之救濟

### 一、行政程序行為之意義

又稱之為「行政先行行為」，指行政機關於程序尚未完成或終局之決定未作成前，為了使行政程序之順利進行，所為之指示或措施。諸如：

代理之指定、當事人之指定、更換或增減、鑑定人之選定、申請迴避之拒絕、拒絕准予閱覽卷宗或拒絕、准予到場陳述意見、請求聽證之拒絕等程序行為，並被認為並非行政處分。依本法174條規定，僅得於對實體決定聲明不服時（正式救濟途徑）一併聲明之。

## 二、程序行為之法律性質

一般行政程序上的程序行為，在法律性質的認定上並非毫無爭議。這必須個案中判斷行政機關的決定是否具有對外直接規制的效力定。例如證人或鑑定人的任命、確定當事人資訊請求權的決定、對於當事人請求提供資訊的行為等等均被視為具有行政處分的特徵。但是也有一些程序行為可能只是一些準備行為而不具備課予義務的特徵，當事人受到的影響也可能只是增加程序上的負擔，尚未必可以被認定為行政處分。

## 三、不服行政程序行為救濟之特別規定

為謀行政效率，避免因當事人或利害關係人動輒對行政機關之行政程序行為聲明不服，而影響行政程序之進行，並減輕行政機關與法院之負擔，原則上，當事人或利害關係人不得對行政機關之行政程序行為聲明不服，僅得於行政程序終結後，對實體決定聲明不服時主張行政程序行為之違法性。但為保障其權益，如行政程序行為得為強制執行之依據或本法或其他法規基於特殊需要另設特別規定者，仍得單獨對程序行為聲明不服，是為例外[107]。故本法第174條明定：當事人或利害關係人不服行政機關於行政程序中所為之決定或處置，僅得於對實體決定聲明不服時一併聲明之。但行政機關之決定或處置得強制執行或本法或其他法規另有規定者，不在此限。亦即，程序行為原則上僅能隨同實體決定請求法律救濟，除非有本條但書之情形的程序行為理論之例外，始得直接單獨針對準備行為提起行政救濟。從而，程序行為在例外情形可以為單獨之爭訟。

---

[107] 所謂行政機關之行政程序行為，係指行政機關於特定行政程序中所為對外發生效力而非屬「終結程序之實體決定」之行為。

　　申言之，如行政機關為因應實際需要，容許當事人或利害關係人，不待實體決定即得聲明不服者，應依本條但書規定，於法規中為特別之規定。此外，按法務部之研究結論，認本條本文所稱對實體決定聲明不服時，係指法律明定之正式救濟途徑，例如申請複查、聲明異議、複審、再複審、訴願、行政訴訟等而言；惟並不排斥行政機關基於便民之需要，另以行政規則就行政程序中所為之決定或處置，規定其他非正式救濟途徑之聲明不服之方式。

　　至於行政機關於行政程序外之行為，例如：於作成行政處分後，當事人或利害關係人為提起訴願而申請閱覽卷宗，經行政機關予以拒絕者，或對當事人或利害關係人以外之第三人之程序行為，例如：對證人或鑑定人拒絕發給費用者，仍得對之依法聲明不服，謀求救濟。

## 第六項　禁止公務員程序外之接觸

### 一、程序外之接觸之概念

　　程序外之接觸，係指公務員與當事人或代表其利益之人除依法規所為之提出申請、調查事實及證據、陳述意見、聽證程序、閱覽卷宗等過程中接觸（係屬程序內之接觸）外，其他在機關內或機關外所為之書面或口頭進行意見交換或溝通之行為而言[108]。我國一般稱為「關說」，亦即未給予所有當事人合理的預先通知，且未列入公紀錄之口頭或書面溝通。因只有一方表示意見，有可能造成誤導、干預或不公平之現象[109]。因為一旦有程序外接觸，如他造當事人知道了就很難相信程序是公平的。

### 二、禁止程序外接觸之理由

　　為求行政程序之公平、透明，避免行政機關受到不當之干擾，有禁止

---

[108] 蔡茂寅、李建良、林明鏘、周志宏合著，行政程序法實用（台北：學林文化事業公司，2013年11月），頁100。

[109] Kenneth F. Warren, Administrative Law in the Political System, 3rd ed. (New Jersey: Prentice Hall Inc., 2010), p. 650.

行政機關於作成行政決定前片面與當事人或代表其利益之人為程序外之接觸的必要。但基於推行職務之必要，則仍得為之[110]。故本法明定：公務員在行政程序中，除基於職務上之必要外，不得與當事人或代表其利益之人為行政程序外之接觸（第47條第1項）。易言之，除非職務上有必要，不得與當事人或代表其利益之人為行政程序外之片面接觸，按禁止片面接觸的原則，有事必須請兩造都來談，不能私下片面接觸。至於基於職務上必要所為程序內之接觸，並不在禁止之列，應無上揭條項之適用[111]。

## 三、已程序外接觸之處理

萬一行政機關片面與當事人或代表其利益之人為程序外之接觸，不論是基於職務推行必要之主動接觸或其他被動接觸，對他方當事人之權益影響甚鉅，為彌補缺失及預防行政偏頗，保護當事人權益，行政機關即應將片面接觸之往來文書附卷，並向相對當事人公開，使其有對其表示意見之機會。如接觸係以電話或口頭為之者，仍應要求其作成書面紀錄附卷[112]。故本法第47條第2項規定：「公務員與當事人或代表其利益之人為行政程序外之接觸時，應將所有往來之書面文件附卷，並對其他當事人公開。」同條第3項：「前項接觸非以書面為之者，應作成書面紀錄，載明接觸對象、時間、地點及內容。」就此，可將行政關說之內容對其他當事人公開，意義重大。

基此，公務人員原則上不得於家中或餐廳討論其行政程序案件，進行程序外之接觸。至於與代表人民之民意代表在議會或辦公室商討行政案情，如為職務上所必要，應屬合法，但應做成書面紀錄。

本條實際上在保護行政機關，而非替行政機關製造麻煩，故行政機關有適用聽證程序者，宜訂定事前及事後之報備制度，以符法制。

---

[110] 立法院，前揭文書，頁437。

[111] 參照法務部2001年1月9日法90律字第047156號函釋。

[112] 同前註，頁438。

# 第八節　期日與期間

## 第一項　期日與期間之概念

### 一、期日之意義

期日者，乃行政機關爲使當事人及其他行政程序關係人，會合於一定場所，而爲行政程序所指定之時點也。例如指定某年某月某日爲聽證期日。

### 二、期間之意義

期間者，乃法律所規定或行政機關所設定之時間，使當事人或其他行政程序關係人，向行政機關爲行政程序應遵守之期限也。

期間之作用有二：

（一）規定整個行政過程可持續的最長時間，以防止行政機關辦事拖延，效率低落。

（二）規定某些主要程序步驟所持續的最長時限，以解決多個相對人之間就各自權利義務的主張上不能達成一致時，而曠日持久的相持所導致的行政效率低落問題[113]。

### 三、期日與期間之差異

期日與期間二者對於法律關係上權利義務的得喪變更均具有重大的影響，然二者仍有下列不同之處：

（一）期日，爲行政機關及當事人或其他行政程序關係人會合，而爲行政程序之時間；期間，則爲行政機關及當事人，或其他行政程序關係人，單獨而爲行政程序應遵守之時間。

（二）期日，有重大理由，得變更之；期間，除決定時間外，法定期間不得變更。

---

[113] 羅豪才，現代行政法的平衡理論（北京：北京大學出版社會，2008年3月），頁223。

（三）期日，必須指定；期間，則有行政機關訂定，亦有法定。

（四）期日，須預行告知；期間，除行政機關訂定者須公告外，通常則毋庸告知。

（五）期日，因有行為開始，並終結；期間，則自一定時點，當然開始，至一定時點，當然終結。

（六）遲誤期日，無回復原狀之規定；遲誤期間，得申請回復原狀。

（七）期日，以日及時定之；期間，通常以日或月定之。

## 第二項　期間之起算

期間之起算，本法將之分成一般期間之起算及掛號郵寄郵送期間之扣除兩種規定，分述如下：

### 一、一般期間之起算

#### （一）一般算法

為規定各種期間始日及末日之計算方式，本法第48條規定：「期間以時計算者，即時起算（第1項）。期間以日、星期、月或年計算者，其始日不計算在內。但法律規定即日起算者，不在此限（第2項）。期間不以星期、月或年之始日起算者，以最後之星期、月或年與起算日相當日之前一日為期間之末日。但以月或年定期間，而於最後之月無相當日者，以其月之末日為期間之末日（第3項）。期間之末日為星期日、國定假日或其他休息日者，以該日之次日為期間之末日；期間之末日為星期六者，以其次星期一上午為期間末日（第4項）。期間涉及人民之處罰或其他不利行政處分者，其始日不計時刻以一日論；其末日為星期日、國定假日或其他休息日者，照計。但依第二項、第四項規定計算，對人民有利者，不在此限（第5項）。」

例如依法規定為「受通知日後，……」者，應自翌日起算；為「受通知日起，……」者，即為特別規定，應自當日起算。

　　另據法務部解釋謂：依其意旨，除有本條第5項之情形外，期間僅於末日爲假日時，始得扣除該假日（末日），則行政機關依本法第51條第1項規定訂定之處理期間，應含星期日、國定假日或其他休息日在內。惟爲因應處理期間適逢連續假日較長者，避免實際工作日數過短，造成執行上困難，建議於依本法第51條第1項規定公告處理期間時，以附註方式明訂：「處理期間遇連續三日以上之國定假日或其他休息日時，其期間延長若干日數」（請視實際需要明定延長之日數），俾資適用[114]。

## （二）往前推算法

　　依司法院釋字第21號解釋意旨，如法規規定「○○屆滿前九十日，應……」者，應自○○屆滿前一日起算，以算足九十日爲準。

## 二、掛號郵寄郵送期間之扣除

　　因郵送期間往往非申請人所能掌握，故應予以扣除，本法第49條規定：「基於法規之申請，以掛號郵寄方式向行政機關提出者，以交郵當日之郵戳爲準。」

　　前揭法條所稱「基於法規之申請」，係人民依法規請求行政機關爲特定行政行爲之公法上意思表示。根據法務部之解釋謂：其立法目的係因郵寄期間往往非申請人所能掌握，故將郵送期間予以扣除，俾免申請人因其延誤而遲誤法規規定期間或損及其他法律上之權益。再者，限制以掛號郵寄者方採發信主義，係因掛號信件留有發信之紀錄，且不易因郵誤而遺失，較不致產生爭執[115]。

---

[114] 法務部2001年2月15日法90律字第002858號函釋。

[115] 據法務部解釋：惟商標法所定各項期間之起算，如係交郵，以交郵當日郵戳爲準，商標法第14條定有明文，故主管機關受理商標註冊之申請時，自應優先適用上開規定（行政程序法第3條第1項參照），亦即無論係掛號或非掛號方式郵寄，一律應以交郵日而非送達之日決定其申請順序之先後。至發明專利之申請，二人以上有同一之發明，各別申請時，應就最先申請者准予發明專利；且申請專利之文件，如係郵遞，必須掛號，專利專責機關應以發寄地郵戳所載日期爲準，認定申請之先後，爲專利法第27條第1項前段及同法施行細則第9條第1項所明定，亦應優先適用（法務部2001年2月

## 第三項　不應歸責得回復原狀之申請

　　當事人基於法規之申請固應於法定期間內提出，但若因天災或其他不應歸責於申請人之事由，致無法按期申請者，應有申請回復原狀之規定，以為救濟之道，始為合理。故本法第50條規定：「因天災或其他不應歸責於申請人之事由，致基於法規之申請不能於法定期間內提出者，得於其原因消滅後十日內，申請回復原狀。如該法定期間少於十日者，於相等之日數內得申請回復原狀（第1項）。申請回復原狀，應同時補行期間內應為之行政程序行為（第2項）。遲誤法定期間已逾一年者，不得申請回復原狀（第3項）。」

　　前揭法條所謂「不應歸責於申請人之事由」，依學者通說，係指依客觀之標準，凡以通常之注意，而不能預見或不可避免之事由皆屬之，若僅為主觀上之事由，則不得據以申請回復原狀。

## 第四項　行政機關對人民申請之處理期間

### 一、對人民申請案之處理原則

　　對人民申請案之處理，應注意「程序及時原則」或「作出決定原則」之運用，前者指行政決定應在合理期間內作出，如行政機關沒有在法定期間內作出決定者，應承擔相應的法律責任。而後者指行政機關對公民向其提出並希望其作出某種行政行為的請求，必須在一定期限內作出答覆[116]。

### 二、本法對人民申請案處理期間之規定

#### （一）人民申請案件處理期間之訂定及公告

　　本法第51條第1項規定：「行政機關對於人民依法規之申請，除法規

---

　　26日法90律字第002213號函釋）。

[116] 應松年主編，行政程序法立法研究（北京：中國法制出版社，2001年3月），頁192。

另有規定外，應按各事項類別，訂定處理期限公告之。」[117]因此，行政機關對於人民依法規之申請，應按各事項類別，依其內容之繁簡，訂定處理期間公告之，俾週知民眾，以利早做準備，保障人民權益。此外，亦得依前揭規定，以法規規定之。

## （二）法定之處理期間二個月及其延長

如相關法規未定處理期間，且行政機關亦未訂定時，亦不能因此即不受期間限制。故同條第2項復規定：「未依前項規定訂定處理期間者，其處理期間為二個月。」

人民之申請，有時極為繁雜，或一再補充、修正、變更其內容，亦有須舉行聽證等情形，不能於所訂處理期間內處理終結，自宜讓行政機關在原處理期間之限度內，延長處理期間一次。遇有延長情形，行政機關應於原處理期間屆滿前，將延長之事由通知申請人。同時，因天災或其他不可歸責事由，致行政機關無法處理事務時，處理期間停止進行[118]。故同條第3至5項復規定：「行政機關未能於前二項所定期間內處理終結者，得於原處理期間之限度內延長之，但以一次為限（第3項）。前項情形，應於原處理期間屆滿前，將延長之事由通知申請人（第4項）。行政機關因天災或其他不可歸責之事由，致事務之處理遭受阻礙時，於該項事由終止前，停止處理期間之進行（第5項）。」

人民申請書件記載事項不完備或不充分，致行政機關無法處理，須限期補正者，依上述規定，自係屬「行政機關因其他不可歸責之事由，致事務之處理遭受阻礙」，因而於該項事由終止前，停止處理期間之進行，俟補正後再接續進行之期間合併計算處理期間[119]。

---

[117] 據法務解釋：所稱「人民依法規之申請」，係指涉及人民權益具有外部效力之行政行為，與機關內部為管制公文流程所設處理時限之規定，二者規範目的並不相同（法務部2001年2月27日法90律字第000452號函釋）。

[118] 立法院，前揭文書，頁443至444。

[119] 參照法務部1999年11月19日法88律字第040516號函釋。至行政機關執行職務自應了解相關法規之規定，故如有因適用法令疑義而層轉核示，似非屬前揭規定之「其他不可

# 第九節　費　用

## 第一項　費用負擔之原則

### 一、行政費用負擔之基本原則

　　行政程序所生之費用，是指因行政程序的進行而直接產生的費用，不包括公務員的報酬，以及因行政機關的存在而產生的費用。除非法律另有規定，行政程序費用以由行政機關負擔為原則。但專為當事人或利害關係人之利益所支出之費用，例如當事人或利害關係人申請閱覽、抄寫、複印或攝影有關資料、卷宗所生之費用，即應由該當事人或利害關係人負擔。再者，因可歸責於當事人或利害關係人之事由，致行政程序有顯著之延滯者，其因延滯所生之費用，應由該當事人或利害關係人自行負擔[120]。

### 二、本法對費用負擔之規定

　　基於前述之原則，本法第52條規定：「行政程序所生之費用，由行政機關負擔。但專為當事人或利害關係人利益所支出之費用，不在此限（第1項）。因可歸責於當事人或利害關係人之事由，致程序有顯著之延滯者，其因延滯所生之費用，由其負擔（第2項）。」

　　申言之，各機關專為當事人或利害關係人利益所支出費用，自得依上開規定向當事人或利害關係人收取。又行政機關為執行上開規定，亦得訂定「收費基準表」。

## 第二項　證人或鑑定人得請求之費用

　　證人或鑑定人係為公益而到場作證或鑑定，自得請求法定之日費及旅費，鑑定人並得請求相當之報酬。此項請求權為證人或鑑定人對國家得請求之權利，而非對當事人之權利，自得向行政機關請求。故本法第53條規

---

　　歸責之事由」（法務部2001年2月27日法90律字第000452號函）。

[120] 立法院，前揭文書，頁445。

定第1項：「證人或鑑定人得向行政機關請求法定之日費及旅費，鑑定人並得請求相當之報酬。」同條第3項規定：「第一項費用，除法規另有規定外，其標準由行政院定之。」經查行政院業於2000年3月訂定「行政程序證人鑑定人日費旅費及鑑定報酬支給標準」，全文計十條，並自2001年1月1日施行在案。

　　申言之，各機關支給證人、鑑定人之費用，有不依行政院訂定之「行政程序證人或鑑定人日費旅費及鑑定報酬支給標準」。支給之必要者，應依前揭第3項之規定以法規為特別之規定。

　　再者，證人或鑑定人有因無力墊付費用或鑑定報酬，而不能到場或鑑定者，自得請求行政機關預付酌給之。故同條第2項復規定：「前項費用及報酬，得請求行政機關預行酌給之。」

# 第十節　聽證程序

## 第一項　聽證之概念

### 一、聽證之意義

　　聽證即行政機關作出決定前，給予當事人、利害關係人等提供意見、提出證據之機會，俾對於特定事實進行質證、辯駁之程序。

### 二、聽證程序之適用範圍

　　本法第54條規定：「依本法或其他法規舉行聽證時，適用本節之規定。其中本法規定包括行政處分聽證、法規命令聽證、行政計畫確定程序聽證之者。」茲表列其客體、目的及效力如下：

| 程序之種類<br>比較事項 | 行政處分 | 法規命令 | 計畫確定程序 |
|---|---|---|---|
| 聽證之客體 | 過去特定之事項 | 未來一般之事項 | 未來特定之事項 |
| 聽證之目的 | 調查事實、適用法律 | 彙整意見 | 彙整意見及調和利害衝突 |
| 聽證之效力 | 拘束性（中） | 參考性 | 拘束性（強） |

## 第二項　聽證應踐行之程序

### 一、聽證之通知及公告

行政機關舉行聽證前，應以書面記載下列事項，並通知當事人及其他已知之利害關係人，必要時並公告之：

（一）聽證之事由與依據。

（二）當事人之姓名或名稱及其住居所、事務所或營業所。

（三）聽證之期日及場所。

（四）聽證之主要程序。

（五）當事人得選任代理人。

（六）當事人依第61條所得享有之權利。

（七）擬進行預備程序者，預備聽證之期日及場所。

（八）缺席聽證之處理。

（九）聽證之機關。

### 二、聽證之進行

#### （一）聽證之主持人

聽證，由行政機關首長或其指定人員為主持人，必要時得由律師、相關專業人員或其他熟諳法令之人員在場協助之。主持人應本中立公正之立場，主持聽證。並得行使下列職權：

1.就事實或法律問題，詢問當事人、其他到場人或促其提出證據。

2. 依職權或當事人之申請，委託相關機關為必要之調查。

3. 通知證人或鑑定人到場。

4. 依職權或申請，通知或允許利害關係人參加聽證。

5. 許可當事人及其他到場人之發問或發言。

6. 為避免延滯程序之進行，禁止當事人或其他到場之人發言；有妨害聽證程序而情節重大者，並得命其退場。

7. 當事人一部或全部無故缺席者，逕行開始、延期或終結聽證。

8. 當事人曾於預備聽證中提出有關文書者，得以其所載內容視為陳述。

9. 認為有必要時，於聽證期日結束前，決定繼續聽證之期日及場所。

10. 如遇天災或其他事故不能聽證時，得依職權或當事人之申請，中止聽證。

11. 採取其他為順利進行聽證所必要之措施。

## （二）得於聽證期日前舉行預備聽證

1. 議定聽證程序之進行。

2. 釐清爭點。

3. 提出有關文書及證據。

4. 變更聽證之期日、場所及主持人。

## （三）聽證公開原則

除法律另有規定外，聽證應公開以言詞為之。例如：

1. 公開顯然有違背公益之虞者。

2. 公開對當事人利益有重大損害之虞者，主持人得依職權或當事人之申請，決定全部或一部不公開。

## （四）聽證當事人之權利

聽證以主持人說明案由為開始。當事人於聽證時，得陳述意見、提出證據，經主持人同意後並得對機關指定之人員、證人、鑑定人、其他當事人或其代理人發問。

## （五）聽證當事人之異議權

當事人認爲主持人於聽證程序進行中所爲之處置違法或不當者，得即時聲明異議。主持人認爲異議有理由者，應即撤銷原處置，認爲無理由者，應即駁回異議。

## （六）聽證紀錄之作成

1. 聽證應作成聽證紀錄。聽證紀錄應載明到場人所爲之陳述、發問要旨及其提出之文書證據，並記明當事人所提聲明異議之事由及主持人對異議之處置。聽證紀錄得以錄音、錄影輔助之。

2. 聽證紀錄當場製作完成者，由陳述或發問人簽名或蓋章；未當場製作完成者，由主持人指定日期、場所供陳述或發問人閱覽，並由其簽名或蓋章。如陳述或發問人拒絕簽名、蓋章或未於指定日期、場所閱覽者，應記明其事由。

3. 陳述或發問人對聽證紀錄之記載有異議者，得即時提出。主持人認異議有理由者，應予更正或補充；無理由者，應記明其異議。

## 三、聽證之終結

主持人認當事人意見業經充分陳述，而事件已達可爲決定之程度者，應即終結聽證。聽證終結後，決定作成前，行政機關認爲必要時，得再爲聽證。

聽證制度之原理及行政處分聽證之實務，容待第八章行政處分聽證及公聽會之舉行中，再予詳述。

# 第十一節　送　達

## 第一項　送達之概念

### 一、送達之意義

送達者，法律所定之送達機關將應送達於當事人或其他程序上關係人文書，依本法所定之程式，交付應受送達人，於不能交付時，使其知悉文

書內容機會之行爲也。送達之目的有二：1.爲使受領送達之一方確實得知送達之內容；2.爲保存送達證書使何種文書、於何種機關、送達於何人一事有明確證據，以防免日後可能發生之紛爭。基此，送達乃是確實性與安全性特別受保障的通知行爲。

在行政程序上，送達爲行政機關依職權應辦理之事項。故行政程序法第67條規定：「送達，除法規另有規定外，由行政機關依職權爲之。」申言之，送達原則上由行政機關依職權爲之，其有不由行政機關依職權爲送達之必要者，應依前揭規定以法規爲特別之規定。至本條所稱之法規，係指法律，及法律具體授權之法規命令而言[121]。

## 二、文書送達之範圍

本法所規範係以行政機關行使公權力之行爲爲限，故基於該行爲所製作之行政文書始須依本法規定爲送達，如係基於私經濟行政，例如採購、公有地出租等所製作之文書，則無本法送達之適用[122]。

此外，訴願法第43條至第47條亦有相關送達之規定，因訴願法與本法係屬特別法與普通法之關係，自應優先適用訴願法上之規定，而於該法所未規定之事項，始可適用行政程序法之規定。

## 三、送達證書之製作

送達證書應由作成行政文書之機關製作，依本法第76條第1項規定，應載明：

（一）交送達之機關（即行政文書作成機關）。

（二）應受送達人之姓名、住址。

（三）應受送達文書名稱。

---

[121] 法務部，行政程序法各條文中法規之涵義彙整表（2000年7月20日），律決字第0258號函附件。

[122] 參照法務部2001年4月13日法90律字第010641號函。

## 第二項　送達機關與送達人

### 一、送達機關

送達，由行政機關自行或交由郵政機關送達（第68條第1項）。故本法之送達機關爲行政機關及郵政機關。

### 二、送達人

（一）行政機關自行送達者：以承辦人員或辦理送達事務人員爲送達人，所謂承辦人員係指業務承辦人員而言。

（二）交郵政機關送達者：以郵務人員爲送達人。

至於交由民間從事郵遞服務機構是否合乎本法規定？據法務部解釋謂：行政機關自行送達時，如交由受其指揮且未以自己名義獨立從事送達事務之民間機構（行政助手）辦理送達事務，原無不可。惟郵政法第6條第1項規定：「除中華郵政公司及其受委託者外，無論何人，不得以遞送信函、明信片或其他具有通信性質之文件爲營業。」是以，民間機構從事送達事務如具營業性，即違反上開規定，行政機關基於依法行政原則，自不宜將行政文書交由民間機構辦理。至如行政機關已將行政文書交由間機構送達，並能證明應受送達人確已收受者，則仍發生送達效力[123]。

## 第三項　送達之對象

### 一、對無行爲能力人之送達

送達，原則上固應向應受送達人本人爲之，但如向無從事行政程序之行爲能力人爲送達，因不能生送達效力，故對其所爲之送達，應向其法定代理人爲之，以保護其權益。故本法第69條第1項規定：「對於無行政程序之行爲能力人爲送達者，應向其法定代理人爲之。」惟如行政機關在未知悉無行爲能力人之法定代理人前，爲解決實際上之困難，同條第4項即

---

[123] 參照法務部2001年11月5日法90律字第039713號函。

規定：「無行政程序之行爲能力人爲行政程序之行爲，未向行政機關陳明其法定代理人者，於補正前，行政機關得向該無行爲能力人爲送達。」

再者，據法務部解釋謂：依本法第69條第1項規定，對於無行政程序之行爲能力人送達者，應向其法定代理人爲之。而本法第22條第1項第1款規定，依民法規定有行爲能力之自然人，有行政程序之行爲能力。未成年人或禁治產人，依民法規定並無行爲能力，故其亦無行政程序之行爲能力，依前揭規定，應向其法定代理人送達，不得向未成年人或禁治產人爲送達。但未成年人或禁治產人爲行政程序行爲時，於未向行政機關陳明法定代理人前，依本法第69條第4項規定得向該未成年人或禁治產人送達。又無行政程序行爲能力之未成年人或禁治產人之法定代理人有二人以上者，依本法第69條第3項規定得僅向其中一人送達即可[124]。

## 二、對機關、法人或非法人團體之送達

法人、非法人團體、行政機關或其他依法律得爲權利義務之主體（如事業機構）爲行政程序之當事人者，應由其代表人或管理人從事行政程序，收受送達亦在內，故送達應向其代表人或管理人爲之[125]。故第69條明定：「對於機關、法人、或非法人之團體爲送達者，應向其代表人或管理人爲之[126]（第2項）。法定代理人、代表人或管理人有二人以上者，送達得僅向其中一人爲之（第3項）。」

再者，據法務部解釋謂：依本法第69條第2項規定，對於機關、法人、非法人團體送達者，應向其代表人或管理人送達，此際應受送達人係該機關、法人或非法入團體之代表人或管理人，而非機關、法人或非法人團體本身，故如於應送達處所不獲會晤應受送達人時，自得依本法第73條

---

[124] 法務部，行政機關送達文書問答手冊（2001年6月），頁7。

[125] 立法院第3屆第6會期第12次會議，「立法院議案關係文書」，院總字第1587號（1998年9月29日），頁469。

[126] 依公司法第208條第3項規定，股份有限公司董事長對外代表公司，至於公司之董事似無代表公司之權限，如送達向董事爲之，似難謂已合法送達（參照法務部2001年6月6日法90律字第019616號函釋）。

第1項規定向其同居人、受雇人爲補充送達，惟應注意有無該行政程序上利害關係相反者[127]。

## 三、對外國法人或團體之送達

對於在中華民國有事務所或營業所之外國法人或團體爲送達者，應向其在中華民國之代表人或管理人爲之（本法第70條第1項）。

若在我國境內之外國法人或團體，其在我國之代表人或管理人有二人以上時，得準用第69條第1項規定，僅向其中一人送達，即可收送達之效，故同條第2項明定：「前條第三項規定，於前項送達準用之。」

## 四、對代理人之送達

行政程序之代理人，除與本人有特別約定外，均有收受送達之權限，因此自應向代理人爲送達，但行政機關若認有必要，亦得向本人爲送達。故本法第71條規定：「行政程序之代理人受送達之權限未受限制者，送達應向該代理人爲之。但行政機關認爲必要時，得送達於當事人本人。」

據此，送達究向代理人或本人爲之，係行政機關之權限，由機關於送達文書上註明應受送達人[128]。

## 五、對指定送達代收人之送達

指定送達代收人對送達之順利完成有極大之助益，因此當事人或代理人得指定送達代收人。本法第83條第1項即規定：「當事人或代理人經指定送達代收人，向行政機關陳明者，應向該代收人爲送達。」

除前述情形外，行政機關亦得在一定要件下，命當事人或代理人指

---

[127] 法務部，行政程序法咨詢小組第23次會議結論，收錄於行政程序法解釋及諮詢小組會議記錄彙編（二）（2002年12月），頁175。

[128] 郵政機關分別依一般郵件或附有送達證書時依郵政機關送達訴訟文書實施辦法規定送達即可，無考量究應向代理人或本人送達之權限（法務部1999年6月25日法88律字第023485號函）。

定代收人，若不依限指定代收人，行政機關亦不能不有代替方案。故本條第2、3項規定：「郵寄方式向行政機關提出者，以交郵地無住居所、事務所及營業所者，行政機關得命其於一定期間內，指定送達代收人（第2項）。如不於前項期間指定送達代收人並陳明者，行政機關得將應送達之文書，註明該當事人或代理人之住居所、事務所或營業所，交付郵政機關掛號發送，並以交付文書時，視爲送達時（第3項）。」

## 六、對駐外人員之送達

對於駐在外國之中華民國大使、公使、領事或其他駐外人員爲送達者，應囑託外交部爲之（同法第87條）。

## 七、對現役軍人之送達

對於在軍隊或軍艦服役之軍人爲送達者，應囑託該管軍事機關或長官爲之（同法第88條）。

## 八、對在監所人之送達

對於在監所人爲送達者，應囑託該監所長官爲之（同法第88條）。

## 九、對有治外法權人之送達

於有治外法權人之住居所或事務所爲送達者，得囑託外交部爲之（第89條）。

# 第四項　送達之處所與時間

## 一、送達之處所

送達，係使應送達之文書，確能交付與應受送達人，故當然應於應受送達人之住居所、事務所、營業所或就業處所爲之，始易達目的。但也有例外，如於其他處所會晤應送達人時，亦無不許其於會晤處所交付之理；茲詳列本法第72條之規定如下：

送達，於應受送達人之住居所、事務所或營業所爲之。但在行政機關

辦公處所或他處會晤應受送達人時，得於會晤處所為之[129]（第1項）。

對於機關、法人、非法人之團體之代表人或管理人為送達者，應向其機關所在地、事務所或營業所行之。但必要時亦得於會晤之處所或其住居所行之（第2項）。

應受送達人有就業處所者，亦得向該處所為送達（第3項）。

## 二、送達之時間

送達，原則上，應於日出後、日沒前為之，亦即避免於夜間為之，倘於夜間送達，應受送達人得拒絕受領，惟應受送達人不拒絕時，亦得為之。又送達係交付郵政機關，或以電子文件行之者，對應受送達人尚無不便之處，故其送達不限於白晝或夜間，均得為之[130]。故本法第84條規定：「送達，除第六十八條第一項規定交付郵政機關或依第二項之規定辦理者外，不得於星期日或其他休息日或日出前，日沒後為之。但應受送達人不拒絕收領者，不在此限。」

## 第五項　送達之方式

關於送達之方式，依本法規定可分為對特定人之送達及對不特定人之送達二大類，茲分述如下：

## 一、對特定人之送達

對特定人之送達，可分為下列七種，茲先以流程圖圖示再分別說明如下：

---

[129] 據法務部解釋：(1)對於違反大眾捷運法之行為人現場裁罰並當面交付該書面行政處分者，可解為屬於本法第72條第1項但書所稱之「會晤」，倘該書面處分經收受者，即屬合法送達；(2)行政程序法第72條第1項但書所稱之「會晤處所」，非屬同法第73條第3項規定之「應送達處所」，故倘違規之行為人當場拒絕收受處分書者，裁罰機關尚不得適用本法第72條第3項有關「留置送達」之規定而將處分書留置於違規地點最近之旅客詢問處（法務部2000年11月24日法89律字第000510號函釋）。

[130] 立法院，前揭文書，頁483。

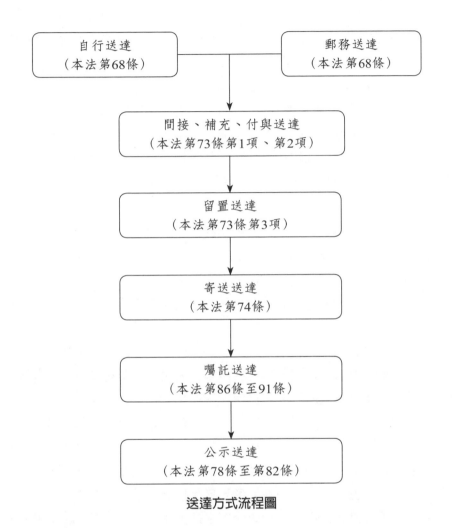

**送達方式流程圖**

### （一）自行送達

　　自行送達，指行政機關自行直接向利害關係人或其代理人送達。依本法規定之方式如下：

　　文書由行政機關自行送達者，以承辦人員或辦理送達事務人員為送達人（第68條第4項）。

　　文書之生效在民法原則上採到達主義，而本法對行政文書之送達有視同送達之規定，即為適應時代需要，行政機關得以較新型之電報交換

（Telex）、電傳文件（Teletex）、傳真（Fax）或其他電子等傳達方式爲送達[131]。故同條第2項即規定：「行政機關之文書依法規以電報交換、電傳文件、傳真或其他電子文件行之者，視爲自行送達。」申言之，爲免影響人民權益，行政機關文書之送達前以電報交換電傳文件或其他電子文件行之必要者，應依前揭規定於法規中明定。亦即依本法第68條第2項規定，除非其他法規，例如電子簽章法、貨物通關自動化實施辦法等有明文規定，原則上，不得以電報交換、傳真或E-mail方式爲之。

## （二）郵務送達

文書須送達之情形甚多，行政機關設置之送達人員固有送達文書之義務，但員額有限，未必可勝任全部送達業務，故本法第68條第1項准許行政機關亦選擇將文書交郵務機構送達之方式。

郵務送達以一般郵遞方式爲常，然間或難免有不能確實到達之弊；掛號郵遞方式固能防止流弊，卻耗費不貲，只能重點採用。爲求在人民權益與行政經濟利益兩者之間謀得均衡。故同條第3項規定：「由郵政機關送達者，以一般郵遞方式爲之。但文書內容對人民權利義務有重大影響者，應爲掛號。」掛號回執的日期視爲送達日期。

詳言之，依前揭法條但書規定如文書內容對於人民權利義務有重大影響者，應以掛號方式爲之，例如行政處分、公務員迴避與否之決定、通知書等；否則以平信寄送即可。如應以掛號送達當事人而僅以一般郵遞方式送達，而能證明已合法送達相對人者，該行政處分已生效力[132]。

再者，鑑於郵務機構送達行政文書之實施辦法，與民事訴訟文書交郵務機構送達辦法相似。故同條第5項規定：「前項郵政機關之送達準用依民事訴訟法施行法第三條訂定之郵政機關送達訴訟文書實施辦法。」

## （三）補充送達

補充送達爲本法規定的一種特殊送達方式，即送達於應受送達處所

---

[131] 同前註，頁467。

[132] 法務部，行政程序法解釋及諮詢小組會議記錄彙編（2001年12月），頁87。

不獲會晤時，原則上，自得將文書交付與應受送達人關係密切之人，但以具有辨別事理能力爲要件，以免誤事。此外，爲應付現代都市社會中普遍存在之大樓住戶之需要，使大樓管理員亦取得代收送達之法律地位[133]。故本法第73條規定：「於應送達處所不獲會晤應受送達人時，得將文書付與有辨別事理能力之同居人、受雇人或應送達處所之接收郵件人員（第1項）。前項規定於前項人員與應受送達人在該行政程序上利害關係相反者，不適用之（第2項）。」詳言之，補充送達之要件係指：

1. 於應送達處所不獲會晤應受送達人。

2. 補充送達之對象須爲應受送達人之同居人、受雇人或接收郵件人員，爲有辨別事理能力之同居人、受雇人或接收郵件人員。

(1)同居人：指與應受送達人居住一處共同爲生活者。

(2)受雇人：指被僱服日常勞務有繼續性質而言。

(3)有辨別事理能力：指有普通常識而非幼童或精神病人而言，並以郵政機關送達人於送達時，就通常情形所得辨認者爲限，但並不以有行爲能力人爲限。

3. 同居人、受雇人或接收郵件人員須非與應受送達人在該行政程序上利害關係相反之人。

如符合上開要件，不論同居人、受雇人或接收郵件人員是否將文書交付本人，均自交付與同居人、受雇人或接收郵件人員（例如大樓管理員）時發生送達效力[134]。如只是隔壁鄰居、小孩子，則非補充送達之對象。

## （四）留置送達

留置送達，指受送達人拒不接受送達，送達人員可以製作送達紀錄，記明有關的情況，將送達文書留置在受送達人住所或其他法定處所，視爲送達。對此本法明定：應受送達人或其同居人、受雇人、接收郵件人員無正當理由拒絕收領文書時，得將文書留置於應送達處所，以爲送達

---

[133] 立法院，前揭文書，頁473。

[134] 法務部，同註4，頁11至12。

（本法第73條第3項）[135]。其要件如下：

　　1.無正當理由：係專指文書之送達程序無拒絕收領之法律上理由而言，至於有無其他程序上之理由，則非所問[136]。

　　2.生效日期：以留置於應送達處所之日期視爲收受送達之日期，而發生送達之效力[137]。

## （五）寄存送達

　　送達不能向應受送達人親自爲之，又不能交付同居人、受雇人或同一住宅之他人，甚至應受送達人無正當理由拒絕受領時，爲求補救之道，本法第74條規定寄存送達如下：

「送達，不能依前二條規定爲之者，得將文書寄存送達地之地方自治或警察機關，並作送達通知書兩份，一份黏貼於應受送達人住居所、事務所、營業所或其就業處所門首，另一份交由鄰居轉交或置於該送達處所信箱或其他適當位置，以爲送達（第1項）。

前項情形，由郵政機關爲送達者，得將文書寄存於送達地之郵政機關（第2項）。

寄存機關自收受寄存文書之日起，應保存三個月（第3項）。」

　　詳言之，依前揭第74條第1項規定爲送達，如確已完成文書寄存於上開機關，並製作送達通知單二份，一份黏貼於送達處所之門首，另一份交

---

[135] 據法務部解釋：行政機關之文書以郵務人員爲送達人時，倘應受送達人或其同居人、受雇人、接收郵件人員無正當理由拒絕收領文書時，依上開規定，得將文書以留置或寄存送達方式辦理，並非退回原寄行政機關。至於行政程序法第68條第5項規定，郵政機關之送達準用依民事訴訟法施行法第3條訂定之郵政機關送達訴訟文書實施辦法，依該辦法第13條所規定，如遇應受送達人拒絕受領者，得經履行一定程序後，退回原寄機關，係指行政程序法未有明定且係性質相類似之情形，始有準用該辦法之餘地。準此，依上開說明，本法第73條、第74條既有明定，即應優先適用（法務部2000年10月24日法89律字第035965號函）。

[136] 法務部，同註4，頁13。

[137] 同前註，頁14。

由鄰居轉交或置於送達處所信箱或其他適當位置時，無論應受送達人實際上於何時受領文書，均以寄存之日期視爲收受送達之日期，而發生送達效力[138]。亦即，如本人未前往領取者，仍發生送達之效力。

### （六）囑託送達

1.於外國或境外爲送達，因爲非本國統治權所及，自難依一般送達方式爲之。故本法第86條第1項規定：「於外國或境外爲送達者，應囑託該國管轄機關或駐在該國之中華民國使領館或其他機構、團體爲之。」

2.對於無邦交國家或大陸地區之送達，如不能依第一項辦理時，爲解決困難起見，同條第2項復規定：「不能依前項規定爲送達者，得將應送達之文書交郵政機關以雙掛號發送，以爲送達，並將掛號回執附卷。」

準此，於應送達處所爲大陸地區之情形，行政機關得將應送達之文書交郵務機構以雙掛號發送，並將掛號回執附卷，即爲完成送達；倘郵務機構送達結果係覆稱類如「查無此人」或「查無此地址」而無法完成送達，且應受送達人於行政機關並未陳明其他應送達處所，行政機關亦不知其他應送達處所者，此際應可認係符本法第78條第1項第1款所稱「應爲送達之處所不明」之情形，從得公示送達規定，以完成送達[139]。

另本法對駐外人員、現役軍人、在監所人、有治外法權人等均有囑託送達之規定，本文業已在前揭「送達之對象」中詳述，此處不再贅列。僅以體系圖簡示如下：

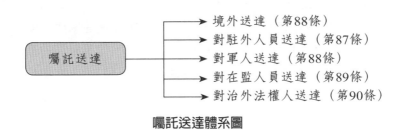

**囑託送達體系圖**

---

[138] 同前註，頁14至15。

[139] 參照法務部2004年02月17日法律字第0930005316號函。

## （七）公示送達

相對人數眾多，或者送達地址不明者，行政機關可以依照法律規定公告通知。故所謂公示送達者，乃於法定情形下，將應送達於當事人之文書依一定之程式公示，經過法定期間後，無論當事人已否知悉或於何時知悉，均生送達效力之送達方法也。因公示送達，實際上並非真實為送達，係在法律上擬制其發生送達之效果而已[140]。本法對公示送達亦做詳細規定如下：

### 1. 公示送達之原因

本法第78條規定：「對於當事人之送達，有下列各款情形之一者，行政機關得依申請，准為公示送達：一、應為送達之處所不明者。二、於有治外法權人之住居所或事務所為送達而無效者。三、於外國或境外為送達，不能依第八十六條之規定辦理或預知雖依該規定辦理而無效者（第1項）。有前項所列各款之情形而無人為公示送達之申請者，行政機關為避免行政程序遲延，認為有必要時，得依職權命為公示送達（第2項）。當事人變更其送達之處所而不向行政機關陳明，致有第一項之情形者，行政機關得依職權命為公示送達（第3項）。」

公示送達乃法律上擬制之送達，自應嚴格其要件。前揭第1款所稱應為送達之處所不明者，係指應受送達人之住居所、營業所、事務所或其他應為送達之處所全部不明，不能以其他方法為送達者而言；如其中一項已明，或當事人之住居所並未遷移，僅因其出國考察，現居於何處不明，或因通緝在逃，暫時匿避何處不明，尚不得謂為應為送達處所不明。應受送達人之戶籍所在地僅係作為應受送達處所之參考，如逕向該戶籍地送達，但仍不知去向或已遷離，應再向戶政機關查明。至於行政文書招領逾期即應受送達人或其同居人、受雇人、接受郵件之人拒收文書，均非屬第1項各款所定公示送達原因，自不得為公示送達。

如以郵務送達於義務人之處所時，因故遭郵務機構以查無此人事由退

---

[140] 陳計男，民事訴訟法論（台北：三民書局，2014年1月），頁296。

回時，應先查明是否尚有其他應受送達處所及是否可依其他送達方式（例如經查明應受送達人確實居住於該處所者，縱惡意表明無此人，亦得爲寄存送達）送達，以釐清是否符合前揭條文所稱「應爲送達之處所不明」之情形而得爲公示送達[141]。

再者，揭第78條第3項所稱「當事人變更其送達之處所而不向行政機關陳明」，係指於該行政程序之當事人變更送達處所者而言；若不同行政程序之同一人（例如，針對同一人所有之不同車輛所爲之數個罰鍰通知），送達處所有變更，則不屬之，從而不得依該項規定依職權爲公示送達[142]。

### 2. 依職權再爲公示送達

依前條規定爲公示送達後，對於同一當事人仍應爲公示送達者，依職權爲之（本法第79條）。

### 3. 公示送達之方式

公示送達應由行政機關保管送達之文書，而於行政機關公告欄黏貼公告，告知應受送達人得隨時領取；並得由行政機關將文書或其節本刊登政府公報或新聞紙（本法第80條）。

至於前揭第80條規定應黏貼於公告欄日數，本法並未明定，各機關得本於職權自行決定，惟公告黏貼日數仍應使民眾有相當可得知悉，如黏貼後即刻撕除或黏貼日數過短顯然無法使受送達人知悉者，似不生公告之效力。至於公告內容並無一定格式，僅須公告文書主旨或文書類型（例如罰鍰處分書），並告知應受送達人得隨時領取之意即可，對於本法第96條規定書面行政處分應記載事項之詳細內容尚無一併公告之必要[143]。

再者，按公示送達人係一種擬制送達人，並非眞實送達人，基於目前電腦及網路使用之普及度與接受仍屬可議，電腦資料之安全性無法確保及其他相關法制尚不完備等考量，且參考現行行政院秘書處編印之「事務管

---

[141] 參照法務部2006年05月22日法律決字第0950017364號函。

[142] 法務部，同註4，頁16至17。

[143] 參照法務部2002年3月6日法91律字第0910700115號函。

理手冊」係將「公告欄」與「電子公告欄」分別規定，故暫不宜將本法第80條所稱之「公告欄」解釋爲包括電子公告欄在內。至於文書或其節本並非一定要刊登政府公報或新聞紙，得由機關本於職權決定[144]。

### 4. 公示送達之生效日

公示送達自前條公告之日起，其刊登政府公報或新聞紙者，自最後刊登之日起，經二十日發生效力；於依第78條第1項第3款爲公示送達者，經六十日發生效力。但第79條之公示送達，自黏貼公告欄翌日起發生效力（本法第81條）。

詳言之，公示送達自何時生效之情形如下：

(1) 僅黏貼行政機關公告欄未同時刊登政府公報或新聞紙者：自公告之日起，經二十日發生效力。如應受送達人於外國或境外所爲之送達者，則經六十日發生效力。

(2) 黏貼行政機關公告欄，同時刊登政府公報或新聞紙者：自最後刊登之日，經二十日發生效力。如應受送達人於外國或境外所爲之送達者，則經六十日發生效力。

(3) 依本法第79條對同一行政程序之同一當事人依職權再爲公示送達者、自公告翌日生效[145]。

### 5. 公示送達證書之附卷

爲公示送達者，行政機關應製作記載該事由及年、月、日、時之證書附卷（本法第82條）。

## 二、對不特定人之送達

### （一）對不特定人之公告送達

爲避免行政機關因不特定人人數眾多或住居所不明，以致無法一一爲合法送達之困擾。故本法第75條規定：「行政機關對於不特定人之送達，得以公告或刊登政府公報或新聞紙代替之。」

---

[144] 同前註。

[145] 法務部，同註4，頁20。

### （二）對不特定人公告送達與公告之區別

　　爲避免行政機關因不特定人人數眾多或住居所不明，以致無法一一爲合法送達之困擾。故本法第75條規定：「行政機關對於不特定人之送達，得以公告或刊登政府公報或新聞紙代替之。」

　　由前揭法條可知，係以公告代替「送達」。此外，本法第92條第2項規定：「前項決定或措施之相對人雖非特定，而依一般性特徵可得確定其範圍者，爲一般處分。有關公物之設定、變更、廢止或一般使用者，亦同。」一般處分後以公告代替通知，其生效時點則以公告刊登新聞紙、公報日起發生效力之特別規定。此種公告代替送達，表示告知行政機關內部意思表示或其他事實行爲，其性質與令、函相同，不宜等同於法規命令或行政規則，依其內容可能是事實、行政處分或法規，並依其內容決定採取何形式。

　　本法第100條明定：「一般處分自公告日或刊登政府公報、新聞紙最後登載日起發生效力。」可見，一般處分之送達，係以公告與刊登政府公報、新聞紙同一併列，具有公示送達之意義。

## 第六項　送達證書及其他附卷等規定

### 一、送達證書之製作及附卷

　　爲證明已送達完成，以杜日後紛爭，送達人，即作成行政文書之機關應製作送達證書，並附卷存查，故本法第76條第1項特規定：「送達人因證明之必要，得製作送達證書，記載下列事項並簽名：

　　一、交送達之機關。
　　二、應受送達人。
　　三、應送達文書之名稱。
　　四、送達處所、日期及時間。
　　五、送達方法。」

　　準此，有關文書之送達，如行政機關認應準用依民事訴訟法施行法第3條訂定之郵務機構送達訴訟文書實施辦法規定，交郵務機構爲送達者，

自應如訟訴文書之送達,由行政機關自行記載本法第76條第1項規定事項於送達證書,並黏貼於封套上[146]。

至於電子傳達方式之送達,因設備本身已具證明傳送完成之功能,故送達證書毋須再交收領人簽收,故同條第2項規定:「除電子傳達方式之送達外,送達證書應由收領人簽名或蓋章;如拒絕或不能簽名或蓋章者送達人應記明其事由。」

此外,送達證書足以證明送達是否合法等事項,自應送由行政機關附卷,以便日後查考,故同條第3項規定:「送達證書,應提出於行政機關附卷。」

## 二、囑託送達通知書之附卷

受囑託之機關或公務員,經通知已為送達或不能為送達者,行政機關應將通知書附卷(本法第91條)。

## 三、當事人申請對第三人為送達之通知

當事人申請行政機關對第三人為送達時,其已否送達通常攸關當事人之權益,行政機關自應將其已為送達或不能送達之情形通知該當事人知悉[147]。故本法第77條規定:「送達係由當事人向行政機關申請對第三人為之者,行政機關應將已為送達或不能送達之事由,通知當事人。」

## 四、不能送達報告書之附卷

不能為送達者,送達人應製作記載該事由之報告書,提出於行政機關附卷,並繳回應送達之文書(本法第85條)。

---

[146] 參照法務部2000年7月20日法89律字第000254號函釋。另法務部函附行政機關自行交郵政機關送達文書之「送達證書」統一格式,請各機關自行印製使用。

[147] 立法院,前揭文書,頁477。

# 第二章 ｜ 行政處分

## 第一節　行政處分之成立

### 第一項　行政處分之概念

#### 一、行政處分之意義

　　所謂行政處分，係指行政機關就公法上具體事件所爲之決定，或其他公權力措施，而對外直接發生法律上效果之單方行政行爲（本法第92條第1項）。基於此項定義，行政處分得分析如下[1]：

#### （一）行政機關之行爲

　　此所謂行政機關並非指行政院及所屬機關，而指凡實質上能代表國家行使行政權之組織體，與組織法上行政機關之意義不同。

　　而機關與單位，當亦有別，機關乃根據法律構成並對外行使職權的一種組織。而單位乃機關內部行使職權的分工部門，在機關內部不具獨立性，單位的行爲非行政處分，行政處分需由機關爲之，如以單位對外爲意思表示，在實務上常視其所屬機關的行爲，如以商業司名義對外行文，可視爲經濟部的行政處分。

#### （二）行政機關之公法行爲

　　亦即公法上決定或其他公權力措施。依我國現行法律體系，係採取公法與私法區別之法律二元體制。行政機關爲達成行政目的所採行爲有公法行爲及私法行爲。行政處分乃行政機關之公法行爲，亦即其行使公權力之單方行政行爲，不包括行政機關以私法之手段，達成其目的之行爲。故以

---

[1] 翁岳生，「論行政處分」，收錄於行政院經建會健全經社法規工作小組委託，國立台灣大學法律學研究所執行，行政程序法之研究（1990年12月），頁269。

私法的地位所做的意思表示,就不在本法的的適用範圍。

至於公權力與私經濟作用之區別如下:

**1. 公權力包括以下各項情形**

(1)統治管理之行政行爲:即運用命令及強制等手段干預人民自由及權利之行爲。

(2)單純統治之行政行爲:即不運用命令及強制之手段,而以提供給付、服務、救濟、照顧等方法,增進公共及社會成員之利益,以達國家任務之行爲。亦即凡屬私經濟行爲以外之國家公法行爲,均屬公權力行爲,至於其是否具有法律上之拘束力,則非所問。

至於行使公權力所爲之決定或措施,其型態則包括核准、許可、特許、任免、登記、註銷、撤銷、廢止、罰款、駁回申請、命爲一定作爲或不作爲等不同內容。

**2. 私經濟包括以下各項情形**

(1)以私法組織型態或特設機構方式所從事之營利行爲。如中國石油公司型態爲組織體,其所爲之行爲。

(2)爲達行政上之任務,所採取之私法型態的行爲。例如對民眾提供住宅貸款或出售國宅。

(3)私法型態之輔助行爲。如營造、租辦公廳舍、採購用品等。

(4)參與純粹交易行爲。如出售官股移轉民營、出售公用物品等。

(5)營造物之利用關係無特別規定者。如公立圖書館、國父紀念館等是[2]。

## (三)行政機關就公法上事件所爲之決定或其他公權力措施

公法與私法之區別,爲法律上最基本的分類,於行政法尤爲重要。蓋行政法理論,向係建立於公私法區別基礎之上,行政法爲典型之公法,最具公法之特性,倘根本否定公法與私法之區別,或認定公法與私法之間,有極多之共同性,則整個行政法之法理法則,均須重新建立,或要局部更

---

[2]　吳庚,行政法之理論與實用(台北:自印本,2003年8月),頁12至13。

張。關於公私法區別的標準，又有各種學說，舉其要者如下：

1. **權力說**：乃以權利關係爲區別標準，公法爲規定權力服從關係之法律，如刑法；私法則爲規定平等關係之法律，如民法。

2. **主體說**：以法律規定之主體爲區別標準，公法爲規定國家及公共團體間之關係，或國家及公共團體與私人間之關係，如行政法；私法爲規定私人相互間之關係，如公司法等。

3. **利益說**：以法律所保護利益之目的爲區別標準，公法以保護公益爲目的，私法則以保護私益爲目的。

4. **應用說**：以法律之應用爲區別標準，凡法律所規定之權利，不許私人之意思自由拋棄者爲公法，其得自由拋棄者爲私法。

5. **新主體說**：又稱爲特別法說，即依一般人是否爲法律規定之權義主體爲區分標準，依規範該行爲之法規，並非任何一般人皆可爲該行爲之權利或義務主體，而必須並且僅能由統治權主體或行政官署擔當其權利或義務主體者，該法規爲公法法規，依該法規所爲之行爲，爲公法行爲。反之，依規範該行爲之法規，一般人亦可爲該行爲之權利或義務主體，並不以統治權主體爲行政官署爲限者，該法規爲私法法規，依該法規所爲之行爲，爲私法行爲[3]。

由前述可知，所謂公法事件，乃基於公法所生或行政機關須適用公法之規定，予以處理之事件，至於其處理之結果，不一定全部發生公法上效果，亦可能有形成私法上法律效果之行政處分如公司經登記取得法人資格，已如前述。

### （四）行政機關對公法上具體事件所爲之公權力行爲

行政處分須係行政機關對公法上具體事件，所認定過去的事實狀態並加以適用法規，有具體性和一次完成的性質者，如開一張罰單，發一張執照等。如本於行政權之作用，對於一般人，而爲將來不特定之事件；所爲具有一般性、抽象性，可以反覆實施之規定者，即爲法規命令。

---

3　廖義男，國家賠償法（台北：自印本，1997年8月），頁43。

## （五）行政機關對外直接發生法律效果之行為

　　行政機關的「決定」或其他「公權力措施」是否屬於行政處分，其決定要素在於行政機關之「意思表示」（第一要素）；對當事人產生「對外直接發生法律效果」，亦即產生權利（義務）之設定、變更、終止或確認之效果（第二要素）。兩者必須同時具備，缺一不可。如只有意思表示，卻無產生對外直接發生法律效果則屬於「觀念通知」，例如通知到場。反之，若決定或公權力措施不產生法律效果，則屬於單純的事實行為，例如警察之巡邏[4]。

　　根據司法院釋字第423號解釋明示，行政機關行使公權力，就特定具體之公法事件所為對外發生法律上效果之單方行政行為，皆屬行政處分，不因其用語、形式以及是否有後續行為或記載不得聲明不服之文字而有異。若行政機關以通知書名義製作，直接影響人民權利義務關係，且實際上已對外發生效力者，如以仍有後續處分行為，或載有不得提起訴願，而視其為非行政處分，自與憲法保障人民訴願及訴訟權利之意旨不符。

　　再者，行政處分之法效性，係指直接發生法律效果而言，亦即外部行為，不包括行政機關之單純事實行為，如告知經辦事件進度或緩辦原因等單純之通知、告示報導、說明事實、解說法令後提供資訊服務等，既不發生具體法律效果，不直接對人民之權利義務發生影響，自不屬於行政處分之概念。至於依法須事先經上級機關參與表示意見、同意或核准始能作成行政處分之多階段行政處分，其前階段之行政行為應屬行政內部行為，僅最後階段直接向人民作成之行政行為始具行政處分之性格，即便他機關之參與對作成行政處分之機關有拘束力，亦不構成行政處分[5]。

　　至於行政處分與觀念通知之區別，所謂觀念通知者，指行政機關就特定事實之認知或對一定事項之觀念向特定人為表達，並無准駁之表示者而言。觀念通知並不具有發生法律效果之意思，故不屬行政處分，根據吳庚

---

[4]　蔡震榮，行政執行法（台北：元照出版公司，2013年11月），頁112。
[5]　許宗力，行政處分，收錄於翁岳生主編，行政法，2000年，上冊，頁557。

教授之研究，其判別原則如下[6]：

1. 不拘泥於公文書所使用文字，而應探求行政機關之眞意：眞意若是拒絕者爲行政處分，非拒絕者爲觀念通知，如人民申請案遇有：

(1)主管機關答覆「暫緩辦理」，眞意尚非拒絕，則爲觀念通知。

(2)主管機關答覆「不再受理」，眞意屬拒絕申請，爲行政處分。

2. 以是否有無後續處置爲斷：有者爲觀念通知，無者爲行政處分，如人民申請案遇有：

(1)主管機關答覆「請於文到某日內補送下列證件，再行核辦」，因尚有後續行爲，故爲觀念通知。

(2)主管機關答覆「請於文到某日內補送下列證件，逾期不予受理」，因無後續行爲，故屬行政處分。

(3)主管機關答覆「請於文到某日內補送下列證件，逾期即予銷案」，因無後續行爲，故屬行政處分。

## 二、行政處分之類型

### (一)典型之行政處分

典型之行政處分，例如建築許可執照、戶籍登記、土地登記、停止建物使用、命拆除違建、斷水斷電、停止營業、各類罰鍰……等等。

### (二)一般處分

行政法學上所謂「一般處分」之概念，依其規律之對象又可區分爲對人及對物兩者，分述如下：

#### 1. 對人之一般處分

即相對人雖非特定，但依一般特徵可得確定其範圍之行政處分。例如：嚴重急性呼吸道症候群（SARS）期間，台北市政府依當時傳染病防治法第35條（現爲37條）對和平醫院之管制出入及限制處分，以公告代替通知，發生一般處分之效力、警察下令禁止某項示威活動之舉行，或某時

---

6 吳庚，前揭書，頁336至337。

某分起某一道路實施交通管制；或地層危險而命村民住戶立刻遷移；或命非法濫葬墳墓之家屬遷移均屬之。

## 2. 對物之一般處分

即有關公物之設定、變更或廢止及其一般使用之行政處分。如公物開始供公用、廢止公用或變更公用內容及公物之一般使用規則屬之[7]。例如道路用地設定或廢止、高速公路之啟用、調撥車道、雙向道改為單行道、限制速度、禁止停車之交通標誌或標線；行人徒步區之劃定、古蹟之指定、自然地景之指定、區域計畫之個別變更等[8]。

依本法第92條第2項規定：「前項決定或措施之相對人雖非特定，而依一般性特徵可得確定其範圍者，為一般處分，適用本法有關行政處分之規定。有關公物之設定、變更、廢止或其一般使用者，亦同。」

實務上，一般處分在行政程序的適用上與行政處分不同者主要有：

(1)聽證程序的免除。

(2)毋庸說明行政處分之理由。

(3)得以公告的方式為通知。

再者，生效時點，則以公告日或刊登新聞紙、公報最後登載日起發生效力。至於公物，則必須經過一個設定程序之後，始取得公物之公法地位，在最通常之情形，公物是以行政處分之方式設定之，例如依土地徵收之處分，將私人土地徵收為公有，依文化資產保存法強制收購私人古物，

---

[7] 翁岳生主編，前揭書，頁89、頁269。

[8] 據法務部解釋：區域計畫（性質與都市計畫相同）定期通盤檢討之變更與司法院大法官釋字第156號解釋所確認都市計畫之個別變更不同，故不具行政處分之性質。本件因河川區調整所辦理之分區變更，如係屬區域計畫定期通盤檢討之變更，如上所述，不具行政處分性質，故無本法第102條規定之適用。惟如屬區域計畫之個別變更者，行政機關在作成限制或剝奪人民自由或權利之行政處分前，自應依本法第102條規定，給予處分相對人陳述意見之機會。另外，地政機關為配合水利主管機關變更河川區域或水道治理計畫線範圍而辦理個別變更者，該行政處分如確屬未新增限制或剝奪人民權利者，地政機關自無須踐行上開有關給予陳述意見機會之程序（法務部2001年5月21日法90律字第013072號函）。

此外，也常以一般處分方式設定之，例如對某條公路之設立及使用公告之。

綜合而言，一般處分爲對相對人特定或可得特定之相對人所爲一次性之具體規制，與法規命令係對一般相對人發生持續效力之抽象規則並不相同。

**（三）其他公權力措施**

所謂「其他公權力措施」，必須先有意思表示在外，且該意思表示對當事人產生法律之拘束力，並具有外在法律效果之單方行爲則屬之[9]。亦即機關的行爲，雖未明確將某種法律效果具體化表現於外，但因法規已就特此情形明文規定其法律效果，故該措施即會與各該規定之法律效果自動連結，從而產生規制。

此種規制效果，不以人之行爲爲限，包括物理行爲中具有行政處分性質者，如以電腦等自動化裝置取代人力所作成之行爲，亦屬之。本法第96條第1項第4款規定：「以自動機器作成之大量行政處分，得不經署名，以蓋章爲之。」例如以電腦核定稅額通知書等，即爲承認此種處分方式。此外，以物理上之強制力爲手段的執行行爲，如行政強制執行之措施，通常帶有貫徹法律上之要求或禁止規定之意旨，爲非要式行爲，經發動隨即完成，其外表上雖以「事實行爲」爲之，惟實際上有規制之作用，故亦屬所謂「公權力措施」，而爲行政處分。

此種措施約有以下特徵：

1. 以行動實踐。
2. 處分與執行同時完成。
3. 無廢止或附教示可能性。

例如警察職權行使法中之攔停、查證身分；將違法集會遊行之民眾「拖離」現場，以「拒馬」或「盾牌」阻止違法遊行民眾前進、強行進入私人土地進行檢查、停止供水供電、樹立禁止進入標示等管制性措施；海

---

9　蔡震榮，警察職權行使法概論（台北：元照出版公司，2004年12月），頁113。

巡法規中之檢查、登臨；財政部對金融機構之派員「監管」、「接管」；教育部對私立學校違反私立學校法之行為採取暫停董事會職權、管理校產、接管學校等，均屬之[10]。

　　準此，行政處分概念已擴大，不僅限於書面、口頭，尚及於其他公權力措施。

### 三、不屬行政處分之事實行為

#### （一）事實行為之概念

　　事實行為，指不發生法律效果，而僅發生事實上效果的行政行為。其與行政處分或其他基於意思表示之行為不同者，在於後者以對外發生法律效果為要素。事實行為有單獨存在，如提供資訊、單純的公文往返、行政指導等是。此外，事實行為乃為準備作成或表達或實現意思行為（如行政處分）而完成。

#### （二）事實行為和行政處分之區別

　　最主要的區別在於是否對外發生法律效果，事實行為並不以對外發生法律效果為目的，而行政處分則是必須對外發生法律效果（法效性）。但是行政事實行為還是有可能「間接」發生法律效果如結果除去請求權、國家賠償請求權、損失補償請求權等，例如警察追捕人犯時開槍誤擊中路人，開槍這一個行為本身只發生事實上的效果，並不直接發生法律效果，但是卻會間接發生國家賠償的法律效果。請注意：這邊的國家賠償法律效果主要是因為法律規定（國家賠償法）而發生，並非直接因為「開槍」這個行為就會發生國家賠償的效果。

#### （三）事實行為之類型

　　事實行為包羅甚廣，舉凡行政機關之內部行為，對公眾所作之報導、勸告、建議等所謂行政指導行為、興建公共設施、實施教育及訓練等

---

10　參見李惠宗，行政法要義（台北：元照出版公司，2016年9月），頁301；李震山，行政法導論（台北：三民書局，2015年10月），頁280；蔡茂寅、李建良、林明鏘、周志宏等，行政程序法實用（台北：學林文化事業公司，2013年11月），頁216。

均屬其範圍。以物理上之強制力為手段的執行行為及與行政處分不易分辨之觀念通知，亦應歸之於事實行為。其類型如下：

**1. 依效果分類**

(1)具法效性之事實行為：這種行為係包含一定目標干預而有可能成為行政處分，如拘押嫌犯之行為。

(2)具事實上損害結果之事實行為：如警察為緝拿逃犯，在媒體上公布嫌犯的照片。

(3)無權利侵害之事實行為：即不具直接法律上效果之事實行為，如提供企業經營有關資訊。

**2. 依性質分類**

(1)機關內部行為：單位相互間交換意見、文書往返；上下級機關間的指示、請示、視查、主辦員工講習、訓練等是。

(2)認知表示：為機關所為單純事實之敘述或理由之說明，既不因該項敘述或說明而生法律之效果，又稱觀念通知。例如就法令上疑義請求釋示之解答通知、罰鍰移送強制執行之催繳函、對檢舉人之函復，未直接損害檢舉人之權利或法律上利益者、戶籍謄本之發給、向他機關提供資料、為他機關完成研究報告、外交部對於國內機關所發文件之認證、通知可以參加司法官考試之口試、再決定是否吊銷駕照之前，通知當事人接受精神醫學鑑定。

(3)行政指導：指行政機關對外所作之報導、勸告、警告、建議、調解、資訊提供等行為。

(4)實施行為：屬單純的動作、工作的完成，通常是指實施行政處分或行政計畫之行為，如課稅處分確定後，稅捐稽徵機關收受稅款之繳納，都市計畫細部計畫核定實施後，豎立樁誌、座標、辦理測量、修築道路、收運垃圾、舉辦展覽、醫療行為等是。

(5)強制措施：依行政執行法所為之直接強制、即時強制典型之強制措施，如對違法遊行且不服從解散命令者之強制驅離、強制拆除違章建築即是。至於行政檢查（通常為依法令對人、處所或物件所為之訪視、查詢、查察或檢驗），少數由主管機關以實力強制執行者，亦屬之。

## 四、行政處分之正當程序

原則上，行政程序係自由的，但是，制定法有特別規定某些權力之行使應依一定之程序時，主管機關如未能踐行一定程序時，即構成「錯誤程序」（incorrect procedure），而依「程序越權原則」（procedural ultra vires rule），該越權部分應為無效[11]。至於法治國家對行政處分所規定之正當程序，主要有以下六項原則[12]：

（一）公正無私（impartiality）。
（二）公開聽證（public hearings）。
（三）獲得資訊（access to information）。
（四）律師代理與協助（legal representation and legal aid）。
（五）理由說明（statement of reason）。
（六）教示救濟途徑（indication of remedies）。

## 第二項　行政處分之種類

歸納行政法學之研究，行政處分之分類如下：

## 一、職權處分與依申請處分

職權處分又稱自動處分，乃不待人民之請求，行政機關得逕本於職權，以為處分之謂，如社會秩序維護事件之禁止，或稅款之徵收等處分；依申請處分又稱為被動處分，乃以人民之申請為要件，須人民有所申請始得為之處分，如商標權或專利權之准予註冊或專利。依申請而逕由行政機關主動為處分時，除其為無效者外，尚得於事後相對人提出之申請而補正之[13]。

---

[11] E. C. S. Wade and A. W. Bradley, Constitutional and Administrative Law, 10th ed. (London: Longman Group Ltd., 1987), p. 628.

[12] Lawrence Baxter, Administrative Law (Wynberg, Cape: Juta & Co. Ltd., 1984), p. 253.

[13] ibid., p.270.

## 二、要式處分與不要式處分

　　前者所爲之意思表示，須依法定之方式，始能生效，如一般公文程式條例之規定，須記載一定事項於書面，並註明年月日及蓋機關印信，並由負責人署名蓋章，其目的在於愼重、周全，以避免對人民權利之侵害，或因錯誤造成浪費與損失；後者無須具一定方式，不論口頭或書面表示均可。行政處分除法令規定必須具備一定方式者外，原則上採方式自由主義，行政機關得以書面、言詞及其他方式爲之，其目的在使行政活動程序盡可能簡單又合於目的，迅速又節省，行政自由又有彈性，而發揮最佳之功能完成任務。

## 三、授益處分與負擔處分

　　授益處分係給行政處分相對人一種利益或免除某種義務之行政處分。例如：准許商標註冊、任官、發給營業執照、核准專利、核發失業救濟金等。負擔處分係行政處分之內容對相對人（或第三人）產生一種法律上的不利益或增加其負擔。例如：納稅、服兵役、罰鍰及其他行政制裁等[14]。此項分類在於行政處分之撤銷或廢止具有意義，負擔處分之撤銷或廢止，問題比較單純，但授益處分則須考慮信賴保護與公益等問題，所受限制較多。

## 四、羈束處分與裁量處分

　　羈束處分乃行政機關須嚴格受法規之拘束，毫無自由選擇可能之情形下所爲之行政處分，此項規定，通常爲「應爲規定」，如租稅之賦課、現役兵之徵集、國籍認定、稅率核定與徵兵決定，行政機關在作成此類處分時，須嚴格遵守法規規定，否則即屬違法。

　　裁量處分乃法規授權行政機關於一定範圍內，得爲合目的性之自由判斷，此項規定得以「得爲規定」爲例，如警察機關對於違法集會遊行者，集遊法第25條規定之警告、制止或命令解散三種法律效果中選擇警告執行

---

14　吳庚，前揭書，頁122。

之、公務人員之任用等。行政機關行使裁量權時，並無絕對之自由，除應遵守一般法律原則外，應符合授權目的，即不得濫用權限，更不得逾越法定之裁量範圍[15]。

## 五、命令處分、形成處分、確認處分與公證處分

行政處分依其內容可分成命令的、形成的、確認的與公證的行政處分，分述如下：

### （一）命令處分

係課予相對人作為或不作為義務行政處分，又可區分為下命、禁止、許可、免除四種：

1. 下命：係指課以作為義務、給付義務或忍受義務之處分而言，如建築改善命令、命其接受檢查及鑑定空氣污染物排放狀況、集會遊行法第25條規定，警察機關對違法之集會遊行命令解散、警察對酗酒泥醉之人的管束。

2. 禁止：乃指課以不作為義務之處分而言，如命令停止營業、禁止某道路之通行等。

3. 許可：乃指解除不作為義務之處分而言，如營業許可、輸出許可等。

4. 免除：係指解除作為、給付或忍受義務之處分而言，如賦稅之免除、兵役之免除等。

### （二）形成處分

乃設定、變更或消滅具體之法律關係、權利、資格、法律地位等之處分，如公務員之任用或免職、外國人歸化之許可、公企業之特許、礦業權之特許、專利權之核准、對法人章程變更之追認、撤銷許可之執照、離婚登記均是。

---

15 翁岳生，前揭書，頁271。

## （三）確認處分

指對特定之法律關係或法律事實是否存在發生爭議時，由行政機關為權威性宣示，以解決爭議之處分，如高考及格之確認、公務員服務年資之確認、役男兵役體位之判斷、發給自耕能力證明。

## （四）公證處分

是對出生、死亡、婚姻等法律事實或法律關係之存在，由行政機關加以登記以資證明，防止爭議之發生，而為之處分。

## 六、第一次處分與第二次處分

前者乃設定的法律關係，使權利義務發生新的得喪變更，如警察機關對於違反社會秩序維護法案件所為之處分；後者則僅就原有之權利義務關係，使之實現，如訴願之決定，及上級機關撤銷下級機關之違法處分是。

## 七、無條件之處分與附款之處分

前者乃指行政機關所為處分之意思表示，未附任何限制，即完全發生法律之效果，通常的行政處分多屬之；後者乃指行政機關所為處分之意思表示，附加某種限制，使其法律效果之發生，繫於將來事實之型態或演變，行政處分之附款，有條件、期限、負擔、保留行政處分之廢止權、保留負擔之事後附加或變更等五種。

## 八、須受領處分與不須受領處分

前者行政機關所為之處分，必須經相對人之受領，始生效力之處分，如裁決書之交付是；後者則不須經相對人之受領，即生法律效果。

## 九、積極處分與消極處分

前者乃指對於原有法律關係，積極加以變更；後者對於原有之法律關係，表示不為變更而維持其原狀，例如對於訴願之駁回。

## 第三項　行政處分之附款

### 一、附款之容許性

　　附款係對行政處分之主要內容所為之附加內容，藉以補充、形成或限制主規範的內容，附款基本上非獨立之意思表示。由於附款具有便民、簡化行政程序及強化行政之功能，故有採用之必要。惟何種行政處分始得為附款，學說咸認裁量處分原則上得為附款；羈束處分則以法律有明文規定，或為確保行政處分法定要件之履行而以該要件為附款內容者為限，始得為之[16]。故本法第93條第1項規定：「行政機關作成行政處分有裁量權時，得為附款。無裁量權者，以法律有明文規定或為確保行政處分法定要件之履行而以該要件為附款內容者為限，始得為之。」

　　申言之，行政機關作成行政處分無裁量權者，除為確保行政處分法定要件之履行而以該要件為附款內容者得為附款外，其有為附款之必要時，應依本法第93條第1項規定以法律定之。

### 二、附款之種類

　　本法第93條第2項規定附款之種類有五種，茲分別說明如下[17]：

#### （一）期限

　　指規定給予利益或課予負擔，從一定之時日開始、終止或在一定期間內有效而言。又分：(1)附始期者，例如至某年某月某日，始得營業之許可；(2)附終期者，例如至某年某月某日起，其營業之准許，即為無效。例如內政部移民署對於曾經逾期居留之外國人不予申請許可居留之期間。

#### （二）條件

　　指規定給予利益或課予負擔之發生或消滅，繫於將來不確定之事實而言。又分(1)附停止條件者，如完成某種設備時，始得准許開業；(2)附解

---

[16]　立法院，第3屆第6會期第12次會議，「立法院議案關係文書」（1998年9月29日），頁493。

[17]　同前註，頁494。

除條件者，例如不改善其設備，則特種營業許可，即失其效力。

## （三）負擔

指在授予利益之行政處分中所附加於相對人須為特定作為、不作為或忍受的義務之附款而言。負擔必須至相對人主張、使用該授益處分之內容時，始生效力，並非行政機關作成授益處分時，相對人即無選擇餘地被接受該處分及負擔。例如對於公物占有之使用，同時令其繳納若干之使用費是；又如准許戲劇上演，而限制其不超過午夜十二點或劇本內容。

再者，如本係受益人之法定義務，僅於行政處分時提示者，則並非「附負擔」[18]。

## （四）保留行政處分之廢止權

指行政機關對授予相對人利益之行政處分，於該行政處分所規定之情形下，得全部或一部予以廢止，使其效力終止而言。亦即聲言不履行其義務時，則撤銷處分。例如准許某處設攤時，並保留此處將來因交通上必要時，廢止設攤。

## （五）保留負擔之事後附加或變更

指行政機關於作成行政處分時，保留事後附加、變更或補充負擔之權限而言。例如建築主管機關於建築物在施工中，認有建築法第58條所列各款情形，於必要時得強制拆除；警察機關批准集會遊行之申請，但言明若有違秩序，當隨時限制之，或遊行如遇空襲警報即停止。

## 三、附款之限制

行政機關雖有附款之裁量權，惟其行使仍須遵守有關裁量權行使之一切限制，尤其附款內容不但不得違背行政處分之目的，更必須與行政處分之目的具有正當合理之關聯。換言之，行政處分附款內容係要求相對人為某種行為或負擔某種義務時，該附款內容與行政處分之目的二者之間必須具有正當且合理之關聯性，行政機關不得假藉其得附款之權限，任意要求

---

[18] 參照法務部2001年6月11日法90律字第016027號函釋。

相對人為某種行為或負擔某種義務，例如：要求相對人為與行政處分目的不相干之金錢給付。至於附款內容與行政處分目的是否具有正當且合理之關聯，就個案判斷之[19]。故本法第94條明定：「前條之附款不得違背行政處分之目的，並應與該處分之目的具有正當合理之關聯。」此即「不當聯結禁止原則」之適用。

詳言之，附款是行政行為的重要組成部分，附款內容與行政行為的主要內容密不可分，附款與載明主內容的行政行為不能分離，實務上附款之記載未必係附記於主要內容之外，而可能直接與處分內容一併敘明，成為行政處分之主要部分。

## 第四項　行政處分之方式

### 一、行政處分作成之方式

有關行政處分作成之方式，有要式主義與非要式主義二種。前者固有助於法之安定性及權利保障，但亦容易造成行政之過度負擔。故基於行政之彈性及機動性，並為提高行政之效率，基本上採「方式自由之原則」，即除法規另有特別規定者外，行政處分作成之方式不以書面為限[20]。故本法第95條第1項規定：「行政處分除法規另有要式之規定者外，得以書面、言詞或其他方式為之。」申言之，行政處分原則上得以書面、言詞或其他方式為之，其有以特定之方式（如證書類）為之之必要者，應依前揭規定於法規中明定。

但為兼顧法之安定性及權利保障，以言詞或其他方式作成之行政處分，處分相對人或利害關係人如有正當理由，例如，須證明行政處分中是否存在一種「合法利益」（legitimate interest），且相對人要求立即證實時，言詞的行政處分則須改用書面加以處理。換言之，其必須向其他機關證明行政處分之存在及內容，或必須藉由理由之說明以了解有無撤銷該處

---

[19] 立法院，前揭文書，頁495至496。

[20] 同前註，頁498。

分之機會，而要求作成書面時，處分機關不得拒絕，以保障其權益[21]，故同條第2項規定：「以書面以外方式所爲之行政處分，其相對人或利害關係人有正當理由要求作成書面時，處分機關不得拒絕。」

## 二、書面行政處分應記載事項

爲使處分相對人除知悉行政處分之內容外，我國實務上普遍認爲行政處分中之記載事項應包括法定救濟途徑及期間之教示，藉以保障處分相對人之爭訟權，故本法第96條規定：

「行政處分以書面爲之者，應記載下列事項：

一、處分相對人之姓名、出生年月日、性別、身分證統一號碼、住居所或其他足資辨別之特徵；如係法人或其他設有管理人或代表人之團體，其名稱、事務所或營業所，及管理人或代表人之姓名、出生年月日、性別、身分證統一號碼、住居所。

二、主旨、事實、理由及其法令依據。

三、有附款者，附款之內容。

四、處分機關及其首長署名、蓋章，該機關有代理人或受任人者，須同時於其下簽名。但以自動機器作成之大量行政處分，得不經署名，以蓋章爲之。

五、發文字號及年、月、日。

六、表明其爲行政處分之意旨及不服行政處分之救濟方法、期間及其受理機關。」

以上各款，只要整個書面上包括其意思就可，不一定要像司法判決書一樣嚴格。惟須注意者，乃「記明理由」（state the reason of the determination）是程序上正當程序之核心部分，尤應特別重視。所謂「理由」是行政決定作出者對法律、政策及自由裁量權所持觀點之解釋說明，也就是對行政決定的事實根據和法律政策適用及其相互之間對應關係的認

---

[21] 同前註。

識[22]。

至於行政處分如漏未記載管理人或代表人之個人資料，是否影響該處分之效力，則應視其是否因而影響行政處分相對人身分之認定，如不致有識別之錯誤，似尚不至影響行政處分之效力[23]。

在民主國家時代，已非「民可使由之，不可使知之」所可搪塞敷衍。為防止行政有悖民主、法治原則所根據之人性尊嚴，行政處分自應記明理由。尤其以書面方式表達之行政處分，原則上必須記明有關的理由。在記明理由時，必須包括作出該處分所考慮的某些基本事實和法律根據（legal grounds）。如果屬於自由裁量之行政處分，在記明理由時，還必須包括該行政機關在行使其自由裁量權時所依據的理由。茲歸納英國行政法學者聶爾（P. Neil）等之見解，行政處分記明理由具有如下之優點[24]：

## （一）就政府組織功能言

1. 記明理由之要求促使決定者有更優良的紀錄。
2. 記明理由之決定將考慮更為週到，可維持裁決程序之尊嚴。
3. 理由是對武斷決定之制衡，亦為優質行政之基礎。

## （二）就被影響當事人之保障言

1. 理由滿足了公平處理之基本需求。
2. 理由足資被影響當事人判斷是否對處分提出異議。
3. 縱使處分是不利的，合理的理由將使被處分人確信已經公正裁量而易於接受。

## （三）就審查機關之立場言

1. 記明理由之處分使法院或監察機關直接了解處分內容，而決定是否運用其審查權。

---

22　羅豪才，現代行政法的平衡理論（北京：北京大學出版社，2008年3月），頁180。

23　參照法務部1999年11月19日法88律字第040516號函釋。

24　Patrick Neil, Administrative Justice-some Necessary Reforms (Oxford: Clarendon Press, 1994), p. 69.

2. 適當的理由將易於暴露踰越管轄權、法律錯誤、不相干的考慮或不適當的目的等濫用裁量情事，而便於審查。

**（四）就一般公衆之觀點言**

記明理由之處分能增強公衆對裁決程序之信任。

至於本法第96條第6款教示之內容，應包括救濟方法、救濟期間及受理機關，如使用印戳蓋上或電腦印上亦可。

有關教示之範例如下：

**1. 不服行政處分之救濟方法爲提起訴願者**

(1) 以行政處分作成機關爲直轄市政府爲例：「不服本處分者，得自本處分送達之翌日起三十日內，繕具訴願書逕送本府，並由本府函轉○○部會行處局署提起訴願。」

(2) 以行政處分作成機關爲直轄市政府所屬機關爲例：「不服本處分者，得自本處分送達之翌日起三十日內，繕具訴願書逕送本（局、處），並由本（局、處）函轉○○市政府提起訴願。」

**2. 不服經聽證作成之行政處分之救濟方法爲提起行政訴訟者**

不服本處分者，得自本處分送達之翌日起2個月內，向○○高等行政法院提起行政訴訟。

## 三、得不記明理由之行政處分

理論上，行政處分應以記明理由爲原則，已如前述，然而行政處分之種類多樣，其所處理之事項亦有繁簡之差異，爲免影響行政效率，仍有些情形如略式記載之處分，得以普通公文表達者免除證明理由爲例外，即依本法第97條之規定：

「書面之行政處分有下列各款情形之一者，得不記明理由：

一、未限制人民之權益者。

二、處分相對人或利害關係人無待處分機關之說明已知悉或可知悉作成處分之理由者。

三、大量作成之同種類行政處分或以自動機器作成之行政處分依其

狀況無須說明理由者。

四、一般處分經公告或刊登政府公報或新聞紙者。

五、有關專門知識、技能或資格所為之考試、檢定或鑑定等程
　　序。

六、依法律規定無須記明理由者。」

前項各款得不記明理由之立法理由如下：

第1款，因行政行為有利於當事人，或當事人已了解行政決定的理
由。

第2款，因行政決定說明理由主要是為了當事人了解行政機關的觀
點，以保護其利益，因此，在行政行為有利當事人，或當事人已了解行政
決定的理由等情形下，則沒有必要強制行政機關說明理由。

第3款，因大量或以機器作成者為規格化事務，如電腦核定稅額通
知、罰單、交通警察機關以自動調節之紅綠燈指揮交通等，正確性高，如
果根據個別情況，行政行為本身已足以表明其理由，故不必再予說明。

第4款，因一般處分無特定相對人及不必個別送達為特徵，以公告或
刊載報刊方式為之，固無個別敘述理由之必要，例如設置路障實施交通管
制，使車輛暫時改道，只須公告標明清楚即可，惟如涉及多數人權益之一
般處分，雖無須長篇大論述其事實，至少應記載其法律上之依據。

第5款，因性質特殊，屬於根據考試成績作成決定之情形，為尊重此
類評分之判斷餘地，事實上不能逐件詳記其不錄取之理由。

此外，書面之行政處分除有本法第97條第1款至第5款所列情形之一
者，得不記明理由外，其有不記明理由之必要者，應依同條第6款規定以
法律定之。

查本法僅具有補充法之性質，故立法者就行政事務之特性及人民權利
保障為適當之衡量後並非不得另訂例外規定，已如前述。英國行政法學者
聶爾等認為，如有以下情事，即為記明理由之例外：[25]

---

25　Ibid., p. 73.

（一）給予理由將對國家安全、國防、國際關係造成損害者。

（二）給予理由將涉及披露法律特權保護之資料者。

（三）給予理由將披露政府列入機密之資訊者。

（四）給予理由將洩露職業、貿易機密，或其他有害第三人利益之情事者。

（五）處分之理由係有關任何職位之任命、升遷、或指派任何特別任務者。

綜合上述，行政處分記明理由，將能使其就事實上或法律上作較慎重之考慮，減少行政處分之錯誤或其他瑕疵，有助於行政之合法性及合目的性，並可使人民藉此了解行政處分是否合法合理，以使人民信服，減少不必要之爭訟或非法之抗爭。故強制行政處分記明理由，已成為法治國家公認之原則。行政處分例外不記明理由雖然確保了行政效率，但可能導致行政機關濫用行政權以及影響行政相對人及時行使法律救濟的權利，因此，不記明理由不能由行政機關自己界定，而應由行政程序法加以明確規定。

至於如應記明理由而未記明將產生何種法律效果？在學說上尚有爭議，負擔處分未記明理由，學界通說認為，要看是否會影響實體決定的效力，必須要看未記明理由有無影響人民在訴訟上的防禦權，如果理由未交代清楚，使人民不知道如何對處分表示抗辯，如此的話，應該得撤銷。

## 第五項　行政救濟告知有誤或未告知之效果

### 一、告知救濟期間錯誤之處理

對於已經作出的決定，當事人應當有提出申訴的權利。申訴權表達了一個關於程序公正的基本思想，即對於由某一個機關或某一官員作出的決定，當事人應當有申請其他機關進行審查的機會，以實體的公正來看，申訴權的行使有助於結果更加準確公正；以程序的公正來看，申訴權的意義有助於使他們獲得對結果和程序本身的認同感。當然，在實踐中，申訴的

途徑是多種多樣的，因此，申訴權的具體內容也有所不同[26]。

一般人民對不服行政處分之爭訟方法、管轄機關及聲明不服期間往往不易知曉，有予以指導之必要，此乃告知制度之由來。故本法第98條第1項規定：「處分機關告知之救濟期間有錯誤時，應由該機關以通知更正之，並自通知送達之翌日起算法定期間。」

此外，為避免因行政機關之疏忽而影響人民之權益，同條第2項乃規定：「處分機關告知之救濟期間較法定期間為長者，處分機關雖以通知更正，如相對人或利害關係人信賴原告知之救濟期間，致無法於法定期間內提起救濟，而於原告知之期間內為之者，視為於法定期間內所為。」

再者，為貫徹法律規定行政機關告知義務之精神，保障人民權益，乃避免行政處分長期處於不確定狀態，同條第3項復規定：「處分機關未告知救濟期間或告知錯誤未為更正，致相對人或利害關係人遲誤者，如自處分書送達後一年內聲明不服時，視為於法定期間內所為。」

## 二、未告知受理聲明不服或告知錯誤之處理

以書面作成之行政處分，既應記載不服該行政處分救濟方法、期間及其受理機關等事項，倘如對於行政處分聲明不服，因處分機關未告知受理聲明不服之管轄機關或告知錯誤，致向無管轄權之機關為之者，影響當事人之權益甚鉅，不得不設救濟之道[27]。故本法第99條第1項規定：「對於行政處分聲明不服，因處分機關未為告知或告知錯誤致向無管轄權之機關為之者，該機關應於十日內移送有管轄權之機關，並通知當事人。」

聲明不服之事件雖移送有管轄權之機關，如該機關以其受理日期為準，認聲明不服已逾法定期間，予以駁回，則對人民權益之保障仍有未週，故同條第2項規定：「前項情形，視為自始向有管轄權之機關聲明不服。」

---

26　應松年主編，行政程序法立法研究（北京：中國法制出版社，2001年3月），頁103。
27　立法院，前揭文書，頁508。

## 第六項　行政處分之通知與更正

### 一、行政處分之通知

通知係行政機關基於自己之意思，使相對人及其他利害關係人可得知悉該處分之行爲。通知不僅係行政處分之生效要件，且涉及法定救濟期間之起算，故有關應受通知人、通知方式，均應明定，以爲準繩[28]。故本法第100條規定：「書面之行政處分，應送達相對人及已知之利害關係人；書面以外之行政處分，應以其他適當方法通知或使其知悉（第1項）。一般處分之送達，得以公告或刊登政府公報或新聞紙代替之（第2項）。」

書面以外行政處分之通知方法：

1. 公告

(1)一般處分之送達

一般處分之送達以公告與刊登政府公報、新聞紙方式爲之。例如命雞農進行預防接種、下令感染口蹄疫之牛隻不得移動，下令撲殺口蹄疫病豬、土地現值之核定、里鄰之調整、古蹟、遺址之指定等。

(2)公告姓名等資訊作爲制裁手段

對私人公告不利的資訊，如姓名、照片、廠商或機構名稱等，對該個人名譽所造成的傷害，往往不亞於司法或行政機關對他所做不利的處分，此時此種公告即作爲行政制裁之手段。如依藥事法第78條第1項第2款，對販賣而陳列僞藥、禁藥者之登報公告其商號、地址、負責人姓名、藥物名稱及所犯情節。

(3)註銷證照等處分

即以公告對外意思表示使不特定人知悉該證照權利已被撤銷，而發生制裁之效力。例如菸酒管理法第17條：「菸酒製造業者經撤銷許可者，中央主管機關應通知其限期繳銷許可執照；逾期不繳銷者，公告註銷之。」

2. 命令解散

集會遊行屬群體行爲，警察以舉牌及廣播方式警告，讓不法集會遊行

---

28　同前註，頁511。

之人民清楚自身行爲已觸犯法令未果後，就當場命令解散，爲即時執行完畢之下令處分。

### 3. 其他方法

如執行汽車拖吊時，用粉筆在地下簡記聯絡電話號碼等。詳言之，行政行爲在通知相對人之前，仍處在內部文件階段，不能對相對人產生法律效力，尤其是行政行爲對相對人設定某項義務或限制其權利時，只有在相對人知悉該行爲的內容後才能對其產生法律效力，學者將之稱爲「行政行爲的外部效力」[29]。

## 二、行政處分錯誤之更正

行政處分如誤寫、誤算或其他類此之顯然錯誤，依行政法學之通說，並不構成行政處分之瑕疵，且相對人亦不得對此錯誤主張信賴保護，行政機關自得隨時或依申請而爲更正[30]。故本法第101條規定：「行政處分如有誤寫、誤算或其他類此之顯然錯誤者，處分機關得隨時或依申請更正之（第1項）。前項更正，附記於原處分書及其正本，如不能附記者，應製作更正書，以書面通知相對人及已知之利害關係人（第2項）。」

# 第二節　陳述意見及聽證

行政程序法立法目的之一，既然在使人民得藉程序之參與，以保護其權益。則行政機關作成行政處分前，無論該處分之內容，係在授予相對人權利或利益，或在限制或剝奪相對人自由或權利，皆讓相對人參與程序，至少使其得以表達意見，以維護其權益。參與程序之方法有，給予處分相對人陳述意見之機會及舉行聽證二種。

比較言之，陳述意見是比聽證更爲簡略的程序，其目的於提供行政機關決定相對人或利害關係人陳明其主張之機會，通常對於侵害程度較低之

---

[29] 應松年，比較行政程序法（北京：中國法制出版社，1999年1月），頁133。

[30] 同前註，頁513。

行政決定僅以提供陳述意見之機會為已足。簡言之，陳述意見是在行政處分前聽聽相對人所說，或看看相對人所提意見書，否則被處分人可以提請訴願。

## 第一項　陳述意見

### 一、陳述意見之目的

陳述意見指行政機關採用正式聽證和公聽會之外的其他形式聽取公眾意見。

行政機關對特定人作成限制或剝奪人民自由或權利之行政處分前，應給予該相對人陳述意見之機會，以避免行政機關之恣意專斷，並確保該相對人之權益。故本法第102條規定：「行政機關作成限制或剝奪人民自由或權利之行政處分前，除已依第三十九條規定，通知處分相對人陳述意見，或決定舉行聽證者外，應給予該處分相對人陳述意見之機會。但法規另有規定者，從其規定。」[31]基此，即所謂「不利益之處分」或「負擔處分」時，始必須給予處分相對人陳述意見之機會。

本條所指應給相對人陳述意見機會，僅須給予相對人就事實認定及法律之適用以表示意見，以供行政機關作成行政處分之參考即可，此種程序與本法所規定之聽證程序不同。

此外，行政機關於作成行政處分前，就同一事件之重要事項，已依本法第39條規定基於調查證據之必要通知相對人陳述意見，或依本法第一章第十節舉行聽證，或依本法第102條規定給予處分相對人陳述意見機會，

---

[31] 疑義行政機關駁回給付行政事項之申請（例如慰問金、獎助金、獎勵金、獎學金等），是否應給予該處分相對人陳述意見之機會？據法務部研討結論謂：人民依「直接對外發生法律效果之規定」享有公法上之請求權，而依該公法上之請求權提出申請而被駁回者，即屬本法第102條之「行政機關作成限制或剝奪人民自由或權利之行政處分」，依該條規定，原則上應給予處分相對人陳述意見之機會；至於人民是否享有公法上之請求權，宜參照司法院大法官釋字第469號解釋之意旨認定之（參照法務部2000年7月7日行政程序法諮詢小組第9次會議紀錄）。

如踐行上開程序之機關係有權爲之，則作成行政處分縱非踐行上開程序之機關，似亦符合本法第102條規定，毋庸於作成行政處分前再給予相對人陳述意見機會[32]。

本條但書所指法規另有規定者，從其規定，係指第103條或其他法規另有規定而無須給予陳述意見之機會而言。申言之，其有不予相對人陳述意見機會之必要者，應依前揭但書規定以法規爲特別之規定。至於本條文中之「法規」適用於中央法規之涵義，指法律及法律具體授權之法規命令而言。

## 二、得不予陳述意見之情形

行政程序之目的不僅在於保障人民權利，抑且應兼顧行政效能，故各國立法例對於手續之進行，或明示或默示應儘量符合目的、迅速及節省花費方法行之。故對於行政程序之方式，原則上採非正式主義。凡行政機關作成限制或剝奪人民自由或權利之行政處分時，當然宜給予相對人陳述意見之機會，藉以避免行政機關之專斷，並保障該相對人之權益，已如前述。然而有下列情形之一時，基於維護行政效能與程序經濟之理由，爲其例外，即依本法第103條之規定，行政機關得不給予陳述意見之機會：

---

32 據法務部解釋：

（一）對於違反區域計畫法管制土地使用規定者，由主管機關依該法第21條規定予以處罰時，如於該個案查獲現場，承辦人員針對該違法（規）構成要件之重要事項已予以調查，並於調查證據時，依本法第39條規定給予相對人陳述意見之機會，載明調查筆錄中者，似符合首揭本法第102條除外規定，毋庸於作成行政處分前再給予相對人陳述意見之機會（法務部2001年5月1日法90律字第013618號函）。

（二）警察人員於調查證據時，針對該違法（規）構成要件之重要事項已予以調查，並於調查證據時，依本法第39條規定給予相對人陳述意見之機會，載明調查筆錄中者，該法規之主管機關據該調查筆錄作成負擔性行政處分時，似符本法第102條除外規定，毋庸於作成行政處分前再給予相對人陳述意見之機會，以符程序經濟原則（法務部2001年3月12日法90律字第007652號函）。

## （一）大量作成同種類之處分

即指快速大量作成同種類之處分，為求時效，難以一一踐行給予陳述意見機會之程序，此外，可以通過計算、測量、實驗等客觀方式解決事實爭議者，基於行政經濟之考慮，亦須給予相對人陳述意見之機會。例如以電腦核定稅單、罰單或自動之交通紅綠燈等是。

## （二）情況急迫

情況急迫，如予陳述意見之機會，顯然違背公益者既然情況急迫，自難以預先告知並給予陳述意見之機會，以免造成處分之遲延，浪費行政資源而致違背公益。例如由警察官進行的危險防止措施；由勞動安全衛生督導官進行的使用停止命之等為了應付在某種場合產生的危險狀態，有時行政機關有必要隨機應變地作出處分。

## （三）受法定期間之限制

受法定期間之限制，如予以陳述意見之機會，顯然不能遵行者即如逾越法定期間將無法為行政處分時，如給予陳述意見之機會將坐失時機，無法作成處分時，自不得給予陳述竟見之機會，以遵守法定期間。例如逃漏稅案件，即將超過法定之核課期間者。

## （四）行政強制執行時所採取之各種處置

如行政強制執行時所採取之各種處置，有迅速執行之必要者。

## （五）行政處分所根據之事實，客觀上明白足以確認者

因相對人之陳述竟見包括事實上之陳述與法律上陳述，故雖然行政處分所根據之事實，客觀上已明白足以確認，但有法律上之爭議者，仍應給予相對人陳述竟見之機會。行政處分是否符合上開規定，而得不給予陳述意見之機會，不以行為人之違規事實經裁罰機關當場查獲者即屬之，仍須視具體事實個別判斷之[33]。

---

[33] 參照法務部2000年11月24日法89律字第000510號函釋。

## （六）限制自由或權利之內容及程度，顯屬輕微，而無事先聽取相對人意見之必要者

限制自由或權利之內容及程度，是否顯屬輕微，係由處分機關依職權先自行判斷，僅在有爭議時方依行政救濟程序解決。

## （七）相對人於提起訴願前依法律應向行政機關聲請再審查、異議、復查、重審或其他先行程序者

陳述書依法在訴願前應先經先行程序者，實質已賦予相對人有再一次表達意見之機會，基於行政經濟之考慮，無須再給予相對人陳述意見之規定，避免造成行政程序之冗長。目前依法提起訴願前應先經先行程序者，有專利法之再審查、植物種苗法之異議、稅捐稽徵法及各種內地稅稅法之復查、關稅法及海關緝私條例之聲明異議、藥事法之復核與貿易法之重審等。

## （八）為避免處分相對人隱匿、移轉財產或潛逃出境，依法律所為保全或限制出境之處分

為確保稅款或罰鍰之執行，稅捐稽徵法、關稅法或海關緝私條例有禁止財產移轉或設定他項權利等保全措施及限制出境之規定，其目的在避免處分之相對人隱匿、移轉財產或潛逃出境，以規避執行，有其時效性及急迫性，如於處分前先予陳述意見機會，將無法達成其原有目的[34]。

## 三、通知陳述意見之方式

### （一）書面通知或公告

給予相對人陳述意見之機會時，應以書面記載下列事項通知相對人，必要時並公告之：

1. 相對人及其住居所、事務所或營業所。
2. 將為限制或剝奪自由或權利行政處分之原因事實及法規依據。
3. 應於陳述書上記載事實上及法律上陳述。

---

[34] 立法院，前揭文書，頁516。

4.提出陳述書之期限及不提出之效果。

5.其他必要事項等事項（本法第104條第1項）。

## （二）言詞通知

前述情形，行政機關得以言詞通知相對人，並作成紀錄，向相對人朗讀或使閱覽後簽名或蓋章，以使其確認通知之內容無誤（本法第104條第2項）。

## 四、陳述意見之方式

### （一）書面陳述

行政處分之相對人或利害關係人，原則上應以書面之陳述書爲之，且應於陳述書爲事實上及法律上陳述（本法第105條第1項、第2項）。

### （二）言詞陳述

以言詞陳述意見者，行政機關應作成紀錄，經向陳述人朗讀或使閱覽確認其內容無誤後，由陳述人簽名或蓋章；其拒絕簽名或蓋章者，應記明其事由。陳述人對紀錄有異議者，應更正之（本法第106條第2項）。

### 五、逾期陳述之效果

不於期間內提出陳述書者，視爲放棄陳述之機會，即發生失權效（本法第105條第3項），惟此所謂「期間」，係指於經合法通知或經公告後之一定合理期間內，若有違背，將導致行政處分作成程序之瑕疵。

### 六、陳述意見程序瑕疵之補正

作成行政處分前依法應給予陳述意見之機會，卻漏未給予者，得因事後給予而補正（本法第114條第1項第3款），此爲程序瑕疵之自我治療，惟如未補正，則爲有瑕疵之行政處分，而得撤銷之。又前述補正程序亦非毫無限制，依同條第2項規定，視該行政處分得否提起訴願而有別，得提起訴願者，僅得於訴願程序終結前爲之；若得不經訴願程序即得提起行政訴訟者，則僅得於向行政法院起訴前爲之，以建立行政機關自省及人民權益保障之平衡。若當事人因補正行爲致未能於法定期間聲明不服者，其期間之遲誤應視爲不可歸責於當事人之事由，其回復原狀期間自該瑕疵補正

時起算（同條第3項）。

## 第二項　舉行行政處分聽證

### 一、行政處分聽證之概念

　　行政處分聽證，係由行政機關首長或其指定人員為主持人，在作成不利益決定時（尤其是不利益行政處分或授益處分之撤銷）使當事人及利害關係人到場，就事實及法律問題，陳述意見、提出證據，經主持人同意，並得對機關指定之人員、證人、鑑定人、其他當事人或代理人發問之程序。

### 二、舉行行政處分聽證之處理原則

　　行政處分聽證之舉行，經歸納實務經驗有如下之處理原則：
　　（一）聽證是本於「兩造兼聽」的理念。
　　（二）為不利益處分前的特別調查程序，為事前程序性的保障，非為事後的救濟制度。
　　（三）給予當事人申辯權的充分行使。
　　（四）聽證所獲意見、證據為作成決定的重要依據。
　　（五）聽證主角為到場發言人員，不是主管機關。
　　（六）主持聽證須中立公正，不可有差別待遇。
　　（七）安排兩造均等而隔離陳述原則。
　　（八）對於聽證狀況的處理要有原則。
　　（九）聽證現場不作任何結論。

### 三、行政處分聽證之範圍

　　行政機關遇有下列各款情形之一者，舉行聽證：
　　（一）法規明文規定應舉行聽證者[35]。

---

[35] 如依各級都市計畫委員會組織規程第10條規定，都市計畫委員會開會時，得允許與案情有關之公民或團體代表列席說明等，並非有關應舉行聽坦之規定，故主管機關無須

（二）行政機關認爲有舉行聽證之必要者。

## 四、經聽證作成處分時應斟酌之事項

舉行聽證者，行政機關作成行政處分時，除應斟酌全部陳述與調查事實及證據之結果，依論理及經驗法則判斷事實之眞僞外，並應斟酌全部聽證之結果。如法律明定應依聽證紀錄作成處分者，則該處分所依據之事實、證據及理由，即須完全以聽證紀錄所記載爲準。

## 五、不服聽證作成處分之救濟

對於經聽證作成之行政處分不服者，其行政救濟程序得免除訴願及其先行程序（如申請複查、聲明異議等），以保障人民權益及符合程序經濟原則。

## 六、應舉行而未舉行聽證之法律效果

行政機關如有依法規規定應舉行聽證而未舉行者，應認爲該行政處分具有重大而明顯之瑕疵而爲無效。

行政處分聽證之舉行，容待第八章「行政處分聽證與公聽會」之舉行中再詳述。

# 第三節　行政處分之效力

所謂行政處分的效力，可解釋爲行政處分在法律關係上所產生的效果或對各當事人的影響力。具體言之，係指行政處分在具體成立的各種要件，而有效成立後，在公法上所發生的效力而言。

---

依本法第107條第1款規定舉行聽證（2002年4月1日法律字第0910010061號函）。

## 第一項　行政處分發生效力之始點與內容

### 一、行政處分效力之始點

　　行政處分應通知其相對人或其他利害關係人者，在通知之前，屬尚留於內部文件之階段，當其至少對相對人之一通知時，行政處分始於此刻發生效力，學者稱此項效力爲「行政處分之外部效力」。當然，這是指有效之行政處分而言，如行政處分根本無效者，縱使通知相對人亦不發生效力[36]。

　　行政處分效力之始點，依本法第110條規定如下：

　　（一）書面之行政處分：自送達相對人及已知之利害關係人起。

　　（二）書面以外之行政處分：自以其他適當方式通知或使其知悉時起，依送達、通知或使知悉之內容對其發生效力。

　　（三）一般處分：自公告日或刊登政府公報、新聞紙最後登載日起發生效力。但處分另訂不同日期者，從其規定。

### 二、行政處分效力之內容

　　行政處分之效力，行政法學將之分析爲存續力、構成要件效力及確認效力、執行力三種，茲簡述如下：

### （一）存續力

　　行政機關本於職權所作之行政處分，在原則上均應受適法之推定，於未經依法變更或經有權機關加以撤銷或宣告無效外，任何人均不得否定其效力。所謂存續力[37]，可分爲形式存續力（或稱形式確定力）及實質存續力：

### 1.形式存續力

　　指行政處分如不能再以通常之救濟途徑（訴願或行政訴訟），加以變更或撤銷者，該處分即具有形式存續力。

---

[36] 翁岳生，前揭文，頁271至272。

[37] 吳庚，前揭書，頁372至374。

### 2. 實質存續力

指行政處分就其內容對相對人、關係人及原處分機關發生拘束之效力，實質存續力乃隨行政處分之宣示（送達或公告）而發生。例如：申請建築執照者，經主管機關審核認該建築物所在地為限建地區，不予核發建築執照，並將該處分合法送達申請人，此時該處分對於主管機關及申請人即有實質存續力；其後經申請人提起訴願及行政訴訟均被駁回，該申請人不得再行爭執，行政機關亦受拘束，則該處分此時除原已具有之實質存續力外，亦具有形式存續力。

## （二）構成要件效力及確認效力

行政處分之構成要件效力及確認效力，係指行政處分對其他機關、法院或第三人之拘束效果。

構成要件效力係指行政處分之存在或內容（發生規制效果），拘束其他機關或法院等。例如：外國人或無國籍人經內政部許可而歸化者，即取得中華民國國籍，其他行政機關或法院即應受此一歸化處分之拘束。惟必須注意的是，行政處分之構成要件效力並非對所有其他行政機關或法院發生；申言之，行政處分對於有權審查該處分合法性及妥適性之訴願機關或行政法院，即不發生構成要件效力。

至於確認效力，係指行政處分之「事實及理由部分」，對於其他機關或法院亦有拘束力。惟一般認為，確認效力以法規有明文規定者為限。

## （三）執行力

即指行政處分所課予之義務，義務人不履行時，行政機關不必經由法院之協助，得以行政處分為執行名義，自行對義務人強制執行。通常指下命之行政處分，例如：命令補稅、徵兵處分等，若當事人不履行其公法上之義務，則須另為行政執行，始能完成行政處分之效力。形成處分及確認處分則無執行之問題可言。

## 三、行政處分效力之存續

為確保國家行政機能之有效運作，維護公益及法之安定性，如行政處分未經撤銷、廢止、或因其他事由而消滅者，恆保持其效力。本法第110

條第3項規定：「行政處分未經撤銷、廢止，或未因其他事由而失效者，其效力繼續存在。」

## 四、無效行政處分之效力

無效之行政處分，自始不生效力，所有國家機關及人民均當然不受其拘束，故本法第110條第4項規定：「無效之行政處分自始不生效力。」

# 第二項　行政處分之無效

## 一、行政處分無效之概念

所謂行政處分無效，係指行政機關雖已在形式上作成行政處分，惟在實質上因處分的內容具有瑕疵，或未具備必要方式，或欠缺必要的先行程序，未能符合法律要求，或欠缺有效要件，以致根本無法發生其效力的狀態而言[38]。

無效行政處分產生如下之法律效果：

（一）無效行政處分者不具有公定力，不能推定為有效。

（二）無效行政處分對任何人和任何機關都沒有拘束力，相對人可以拒絕履行。

（三）宣告行政處分無效不受時效的限制。

## 二、行政處分無效之原因

行政處分無效之原因，通常可分為相對無效原因與絕對無效原因二種，茲分述如下[39]：

### （一）相對無效之原因

行政處分之有效與無效之界限，學界之通說仍採早期傳統之理論，即瑕疵重大，外觀明顯說。依學者之看法，對無效之行政處分，任何人及任何國家機關原則上均自始當然不受其拘束，故為確保行政機能有效運作，

---

38　同前註，頁603。

39　翁岳生，前揭文，頁278至279。

維護法之安定性並保障人民之信賴利益，原則上，行政處分之瑕疵須符合下列二原則，始爲無效，學理上稱爲「相對無效原因」[40]：

1. 違法之情形特別嚴重，如牴觸憲法之重要原則或違反規定之根本目的或價值概念之法規。
2. 其瑕疵一目瞭然，不致有任何疑義。

## （二）絕對無效之原因

按無效之行政處分，任何人及任何機關原則上均自始、當然不受其拘束，故爲確保行政機能有效運作，維護法之安定性並保障人民之信賴，行政處分之瑕疵須達重大，且依一般人合理之判斷甚爲明顯而一目了然者，始爲無效。至瑕疵是否臻重大且甚爲明顯，適用上不免有所爭議。爲減輕法律適用上之困難，並提高法之安定性，應對無效之原因加以規範[41]。故本法第111條規定，行政處分有下列各款情形之一者，無效：

1. 不能由書面處分中得知處分機關者：即無權限或形式欠缺之無效。
2. 應以證書方式作成而未給予證書者：例如發明專利權之給予而未以證書爲之。
3. 內容對任何人均屬不能實現者：例如對外國人徵兵召集；處罰鍰但未科數額者。
4. 所要求或許可之行爲構成犯罪者：例如處分要求電信公司竊聽電話；許可以暴力爲宗旨之集會遊行。
5. 內容違背公共秩序、善良風俗者：例如公娼之許可；對健全人令入精神病院。
6. 未經授權而違背法規有關專屬管轄之規定或缺乏事務權限者。
7. 其他具有重大明顯之瑕疵者：所謂明顯，係指事實不待調查即可認定，所謂重大，則指瑕疵之存在已喪失其程序之正當性，例如依法應舉行聽證而未舉行；公司因變更登記而喪失法人人格，仍作爲處

---

[40] 同前註，頁279。

[41] 立法院，前揭文書，頁534。

分客體。

按法務部之研究結論，上開第6款之「法規」，原則上僅限於法律，但於「中央機關組織基準法」制定公布施行後，包括依該法具體及概括授權之法規命令。

第6款所稱「缺乏事務權限者」，係指重大而明顯諸如達反權力分立之情形而言。例如申請外僑居留證未經內政部蓋章；行政機關裁決民法上私權之爭執。除此之外，其他違反土地管轄或事務管轄，均屬得撤銷而非無效，甚至不影響於行政處分之效力。

## 三、行政處分之一部無效

依我國民法第111條之規定，法律行為之一部無效者，以全部無效為原則，然公法行為具有公定力，恆受有效之推定，基於法之安定性及公法行為存續之公益，行政處分一部無效者，應以一部無效，一部有效為原則，除非除去該部分後，其餘部分無法成立者，始為全部無效[42]。故本法第112條規定：「行政處分一部分無效者，其他部分仍為有效。但除去該無效部分，行政處分不能成立者，全部無效。」

惟值得注意者，乃此與本法第143條之規定：「行政契約之一部無效者，全部無效。但如可認為欠缺該部分，締約雙方亦將締約者，其他部分仍為有效。」並不相同，行政契約之立法方式與民法相似，而與行政處分不同。

## 四、無效處分之確認

行政處分之無效，雖為自始，當然無效，但有時不免對是否無效有所爭議，為求定紛止爭，行政機關自得依職權確認行政處分之無效；處分相對人或利害關係人就其確認有正當理由者，亦得請求行政機關為確認[43]。故本法第113條規定：「行政處分之無效，行政機關得依職權確認之。行

---

[42] 翁岳生，前揭文，頁106至107。

[43] 立法院，前揭文書，頁535至536。

政處分之相對人或利害關係人有正當理由請求確認行政處分無效時，處分機關應確認其爲有效或無效。」

此外，依行政訴訟法第6條規定，對於確認行政處分無效，倘原告有即受確認判決之法律上利益者亦得提起確認訴訟。

### 五、違反土地管轄之效果

行政處分雖因違反土地管轄之規定而違法，除依第111條第6款規定應爲無效者外，如果對實體決定不構成任何影響，亦即縱使依法撤銷該處分，行政機關仍必須再作成相同之處分者，基於程序經濟，自應限制其被撤銷之可能性[44]。故本法第115條規定：「行政處分違反土地管轄之規定者，除依第一百十一條第六款規定而無效者外，有管轄權之機關如就該事件仍應爲相同之處分時，原處分無須撤銷。」

## 第三項　瑕疵行政處分之補正與轉換

行政處分違反程序或方式之規定，乃爲有瑕疵之行政處分。惟程序及方式之規定，旨在促使行政機關能作成內容正確之決定，其本身尚非目的，故其違反之情節若非十分重大且事後補正或轉換仍無害其規定之目的者，自非不許行政機關爲事後補正或轉換，茲分別說明如下：

### 一、瑕疵行政處分之補正

補正又稱糾正或治癒，也就是說小瑕不掩大瑜，事後再一次之進行補救程序。所謂瑕疵行政處分之補正，乃行政處分在成立時因違法而具有瑕疵，但其瑕疵輕微，僅致使該行政處分爲得撤銷，因所欠缺之適法要件於事後被補足，使該行政處分之瑕疵得以治癒，並得以有效之行政處分並對待，而繼續維持其效力之謂[45]。換言之，補正限於違法且輕微的情形，對

---

44　同前註，頁539。

45　洪家殷，「論瑕疵行政處分之補正」，憲政時代，第12卷第3期（1987年1月），頁16。

於實體違法或嚴重違法的行政程序，不能補正。

關於瑕疵行政處分之補正概念之產生，主要係基於整個瑕疵理論之演變而蘊育出來的，即對於具有瑕疵之行政處分，依據現代法學者之觀點，不再拘泥於過去形式之論點，機械論斷，動輒即宣告該行政處分為無效或將其撤銷，轉而著重於公共利益及人民信賴之保護，並顧及行政處分被撤銷後對社會所造成之影響，儘量設法維持瑕疵行政處分之持續[46]。

按行政處分違反程序或方式之規定者，雖係有瑕疵之行政處分，惟程序及方式之規定旨在促使行政機關能作成內容正確之決定，其本身尚非目的，故如其違反之情節未達於無效之程度，且事後補正無害其規定之目的者，自非不許行政機關為事後補正，以維持行政處分之存續，並促進行政效率，故本法第114條第1項規定：「違反程序或方式規定之行政處分，除依第一百十一條規定而無效者外，因下列情形而補正：

一、須經申請始得作成之行政處分，當事人已於事後提出者。

二、必須記明之理由已於事後記明者。

三、應給當事人陳述意見之機會已於事後給予者。

四、應參與行政處分作成之委員會已於事後作成決議者。

五、應參與行政處分作成之其他機關已於事後參與者。」

至於命人民補正書件之次數，本法並未明文規定，惟依本法第8條後段規定：「行政行為，應以誠實信用方法為之。」之意旨，除人民補正書件仍有不完備或不符規定者外，命補正次數仍以一次為限。以便效力早日確定[47]。

再者，為確保該等程序規定在程序法上之目的不至落空，並就行政任務與法院審判權作一妥適劃分，防止行政機關漫無時限之事後補正[48]，故同條第2項規定：「前項第二項至第五款之補正行為，僅得於訴願程序終結前為之；得不經訴願程序者，僅得於向行政法院起訴前為之。」

---

[46] 同前註。

[47] 參照法務部1999年11月19日法88律字第040516號函釋。

[48] 立法院，前揭文書，頁538。

　　此外，違反程序或方式規定之行政處分，雖得依第一項規定補正，在未補正前，仍屬違法而得撤銷，當事人自得聲明不服。惟當事人容因行政機關之補正行為，始獲得聲明不服之充分依據，例如：因行政機關記明理由而得據以聲明不服，此際，如已逾法定期間而不予受理，對當事人顯有欠公平[49]。故同條第3項規定：「當事人因補正行為致未能於法定期間內聲明不服者，其期間之遲誤視為不應歸責於該當事人之事由，其回復原狀期間自該瑕疵補正時起算。」

　　再者，尤應注意者，乃即使符合前述五款情形，有時也不能夠事後補正，這也就是「無效」的情形，因為即使是這五款，一遇到有重大明顯的瑕疵，還是應該被認為無效。例如完全未有委員會決議的情形下，卻做出決定這可能是無效的，不可能補正。補正必須是事後的程序決定不影響實體決定的結果。

　　至於瑕疵補正之舉證責任，通常程序之違反經由行政機關補正者，行政機關應對補正的情形，要負舉證責任，但是如果補正已經被證明了以後，如陳述竟見對實體決定有無影響，是由不服之相對人負舉證責任。

## 二、違法行政處分之轉換

　　民法上原設有無效法律行為轉換之規定，而基於公法行為之公定力以及行政程序經濟之原則，宜承認違法行政處分轉換之制度，使違法之行政處分轉變為另一合法之行政處分，俾違法行政處分所包含之合法部分，繼續維持其效力[50]。此種轉換制度之存在，依一般學者之說法，即具有維護法律之安定性，保護當事人之信賴利益，避免行政上不必要之反覆及促進行政目的之達成等作用[51]。

---

[49]　同前註。

[50]　同前註，頁541。

[51]　洪家殷，「論瑕疵行政處分之轉換」，憲政時代，第12卷第4期（1987年4月），頁56。

至於違法行政處分轉換之要件如下[52]：

## （一）違法行政處分之存在

只能違法行政處分轉換成其他行政處分，不能由違法法規命令或行政契約轉換成行政處分。並且行政處分須違法，無效或得撤銷之行政處分均包括在內。

## （二）與其他行政處分具有相同之目標

違法行政處分與其他行政處分須要達成相同的法律效果，亦即原則上追求雷同的公益。

## （三）具備作成他行政處分所須之方式、程序及實體要件

此項要件包括原處分機關須具有作成他行政處分之管轄權。

除了上述積極要件以外，尚有三項消極要件為其例外，即本法第116條第1項之規定：「行政機關得將違法行政處分轉換為與原處分具有相同實質及程序要件之其他行政處分。但有下列各款情形之一者，不得轉換：

一、違法行政處分，依第一百十七條但書規定，不得撤銷者。

二、轉換不符作成原行政處分之目的者。

三、轉換法律效果對當事人更為不利者。」

再者，為免剝奪原處分機關之裁量權，同條第2項規定：「羈束處分不得轉換為裁量處分。」

此外，違法行政處分轉換之結果，有時足以影響當事人之權益，故於同條第3項明定：「行政機關於轉換前應給予當事人陳述意見之機會。但有第一百零三條之事由者，不在此限。」

# 第四項　違法行政處分之撤銷

## 一、違法行政處分撤銷之意義

所謂違法行政處分之撤銷，係指違法行政處分如非瑕疵重大且明顯

---

[52] 翁岳生，前揭文，頁281。

或符合絕對無效之要件而無效者，亦未經補正或轉換，又不屬於違反土地管轄之規定者，由正當權限機關依人民申請或依職權，另以行政行為予以撤銷，使其不發生效力，或消滅已發生的效力，而回復未為處分前的狀態者。

因對相對人授予利益，相對人既因該處分取得某種權益或法律地位，通常即會對該處分之存續存有信賴。但另一方面，基於依法行政之原則，原處分機關或其上級機關必不樂見此違法行政處分之存在而仍有效力。

## 二、違法行政處分撤銷之限制

基於依法行政之原則，行政機關本應依職權撤銷違法之行政處分，即使該處分已發生形式上之確定力，亦然。惟如此，將使法定救濟期間之規定喪失意義，且易使法律狀態長期處於不安的爭議中，而使行政機關及法院疲於應付。有鑑於此，於行政處分發生形式確定力之後，違法行政處分是否撤銷，原則上，仍應委諸行政機關之裁量，但行政機關行使裁量，仍應遵守有關裁量之一切限制。首先，撤銷須合於公益，即行政處分縱有瑕疵，但其有效成立之後，已以公權決定其法律關係，如一律撤銷，對於既成法律秩序，不無影響，故其應否撤銷，須以是否合於公益為前提。如其處分當時雖違反公益，而於現時公益上已無撤銷之必要，自以尊重既成法律秩序不使其再發生變動，較合於社會公益。

再者；依利益衡量之原則，以撤銷所欲維護之公益是否大於受益人值得保護之信賴利益而決定其得否撤銷。申言之，受益人未有信賴不值得保護之情形，而信賴授予利益之行政處分，其信賴利益顯然小於撤銷所欲維護之公益者，則得撤銷之[53]，故本法第117條規定：「違法行政處分於法定救濟期間經過後，原處分機關得依職權為全部或一部之撤銷；其上級機關，亦得為之。但有下列各款情形之一者，不得撤銷：

---

[53] 廖義男，「行政程序法草案之重要內容適用範圍、行政處分與法規命令」，收錄於國立台灣大學法律學系編，行政程序法草案研究會論文集（1999年2月），頁40。

一、撤銷對公益有重大危害者。

二、受益人無一百十九條所列信賴不值得保護之情形，而信賴授予利益之行政處分，其信賴利益顯然大於撤銷所欲維護之公益者。」

## 三、信賴不值得保護之情形

導致授益處分違法之事由，如係由受益人本身行為所造成時，其信賴自無須保護。本法第119條乃規定：

「受益人有下列各款情形之一者，其信賴不值得保護：

一、以詐欺、脅迫或賄賂方法，使行政機關作成行政處分者。

二、對重要事項提供不正確資料或為不完全陳述，致使行政機關依該資料或陳述而作成行政處分者。

三、明知行政處分違法或因重大過失而不知者。」

換言之，即當事人之信賴，必須值得保護，如當事人有以詐欺、脅迫或賄賂方法，獲得國家行為對重要事項提供不正確資料或為不完全陳述，致使行政機關依該資料或陳述而為行為；明知行政機關之行為違法或因重大過失而不知等情形者，則其信賴不值得保護[54]。

## 四、違法授益處分撤銷之補償

違法之授益處分，如受益人對該處分存續之信賴利益，經衡量小於撤銷所欲維護之公益，但依其情形仍值得保護時，基於法治國家之信賴保護原則，應賦與受益人就其因信賴所生之財產上損失，有得向行政機關請求補償之權利，以求衡平[55]。故本法第120條第1項規定：「授予利益之違法行政處分經撤銷後，如受益人無前條所列信賴不值得保護之情形，其因信賴該處分致遭受財產上之損失者，為撤銷之機關應給予合理之補償。」

再者，信賴補償之額度宜以受益人因授益處分存續可得之利益為限。故同條第2項規定：「前項補償額度不得超過受益人因該處分存續可

---

54 參照法務部2000年10月11日法89律字第000286號函釋。

55 翁岳生，前揭文，頁111。

得之利益。」

其次，同條第3項復規定：「關於補償之爭議及補償之金額，相對人有不服者，得向行政法院提起給付訴訟。」

此外，又爲維護法之安定性，並避免日後舉證之困難，宜有信賴補償時效之規定，故本法第121條第2項明定：「前條之補償請求權，自行政機關告知其事由時起，因二年間不行使而消滅；自處分撤銷時起逾五年者，亦同。」

## 五、撤銷處分之除斥期間

所謂「除斥期間」（time of exclusion），又名預定期間，即法律上固定之存續期間也，除斥期間與消滅時效期間，雖同爲權利人不行使權利而消滅其權利。但亦有顯著之區別，即前者係其行爲應於一定期間內爲之。否則，因一定期間之經過，即便其權利歸於消滅，後者即因時效完成後，債務人即取得拒絕給付之抗辯權。前者爲不變期間，不因任何事由而延長其期間，後者，則因時效中斷或不完成而延長時效期間[56]。

爲避免行政處分相對人之法律地位長期處於不安定之狀態，故宜設除斥期間，以限制行政機關之撤銷權。本法第121條第1項乃規定：「第一百十七條之撤銷權，應自原處分機關或其上級機關知有撤銷原因時起二年內爲之。」

## 六、違法行政處分撤銷之效力

本法第118條規定：「違法行政處分經撤銷後，溯及既往失其效力。但爲維護公益或爲避免受益人財產上之損失，爲撤銷之機關得另定失其效力之日期。」

行政處分撤銷之效果，在使該處分自始失其效力，故行政處分由於成立當時之瑕疵而致撤銷時，其處分自始不能成立，應溯及既往失其效力。然撤銷效果之溯及既往，有時因破壞既成之法律秩序，而有害於公益或過

---

[56] 王雲五，社會科學大辭典，法律學，第6冊（1983年9月），頁234。

度侵害當事人之權益，故爲維護公益或避免受益人財產之損失，爲撤銷之機關得另定其失效日期，以資兼顧。

## 第五項 合法行政處分之廢止

### 一、行政處分之廢止與撤銷概念之區別

所謂合法行政處分之廢止，係指就原已成立並生效之無瑕疵行政處分，基於法律上、政策上或事實上的原因，如所依據之法規或事實發生變更，而決定將其全部或一部廢棄，使其自將來喪失效力的行爲[57]。行政處分之廢止所發生之法律問題，與行政處分之撤銷甚爲類似，但概念上仍有區別。

首先從客體之言，撤銷係對違法處分使其效力歸於消滅，廢止則係針對合法處分。

此外，不論撤銷或廢止本身均屬行政處分，故均適用行政處分各種法則。但在效力上，通說認爲撤銷是溯及既往，而廢止則係向將來失效[58]。惟在例外情形下，違法行政處分之撤銷，爲維護公益或避免受益人財產上損失，爲撤銷之機關得另定失其效力之日期（第118條但書），而廢止之情形，受益人未履行負擔致行政處分受廢止者，得溯及既往失其效力（第125條）。

再者，值得注意者，乃因使違法行政處分失其效力當爲「撤銷」，使合法行政處分失其效力者爲「廢止」，本法既有嚴格之區分規定，現行法規與本法規定不合者，應配合檢討修正之。新制定（訂）之法規，亦應注意「撤銷」與「廢止」之正確用語。

其次，因行政處分依其內容對相對人是否授與利益或課予不利益，可分爲「授益處分」及「非授益處分」（有稱之爲負擔處分）。故合法行政處分之廢止，本法分爲非授益處分之廢止及授益處分之廢止二種加以規

---

57 張家洋，行政法（台北：三民書局，1996年8月），頁613。

58 吳庚，前揭書，頁406。

定。

## 二、非授益處分之廢止

非授益處分不僅指行政處分之內容課予人民作為、不作為或忍受之義務，尚包括人民提出之申請被駁回或授益處分被廢棄等對相對人不利之情形。合法非授益處分之廢止，原則上行政機關得隨時為之；該行政處分已發生形式上確定力之後或經行政法院判決確認之後，行政機關仍得依其裁量廢止其一部或全部。惟如行政處分廢止後，行政機關尚應重新為內容相同之行政處分者，則無法達成廢止之目的，其行為前後矛盾，令相對人無所適從，故應予禁止。

此外，如依法令、一般法律原則或行政規則等其他原因不許廢止者，當亦不得廢止之。故本法第122條規定：「非授予利益之合法行政處分，得由原處分機關依職權為全部或一部之廢止。但廢止後仍應為同一內容之處分或依法不得廢止者，不在此限。」

## 三、授益處分之廢止

授益處分之廢止，使相對人因該授益處分而取得之權益或法律地位因而發生變動，依據法律保留原則，除須有法律明文如同違法授益處分之撤銷，須受信賴保護原則之拘束，因合法授益處分之廢止更應考慮受益人權益之保護，非有公益等重要理由，原則上不得隨意廢止之。故本法第123條規定其例外情形，即：

「授予利益之合法行政處分，有下列各款情形之一者，得由原處分機關依職權為全部或一部之廢止。

一、法規准許廢止者。
二、原處分機關保留行政處分之廢止權者。
三、附負擔之行政處分，受益人未履行該負擔者。
四、行政處分所依據之法規或事實事後發生變更[59]，致不廢止該處分

---

[59] 據法務部解釋：前揭第4款所謂「行政處分所依據之事實事後發生變更，係指作成行政

對公益將有危害者。

五、其他為防止或除去對公益之重大危害者。」

申言之，授與利益之合法行政處分，除有前揭第2款至第5款規定情形外，其有由原處分機關依職權為全部或一部之廢止必要者，應以法規為明文之規定。此外，尤應注意者，乃於具體個案適用時，本條第1款之「法規」位階，不得低於同條第4款之「法規」位階，以免發生依下位法規廢止上位法規授予利益之行政處分之不合理情形。

## 四、廢止授益處分之除斥期間

再者，為維護法律之安定性及信賴保護，對於授益處分之廢止，自宜有除斥期間之規範。故本法第124條規定：「前條之廢止，應自廢止原因發生後二年內為之。」

## 五、廢止授益處分之信賴補償

合法之授益處分，雖得於一定之要件不被廢止，但基於信賴保護原則，應賦予受益人信賴利益之補償請求權，故本法第126條第1項規定：「原處分機關依第一百二十三條第四款、第五款規定廢止授予利益之合法行政處分者，對受益人因信賴該處分致遭受財產上之損失，應給予合理之補償。」

詳言之，合法授益處分生效後，於具備本法第123條所定廢止事由時，原處分機關是否依職權廢止，應考量受益人之信賴利益並衡酌公益。於受益人之信賴利益顯然大於公益時，固可維持該授益處分（亦即處分之存續保障）。惟原處分機關經衡酌後，如認公益之維護顯然大於受益人之信賴利益時，此時原處分機關雖可廢止原授益處分，惟對於受益人因信賴該處分所遭受之財產損失，則應給予補償。依本法第126條第1項規定，原處分機關依第123條第4款規定廢止合法授益處分者，對受益人因信賴該處

---

處分之基礎事實，於行政處分作成後，有所改變者而言（參照法務部2001年6月11日法90律字第016027號函）。

分致遭受財產上之損失，應給予合理之補償。

其次，信賴補償之額度與請求權時效，與撤銷授益處分之信賴補償同其法理。故同條第2項規定：「第一百二十條第二項、第三項、第一百二十一條第二項之規定，於前項補償準用之。」亦即，受益人之補償請求權，自原處分機關告知其事由時起，因2年間不行使而消滅；自處分廢止時起逾5年者，亦同。又補償之額度不得超過該處分存續可得之利益；而有關補償之爭議或補償之金額，受益人如有不服，得向行政法院提起給付訴訟。

## 六、行政處分廢止之效力

合法行政處分經廢止者，原則上僅自廢止時起或自廢止機關所指定較後之日期時起失效，但行政處分係因受益人未履行負擔而遭廢止者，如廢止只能向將來失效，有時將無法達成廢止之目的。例如：受益人已受領經濟補貼，但未履行負擔，如廢止只能向將來生效，則因行政機關不能請求其返還補貼，廢止將無法完全達成行政目的[60]。故本法第125條規定：「合法行政處分經廢止後，自廢止時或自廢止機關所指定較後之日時起，失其效力。但受益人未履行負擔致行政處分受廢止者，得溯及既往失其效力。」

## 七、撤銷、廢止後受益人不當得利之返還

授予利益行政處分，經撤銷、廢止等原因而有溯及既往失效，或有行政處分經確認無效之情形時，受益人受有不當得利，自應予以返還。例如違法受領獎勵金、定期發給的補貼等等，應予返還，才符合公平正義。故本法第127條規定：「授予利益之行政處分，其內容係提供一次或連續之金錢或可分物之給付者，經撤銷、廢止或條件成就而有溯及既往失效之情形時，受益人應返還因該處分所受領之給付。其行政處分經確認無效者，亦同。前項返還範圍準用民法有關不當得利之規定。行政機關依前二項規

---

60　立法院，前揭文書，頁552。

定請求返還時，應以書面行政處分確認返還範圍，並限期命受益人返還之。前項行政處分未確定前，不得移送行政執行。」

因為本條是比較明確具有獨立之構成要件與法律效果的完整公法上返還請求權之成文法規定。因其係基於授益處分之給付型不當得利之一種下位類型，故又稱為特殊公法上不當得利返還請求權，並僅限於適用於下列四種情形：

（一）處分因撤銷而溯及既往失效。

（二）處分因廢止而溯及既往失效。

（三）處分因條件成就而溯及既往失效。

（四）處分經依行政程序法第113條確認無效。

然而本法第127條規定之公法上不當得利，因限於「行政處分經確認無效者」，則縱使行政處分無效而自始不生效力，在未經行政機關依本法第113條確認無效前，處分相對人基於該行政處分所受領之給付，原則上並不因其客觀上屬「無法律上原因而受利益」，當然成立本法第127條之特殊公法上不當得利，亦或其他公法上不當得利類型之返還請求權。此外德國學界主張行政機關向人民主張公法上不當得利時之公函，必須具備兩個要件：

**（一）要使請求相對人能明確斷知**

行政機關在此已經理解到，推定被溯及性廢棄之行政處分與被請求返關之給付間，原具有原因與結果關係。

**（二）請求相對人必須在公函中亦能得知**

行政機關明確地知悉，推定被溯及性廢棄之行政處分確實已該當得溯及既往地加以撤銷或廢止的法定構成要件，並且行政機關也已考慮到行不行使廢棄權的法定裁量問題。

## 八、法律效果

依據本法第127條第2項雖明文「返還範圍準用民法有不當得利之規定」，惟學者認為顯然僅指民法第181條以下的情況，換言之，此一條文之準用，係所為「效果準用」。然而在公法上行政處分之撤銷必須考量相

對人之信賴保護，在公法上不當得利返還請求時亦不例外，對此學者提出五點審查步驟：

（一）必須具有一個受益行政處分之存在，以構成「信賴基礎」。

（二）受領給付之受益人事實上信賴該授益處分之存在且完全有效。

（三）受益人之信賴值得保護；在此，即為行政程序法第119條所規定的問題。

（四）受益人已有「信賴表現」。

（五）信賴利益高於公益。

## 九、消滅時效

有關本法第127條的特殊公法上不當得利返還請求權，此一時效之長短，係依本法第131條第1項：「公法上之請求權，除法律有特別規定外，因五年間不行使而消滅。」另同法第131條第2項至第134條之規定，並應適用。至於在本法施行前，無相關法律規定者，類推適用民法消滅時效之規定。

詳言之，行政處分經原處分機關撤銷並溯及既往失效後，受益人因該處分所受領之給付始構成不當得利，原機關對受益人始發生不當得利返還請求權，其請求權時效並自撤銷處分生效時起算五年。惟請求權時效期間與原處分機關得請求受益人返還之範圍應屬二事，亦即原處分機關得請求返還之範圍，係指授益處分因撤銷而溯及失效時起所受領之全部給付，原處分機關得請求受益人返還依原處分所受領之全部給付，而非僅限於自撤銷原處分時起回溯計算五年之數額。

## 第六項　行政程序之重新進行

### 一、行政程序重新進行之概念

行政處分若屬違法，人民自得提請行政爭訟請求撤銷；惟若人民未對之提起行政爭訟，則於法定救濟期間經過後，該行政處分即發生形式存續

力。於此情形，行政處分之撤銷或變更，僅有賴原處分機關依職權爲之。行政程序之重新進行，即係賦予處分相對人或利害關係人程序重新進行之程序上請求權，而行政機關基於相對人或利害關係人之申請，就已確定之行政處分重爲實質審查，以作成新決定。

　　行政機關對於行政程序重新進行所作成之決定，可分爲二個階段。行政機關於第一階段如認申請符合上開要件，則准予重新進行，並於第二階段作成決定將原處分撤銷、廢止或仍維持原處分。若行政機關於第一階段即認申請不符合法定要件，而予以拒絕，就沒有第2階段之程序。

## 二、行政程序重新進行之要件

　　依本法規定，行政程序重新進行之要件如下：
　　（一）處分之相對人或利害關係人提出申請。
　　（二）須向管轄行政機關提出重新進行程序之申請。
　　（三）須具備下列事由之一：
　　1.持續效力之行政處分所依據之事實，事後發生有利於相對人或利害
　　　關係人之變更者。
　　2.發生新事實或發現新證據者，但以如經斟酌可受較有利益之處分者
　　　爲限。
　　3.具有相當於「行政訴訟法」所定再審事由且足以影響行政處分者。
　　（四）申請人須於行政程序或救濟程序中非基於重大過失而未主張此等事由。
　　（五）自法定救濟期間經過未逾三個月；或其事由發生在後或知悉在後，自法定救濟期間經過未逾五年（本法第128條）。

## 三、對申請行政程序重新進行之處置

　　按相對人或利害關係人申請行政程序重新進行之目的，係在促請行政機關對已具有形式上確定力之行政處分，重新審酌是否決定予以撤銷、廢止或變更。故行政機關應針對申請理由迅予處置。本法第129條乃規定：「行政機關認前條之申請爲有理由者，應撤銷、廢止或變更原處分；認申

請為無理由或雖有重新開始程序之原因，如認為原處分為正當者，應駁回之。」

## 四、證書與物品之繳還

因授益處分而發給之證書（如專利、著作權、駕駛執照等）或物品（如：職章、警察服飾等），於該行政處分經廢止或撤銷確定，或因其他事由（如：無效、當事人死亡、解除條件成就等）而失其效力後，如仍令當事人繼續使用，將有礙於交易安全，應命返還[61]。故本法第130條第1項規定：「行政處分經撤銷或廢止確定，或因其他原因失其效力後，而有收回因該處分而發給之證書或物品之必要者，行政機關得命所有人或占有人返還之。」

此外，如該所有人或占有人對持有該證書或物品有正當理由時（例如：為證明以往之權利）自得請求行政機關在證書或物品上為註銷之標示後，再予發還，以維護其權益。故同條第2項乃規定：「前項情形，所有人或占有人得請求行政機關將該證書或物品作成註銷之標示後，再予發還。但依物之性質不能作成註銷標示，或註銷標示不能明顯而持續者，不在此限。」

## 第七項　行政處分時效中斷之效力

### 一、公法上請求權時效

公法上請求權，指公法上權利義務主體相互間，基於公法，一方得請求他方為特定給付之權利。此所謂特定給付，包括金錢或物之交付行為（行為、不作為或忍受，亦合作成行政處分在內），如公務員之俸給權與退休金權；公務人員自行延聘律師時，申請核發律師費用之性質為公法上之費用須還請求權；國家賠償請求權、工程受益費緩徵請求權、工程受益費徵收請求權、土地徵收撤銷請求權。

---

[61]　同前註，頁559。

所謂時效，指一定之事實狀態，繼續存在達一定之時間，而發生一定法律效果之制度。而消滅時效，即由權利不行使而造成無權利之事實狀態，繼續存在於一定期間，而發生請求權消滅之效果。

詳言之，公法上之財產法上作為或不作為的請求權，才有消滅時效的問題。至於行政機關進行公權力規制的權限，例如要求或禁止處分，強制拆除違章建築，違規行為科處罰鍰或懲戒，則不適用銷滅時效，而是適用特別的除斥期間或權利失效的原則。

本法第131條規定：「公法上之請求權，於請求權人為行政機關時，除法律另有規定外，因五年間不行使而消滅；於請求權人為人民時，除法律另有規定外，因十年間不行使而消滅（第1項）。公法上請求權，因時效完成而當然消滅（第2項）。前項時效，因行政機關為實現該權利所作成之行政處分而中斷（第3項）。」

本條之立法意旨係考量「政府在公法上請求占有證據保持及公權力行使的優勢，而人民往往因其訊息的劣勢，常有請求權罹於時效的情形發生」、「人民取得資訊之能力亦弱於行政機關，且人民對法律之掌握亦不若行政機關為佳。因此，人民並不一定清楚知悉其究有何公法上請求權存在，往往導致時效期間已滿仍未行使之」，而將人民對行政機關之公法上請求權時效，由舊法所定五年延長為十年。

本法將人民對政府之請求權自原公法上之請求權中分離，包含人民對行政機關公法上之請求權，包含不當得利、公法上無因管理、損失補償、獎利金發放、薪津補發、退伍金、眷舍配住、土地徵收款發放、警察慰問金發放（補足）、土地或地上物補償發放請求等，消滅時效均延長為十年。

## 二、時效中斷

行政機關作成實現權利之行政處分時，即已行使公法上請求權，故時效因而中斷。本法第131條第2項乃規定：「前項時效，因行政機關為實現該權利所作成之行政處分而中斷。」

公法上請求權時效的中斷，除了作成行政處分外，類推適用民法的

規定，也包括承認債權、催告支付、向法院起訴主張權利（司法院釋字第474號解釋）。

## 三、時效不中斷

公法上請求權之時效，依第131條第3項規定，因行政機關為實現該權利所作成行政處分而中斷。惟如該行政處分嗣後遭受撤銷、廢止或因其他事由而溯及既往失其效力時，則已中斷之時效，自應自該處分失效時起，視為不中斷。故本法第132條規定：「行政處分因撤銷、廢止或其他事由而溯及既往失效時，自該處分失效時起，已中斷之時效視為不中斷。」[62]

## 四、時效之重行起算

因行政處分而中斷之時效，自行政處分不得請求撤銷或因其他原因，如和解等而失其效力後，重新起算，故本法第133條規定：「因行政處分而中斷之時效，自行政處分不得訴請撤銷或因其他原因失其效力後，重行起算。」

---

[62] 疑義解釋案例：1.工程受益費徵收之五年請求權時效，自何時起算疑義部分：工程受益費之徵收適用行政程序法第131條第1項之規定，其五年請求權時效之起算時點，以實際開單徵收之繳納期限開始之日為起算點。2.欠繳之工程受益費經依工程受益費徵收條例第15條規定辦理催繳，其「催繳」是否為行政處分疑義部分：

(1)有關時效中斷事由，除行政程序法第131條第3項之規定外，得類推適用民法上有關時效之規定，故消滅時效之中斷事由尚包括請求、承認及起訴（民法第129條），但應注意其他相關規定之類推適用（民法第130條以下）。

(2)工程受益費催繳之性質，究為行政處分、公法上意思表示或觀念通知，尚待釐清，惟無論其性質屬上述之何者，均宜認催繳具有中斷徵收請求權時效之效果。但若認催繳之性質非屬行政處分，而屬於民法第129條第1項第1款之請求，則類推適用民法上有關時效規定之結果，應注意民法第130條有關時效視為不中斷之規定（參照法務部2000年10月5日法89律字第000411號函釋）。

## 五、重行起算之時效期間

　　按法律規定短期消滅時效，係以避免舉證困難為目的，如行政機關為實現權利所作成之行政處分已不得請求撤銷者，其實體權利義務關係已確定，不再發生舉證問題，此一法律狀態與民法第137條第3項之法律狀態類似，宜參酌其立法意旨，將原有時效期間延長為五年[63]。故本法第134條規定：「因行政處分而中斷時效之請求權，於行政處分不得訴請撤銷後，其原有時效期間不滿五年者，因中斷而重行起算之時效期間為五年。」

---

[63]　同前註，頁560。

# 第三章 | 行政契約

## 第一節　行政契約之概念

### 第一項　當事人協力合作之興起

#### 一、當事人協力合作興起之原因

　　第二次世界大戰後，福利國家之思想盛行，國家行政事務日漸繁雜，行政權之擴張成為不可避免的趨勢，往昔行政上以高權手段行使之行政處分，遂顯得捉襟見肘。為求行政任務之圓滿達成，不得不傾向使用多樣化的手段，故採用徵得人民同意之非權力性手段，不失為一妥適辦法。因此，在合法的範圍內，自由選擇行政處分、行政契約或行政指導等各種非權力之方式，漸為行政機關所需要。因此，各種合作行政逐漸廣泛興起。

#### 二、當事人協力合作之意義

　　當事人協力合作，指對於行政主體的行政活動，當事人願意積極配合、參與、協助其順利完成行政任務，並實現自身既得利益、未來長遠利益或公共利益。當事人協力義務，包括如下：

（一）相對人的誠信義務：證明義務、宣誓義務（切結書——替代宣誓之保證）、保證義務（保證金）、不得反悔義務。

（二）參與人配合義務：

　　1.容忍義務：不得妨礙公務、不得抵抗之義務、不故意拖延程序的義務。

　　2.作為義務：配合事實調查、說明或陳述之義務、作證義務、親自到場、參與之義務、費用（規費）負擔義務。

### 三、當事人協力合作之優點

（一）積極地影響程序之進行，不但可提出質疑與異議，更能主張建議及提議。

（二）對自己則能夠更有效地受益，享受更高品質的行政服務。

（三）增進與行政主體相互之間的了解，形成良好的信賴關係，大大減少行政糾紛。

## 第二項　行政契約之內涵

### 一、行政契約之性質

所謂「行政契約」（administrative contracts），依學說及外國立法例，乃指國家行政機關為行政之目的，以契約形成、變更或消滅公法關係之法律行為。行政契約具有「雙方行為」與「非權力行為」之性質。前者，行政機關若能在事前與人民達成意思之合致，無疑具有減少人民理性抗爭，排除施政阻礙的功能；後者，行政機關亦得藉本質上應該由雙方合意的行政契約排除來自法治主義的嚴格拘束，而獲得較大的自由形成空間。

所謂契約，依照一般法學理論，係指二個或二個以上法律主體，為發生特定法律效果所達成之合意。亦即因意思表示之合致（要約與承諾）而成立。缺乏意思表示之合致，則行政契約不能成立。行政契約雙方之意思，具「同值性」，但其法律地位或法律關係未必對等，而行政契約發生特定法律效果，係基於雙方之主觀意思，而非基於客觀之法規定，故係雙方行為，與行政處分係客觀之法規予以具體化、個別化之公權力單方行為，有所不同[1]。

### 二、是否屬行政契約之判斷

按行政機關與人民所為之書面約定，究屬行政契約或私法契約，其區

---

[1]　林錫堯，行政法要義（台北：元照出版公司，2016年8月），頁360。

別原則上應以契約標的說，即契約內容所規範者爲公法關係或私法關係爲準；如無法判斷契約標的之法律性質時，則兼採契約目的說，亦即契約之締結是否與公益有關；而司法實務上，亦有輔以適用法規，即該法規是否屬公法及雙方地位，如當事人之一方是否具有優勢地位予以判斷[2]。

換言之，行政契約締結之目的，應斟酌是否與公共利益或公共服務有密切關係，若屬肯定，則該契約即歸屬於行政契約而非私權利義務關係。私法契約係因兩個私人間所締結的契約，當事人雙方處於相同的地位，受民法之規範，有關私法契約的爭議由普通法院管轄，至於有關行政契約的爭議則受行政法院之管轄。

## 三、屬於行政契約之態樣

我國現行法令所規定之行政行爲，性質上屬於行政契約者，爲數當在不少，其中較爲重要者有：

（一）委託行使公權力之約定、協議或契約。

（二）租法上之契約。

（三）行政主體間設置營造物或公物之協議。

（四）訴訟法上之保證契約，如具保或責付以代替羈押等。

（五）公務機關與聘用、派用、約僱人員間之聘僱用契約。

（六）公立中等學校以上教師與學校間之聘用契約。

（七）師資培育公費生、醫學院醫學系公費生之教育契約。

（八）代替經濟管制措施之協議，如與廠商協議決定價格。

（九）損失補償或損害賠償之協議。

（十）中央健保署與特約醫事服務機構簽訂之全民健保合約[3]。

---

[2] 司法院釋字第533號解釋理由書（2001年11月16日）。

[3] 司法院釋字第533號解釋意旨：全民健康保險法復規定中央健康保險局得對特約醫事服務機構處以罰鍰之權限，使合約當事人一方之中央健康保險局享有優越之地位，故此項合約具有行政契約之性質。締約雙方如對契約內容發生爭議，自屬公法上爭訟事件。

（十一）行政機關與民營公司簽訂之合作協議開發工業區契約。

（十二）行政機關與民營公司簽訂之大眾捷運系統聯合開發契約。

（十三）行政機關與民營公司簽訂之廢汽車及廢油處理契約。

（十四）行政機關與農地所有人簽訂之農地開發利用契約。

（十五）行政機關與民間團體簽訂之社會福利服務設施委託經營管理契約。

（十六）監理機關與民間汽車修理場簽訂辦理汽車定期檢驗契約。

## 四、行政契約與行政處分併用之禁止

行政機關為達成行政目的，原則上享有行政行為方式選擇之自由，惟行政機關如選擇與相對人締結行政契約，則在行政契約法律關係中，除非法律另有規定或當事人另有約定，行政機關即無再以行政處分作為行使其行政契約上權利之手段之餘地，例如：以行政處分命相對人繳納損害賠償費用，此即行政契約與行政處分併用所禁止。

# 第三項　行政契約與行政處分之區別

行政契約與行政處分，可依不同之事項而區別如下：

## 一、性質不同

（一）行政契約：係以發生公法上效果為目的，行政機關與相對人反對方向意思之合致，而成立之公法行為，故為雙方行為。

（二）行政處分，係行政機關就具體事件，為公法上單方的意思表示依其意思表示，而發生法律效果者，故為單方行為。

## 二、書面簽署方式不同

（一）行政契約：必須以書面為之，由締約人雙方簽署。

（二）行政處分：如係要式處分，其書面處分由作成機關簽署。

### 三、內容不同

（一）行政契約：契約內容可能包括作成內部行為或事實行為。

（二）行政處分：行政處分須對外發生法律效果，故內部行為、事實行為均不得為處分之內容。

### 四、廢止方式不同

（一）行政契約：合法之契約除有調整或終止之原因者外，通常不得以片面之表示予以廢止，如有主張，亦應提出訴訟。

（二）行政處分：合法之行政處分在不違背羈束行政及信賴保護之前提下，原處分機關得隨時片面廢止。

### 五、效力消滅不同

（一）行政契約：行政契約有法律上瑕疵，或為無效或得終止契約。

（二）行政處分：行政機關認為行政處分有法律上之瑕疵，得將該行政處分撤銷或廢止。

### 六、法律救濟不同

（一）行政契約：相對人對行政契約不服，不得提起訴願，但得依新修正行政訴訟法，得以公法上之爭議，提起行政訴訟，以求救濟。

（二）行政處分：人民因違法或不當之行政處分，認為損害其權利，得提起訴願或行政訴訟以求救濟。

我國行政實務上，行政機關與人民簽屬之切結書、具結書或承諾書，是否屬行政契約，應以單方簽署或由雙方共同簽署而定，凡是僅以行政機關簽署者，即應推定為須相對人同意協力之行政處分，例如承購海關拍賣充公私貨履約切結書。如由雙方當事人共同簽署者，即為行政契約，例如稅捐稽徵機關與漏繳營業稅人所簽立之承諾書、師資培育公費生自願書、醫學院醫學系公費學生保證書等。

## 第四項　建立行政契約法制之實益

　　歸納行政法學者之研究意見，建立行政契約法制，至少有下列之實益[4]：

### 一、擴大行政參與及保障人民權益

　　擴大行政參與及政治溝通，係現代法治國家致力行政民主之目標，俾滿足人民日益增高的參與民主意識。行政參與及溝通之途徑甚多，但以參與行政決策為最直接、最有效的方法。在行政機關採取涉及人民權利義務之行動，給予有利害關係之人民以參與陳述意見之權利，殆已成為先進民主國家所普遍承認的一種人權。此種參與，學者稱之為「真正行政民主化之設施」，在參與各種行政決策之中，又以締結行政契約之方式最具效果。此乃因人民與行政機關皆係契約之當事人，人民之意思或行政機關之意思，實際上具有同等價值，非抽象的提高人民之地位，或僅給予諮商或陳述意見所可比擬。再者，行政契約是在行政主體及國民之合意下所成立的，所以也具備有防止因時間、費用而產生法律糾紛之功能[5]。

### 二、增加行政機關決策時之自由選擇機會

　　最典型且實務上運用最廣的行政行為方式，是行政機關就具體事件單方所為之行政處分，但行政機關也可以選擇行政契約之方式完成行政任務。在行政處分之外，另又承認行政契約之存在，不僅可使行政權能更富彈性地處理行政事務，特別是在處理特殊、非常態之行政案件方面[6]。此外，行政機關若選擇行政契約之方式，對行政處分而言，可減少命令與強制之色彩，使人民對於涉及本身權利義務之事項有參與之機會，進而提升人民協助推動國家行政事務的責任感。對私法契約而言，行政機關不必與

---

[4]　吳庚，「行政契約之基本問題」，台大法學論叢，第7卷第2期（1978年6月），頁144。

[5]　石井昇，行政契約——理論上手續（東京：弘文堂，1987年8月），頁6。

[6]　吳庚，前揭文。

私人一樣，完全由普通法院適用民法予以審判，對於行政權之加強，有利而無害，如近年來公害防止協議，即是政府有關機關與企業間之合意下達成的。總之，行政契約具有彈性、柔軟性、適合各個特殊性案件等長處，使行政機關不必削足適履，不顧事件之性質強將之納入「非行政處分即私法契約」之模式[7]。

### 三、避免公法關係遁入私法範圍

由於行政契約理論之不彰，造成「從公權力行政遁入私法」，此種情形不獨我國為然，不少德奧學者也有共同之喟嘆[8]。日本方面，報償契約以外被指為具公法契約性質的判例亦不多，私法之區別，仍為現代國家法制之基本結構，在公法關係與私法關係中，各有不同的法律原理以及適用不同的法解釋，倘行政事項遁入私法範圍，不受公法原則之支配，勢必損害法治國家之基礎。就行政契約而言，其手續縱不全部適用行政程序法之規定，但在相當之範圍，應有程序法上各項原則之準用。行政契約又為行政權作用之一種，自應注意法規之平等適用原則，並應遵守行政裁量上之義務，顧及比例原則等，凡此皆為私法契約所陌生之概念[9]。故行政契約法制之建立，可以使行政機關或法院適用正確之法則，避免公法關係遁入私法範圍。

## 第五項 行政契約之種類

行政契約之種類，可依當事人地位平等與否，分為「對等契約」（coordinate contract）與「從屬契約」（subordinate contract）二種。

### 一、對等契約

所謂「對等契約」，是指由具有同等的或幾乎同等的地位與級別的行

---

[7] 吳庚，同前註。

[8] 吳庚，同前註。

[9] 吳庚，同前註。

政主體之間所締結的行政契約。例如，行政主體間設置營造物或公物之協議，兩個或兩個以上的行政機關爲確立合夥關係（partnership），或變更城市區域，或資助一所學校，或政府與人民組成股份有限公司；爲養護共同使用之橋樑、道路等所締結的契約，都屬於對等契約[10]。

　　本法並無對等契約之明文，因此，凡二個行政主體彼此締結之契約，可推定爲對等契約，反之，一造當事人是行政主體，另一造當事人是人民時，則推定爲從屬契約。

## 二、從屬契約

　　所謂「從屬契約」，是上級機關與下級機關作爲當事人而彼此締結的契約。例如，行政機關作爲契約的一方當事人，人民或其他處於從屬地位的法人爲契約另一方當事人的行政契約。從屬的行政契約既可根據明確的法定權限（express statutory authority）而締結，又可在適當的自由裁量權範圍內締結。依締結從屬契約方式取代單方的行政行爲方式同樣可以實現行政目的之前提下而採用，例如批准施工的契約；支付代執行費用的契約；支付補助金的契約；使用某個公共機構或公共設備的契約[11]。

　　而從屬契約又可分爲「和解契約」（compromise contract）與「雙務契約」（reciprocal contract）二種，本法第136條及137條即作如此之列舉規定，茲分別說明如後：

### （一）和解契約

　　所謂「和解契約」，是通過當事人雙方以互諒互讓的方式，解決因事實或法律上不確定所衍生的爭端，例如國家將人民之私有土地。森林編爲保安林或保安果地，以防水害、風害、潮害，人民保留其財產所有權，而將其使用權交予國家作公益使用。雖然以此方式解決爭執，有可能出現和解契約內容與眞實的法律狀態不相吻合的不幸情況，如行政機關於契約中

---

10　M. P.賽夫著，周偉譯，德國行政法普通法的分析（台北：五南圖書，1991年2月），頁121。

11　同前註。

可能承諾一項原本不該提供之給付情形。但經進一步衡量，學者依然認為
這種可能出現的不幸情況可以忍受。蓋因，不承認和解契約，行政機關勢
必只能以單方行為之行政處分方式解決爭執，然片面作成行政處分，可能
事前調查程序曠日費時，又耗財不貲，及事後亦極有可能無法獲得相對人
之信服，而引發漫長的行政爭訟，因此，從提升程序經濟與行政效率，甚
至於維護政府與人民和諧的觀點言，實有承認和解契約法制之必要。惟為
防止行政機關以和解契約為故意免除、規避闡明與調查義務之工具，故有
加以設定限制之必要[12]。

　　依本法第136條之規定，締結代替行政處分之和解契約，須具備下列
要件：

　　（一）行政機關對於行政處分所依據之事實或法律關係不明確。

　　（二）經依職權調查仍不能確定者。

　　（三）契約能有效達成行政目的並解決爭執。

　　（四）雙方和解，締結和解契約。

　　詳言之，行政機關於作成行政處分之前，本應依職權調查行政處分所
依據之事實或法律關係，獲得確定後，始得據以作成行政處分。惟若經依
職權調查仍不能確定者，不論係遲延不決或貿然決定，均有損人民權益與
行政目的。於此情形，為有效達成行政目的，並解決爭執，容許行政機關
與人民締結和解契約，於不牴觸法規規定及已盡職權調查能事之前提下，
與人民就尚不能確定之事項互相讓步而達成約定，並締結和解契約，以代
替行政處分[13]。但性質上屬於非獨立性之因素或先決問題者，則不得為和
解之標的。所代替之行政處分，並不排除授益處分，惟於具體個案，應符
合法定要件，始得締結，否則，依本法第112條第3款規定，構成契約無效
之原因。

---

12　許宗力，「行政契約法概要」，收錄於行政院經建會健全經社法規工作小組出版，行
　　政程序法之研究（1990年12月），頁301至302。

13　立法院，第3屆第6會期第12次會議，「立法院議案關係文書」，院總字第1584號
　　（1998年9月29日），頁558。

　　最後須注意者，和解契約之存在以雙方當事人針對同一爭端互相讓步爲必要，若僅一方對他方讓步，即無異於「無條件投降」，不能認爲是和解契約。但當事人因讓步所作的犧牲不以等價爲必要[14]。

## （二）雙務契約

　　所謂「雙務契約」，係互負義務之契約，是人民爲特定目的所爲之給付有助於行政機關執行其行政任務者，行政機關得與人民締結互惠的契約，使人民免除該給付義務，而行政機關承擔提供對待之利益或服務義務，故又稱爲「互惠契約」，其目的是爲了防範行政機關假藉雙務契約之便「出售公權力」，或憑其優越地位使相對人之人民蒙受不利益等弊端[15]。

　　依本法第137條之明文，從屬性之雙務契約的成立要件，尚須受三個要件之限制，即「行政機關與人民締結行政契約，互負給付義務者，應符合下列各款之規定：

　　一、契約中應約定人民給付之特定用途。

　　二、人民之給付有助於行政機關執行其職務。

　　三、人民之給付與行政機關之給付應相當，並有正當合理之關聯（第1項）。

　　行政處分之作成，行政機關無裁量權時，代替該行政處分之行政契約所約定之人民給付，以依第九十三條第一項規定得爲附款者爲限（第2項）。

　　第一項契約應載明人民給付之特定用途及僅供該特定用途使用之意旨（第3項）。」

　　前述第3款要件，爲「不當聯結禁止原則」之表現，乃前述相當性要求的補強規定，具有杜絕行政機關「出售公權力」與保護人民權益的雙重功能。如行政機關免除人民建造停車場之義務而承諾核發興建超級市場之

---

14　許宗力，前揭文，頁302。

15　同前註，頁303。

許可，人民則承諾給付一定金額給行政機關供建造公共停車場之用，則兩者可視爲具有合理正當之關聯；反之，人民承諾給付之金額如係充作殘障福利基金之用，就不具備正當合理之關聯[16]。又如依法對某土地原不得徵收，或者雖得徵收但須爲鉅額之補償，行政機關乃以公法契約之方式，一方面允許所有人在該地上爲特種營業，一方面要求其捐贈土地，此種情形，行政機關爲營業許可之義務與人民捐贈土地之對待給付義務間，根本無事理上的聯結，因而違反了不當聯結禁止之原則。

再者，如行政機關作成行政處分本無裁量權，亦即行政機關依法負有作成某一授益處分之義務，而人民對之有請求權時，自不容行政機關任意締結雙務契約以代替行政處分，使人民增加負擔給付義務，故於本條第2項特別規定，於此情形，締結雙務契約以代替行政處分時，人民之給付以作成此種授益處分（羈束處分）時得爲附款內容爲限。換言之，假設行政機關作成某種授益處分時，依法令規定或爲確保法定要件之履行，得作成某種附款時，始得以其得附款之內容作爲雙務契約中人民之給付義務內容，以確保人民之權益[17]。

又爲防制實質限制要件遭到規避，另依本條第3項規定，雙務契約所約定之人民給付，必須於契約書中載明其特定用途及僅供該特定用途使用之意旨。

## 第二節　行政契約之合法要件

一個合法的行政契約，不僅不得違反契約形式之容許性，而且程序與形式，及實質內容亦須符合法律之規定，茲根據行政程序法之明文及學理說明如後：

---

[16] 同前註，頁304。

[17] 立法院，前揭文書，頁572。

## 第一項　行政契約之容許性

　　行政機關締結行政契約，特別是與人民締結從屬契約，是否以法律之特別授權為必要，學界看法一向有所不同。但司法院釋字第348號解釋理由已指明，行政機關基於其法定職權，為達成特定之行政上目的，於不違反法律規定之前提下，自得與人民約定提供某種給付，並使接受給付者負合理之負擔或其他公法上對待給付之義務而成立行政契約關係。然由於行政契約可方便行政實務之彈性運作，又符合現代民主法治國家人民與國家地位平等的行政理念，似不宜過度予以限制。故本法第135條規定：「公法上法律關係得以契約設定、變更或消滅之。但依其性質或法規規定不得締結者，不在此限。」申言之，公法上法律關係如依其性質得締結行政契約，惟政策考量認以不許締結行政契約為宜者，應依本條但書規定以法規明定其不得締結。

　　前揭法條明示行政契約之容許性，並界定行政契約與私法契約有別，即行政機關原則上得締結行政契約，但如依事件之性質，例如徵兵、確定稅額、考試決定，或依法規規定不得締結行政契約者，不在此限。若不許締結行政契約而仍締結者，該契約自屬無效。

## 第二項　一般要件

### 一、締結前之公告及給予表示意見機會

　　行政機關欲與人民締結行政契約時，一方面為使人民均有公平機會成為該契約之當事人，另一方面為了免於特權介入，使行政機關能無後顧之憂地尋求、篩選條件最佳、最適合的契約相對人，以充分實現締結行政契約之最終目的[18]。故本法第138條前段規定：「行政契約當事人之一方為人民，依法應以甄選或其他競爭方式決定該當事人時，行政機關應事先公告應具之資格及決定之程序。」換言之，有以甄選或其他競爭方式決定該

---

[18]　立法院，前揭文書，頁572。

當事人之必要者，宜以法規爲特別之規定。

　　此外，爲保證所決定之人選確實適合履行該契約，決定前，行政機關與人選間充分之雙向溝通，尤能使行政機關就人選是否適合爲契約當事人之一切情事作通盤考量，以避免行政機關僅爲過分形式化之片面審查及決定[19]。再者，給予參與競爭者表示意見之機會更能顯示行政之公開、透明與公平，故本條後段規定：「決定前，並應予參與競爭者表示意見之機會。」

## 二、書面締約

　　行政契約涉及公權力行使，並由公務員參與締結，爲求明確而杜絕爭議，以書面方式爲必要。至於法規有行政契約規定者，或因契約之特性而更作其他方式安排時，並應依其規定。故本法第139條規定：「行政契約之締結，應以書面爲之。但法規另有其他方式之規定者，依其規定。」本條所稱之「書面」，不限單一書面文件，只要雙方書面往返達成合意者亦屬之。

　　換言之，行政契約之締結有不以書面之之必要者，應依前揭但書規定以法規爲其他方式之規定。

# 第三項　特別生效要件

## 一、侵害第三人應經該第三人書面同意

　　行政契約與行政處分同樣可能侵害第三人之權利，行政契約依約定內容履行，將侵害第三人之權利者，如未能事先獲得該第三人之同意，必發生爭執，而使契約處於不安定之狀態。爲確保契約之安定與功能，並保障第三人之權利，本法第140條第1項規定：「行政契約依約定內容履行將侵害第三人之權利者，應經該第三人書面之同意，始生效力。」

---

[19]　同前註。

## 二、締結涉及其他行政機關應經核准

再者，於許多場合，法令均規定，行政機關非事先獲得他機關之核准、同意或會同辦理，不得作成處分。為防止處分機關或相對人假藉契約方式規避該「參與保留」之情事發生[20]，故前揭法條第2項規定：「行政處分之作成，依法規之規定應經其他行政機關之核准，同意或會同辦理者，代替該行政處分而締結之行政契約，亦應經該行政機關之核准、同意或會同辦理，始生效力。」

# 第三節　行政契約之無效

## 一、行政契約無效之原因

### （一）一般原因

行政契約係因雙方意思一致而成立之法律行為，與行政處分係行政機關單方之行為，性質不同。就雙方合意之本質言，行政契約與私法契約相同。又為確保行政契約之安定與功能，本法不將違法行政處分得撤銷之規定移植於行政契約，而準用民法有關契約無效之規定，即本法第141條第1項規定：「行政契約準用民法規定之結果為無效者，無效。」換言之，行政契約有任何的瑕疵，基本上都是無效的，和民法一樣沒有所謂得撤銷之情形。

再者，為貫徹本法第135條但書有關契約形式自由之限制與規定，以及第138條有關締結前公告與表示意見之規定，特於同條第2項規定：「行政契約違反第一百三十五條但書，或第一百三十八條之規定者，無效。」即行政機關未踐行甄選競爭方式等程序，遽與當事人訂約，此項契約應屬無效。

---

20　同前註，頁575。

## （二）特殊原因

除了前述行政契約無效之一般原因之外，本法第142條復規定：「代替行政處分之行政契約，有下列各款情形之一者，無效：

一、與其內容相同之行政處分為無效者。

二、與其內容相同之行政處分，有得撤銷之違法原因，並為締結雙方所明知者。

三、締結之和解契約，未符合第一百三十六條之規定者。

四、締結之雙務契約，未符合第一百三十七條之規定者。」

茲將前揭條文之立法理由說明如下[21]：

1.代替行政處分之行政契約內容，如以之為行政處分之內容，將因違法而無效者，此種契約亦屬無效，以免假藉行政契約而規避法令強制規定，爰為本條第1款之規定。

2.代替行政處分之行政契約內容，如以之為行政處分之內容，將因違法而得撤銷，且為締約雙方所明知者，已無保障此種行政契約之存續之必要，為貫徹依法行政原則，爰為本條第2款之規定。

3.為貫徹本章有關締結和解契約及有關締結雙務契約之特別規定，爰為本條第3款及第4款之規定。

## 二、行政契約之一部無效

基於契約係經雙方合意之本質，行政契約一部無效者，原則上應認定該契約全部無效。但客觀上可認為欠缺該部分，締約雙方亦將締結契約者，其他部分仍為有效，以確保其他部分之存續，使其發揮功能。故本法第143條明定：「行政契約之一部無效者，全部無效。但如可認為欠缺該部分，締約雙方亦將締結契約者，其他部分仍為有效。」

---

21　同前註，頁581至582。

## 第四節　行政契約之指導或協助

　　行政機關與人民締結行政契約，具有實現公益之目的，為使人民能依約順利履行，達成公益之要求，允宜規定行政機關得為必要之指導或協助。又為防止行政機關濫行指導或協助，其方式似應以書面約定為之。故本法第144條規定：「行政契約當事人之一方為人民者，行政機關得就相對人契約之履行，依書面約定之方式，為必要之指導或協助。」

## 第五節　行政契約之調整或終止及其補償

### 一、行政契約調整或終止之原因

　　行政契約履行過程中因契約締結當時所依靠之環境條件可能發生實質性的變化，致使執行該契約時，對於契約任何一方當事人都成為不合理或不可能執行之情形，為了彌補這種缺失，法國法制有所謂「無法預見的原則」（the principle of inprevision），根據這個原則，行政機關認為履行契約為公共利益所必須時，得強制契約另一方當事人繼續履行該契約的內容，對於在繼續履行契約的過程中所受到的損失，行政機關須給予補償[22]。至於「無法預見原則」的適用要件有三：

　　（一）造成經濟變動的情事係雙方當事人不能預料者，至於情事的種類、性質為何則不重要。依判例解釋，舉凡天災、戰禍、經濟大恐慌等均屬之。

　　（二）該促使變動之情事均不可歸責於雙方當事人者。

　　（三）此一經濟變動須足致契約當事人財政上持續出現嚴重赤字，而一時不能解消者。

　　至於德國法制，並未有如前述法國法制得強制執行契約之規定，但

---

[22]　M. P.賽夫著，周偉譯，前揭書。

依情事變更之原則，得根據已經發生變化之條件變更契約，倘契約不能加以變更，則可以撤銷這個契約。而變更契約條款的條件嚴格地受到法律的控制。首先，認為契約條款已經變得不合理之契約當事人，得要求契約另一方當事人修改契約內容。如果契約的另一方當事人不同意對契約內容修改，該當事人則可以訴請法院修改該契約。至於修改契約的先決條件如下[23]：

（一）在契約締結之後，繼續履行該契約的物質條件已經發生變化。

（二）這種變化必須是在締結契約當時，當事人雙方都未曾考慮到的變化。

（三）必須是根據客觀的標準所判斷的變化，這種變化具有極重大的意義，以致於使契約當事人在締結該契約當時如果已經知道這種變化，則難以接受這個本來已經締結的內容相同的契約。

前述物質條件的變化，既可以是事實方面的變化，例如價格的變化、費用標準的變化；技術的、科學的及醫學技術的變化；也可以是一種法律的變化（legal change），例如一個新法律開始生效實施；對於履行契約具有一種直接影響的司法判決或行政慣例的變化。此外，物質變化必須是不可能要求契約當事人堅持原來契約的物質變化，亦即說，堅持原來的契約意味著違反誠實信用原則（the principle of good faith）。

其次，如果契約內容需要加以變更，而這種變更對契約的一方當事人認是不可能的，而對另一方認不合理的。那麼，對於此種行政契約之撤銷，即可先由契約當事人之間進行協議，如果協議不成，也可以由行政法院根據契約任何一方當事人的起訴而以判決撤銷之[24]。

我國行政程序法參考法德等國立法例及民法終止契約之事由等原理，故亦對契約關係行使公權力之損失補償、行政機關調整或終止契約及

---

[23] 同前註，頁128至129。

[24] 同前註，頁120。

補償規定、情事變更之調整或終止契約及補償規定、自願接受執行之約定、民法之準用等定有明文，即於行政契約中行政機關藉「公益優先原則」而占有優勢，造成雙方調整解除契約權並非平等，此時，只有藉補償以調和締約雙方間之利益衝突[25]，茲分述如下：

## 二、契約關係外行使公權力之損失補償

人民因公益而受特別犧牲，國家應予損失補償，此為典型之公法事宜。行政機關與人民締結行政契約後，如同一公法人之其他機關於契約關係外行使公權力，致使人民履行契約義務時，顯增費用或受其他不可預期之損失，於此情形，人民雖仍應履行契約義務，卻已造成不公平之狀態，且既係同一公法人之其他機關之合法公權力行為，亦不生損害賠償或債務不履行之問題，故為求公平，並保障人民之財產應使人民得向締約機關請求損失補償[26]。故本法第145條第1項規定：「行政契約當事人之一方為人民者，其締約後，因締約機關所屬公法人之其他機關於契約關係外行使公權力，致相對人履行契約義務時，顯增費用或受其他不可預期之損失者，相對人得向締約機關請求補償其損失。但公權力之行使與契約之履行無直接必要之關聯者，不在此限。」

前述情形，締約機關對人民之請求，應以書面敘明理由決定之，以保障其權益。此外，人民之損失補償請求權亦不宜遲延不行使。故同條第2、3項特規定：「締約機關就前項請求，以書面並敘明理由決定之。」「第一項補償之請求，應自相對人知有損失時起一年內為之。」

另有補償爭議事件發生，為保障相對人權益，同條第4項續規定：「關於補償之爭議及補償之金額，相對人有不服者，得向行政法院提起給付訴訟。」

---

[25] 李震山，行政法導論（台北：三民書局，2015年8月），頁317。

[26] 立法院，前揭文書，頁585至586。

## 三、行政機關調整或終止契約及其補償規定

行政契約經契約當事人有效締結後，於某些特定情形下，行政程序法允許契約之一方或雙方當事人各得單獨調整或終止契約，此一情形，乃典型行政契約之特質，與私法契約應守契約自由原則及應經雙方協定或變更契約內容有顯著之差異[27]。行政契約固具有實現公益之目的，行政機關與人民締結後，如依約履行將對公益發生重大危害或已發生危害者，基於公益之要求，允宜賦予行政機關得單方調整契約內容或終止契約之權利[28]。故本法第146條第1項規定：「行政契約當事人之一方爲人民者，行政機關爲防止或除去對公益之重大危害，得於必要範圍內調整契約內容或終止契約。」

然行政機關單方調整契約內容或終止契約，不免使契約相對人（人民）之私益遭受損失，爲求衡平，並保障相對人財產權，自當予以補償，故同條第2項復規定：「前項之調整或終止，非補償相對人因此所受之財產上損失，不得爲之。」

此外，調整或終止契約，以及補償之決定，均宜力求愼重而明確，同條第3項乃明定：「第一項之調整或終止及第二項補償之決定，應以書面敍明理由爲之。」

再者，行政機關單方調整契約內容，如客觀上足認契約相對人難依調整後內容履行者，自不能期待其繼續遵行，同條第4項乃明定：「相對人對第一項之調整難爲履行者，得以書面敍明理由終止契約。」

另爲保障相對人之權益，如其對行政機關依第2項所爲補償金額之決定有所不服者，得向行政法院提起給付之訴，請求判決命行政機關給付一定金額。故同法條第5項明定：「相對人對第二項補償金額不同意時，得向行政法院提起給付訴訟。」

---

[27] 林明鏘，「行政程序法草案之重要内容——行政契約與行政指導」，收錄於國立台灣大學法律學系印，行政程序法草案研討會論文集（1999年2月），頁67。

[28] 立法院，前揭文書，頁588。

### 四、情事變更之調整或終止契約及其補償規定

　　基於情事變更原則，規定行政契約當事人之一方在一定條件下得請求他方調整契約內容，以求公平，如不能調整，得終止契約。故本法第147條第1項規定：「行政契約締結後，因有情事重大變更，非當時所得預料，而依原約定顯失公平者，當事人之一方得請求他方適當調整契約內容。如不能調整，得終止契約。」

　　再者，行政契約具有實現公益之目的，行政機關與人民締結行政契約後，如情事變更，人民依第1項規定請求調整契約內容或終止契約，將妨害原定契約之公益目的者，基於公益要求，自宜要求人民繼續履行原約定之義務。惟人民勢必因而遭受損失，故行政機關應予補償，以示公平[29]。故同條第2項規定：「前項情形，行政契約當事人之一方為人民時，行政機關為維護公益，得於補償相對人之損失後，命其繼續履行原約定之義務。」

　　為求慎重而明確，同條第3項復規定：「第一項之請求調整或終止與第二項補償之決定，應以書面敘明理由為之。」

　　另為保障相對人之權益，同條第4項復規定：「相對人對第二項補償金額不同意時，得向行政法院提起給付訴訟。」請求判決行政機關給付一定金額。

## 第六節　行政契約之執行

　　行政契約締結後，債務人之一方若不履行契約義務，債權人之一方須循訴訟途徑取得執行名義後，始得依法對債務人強制執行，縱債權人一方是行政機關，債務人一方為人民之情形，亦無不同，行政機關尤其不得採作成行政處分之捷徑強制人民履行契約義務[30]。

---

[29]　同前註，頁591。

[30]　立法院，前揭文書，頁592。

　　然爲使行政契約之制度發生功能，減少訟源，及恐提訴訟曠日費時，若契約當事人合意於契約中訂明願接受假執行，當無不許之理，故本法第148條第1項規定：「行政契約約定自願接受執行時，債務人不爲給付時，債權人得以該契約爲強制執行之執行名義。」

　　假執行之約定固有方便、迅速之功，但若過於輕率，對公益與私益均可能造成無可彌補之損害。爲審愼計，宜規定假執行之約定非經監督機關認可，不生效力[31]。故同條第2項規定：「前項約定，締約之一方爲中央行政機關時，應經主管院、部或同等級機關之認可；締約之一方爲地方自治團體之行政機關時，應經該地方自治團體行政首長之認可；契約內容涉及委辦事項者，並應經委辦機關之認可，始生效力。」

　　本條第3項規定：「第一項強制執行，準用行政訴訟法有關強制執行之規定。」亦即債權人或執行機關均得聲請高等行政法院強制執行。

## 第七節　行政契約準用民法

　　本章之規定，僅屬行政契約之實體法與程序法之特別規定。又本法第一章係總則性規定，亦應適用於行政契約。此外，因行政契約內容複雜，種類繁多，除其他法律已另有規定外，其相關法理尚待實務發展，復鑑於其契約本質與民法上契約並無二致[32]。故本法第149條明定：「行政契約，本法未規定者，準用民法相關之規定。」

　　依本條規定只有本法未作特別規定，且與行政性相容時才可準用民法。換言之，即使本法未作特別規定適用民法規定也不致產生與行政契約的行政性不相容結果，方有可能適用民法規定之可能。再者，行政契約所表現的法律關係只有與民事契約關係有著相似性，且處理這些關係所依據的法理具有共同性時，才有援用民法規定的。至於在行政契約中可以援用

---

[31]　同前註，頁593。

[32]　立法院，前揭文書，頁596。

民法規定者，有要約與承諾、契約自由、行為能力、代理、契約的效力、不可抗力等。

## 第八節　行政契約爭議之解決

### 一、行政契約爭議解決之原則

　　首先，行政契約與私法契約之區別，係以其發生公法或私法上權利義務變動效果為斷，惟究以契約標的抑契約目的為判別標準，並非毫無爭議，依學者通說，原則上似應以契約標的為準[33]，如仍無法解決其法律性質時，則兼採契約目的加以衡量[34]。另契約之性質究屬公法或私法，必須予以客觀地決定，不以契約當事人之主觀認識為決定標準，又在給付行政內，行政機關原則上有權選擇公法行為或私法行為，惟一旦選擇後，則應循該方向行為貫徹到底[35]。

### 二、私法契約依政府採購法之規定

　　如事務性、低層技術性勞務之委任或僱傭，應認係私法契約根據政府採購法之規定辦理，該法第7條第3項定義所稱勞務，指專業服務、技術服務、資訊服務、研究發展、營運管理、維修、訓練、勞力及其他經主管機關認定之勞務，此外，採購方式及程序有下列三種：

### （一）公開招標

　　指以公告方式邀請不特定廠商投標。辦理公告金額以上之採購時，以

---

[33] 契約之標的，即應由契約內容決定之，例如契約之內容具有下列情形之一者，應屬公法契約：以執行公法法規為目的者，含有作成行政處分或其他公權力行為之義務者，與人民之公法上權利義務有關者，但契約之給付義務本身具有中立性而較難以判斷時，應由給付義務之目的及契約之全體特性判斷之（參照法務部，行政程序法解釋及諮詢小組會議紀錄彙編，2001年12月，頁320）。

[34] 吳庚，行政法之理論與實用（台北：自印本，2016年9月），頁397。

[35] 林錫堯，行政法要義（台北：元照出版公司，2016年8月），頁374。

公開招標為原則。凡一百萬元以上工程、財物或勞務之採購，均應公開招標。

## （二）選擇性招標

指以公告方式預先依一定資格條件辦理廠商資格審查後，再行邀請符合資格之廠商投標。符合政府採購法第20條規定之情形時，得採選擇性招標。

## （三）限制性招標

指不經公告程序，邀請二家以上廠商比價或僅邀請一家廠商議價。符合政府採購法第22條第1項規定之情形時，得採限制性招標。

再者，如行政契約發生爭議時，有何行政爭訟途徑可循？因本法並未明白規定，僅於本法第146條第5項及第147條第4項中分別規定，相對人對於補償金額不同意時，得向行政法院提起給付訴訟而已。其實，凡行政契約發生爭議時，不僅是補償金額不同意時之爭訟，理論上皆得依行政訴訟法第8條第1項規定提起一般給付訴訟，蓋行政訴訟法第8條第1項後段規定：「因公法上契約發生之給付，亦同。」此處之「亦同」即承認行政契約之爭議得提起一般給付訴訟（含人民與行政機關雙方皆得提起），請求他方為財產上給付或其他非財產上之給付[36]。

---

[36] 蔡茂寅、李建良、林明鏘、周志宏等著，行政程序法實用（台北：學林文化事業公司，2013年11月），頁292。

# 第四章 ｜ 法規命令及行政規則

## 第一節　行政立法之概念

### 一、行政立法之意義

「行政立法」（administrative legislation）係行政機關訂定、修正或廢止法規命令或規則之過程。其與國會制定法律程序之「國會立法」（parliamentary legislation）不同。又因為行政立法是由行政機關訂定，故亦稱「機關造法」（agency-made law），以區別於由司法機關判決先例所形成之「法官造法」（judge-made law）。

行政法規是由行政機關所訂之一般性規範，在我國法制上又稱為「行政命令」，其與國會制定之法律，只有形式上的區別而無實質上之差異。換言之，兩者均屬對未來之一般性、抽象性事項所為之規範，不過行政法規的位階較法律為低而已。

### 二、行政立法之發展

在十九世紀時，只有人民選出的代表才可以立法的理論最為盛行，因為立法權乃經國民同意所賦予國會之神聖職權，亦為人民主權之表徵，自不得輕易授與其他機關代為立法，或越權發布代替法律效力之法規命令，否則人民之自由權利難期保障，故當時公布的法律絕大部分是由立法機關直接制定。

迨二十世紀福利國家時代來臨，政府職能日趨擴大，加上國會立法時間不夠，實難以適應迅速變遷的社會及提高行政效率之需求，故委任行政機關立法實為環境上所不得不採行之制度。

### 三、行政立法之理由

根據公法學者之研究，行政立法之正當理由有如下六點[1]：

#### （一）減少國會時間之壓力

現代國家立法事項繁多，國會無足夠時間或人力對任何公共政策作周延之考慮。

#### （二）配合技術性之需要

立法內容多半具有濃厚的技術性，須做充分的了解和討論，故國會不得不授與行政機關運用科學或各種專業知識加以妥善處理。

#### （三）符合變動性之需要

立法事項因社會環境之需要，有變動不居的現象，故授權行政機關允許其較大彈性，訂定較為廣泛之條款，以資適應環境之變遷。

#### （四）緊急權力之需要

行政立法權能對不可預見之非常情況作迅速之反應或處理，如須依議會制定法律反而不能切合時宜，如戰爭、嚴重罷工、經濟危機等緊急狀態。

#### （五）立法定制之實驗

解決或改革社會、勞動關係問題上，有需要實驗後再制定法律，以免將來施行或修法時，遭遇到不必要的歧見與反抗，則授權行政機關以行政立法先做實驗，將有所助益。

#### （六）配合瑣細事項之規定

瑣細事項如皆由法律規定其有關事項，則其制定或修正程序較為嚴格、費時，必將妨礙行政機關適應政治、社會、經濟等現實環境變化之時效性[2]。

---

[1]　E. C. S. Wade and A. W. Bradley, Constitutional and Administrative Law, 11th ed. (London: Longman Group Ltd., 1993), p. 611-612.

[2]　David Phillip Jones and Anne S. de Villars, Principles of Administrative Law (Toronto: The Carswell Com. Ltd., 2014), p. 58.

目前，行政立法已成為現代國家行政機關之一種特徵，並有越來越大的趨勢，難怪學者蕭歐（Shaw）教授感慨說：「我們的法規似已取代了法律。」行政法學者史華滋（Schwartz）教授亦強調謂：「如果我們從出生到死亡被無所不管才成為社會的話，我們一生幾乎均受到行政法規的監管」[3]。由此可見，行政法規已成為現代政府的潛在武器，以取代裁決做為管制的手段，並且這種趨勢還受到國會和司法機關之支持。

## 四、職權命令不宜存在之理由

行政機關不能直接依據自己的職權，來發布發生法規範效果之職權命令之理由[4]：

（一）立法權為整體國民意志的表現，反映公權力民主正當性最重要的中介。

（二）由於法治國與議會民主均需仰賴法律對行政權力的規範控制來加以實現，因此，行政機關的法規命令訂定權，勢必要透過立法者的授權或中介，而不能站在憲法秩序的基礎上獨立發動。

## 五、廢止職權命令或替代方案之過渡規定

查本法第四章就行政命令之分類為法規命令及行政規則，並無中央法規標準法第7條之職權命令，而現行實務上職權命令涉及人民權利義務並具對外涉力者，或僅具規範機關內部秩序及運作而非直接對外發生法規範效力者，均亟待配合本法檢討修正或廢止，其中涉及人民權利義務而具對外效力者，宜檢討提升以法律規定，或於法律中增列授權訂定之依據；僅具規範機關內部秩序及運作而非直接對外發生法規範效力者，宜檢討廢止，另訂定行政規則替代之[5]。

---

[3] Bernard Schwartz, Administrative Law, 2nd ed. (Boston: Little, Brown and Company, 1984), p. 150.

[4] 黃舒芃，行政命令（台北：三民書局，2011年3月），頁24。

[5] 法務部解釋：本法於本（2001）年1月1日施行後，依中央法規標準法第7條所定之「職權命令」無論就本法之規定、因應多元化之行政實務、現行相關法制之配套措施、目

　　惟以本法已定2001年1月1日施行在即，各行政機關原訂定之職權命令尚待修正或廢止者仍多，基於法安定性原則，避免社會發生急激變化，並保障人民既得權益，立法院特於2001年12月修正第174條之1之過渡條款，俾符實需[6]，即：「本法施行前，行政機關依中央法規標準法第七條訂定之命令，須以法律規定或以法律明列其授權依據者，應於本施行後二年內，以法律規定或以法律明列其授權依據後修正或訂定；逾期失效。」

# 第二節　法規命令

　　本法依權源不同將行政命令分為法規命令及行政規則二種，分述如下：

## 第一項　法規命令之概念

### 一、法規命令之意義

　　法規命令係基於法律授權而訂定，具有執行及補充法律之功能及效力，故可以對人民的權義予以規定，效力如同法律一樣，惟若其規定有違反法律時，則屬無效。

　　依本法第150條規定：「本法所稱法規命令，係指行政機關基於法律授權，對多數不特定人民就一般事項所作抽象之對外發生法律效果之規定（第1項）。」[7]「法規命令之內容應明列其法律授權之依據，並不得逾越

---

　　前法制逐趨完備之情形與現行法律及相關實務見解等層面而言，宜有保留之必要，業經本部研提意見報奉鈞院核定同意照辦在案（參照法務部2001年2月15日法90律字第003691號函）。

[6]　2000年12月6日修正時過渡條款之緩衝期只有一年，2001年12月再修正為二年。

[7]　疑義解釋案例如下：
　　地方政府依地方制度法規定，經地方立法機關通過，並由各該行政機關公布之自治條例，非屬本法第150條規定之法規命令（參照法務部2000年11月22日法89律字第038461號函釋）。

法律授權之範圍與立法精神（第2項）。」

## 二、法規命令之要件

茲歸納法規命令之要件如下：

（一）基於法律授權：即首條明定其授權依據。例如槍砲彈藥刀械許可及管理辦法第1條：「本辦法依槍砲彈藥刀械管制條例（以下簡稱本條例）第六條之一第一項及第二十條第三項規定訂定之。」

（二）一般事項之抽象規定：非個案之決定。

（三）對不特定人民發生法律效果：對外部有拘束力。

## 三、法規命令不包含職權命令

法律保留原則適用之範圍，在各國原有廣狹之不同。我國中央法規標準法第5條（尤其第1項第2款）之規定，就其文字觀之，可為最寬泛之解釋，不獨「干預或侵害行政」，抑且「授益行政」皆需有法律之授權，始得為之。

本法對「法規命令」之定義，亦僅指基於法律授權訂定之命令，即「授權命令」而已，似乎不管授益行政或干預行政均須有法律保留之適用。大法官已在多次解釋中確定，以命令增加法律所無之限制或條件，而違反法律保留原則者，為判斷命令牴觸憲法之標準。準此，本法所稱之法規命令，不包括中央法規標準法第7條所定之「職權命令」。

## 四、轉委任之禁止

法律授權中央主管機關依一定程序訂定法規命令以補充法律規定不足者，該機關即應予以遵守，不得捨法規命令不用，而發布規範行政體系內部事項之行政規則為之替代。倘法律並無轉委任之授權，該機關即不得委

---

銓敘部基於公務人員任用法授權訂定之職務列等表，似不屬前揭規定所稱之法規命令，故其修正毋庸踐行本法第151條至158條規定之相關程序（參照法務部2001年4月27日法90律字第015512號函）。

由其所屬機關逕行訂定發布相關規章[8]。

## 第二項　法規命令之種類

　　依中央法規標準法第3條規定，各機關發布之命令，得依其性質，稱規程、規則、細則、辦法、綱要、標準或準則。但實質意義之法規命令則為例外，其可分如下三種：

### 一、特定授權

　　法律授權以法規命令限制人民之權利或課人民以義務或規定其他重要事項者，依司法院之解釋，其授權之目的、內容及範圍應具體明確。其授權之目的、內容及範圍非具體明確者，應檢討修正。例如警察職權行使法第12條第4項：「第三人之遴選、聯繫運用、訓練考核、資料評鑑及其他應遵循事項之辦法，由內政部定之。」

　　內政部即依據前揭授權訂定「警察遴選第三人蒐集資料辦法」，除於第1條明定其法源依據外，並依母法授權之框架事項範圍內訂定相關條文。

### 二、概括授權

　　法律概括授權訂定之施行細則，例如警察法第19條：「本法施行細則，由內政部定之。」其授權內容及範圍並不具體，然其主要目的在授權主管機關針對母法條文不確定概念部分進一步作細節性及技術性之解釋或補充性規定，包括法條所定文義有關之質、量及程序之進一步詳細，如職務分配、申請與審查程序、表格等。但其內容不得牴觸母法或對人民之自由權利增加法律所無之限制。

### 三、實質意義之法規命令

　　簡稱為實質法規命令，指經法律授權應訂為法規命令之事項，因性質

---

8　司法院釋字第524號解釋參照（2001年4月20日）。

特殊，得經法律授權，以公文程式「公告」或「令」發布，仍應刊登政府公報，不適用中央法規標準法所定法規名稱、法條形式之規定。其情形如下：

## （一）內容具有行政上特殊需求、社會或經濟發展需要、變動頻繁或急迫性，或專門技術性質，不需或未能以法規條文形式定之者

例如：

1. 全民健康保險法第24條、26條、45條、47條等：「……，由主管機關公告。」

2. 社會秩序維護法第63條第1項第8款明定：「製造、運輸、販賣、攜帶或公然陳列經主管機關公告查禁之器械者。」教育部即依本法公告查禁賭博性或色情電動玩具；內政部公告查禁警察機關配備警械種類。

3. 漁業法第44條：「主管機關為資源管理及漁業結構調整，得以公告規定下列事項：一、水產動植物之採捕或處理之限制或禁止。二、水產動植物或其製品之販賣或持有之限制或禁止。三、漁具、漁法之限制或禁止。四、漁區、漁期之限制或禁止。五、妨害水產動物回游路徑障礙物之限制或除去。六、投放或遺棄有害於水產動植物之物之限制或禁止。七、投放或除去水產動植物繁殖上所需之保護物之限制或禁止。八、水產動植物移植之限制或禁止。九、其他必要事項。違反前項第四款至第九規定之一者，應由該公告機關處分。直轄市、縣（市）主管機關依第一項規定公告前，應報由中央主管機關核定之。」

4. 食品安全衛生管理法第22條第1項第10款、第24條第1項第10款：「其他經中央主管機關公告之事項。」

## （二）特定之行政措施，立法授權簡單明確者

例如：全民健康保險法第67條：「……保險病房設置基準及應占總病床比率，由主管機關定之。」又如某些法律之末條規定：「本法施行日期，由行政院定之。」

此外，在立法學上，附表亦為法規之一部分。所謂附表，指置於法規末端，以說明法規內容之輔助性資料或文字，包括公式、符號、附件

等。其目的在使人簡明易懂。例如：各機關組織規程之編制表、警察機關配備警械種類及規格表。

## 第三項　法規命令訂定程序

### 一、法規排除於適用範圍之事項

有關軍事或外交活動之命令恆涉及重要國家利益，而有保密之必要，故將之排除於本法適用範圍之外，即本法第151條第1項規定：「行政機關訂定法規命令，除關於軍事、外交或其他重大事項而涉及國家機密或安全者外，應依本法所定程序爲之。但法律另有規定者，從其規定。」

前揭規定意旨，僅指該條項所列事項不適用本法之程序規定，惟本法之實體規定仍有其適用。換言之，行政機關訂定關於軍事、外交或其他重大事項而涉及國家機密或安全之法規命令，仍應適用本法之實體規定。再者，行政機關訂定法規命令，不依本法所定程序爲之者，除法規命令之內容係關於軍事、外交或其他重大事項而涉及國家機密或安全者外，應依本條第1項但書規定以法律爲規定。

### 二、法規命令訂定程序之規範目的

本法第四章法規命令及行政規則，體例上係仿自美國之規則制定程序，並分別融合德國及日本與此相容之優點規定，其規範目的如下[9]：

#### （一）落實正當法律程序原則

法治國原則之核心，爲保障人民權利。由於法規訂定涉及多面之公共利益，如以傳統訂定法規命令之方式，將無法取信於公眾。美國在此方面，乃以規則制定是否恣意及任意之司法審查，作程序導向式之控制，並以本法及機關組織法律有關程序之規定爲符合憲法之最低要求，不能另從憲法導出正式程序之要求。由於我國法院並無類似美國之司法審查制度，

---

[9] 林秀蓮，「行政程序法有關聽證制度之檢討」，刊於台灣行政法學會主編，行政法人與組織改造、聽證制度評析（台北：元照出版公司，2005年1月），頁300-301。

法官不能獨自宣告法規訂定程序違憲。因此，我國僅能從憲法精神及本法規範目的得出，法規訂定應有之程序內容。從基本權對程序及組織之影響之功能面向，亦可得出法規訂定應重視程序面之設計，以落實正當法律程序原則來保障人民權利。

## （二）資訊自由及擴大人民實質參與

二次大戰後，在法治國原則要求下，法律劇增，相對地法律授權之法規命令亦逐漸增多，其所涉利益範圍更廣。因此，為博採周諮，並使法規訂定合理可行且符合民主原則，即須有民主的行政立法程序。其主要方式為隨時可得之行政資訊及民主參與機能。尤其是後者，美國在正式規則制定程序有聽證程序；非正式規則制定程序原則上有讓人民表示意見之機會，例外在特殊情形下始有聽證、口頭陳述資料、意見或論據、交互詰問之機會等，此皆為不等之民主參與機制。由於政府任何法案及行政行為皆攤在陽光下，並賦予人民表示意見之機會，故機關決定更增添合法性之基礎。

## （三）提高行政效能

因行政權所代表者為公益，其為實現公益，更須重視本身之效能，以落實公益維護。如法規訂定之程序冗長，通常與適時維護公益之目的背道而馳，因此，美國大部分之法規訂定皆進行非正式規則制定程序，僅在少部分具有高度司法性及明顯兩造利益衝突時，始依法律規定為正式規則制定程序之審訊型聽證。我國本法之立法目的之一，為提高行政效能，因而在設計法規訂定程序時，亦應考量程序經濟，藉由提高行政效能，達到人民權利之保障。另一方面，法規命令之訂定應集思廣益，經由給予人民書面或口頭表示意見之機會，更能確保將來法規之有效可行，進而促進行政效能。

## （四）便利司法權之審查及解釋適用

雖然我國未有如美國之司法審查制度，但可參照該制度之精神，並透過權力分立原則，將司法權之監督功能及審查事項，提前轉化至行政程序中落實，亦即美國在非正式規則制定程序之司法控制上，有所謂法院要

求行政機關提出法規制定之事實依據（即非正式聽證紀錄或行政筆錄）、補充說理由或回答關鍵性之批評等，而逐漸發展成所謂混合式規則制定程序。因此，為便利將來司法權之審查及對法規之解釋適用，似可責成行政機關在法規訂定程序中，加強立法理由說明、人民反應意見之處理及製作各階段之行政紀錄，以供人民、相關機關及法院之參考。

### 三、法規命令訂定程序之步驟

依本法規定，法規命令訂定程序，可分成提議、對提議之處理、預告程序、舉行聽證及法規命令之發布等五個步驟，茲分別說明如下：

#### （一）提議

法規命令之訂定，除由行政機關自行草擬者外，並得由人民或團體提議為之。前項提議，應以書面敘明法規命令訂定之目的、依據及理由，並附具相關資料（本法第152條）。

#### （二）對提議之處理

本法第153條規定：「受理前條提議之行政機關，應依下列情形分別處理：

一、非主管之事項，依第十七條之規定予以移送。

二、依法不得以法規命令規定之事項，附述理由通知原提議者。

三、無須訂正法規命令之事項，附述理由通知原提議者。

四、有訂定法規命令之必要者，著手研擬草案。」

按人民向主管機關建議訂定法規命令者，亦屬一種「陳情」。而如何處理陳情，本法第七章亦設有專章規範，故上述條文規定，應解為係就陳情事項為訂定法規命令之特別規定。

#### （三）預告

##### 1.預告之意義

預告是指在作成決定前或其他程序決定前所為之告知，使一般民眾皆能於行政決策之前，充分了解命令內容，並適度表達意見，故又稱為「預先的諮商」（prior consultation），是現代國家正式法律制定和行政程序之重要部分。

## 2. 預告之理由

預告之主要理由有三如下：

(1)因為現代社會事務繁雜，而且變動不居，政府機關無法僱用各科專家足資處理所有公共事務，故必須經常諮商機關以外之專業學者代表[10]。俾作利益與價值的權衡。

(2)基於利害關係人被諮商之合法期待（legitimate expectation to be consulted），並強化民眾的參與決策，以使其獲得公平程序及保證其在法規通過之前有影響立法之機會[11]。

(3)諮商使人民更信任決策者將公平地處理法案，增強人民對法規之可接受性，即強化行政決策之正當性，故有學者稱之為「基於信任之程序」（process based on trust）[12]。

## 3. 法規命令草案預告

預告，其實應稱為「草案公告」，目的在使外界知悉行政機關已初步完成法規命令的內容，且仍有機會表達意見之謂[13]。

依本法第154條第1項規定：「行政機關擬訂法規命令時，除情況急迫，顯然無法事先公告周知者外，應於政府公報或新聞紙公告，載明下列事項：

一、訂定機關之名稱，其依法應由數機關會同訂定者，各該機關名稱。

二、訂定之依據。

三、草案全文或其主要內容。

四、任何人得於所定期間內向指定機關陳述意見之意旨。」

---

[10] Manning Gilbert Warren Ⅲ, "The Notice Requirement in Administrative Ralemaking: An Analysis of Legislative and Interpretative Rules," Adm. L. Rev. Vol. 29 (1977), p. 165.

[11] 朱武獻，公法專題研究　（台北，輔仁大學法學叢書編輯委員會，1986年1月），頁342。

[12] Bernard Schwartz and H.W. R. Wade, Legal Control of Government: Administrative Law in Britain and the United States (Oxford: Clarendon Press, 1972), p. 85.

[13] 據法務解釋：本條所定須踐行預告程序者應為「法規命令」，並不包括「職權命令」（參照法務部2001年2月2日法90律字第001961號函釋）。

同條第2項：「行政機關除爲前項之公告外，並得以適當之方法，將公告內容廣泛周知。」

但如情況急迫，顯然無法事先公告周知時，則可例外，不予預告。再者，有法律授權主管機關核定公告之者，據法務部解釋似立法者有意不以法規命令之方式訂定，而屬公文程式條例第2條第2項第5款所定之公文程式，從而無須踐行本法第154條之預告程序。

## （四）舉行聽證

### 1.舉行法規聽證之現況

依本法第155條規定，行政機關訂定法規命令，得依職權舉行聽證。故機關是否舉行聽證得依職權爲之，並無強制性。因此，實務上，法規命令訂定幾未有機關採用本法第一章第十節規定的正式聽證程序，而係以公聽會的方式取代，即以廣泛聽取學者專家、利害關係人、有關團體代表及政府代表之評論意見，作爲訂定命令之參考。

### 2.未能採用法規聽證程序之原因

本法法規命令舉行聽證之規定係學習美國法制而來，但由於美國正式法規制定之聽證程序，爲審訊型的口頭聽證程序，僅在個別法律規定機關應給予聽證機會，且基於其紀錄而制定者，始有正式聽證程序的適用。由於我國未有美國的司法制度及相關司法聽證的配套措施。

再者，法規訂定程序並無直接相對人，沒有採用正式程序保障之必要，且聽證手續繁雜，影響行政效率，因此，爲符合我國國情，並落實及擴大人民實質參與及提高行政效能，實務上均以公聽會方式取代之，因公聽會之目的在追求民主正當性，即以廣泛聽取學者專家、利害關係團體代表，及其他政府代表之意見，並作爲訂法規定命令之參考。

### 3.聽證修正爲公聽會之建議

法規訂定程序應強化一般預告程序及評論程序，並以書面陳述意見爲原則，機關視其情形依職權舉行口頭陳述意見之公聽會爲例外。建議將現

行規定之聽證修正爲公聽會，且爲任意公聽之性質[14]。

至於公聽會之功能、基本原則、範圍等，容待第八章行政聽證與公聽會之舉行之第三節再詳述。

## （五）發布

發布，即刊登於一定之刊物，或張貼於公眾易見之處所，使眾所周知之意。發布是法規命令規範得以生效的必經程序或前提條件，沒有發布的法規，不能成爲正式的法規文件對相對方產生拘束力。

法諺有云：「不知法律不得做爲違法之藉口」（Ignorance of the law does not excuse any subject），不僅已成爲制定法之原則，而且亦適用於法規命令。此原則之正當性乃在於全部法規應有民眾易於接近之方式（accessible to the public）[15]或廣泛宣導以滿足人民「知」之權利，故法規命令核定後之發布，爲允許委任立法制度之主要程序保障之一，以保證受影響的人民對該法規易於知悉並遵循。

以美國爲例，原則上，實體性法規應在生效日之三十日前公告之。自1935年起，依聯邦公報法（Federal Register Act）之規定，機關訂定之法規須在該公報上發布，否則對實際不知悉之人不生效力，該公報係週一至週五每天發布，若每天發布的項目很多，則予裝訂成冊並加索引。

本法第157條規定：「法規命令依法應經上級機關核定者，應於核定後始得發布。數機關會同訂定之法規命令，依法應經上級機關或共同上級機關核定者，應於核定後始得會銜發布。法規命令之發布，應刊登政府公報或新聞紙。」

前述法規命令發布之載體必須具有權威性，應當是國家規定或認可的刊物，故以刊登政府公報或新聞紙爲限，並不包括電腦網路，至於本法第45條係行政機關應主動公開之資訊，含法規命令之資訊，則以任何傳播媒體均可，具多種多樣化，如可以電視、電腦網路、新聞紙、書籍、政府公

---

[14] 林秀蓮，前揭文，頁302。

[15] Robert F. Reid & Hillel David, Administrative Law and Practice, 3nd ed. (London: Butterworth & Co. Ltd., 2010), p. 275.

報等方式公開。

## 第四項　準用法規命令訂定程序之事項

本法第151條第2項規定：「法規命令之修正、廢止、停止或恢復適用，準用訂定程序之規定。」

準用，是一種引用性法條，指於性質不相牴觸之範圍內，對於法律構成要件或法律效果的規定予以類推、變通、間接之適用。例如廣播電視法第32條：「第二十一條及第二十六條之一第二項規定，於廣告準用之。」而所謂適用，即完全依其規定直接辦理，不必變通。如國家賠償法第5條：「國家損害賠償，除依本法規定外，適用民法規定。」

## 第五項　法規命令之無效

本法第158條第1項規定：「法規命令，有下列情形之一者，無效：
一、牴觸憲法、法律或上級機關之命令者。
二、無法律之授權而剝奪或限制人民之自由、權利者。
三、其訂定依法應經其他機關核准，而未經核准者。」

依法規位階理論，受任機關於授權法規定下，在其權限範圍內行使其被委任之權限者，不得違反憲法、授權法等其他上位法規範之規定，故法規命令牴觸憲法、法律或上級機關之法規命令者無效，應屬當然（中央法規標準法第11條）。

又命令無法律授權而剝奪或限制人民之自由或權利者，乃違反法律保留原則，亦屬違憲而當然無效（憲法第23條、172條）。至於國會對於委任立法應行規定之事項，理論上，必須明示法規命令所能規定之內容、範圍、及其規定之目的。法律不得作單純概括性之授權，否則就容易導致行政機關濫用命令權，形成行政權取代立法權之弊病。因而法律必須作具體的、確定的授權，使得人民之權利能受到保障，而法院亦可審查該項法規命令是否違背法律。至於所謂法規命令之內容、目的及範圍應如何確定，實務上似乎是一件相當困難的工作，亦即不易由立法者在授權之法律條文

中作明確的規定。似有待立法技術之研究與克服。

　　上級機關對所屬下級機關擁有一般監督權，包括對下級行政立法的監督在內，故下級機關所訂頒的法規，有一部分應依法呈請上級機關核定，然後始取得合法效力，如未經核准，則生效要件並不具備，應屬無效。

　　再者，基於法規安定性及公益之考慮，本法復採一部無效為原則，全部無效為例外，即明定：法規命令一部分無效者，其他部分仍為有效。但除去該無效部分，法規命令顯失規範目的者，全部無效（本法第158條第2項）。

　　最後，法規命令訂定生效後，應即送立法院查照，至於法規命令性質應就客觀內容觀之，如屬法規命令性質無論使用何者名稱，均有送立法院查照之義務，行政機關不能規避[16]。

# 第三節　行政規則

## 第一項　行政規則之概念

### 一、行政規則之定義

　　本法第159條第1項規定：「本法所稱行政規則，係指上級機關對下級機關，或長官對屬官，依其權限或職權為規範機關內部秩序及運作，所為非直接對外發生法規範效力之一般、抽象之規定。」

　　同條第2項：「行政規則包括下列各款之規定：一、關於機關內部之組織、事務之分配、業務處理方式、人事管理等一般性規定。二、為協助下級機關或屬官統一解釋法令、認定事實、及行使裁量權，而訂頒之解釋

---

[16] 司法院釋字第543號解釋理由書謂：「緊急命令之補充規定無論其使用何種名稱均應依行政命令之審查程序送立法院審查，以符憲法秩序。」另監察院2003年7月4日糾正行政院衛生署之糾正案文中亦強調：行政院衛生署公告調整全民健康保險費率，核其規範性質既屬法規命令，且內容涉及人民權利義務，依法應送立法院審查，惟該署於公告後，並未送立法院，顯屬過於形式主義，且有規避立法院審查職權之嫌之違失。

性規定及裁量基準。」[17]

由前揭條文觀之，行政規則之訂定，不以必有法律之授權為必要，並且可略分為：（一）處務規則；（二）作業性行政規則；（三）裁量性行政規則；（四）解釋性行政規則。如依其功能可分為機關內部事務的運作規範及解釋性規範二大類。除此之外，事實行為，例如防災、防疫、節約、交通安全宣導、宣導政策政令、開闢道路及整理檔案、資料蒐集、編製設計等均可依行政規則處理。

## 二、認定行政規則之要件

歸納認定行政規則之要件如下：

（一）內容不得牴觸母法或增加法律所無之限制，法律授權行政機關發布命令為補充規定者，行政機關於符合立法意旨且未逾越母法規定之

---

[17] 疑義解釋案例：

1. 有關俸給（包括本俸、年功俸及加給）部分，在公務人員俸給法第14條所授權應訂定之各種加給給與辦法及俸點折算俸額標準未訂定發布前，現行「全國軍公教員工待遇支給要點」第1點既明定該要點係「依據公務人員俸給法等有關規定」訂定，可解為屬將公務人員俸給法具體化之行政規則，屬於行政程序法第159條第2項第2款之解釋性行政規則，為法制不備前之權宜措施。再者有關獎金、福利及其他給與事項部分，公務人員俸給法並無規定，惟屬給與公務人員獎勵、福利之規定，並非限制或剝奪公務人員之權利，於法律未制定前，以行政規則方式訂之尚無不可，乃法制不備前之權宜措施（參照法務部2000年10月31日法89律字第000459號函釋）。

2. 關於公教員工因執行職務致殘廢或死亡發給慰問金之規定，因係公教員工身分地位而發生之財產利益，其性質具有外部效力，應非屬行政程序法第159條之「行政規則」。惟若非限制或剝奪公教員工之權利者，則不以法律授權為必要。於此情形宜以「辦法」規定之（參照法務部2000年3月31日行政程序法諮詢小組第5次會議紀錄）。

3. 查關於耕地分割之限制，農業發展條例第16條業已明文規定，惟其中並無「已興建農舍之耕地，就其農舍依建蔽率還原所需之耕地不得分割」此一限制，而耕地分割執行要點第6點增列上開之限制，業已對外發生法律效果而限制人民對其財產權之自由處分，上開規定於2001年1月1日行政程序法施行後之適法性，恐有疑義（參照法務部2000年12月28日法89律字第045248號函釋）。

限度內，亦得就執行法律有關之細節性、技術性事項以施行細則定之，惟其內容不得牴觸母法或對人民之自由權利增加法律所無之限制[18]。法條使用之法律概念，有多種解釋之可能時，主管機關為執行法律，雖得基於職權，作出解釋性之行政規則，然其解釋內容仍不得逾越母法文義可能之範圍[19]。

（二）上級機關對下級或長官對屬官為規範內部秩序及運作之一般、抽象規定，而非屬個案之決定。

（三）原則上只能扮演行政機關內部「行事準則」的角色，不必有法律授權，而由機關依職權發動，但僅對機關內部有拘束力。

（四）行政規則之名稱，不受中央法規標準法名稱之支配。實務使用要點、注意事項、基準、須知、規範、方案、簡章、程序、原則、守則、手冊、作業規定、補充規定等。

## 三、行政規則與法規命令之區別

綜上所述，行政規則與法規命令有下列明顯的區別：

（一）行政規則乃對內關係之抽象規定，不必有法律之授權。法規命令乃對外關係之抽象規定，必須有法律之授權。

（二）行政規則僅機關內部有拘束力，法規命令對任何人均有拘束力。

（三）行政規則僅係內部規定，與一般人民無關，故不受法律保留原則之支配，惟其仍為行政作用之一種，亦須受法律優越原則之拘束。法規命令應遵守依法行政之原則，因其係對外關係，故須遵守法律優位原則及法律保留原則。

（四）行政規則無須對外公布，只須有關機關了解即可，故以下達、通報，使機關內部人員了解為原則。法規命令須發布，即應刊登在特定機關公報或新聞紙始生效力。

---

[18] 司法院釋字566號解釋參照（2003年9月26日）。

[19] 司法院釋字586號解釋參照（2004年12月17日）。

（五）行政規則理論上無須立法院查照。法規命令包括實質意義之法規命令（公告），須送立法機關查照。

**法規命令與行政規則之區別表**

| 類型<br>比較點 | 法規命令 | 行政規則 |
|---|---|---|
| 是否須經<br>法律授權 | 授權命令須經法律授權。 | 無須經法律授權。 |
| 規範事項 | 1.依法律具體明確授權所定之法規命令，得規範授權範圍內人民權利義務之事項。<br>2.依法律概括授權所定之法規命令，因法律並未就授權之內容或範圍為明確規定，故僅能規範細節性、技術性之事項。 | 行政機關內部有關人事、組織等事項或解釋性規定或裁量基準。 |
| 效力 | 對外，對任何人發生效力。 | 原則：僅對機關內部生效。<br>例外：間接對機關外部發生效力。 |
| 程序 | 須對外發布。 | 原則：下達下級機關。<br>例外：具間接對外效力者，如裁罰基準、解釋性函釋等，仍應發布。 |
| 應否送交<br>立法院 | 經對外發布即生效力，嗣後送立法院查照。<br>依「立法院職權行使法」第60條規定，經立法委員15人以上之連署或附議得交付審查。 | 經對內下達即生效力，毋庸送立法院查照。 |

## 第二項　行政規則之類型

### 一、第一類行政規則

第一類為機關「內部事務的運作規範」：例如各機關的內部組織、事務分配，事務處理方式、人事管理之一般規定等，其目的在使機關的運作能夠規律化。又可分為如下二類：

（一）組織性行政規則：規定機關內部之組織結構及職掌，包括分設之單位、業務分配，如處務規程、辦事細則。包括設置任務編組之組織，例如內政部○○審議委員會設置要點。

（二）作業性行政規則：規定處理內部業務的規則，如處理查尋人口案件獎懲實施要點、表揚績優義工要點。

### 二、第二類行政規則

第二類是「解釋性規範」，即為協助下級機關或屬官統一解釋法令，認定事實及行使裁量權，而訂頒之解釋性規定及裁量基準。此種解釋性之法規範係行政機關為了統一法律秩序所訂定。按行政機關負有執行法律任務及職權，故為了減少執法的困難，即可本於職務監督權，來給予所屬各機關人員認定事實、澄清法律疑義以及行使裁量權時應有的判斷標準等，給予相當具體的規定[20]。又可分為如下三類：

### （一）替代法律之行政規則

指在法律未予規範、或未予充分規範的事務領域，行政機關基於實務需求，依職權訂定，以規範下級機關或屬官的一般性規定。如認定要點、作業要點、處理要點。其主要功能在於填補「非經具體化即無法適用」的法律規範漏洞。基於行政主動、積極、彈性、專業的特質，行政機關有義務對法律規範不足之處進行補充，甚至代替法律發揮提供規範標準的功能。

---

[20]　陳新民，行政法學總論（台北：自印本，2015年9月），頁282。

## （二）解釋規範之行政規則

解釋令之目的，在對母法或依授權訂定之法規命令條文中有不確定法律概念部分，加以闡明其原意，俾使下級機關或屬官能夠有所遵循，統一步調。故解釋內容中應引據母法或法規命令之條文，然後再說明其涵義。

此外，仍須特別注意者，乃解釋規範之行政規則與行政法令查詢有下列不同之處：

1. 解釋令：認為有全體機關一體適用之必要，以令發布並刊登公報者（本法第159條第2項第2款）。

2. 解釋函：關於具體個案之法律適用疑義，須以函答復後，如認為有全體機關一體適用，並刊登公報者（依據同上）。

3. 行政法令之查詢：向主管機關陳情，該機關據以現行法規內容以函復陳情人者，即非解釋令函（本法第168條）。

## （三）裁量基準

即就法律效果之多數行為中選擇其一。裁量則有伸縮餘地，原則上依行政機關對該法律效果在行政秩序上之預測而定。因為了建立一致性之裁量權行使模式而訂定之基準。如稅務違章案件減免處罰基準、違反○○法罰鍰裁量基準、違反水污染防治法通知限期改善或補正裁量基準、違反就業服務法第○條規定廢止招募許可及聘僱許可裁量基準。

## 第三項　行政規則之下達與發布

行政原則之訂定既為行政固有之權限，各國行政程序法就其訂定時應履行如何之程序，皆未設規定。惟行政規則事實上既有拘束行政內部，並可因而間接拘束外部之效力，其表示之方式允宜有所規範。故本法第160條規定：「行政規則應下達下級機關或屬官。」同條第2項復規定：行政機關訂定前條第2項第2款（為協助下級機關或屬官統一解釋法令、認定事實、及行使裁量權，而訂頒之解釋性規定及裁量基準）之行政規則，應由其首長簽署，並登載於政府公報發布之。因為裁量準則、解釋令函，因行政內部遵照的結果，將間接拘束外部人民，可見攸關人民權益，其發布有

助於人民了解行政機關執法標準，俾能決定行為舉止，以免觸法[21]。

至於行政機關對個人覆函涉及法律解釋時，如認其具有本法第159條第1項之行政規則性質，而依第160條第1項下達下級機關或屬官，且認其係屬第159條第2項第2款之行政規則者，則應依本法第160條第2項規定登載於政府公報發布之。如僅係單純對個人之覆函，而非屬第159條第1項之行政規則或未依第160條第1項下達下級機關或屬官者，自無須依第160條第2項登載政府公報[22]。

綜合前述，行政規則的訂定，須遵守三原則：（一）無須法律的授權；（二）訂定自由原則；（三）下達及登載公報。

## 第四項　行政規則之效力與廢止

### 一、行政規則之效力

本法第161條規定：「有效下達之行政規則，具有拘束訂定機關，其下級機關及屬官之效力。」由此可見，行政規則以對內生效為原則，不具有直接對外之效力，但以行政之自我拘束為基礎，形成行政規則之間接對外效力。

所謂下達，是一種上意公示以達於其下之意思表達的程序，並不必然包含眾所周知之意，故無一定的要式，僅須機關內部傳達告知的程序為已足。例如行政規則一旦經有效下達，應以該函到達機關之日起發生拘束之效力，亦即拘束訂定機關，其下級機關及屬官，但對於解釋性行政規則，除下達程序外，尚必須由首長簽署，並刊載於政府公報發布之[23]。

---

[21] 據行政院秘書處解釋：

　1. 各機關對於非主管法規所為之解釋，以函答復即可，不必刊登公報。

　2. 各機關對於非主管法規所為之解釋，如係關於具體個案之法律適用疑義者，須以函答復，並刊登公報；如非具體個案，而係抽象之法律解釋者，處理方式同上（參照法務部2001年3月22日法90律字第000147號函釋）。

[22] 法務部，行政程序法諮詢小組第3次會議結論，1999年12月13日。

[23] 有關解釋性行政規則之生效日期，司法院大法官會議釋字第287號解釋謂：「行政主管

至於各種行政規則之對外效力，則可歸納如下：

## （一）**處務規程**

處務規程僅涉及行政內部之工作推展，因此不僅欠缺法律上對外效力，通常亦不具備事實上對外效力。

## （二）**作業性行政規則**

如對於以相關職務之公務員為對象，所下達有關處理事務之規定，不生對外效力問題，僅屬有無違背公務員之服從義務。

## （三）**裁量性行政規則**

行政機關以行政規則使其裁量具體化，並在實務上經常予以引用，即應於個別案件予以維持，而產生對外效力。

## （四）**解釋性行政規則**

如行政機關因適用不確定法律概念而有判斷餘地時，可以在判斷餘地內，就不確定法律概念作成自我負責及有拘束力之解釋，行政機關經常予以援用，即應受其拘束，行政機關據以作成之行政處分便因而產生間接之對外效力。

此外，行政規則規定之內容，限於上級機關對下級機關或長官對屬官，依其權限或職權為規範機關內部秩序運作所為非直接對外發生法規範效力之一般、抽象之規定。現行行政規則之內容有涉及法律保留事項者應檢討提升為法律或法規命令，否則應予廢止或刪除[24]。

---

機關就行政法規所為之釋示，係闡明法規之原意，固應自法規生效之日起有其適用。惟在後之釋示如與在前之釋示不一致時，在前之釋示並非當然錯誤，於後釋示發布前，依前釋示所為之行政處分已確定者，除前釋示確有違法之情形外，為維持法律秩序之安定，應不受後釋示之影響。」（參照法務部2001年3月22日法90律字第000147號函釋）。

[24] 法務部，各機關依行政程序法修訂主管法規之參考原則（台北：法務部，2000年4月），頁18。

## 二、行政規則之廢止

　　行政規則得由原發布機關廢止之（本法第162條1項）。行政規則之廢止，適用本法第160條之規定（同條第2項）。

# 第五章 | 行政計畫

## 第一節　行政計畫之概念

### 第一項　行政計畫之意義

#### 一、計畫之概念

　　計畫（plan）雖常被視爲特殊的行政行爲，但計畫並非像行政處分或命令等一般，可全然看成一種特殊的行政行爲，而應視其決議與生效之形式而定，有時可能其拘束力係建立於其他形成之行政行爲，如行政處分或命令，乃至行政規則、個別指示、內閣決議等廢止，亦不排除其以傳統以外之形式出現[1]。

#### 二、計畫之重要性

　　「凡事豫則立，不豫則廢。」由於現代政府職能擴充，行政行爲必須是有計畫的，否則如無計畫，前後措施不一，不僅國家行政目的與任務無法達成，而且人民也將蒙受不測之損害，法律秩序之安定性亦無法獲得確保。在今日，隨著經濟的發展，生存競爭日益激烈，加上生活空間的不足以及財政上資源的有限性，更使國家行政計畫越來越爲重要，如非事先有周詳完備之計畫，則不僅易滋糾紛，導致資源浪費，而且因資源分配不當，產生社會問題，阻礙國家之健全發展[2]。

#### 三、計畫表達之型態

　　職是之故，政府爲引導社會經濟之發展，維持公正合理之社會秩

---

[1]　林錫堯，行政法要義（台北：自印本，2016年8月），頁417。

[2]　陳清秀，「行政計畫制定之手續與行政救濟」，憲政時代，第13卷第4期（1988年4月），頁37。

序，或就有限資源做合理有效之分配運用，常擬定計畫，就達成該目的有關之方法、步驟或措施等，預爲設計與規劃，期能於計畫確定後實施時，能順利如期達成預定之目標或實現預定之構想，此種設計與規劃行爲，即爲行政計畫（administrative planning）[3]。至於其表達之型態，約略有政策、方針、程序、計畫、方案、預算、措施等名稱。

## 四、行政計畫之定義

本法第163條將「行政計畫」定義規定爲：「係指行政機關爲將來一定期限內達成特定目的或實現一定構想，事前就達成該目的或實現該構想有關之方法、步驟或措施等所爲之設計與規劃。」其主要是透過「目的性」、「事前性」、「爲將來事務之規劃」等特徵概括地描述此種傳統上較未提及之行政行爲[4]。

## 第二項　行政計畫之種類

行政計畫之態樣繁多，茲將學者歸納之分類及標準分述如後[5]：

## 一、以計畫對象為區別標準

依照此項標準，得將計畫區分爲國土開發計畫、經濟計畫、勞動計畫、財政計畫、文教計畫、社會建設計畫、資源保護計畫、人力發展計畫、科技發展計畫、能源政策計畫、國防計畫、區域計畫等。各計畫間並非均各自獨立而無任何關係，其在相互調整之後，得以整體性姿態加以執行。

---

[3] 廖義男，「論行政計畫之確定程序」，收錄於行政院經建會委託台大法律研究所專題研究報告，「行政程序法之研究」（1990年12月），頁365。

[4] 行政院經濟建設委員會委託，國立台灣大學法律學研究所廖義男教授主持研究計畫，行政計劃確定程序可行性之研究（1999年6月18日），頁32。

[5] 詹啟章，從行政法學觀點論日本行政計畫制度（國立中興大學法律學研究所，碩士論文，1986年5月），頁23至27。

## 二、以計畫地域之廣狹為區別標準

依此標準得區分為全國計畫、區域計畫及地方計畫。例如我國之區域計畫及都市計畫之別，日本亦有全國綜合開發計畫、都道府縣綜合開發計畫、地方綜合開發計畫，以及經內閣總理指定之特定地域綜合開發計畫等即是。

## 三、以計畫期間之長短為區別標準

依此基準得分為：
（一）一至二年為目標之短期計畫。
（二）三至六年為目標之中期計畫。
（三）七年以上為一期之長期計畫。
（四）每年度策定之單年度計畫。

計畫期間乃指從計畫之策定至計畫目標達成為止。長期性計畫因較難詳細地規定，所以，經常需依靠短期計畫及中期計畫給予具體化。

## 四、以計畫範圍為區別標準

依此標準得區分為綜合計畫及特定計畫。計畫之範圍為綜合全般性者，稱為綜合計畫，如國土綜合開發計畫即是。相反地，以特定事業或部門為範圍者，稱之為特定計畫，如道路整建計畫、住宅計畫是也。

## 五、以計畫之過程或具體化程度為區別標準

依此標準則可區分為目標計畫及實施計畫，或者上位計畫及下位計畫。指示行政目標者為目標計畫，表示事業之具體內容者為實施計畫。實施計畫又得區分為事業計畫、管理計畫及處分計畫。

其次，在特定的行政領域範圍內，具有廣泛區域性、全體性及基本性之計畫者，稱為上位計畫；相反地，具有較狹區域性、個別部門之業務計畫則稱之為下位計畫。如以縱向計畫層次又可分三個層次：（一）整體國家建設計畫；（二）方案性規劃；（三）細部作業計畫。

## 六、以有無法律上拘束力為區別標準

依此基準得區分為拘束性計畫及非拘束性計畫兩者。即從國民權益之變動著眼，凡計畫對於國民的權利利益發生直接、具體的限制或變動者，即為拘束性計畫，如都市計畫區域內之開發行為限制；至於只給予國民指導方向之計畫，則為非拘束性計畫，亦稱為指導性計畫。

## 七、以國家政策立場為區別標準

依此基準得分為政策性計畫及狹義的行政計畫。政策性計畫係指以國家基本政策目標之選擇、樹立為目的，視為政策方針之一般性計畫，諸如作為國家或地方公共團體開發政策之基本綜合性計畫的國土綜合開發計畫，或者指示長期經濟政策發展方向之經濟發展計畫即是。

而狹義的行政計畫係指諸如各種公共設施之整理計畫或者事業實施計畫，其以基本政策為前提，擬定更個別具體性行政目標之實施計畫。

## 八、以有無法律上根據為區別標準

依此得區分為基於法律規定所擬定之計畫，稱為法制上計畫，以及無法律根據之事實上計畫。

前述各項計畫之分類，在法律上具有重要意義者，係指拘束性計畫及非拘束性計畫，基本計畫及特定計畫，上位計畫及下位計畫。而其區分之意義乃在於如何擔保計畫全體之整合性及程序方式之保障。德國行政程序法中之「確定計畫程序」即適用於基本計畫及特定計畫之區別[6]。

## 第三項　行政計畫之法律性質

行政計畫因種類繁多，其性質隨不同學說而異，茲分述如下：

## 一、措施性法律說

行政計畫性質上屬於行政保留之範疇，只須以通過之預算為依據即

---

6　同前註，頁28。

可[7]。亦即，預算是行政計畫表達之型態之一，根據司法院大法官釋字第391號解釋理由中指出：「其於民主憲政之原理，預算案又必須由立法機關審議通過而具有法律之形式，故有稱之為措施性法律，以有別於通常意義之法律。」嗣大法官釋字第520號解釋又再度強調預算案為措施性法律之見解。

## 二、法規說

都市計畫之擬定、發布及擬定計畫機關依規定五年定期通盤檢討所作必要之變更，並非直接限制一定區域內人民之權益或增加其負擔者，依大法官釋字第156號解釋理由認非屬行政處分，而屬法規性質。又如地方議會通過之各類計畫則係自治法規（自治規則，地方制度法第23條參照）。

## 三、一般行政處分說

司法院釋字第156號解釋謂：「主管機關變更都市計畫，係公法上之單方行政行為，如直接限制一定區域內人民之權利、利益或增加其負擔，即具有行政處分之性質，其因而致特定人或可得確定之多數人權益遭受不當或違法之損害者，自應許其提起訴願或行政訴訟以資救濟。」

## 四、行政作用制度說

行政計畫就整體而言，其應包括所設定之目標及達成該目標之手段與程序，其已非單一行政作用形式，故非行政處分。此外，該行政計畫雖具有一般抽象性質，計畫具有多層次性、複合性及彈性，但從其公布的程序及其非規律人民與行政機關之具體法律關係而言，其亦非法規命令。因此，行政計畫之整體可稱為一種行政作用之制度，人民對之欲主張救濟，須俟具行政處分性質之行為作成時，始得發動[8]。

此外，尚有事實行為說、廣義之行政行為、計畫行為說等，可見行政

---

7　李惠宗，行政程序法要義（台北：五南圖書，2009年9月），頁523。
8　李震山，行政法導論（台北：三民書局，2015年10月），頁392。

計畫不宜歸類爲一獨立之行政行爲方式,其可能以不同之行政行爲方式,故須依個案判斷其法律性質。

## 第四項　行政計畫之功能

行政計畫之內容,錯綜複雜,千變萬化,各計畫均有其獨自作用,欲就其所發揮之功能一律加以論列,實在不易,然據行政法學者之研究,行政計畫大致上有下列三項共通之功能:

### 一、政策目標之設定與達成

蓋現代行政並非單純的以消極秩序之維持爲任務,更須積極地開創社會、經濟及文化等行政領域之未來秩序,而以積極形成活動爲主要任務。這種形成活動,經常向著將來所希望達成之目標前進。但是,爲了實現福利行政,空有理想亦難以達成目的,更須正確地把握社會發展現況及行政需求之動向,預測將來,作妥善準備,並合理地分配可利用的人力、物力等資源。因此,須以現狀的科學分析及將來之預測爲基礎,從多種併立之可能性或價值中,藉意見溝通而選擇最佳方案,事先加以確定,作爲政策性目標。此種政策性目標,雖可依法律形式加以規定,但無法避免地此舉可能會造成目標設定之僵硬化、靜止化及固定化。所以,倘考慮客觀條件之變化或因預測之錯誤等因素而變更或修正目標時,毋寧採取較具有流動性及彈性之計畫形式,以設定目標較爲適宜[9]。此外,行政計畫通常附隨有經費資源之配置,以便計畫之執行推動,事前更能確定。

其次,這種目標設定,係從諸種併存之可能性或價值中選出而給予特定化及客觀化。斯項選擇因係對未來社會、經濟及文化之秩序或地域社會之型態爲長期性規範,所以,本需具有科學性及合理性之性質,故亦有稱之爲「合理性機能」。但是,事實上,其卻常受非合理性之政治判斷影響而擬定錯誤之目標,導致全體行政活動長期受到扭曲。因此,爲確保計畫

---

[9]　詹啟章,前揭文,頁17至19。

決定之選擇合理性及正當性，乃有考慮程序保障之必要[10]。

## 二、作為行政發展之指導與協調手段

對現代社會所引起之諸種多樣化之行政需求，行政機關如各自為政，不僅造成缺乏行政效率，同時亦無法滿足社會大眾的廣泛需求。甚至，由於在行政本位主義作祟下，更易產生各種行政措施間之不調和，因此，科技整合規劃，促進計畫周延性之要求越顯重要。

其次，由於行政本身極具技術性及專門性，故行政計畫之擬訂，絕非單憑經驗或直覺可竟其功，而須徹底揚棄本位主義之偏見、滌除以偏概全之畸象，積極的在科技發展之新方向下，謀求社會的均衡發生，因此行政計畫應運用綜合規劃方法，敦聘相關學科之專家，於立國建國之目標下，由總體的觀點，做席捲式的全面檢討，逐一臚列所有可行之辦法，平心評估各該辦法在經濟、社會、文化、環境、工程等各方面之利弊得失，繼以創造性之設計方法，汰劣擇優，再經多次回饋，再擇其可行之道，行政憑此計畫推展，方得謂係真正為全民的永恆福祉奠定其穩固基礎[11]。

## 三、提高人民之預期可能性與誘導民間活動

行政計畫不論對國民有無直接拘束力，消極地來說，可使人民得以估量其未來的行為舉止，以提高預測之可能性、減少意外的法律秩序風險；積極地來說，國家或行政主體得透過行政計畫履行其生存照顧之義務，並形成一種制度保障[12]。

此外，亦提供民間各種活動之資訊，此在經濟計畫領域更顯突出。由於行政計畫具有誘導及提供資訊，經常發揮實質上規制國民權利自由之效果，故為能調整關係人相互間對立之利害。

---

[10] 同前註。

[11] 黃守高，現代行政法之社會任務（台北：東吳大學中國學術著作獎助委員會，1988年7月），頁348。

[12] 行政院經濟建設委員會，同註4，頁16。

# 第二節 確定行政計畫之裁決程序與效力

## 第一項 計畫確定程序之概念

### 一、計畫確定程序之定義

計畫擬定後，應經一定之程序，始爲確定，而後才能開始實施者，譬如依序自擬定計畫、公開計畫、聽證、審議後始爲確定者，此種程序之整體，稱爲「計畫確定程序」。

### 二、計畫確定程序之作用

其作用，一方面在使受計畫影響其利益之民眾與其他機關知悉該計畫，而得藉由提出異議，或發展意見以影響對計畫爲最後之決定；另一方面則在使計畫確定機關獲悉各種異議或意見，得衡量公私利益，俾考慮更爲周詳，而使最終確定之計畫內容合理妥善，俾於具體實施計畫內容時順利可行，而達到預定之目標。故計畫確定程序之作用，乃在確保計畫之妥當與可行[13]。而計畫確定程序能否發揮使計畫考慮周詳、內容妥當之作用，則涉及計畫確定程序之制度問題。

### 三、符合計畫確定程序之要件

「行政計畫」相對於「計畫確定程序」係屬上位概念，適用「計畫確定程序」之計畫當然屬於本法第163條所稱之「行政計畫」之一種，但並非所有的行政計畫都必須經過「計畫確定程序」，而是必須符合本法第164條第1項所規定之「有關一定地區土地之特定利用」或「重大公共設施之設置」，以及「涉及多數不同利益之人及多數不同行政機關之權限」之三個要件者，才應適用計畫確定程序[14]。例如尚未涉及多數行政機關之權限，仍不屬前揭法條所稱之行政計畫。

---

[13] 廖義男，前揭文，頁365。

[14] 行政院經濟建設委員會，前揭研究，頁33。

再者，「計畫確定程序」相對於「確定計畫之裁決」也是上位概念。所謂「計畫確定程序」，主要是在描述從計畫擬定、公開、聽證、審議、確定等一系列之過程，而「確定計畫之裁決」，則是專指計畫確定程序中認可該計畫之所爲之決定行爲而言[15]。

簡言之，前者是指將計畫加以確定時應經過之整個前後過程之程序，後者爲一行政處分[16]。

## 第二項　計畫確定程序之適用範圍

現代社會法治國之政府任務中，爲發展經濟及從事公共建設，常有規劃特定地區之土地利用及公共事業之興辦與公共設施之設置之行政計畫者，該等計畫又常涉及多數不同利益及牽涉不同主管機關之權限與職掌，從而爲使該等計畫之確定過程，能有效合理調和各種不同利益及避免程序稽延以提高行政效率，建立計畫確定程序之規範，實有必要[17]。

再者，基於法治國原則及民主原則，在確定計畫之決定之前，應踐行公開及聽證程序，以符合權利保障之精神[18]，亦即經由聽證程序，可將各種有關計畫之不同意見彙整，並盡力調和其間利益之衝突。故本法第164條明定：「行政計畫有關一定地區土地之特定利用或重大公共設施之設置，涉及多數不同利益之人及多數不同行政機關權限者，確定其計畫之裁決，應經公開及聽證程序，並得有集中事權之效果（第1項）。前項行政計畫之擬訂、確定、修訂及廢棄之程序，由行政院另定之（第2項）。」

由前述法條內容可知，確定計畫程序並非一體適用於各種類型之行政計畫。而僅適用於特定上地之利用，或重大公共設施之設置，涉及多數行政機關之權限及多數利害關係人之利益者。前者如爲發展特定產業，而規

---

15　同前註。

16　同前註，頁18。

17　同前註，頁114。

18　立法院，第3屆第6會期第12次會議，「立法院議案關係文書」，院總字第1584號（1998年9月29日），頁616。

劃一定地區土地為該產業用地；後者如規劃興建大眾捷運系統、航空站、水庫、電廠、高速公路、開發新市鎮等。故確定計畫並非等同於行政計畫之程序，兩者不應混淆[19]。

再者，何謂「重大」之公共設施，通常係考量其所涉及之土地面積、受影響人民之數量、所保護或增進之法益以及對公共利益之影響程度而定之，並無絕對之標準。而所謂「多數」行政機關，係指二以上之行政機關而言[20]。

## 第三項　計畫確定程序之步驟

行政計畫之確定計畫裁決，我國學者認為其符合行政處分之要件，故性質上係屬行政處分。因此，本法第二章行政處分之相關規定，原則上亦適用於確定計畫之裁決。惟計畫確定程序仍有其本質目的及內容特性，本法第164條第1項爰規定，確定其計畫之裁決，應經公開及聽證程序，並得有集中事權之效果，此係行政計畫確定程序有別於行政處分之設計[21]。

關於行政計畫確定之程序步驟，我國行政程序法並未明文規定，僅授權行政院另定辦法，惟各先進民主國家實務之作法，頗值得參考，雖然行政計畫之程序種類各異，但其共同必經之步驟為：1.擬定計畫之提出；2.擬定計畫之公開；3.聽證之舉行；4.確定計畫之裁決。茲分述如下：

### 一、擬定計畫之提出

首先，擬定計畫機關必須擬定計畫書，以提供利害關係人必要之資訊，作為參與聽證之基礎，故擬定之計畫書應記載之事項如下：

（一）計畫目的。

（二）計畫之緣由及事實背景。

---

19　行政院經濟建設委員會，前揭研究，頁104。

20　同前註。

21　林秀蓮，「行政程序法有關聽證制度之檢討」，刊於台灣行政法學會主編，行政法人與組織改造、聽證制度評析（台北：元照出版公司，2005年1月），頁304。

（三）擬採之重要措施。

（四）涉及土地者，其有關之土地。

（五）計畫之圖表說明或設施配置圖。

（六）其他有助了解計畫內容之必要事項[22]。

## 二、擬定計畫之公開

計畫擬定後，欲使受計畫影響之人及有關機關得以表示意見及討論溝通及協調之機會，須對擬定之計畫予以公開。公開及徵詢意見方法應分三面進行：

### （一）計畫書公告

除應將擬定計畫書登載於政府公報公告、刊登新聞紙外，如計畫內容涉及地方之開發與發展或土地之利用者，也應使該地方人士有所知曉，故計畫書陳列之地點應涵蓋計畫影響之地區。因此，宜規定計畫書應於當地地方政府或公所公開展覽，而地方政府或公所則應登報周知其展覽期間及地點。又為此公告時，並應載明聽證之機關單位名稱或人員姓名，並指示對於計畫有意見之人，尤其權利或利益受計畫影響之人得於一定期間內表示意見或提出異議，怠於異議或出席之法律效果及通知之方法等。

### （二）書面通知

對於已知其權利或利益受計畫影響之人，應以書面個別通知其得提出異議之意旨及提出異議之期間。蓋基於法治國家原則及權利保護之精神，行政行為如對人民權利或利益有所影響時，在為該行政行為之決定前，應使當事人有表示意見之機會，故此書面通知，其作用，係對已知其權利或利益受計畫影響之人表示意見機會之加強確保。

### （三）徵詢有關機關意見

計畫之事務涉及其他機關之職掌及權限者，則尤須主動徵詢該有關機

---

[22] 同前註，頁93。

關就計畫擬定之意見[23]，蓋計畫確定後實施時，將對該等機關之職掌及權限有所影響。因此，事前之徵詢及溝通，不僅事實上有必要，且基於機關權限之相互尊重，維護相關之公共利益，亦理所當然[24]。

## 三、計畫確定聽證

### （一）計畫確定聽證之功能

#### 1. 程序集中提高行政效能

計畫確定程序之特色之一為行政程序集中化，亦即將原屬不同權限機關之多數且單獨行政程序集中為單一程序而處理，避免程序冗長及各機關之紛雜歧見。因此，確定計畫機關自行或指定其他機關舉行聽證程序時，涉及其權限之其他機關應派員到場討論並表示意見；確定計畫裁決之核准決定，即等於取得所有權限機關之許可，有助達成提高行政效能之目的[25]。

#### 2. 人民權利保護及利益調和

行政計畫具有目標設定性及手段多樣性之特質，故應著眼於行政過程進行中人民利益之調和及機關權限之調整，方能對其作正確之理解。職是之故，行政計畫側重在確定程序之設計，希望藉由程序進行達到事前合意之目的。因此，計畫確定聽證程序中，主持聽證之人員或機關應使參與聽證程序之當事人及涉及其權限之其他機關充分討論，並力謀各種不同意見

---

[23] 按都市計畫法第19條規定，主要計畫擬定後經審議議前，應於各該直轄市縣（市）（局）政府及鄉鎮或縣轄市公所公開展覽三十天，以供民眾向該管政府提出意見及都市計畫法台灣省施行細則第5條規定，縣（市）政府應向上揭之公開展覽期間內舉辦說明會，以及各級都市計畫委員會組織規程第10條規定，都市計畫委員會開會時，得允許與案情有關之公民或團體代表列席說明等，並非有關應舉行聽證之規定，故主管機關無須依行政程序法第107條第1款規定舉行聽證。至於該變更處分是否依同條第2款規定舉行聽證，由主管機關認定（參照法務部2001年11月15日法90律字第040330號函）。

[24] 廖義男，前揭文，頁367。

[25] 林秀蓮，前揭文，頁305。

及利益之調和。且對於提出異議之人，就其未解決之爭議事項，仍由確定計畫機關一併作決定，如利益衡量有瑕疵時，尚得就確定計畫之裁決提起撤銷訴訟[26]。

### 3. 裁決集中事權之效果

與行政處分最大不同之處，係確定計畫裁決具有集中事權之效果。計畫確定程序，除經由計畫公開及聽證程序協調或溝通各種不同利益外，更藉由集中事權來提高行政效能。因此，確定計畫裁決之核准決定，無須再得其他權限機關之許可，該確定計畫即得實施[27]。

## （二）聽證之預告

因聽證程序有助於計畫過程之透明或計畫之公開性，並有助於計畫確定機關了解公眾的看法，故計畫確定程序，如僅讓利害關係大及有關機關單純表示意見，以供確定計畫機關之參考，而未進一步舉行聽證，使計畫所牽涉之機關及利害關係人相互討論、溝通及協調者，則其作用，顯屬有限。因此，要使計畫透露計畫確定程序，而使終局確定後之計畫內容合理並使利害關係人信服，聽證必須舉行，行政機關並無裁量餘地。

聽證之前必須先行預告程序，預告可能的方法有通知及公告，即負責聽證單位或人員於異議期間經過後，應於聽證期日前十日公告聽證期日、場所及缺席之效果。並以書面通知擬定計畫之機關、計畫之事務所及其執掌及權限之其他機關、權利或利益受計畫影響之人及提出異議之人於聽證期日到場表示意見及討論。此項公告，除在政府公報登載外，並應在計畫影響地區發行之新聞紙刊載之。

## （三）聽證之舉行

一般行政處分聽證程序之客體係過去已發生之事實，而聽證程序之目的重在調查事實及證據，並讓當事人及利害關係人得充分表示事實上乃法律上之意見。而計畫確定程序聽證之目的，係在對未來之事項為預先之規

---

26  同前註，頁306。

27  同前註。

劃，且由於其客體涉及多數行政機關之權限及多數利害關係人之利益，因此其聽證程序即重在彙整、溝通及協調各種有關擬定計畫之不同意見並調和其間之利害衝突。

申言之，不僅讓擬定計畫之機關或事業（計畫主體）、權利或利益受計畫影響之人，以及計畫之事務涉及其權限及職掌之機關等，對擬定之計畫表示意見而已，並且亦藉聽證程序相互溝通及討論，聽證主持人並應力謀各種不同意見及利益之調和。因此，其舉行聽證之作用及目的，與一般聽證程序不同。

換言之，除以上因應計畫確定程序之特有目的及特性所為特別規定外，其餘有關聽證程序之相關規定，亦得適用行政程序法行政處分章有關聽證之規定。

有關如何舉行行政聽證，容待第八章行政聽證與公聽會之舉行中再予詳敘。

再者，計畫確定程序聽證終結後，應就進行聽證時各有關機關之意見，當事人間達成之協議及未解決之異議，連同其對聽證結果之意見作成聽證報告書，送交計畫確定機關參酌並據以作成裁決。此外，在計畫確定程序中，由於其客體涉及多數行政機關及多數利害關係人，程序之進行本極易延遲，為促進程序之進行，因此強化其失權效果，亦即利害關係人倘若有缺席之情形，其意見嗣後一概不得再行提出[28]。

## 四、確定計畫之裁決

擬定之計畫，經由聽證程序，彙整各種有關計畫之不同意見，並且溝通及盡力調和其間之利益衝突而作成聽證報告書送交計畫確定機關後，該確定計畫機關應審查報告書後視該計畫是否適法、需要、妥當而可行後，做如下之處置：

### （一）駁回

計畫確定機關審查擬定之計畫及斟酌全部聽證程序之結果後，如認為

---

[28] 行政院經濟建設委員會，前揭研究，頁99至100。

計畫違法，或依「計畫裁量」，認為計畫並非需要，或不妥當，而此種瑕疵不能以課予負擔之方法除去時，則對此計畫不應核准而應駁回，此項駁回，並非此處所稱之確定計畫之裁決。其法律性質，如擬定計畫之機關與確定之機關不屬同一行政主體，而此駁回，損害擬計畫機關所代表行政主體之權利，即對外發生作用者，即可認為係一種行政處分，可提起行政爭訟請求救濟。

### （二）計畫確定之裁決

如計畫確定機關斟酌全部聽證程序之結果，認為擬定之計畫適法、需要、妥當而可行時，則可就計畫為確定之裁決。此種確定計畫之裁決，係就特定土地之利用、公共事業之設立或公共設施之設置等具體事件之規劃，為核准之決定，對可得特定之權利或利益受計畫影響之人直接發生法律效果，且亦可能係有關公物之設定、變更及利用之決定，因此，合乎本法第92條行政處分與一般處分之定義，為一行政處分，應無疑義[29]。

至於計畫確定之裁決，其內容則應包括下列事項：[30]

1. 確認計畫及其實施所必要之措施適法可行。
2. 對聽證程序中經討論而未解決之異議，作成決定。
3. 為保護公益或防止他人權利受不利之影響，應課予計畫擬定機關有採行必要防護措施、設置或維護必要設施之義務時，應敘明該機關所負義務之內容。
4. 如必要防護措施或設施不能採行、設置或與計畫不適合時，關係人得請求相當之金錢補償。

## 第四項　確定計畫裁決之效力

確定計畫之裁決係對一具體計畫作成單一總決定之行政處分，並因而產生核准作用、集中事權作用及形成作用之法律效果，茲分述如下：

---

[29] 同前註，頁100。

[30] 廖義男，前揭文，頁370。

## 一、核准作用

指該裁決係在核准擬定計畫機關得依核准之計畫內容實施其計畫，並得採行經具體確認為適法可行而會侵害人民權利或利益之必要措施[31]。

## 二、集中事權作用

指擬定計畫機關實施計畫所必要之措施，縱令依其他法律，係屬其他機關主權限及職掌，原本應得該其他機關之核准或同意，但既經確定計畫機關在確定計畫裁決中核准擬定計畫機關得為採行，則該其他機關之核准或同意程序應可免除。所以有此效果，主要理由有二：

（一）即該其他機關係屬聽證程序中所謂計畫之事務涉及其職掌及權限之機關，因此，該等有關機關在聽證程序中應已表示意見，而此意見，在確定計畫機關為確定計畫之裁決時必已斟酌。

（二）為使確定後之計畫能順利實施，避免再次徵詢有關主管機關同意等程序之煩瑣及再生枝節，以提高行政效率，因此，擬定計畫機關於實施計畫而為經認可之必要措施或設施時，即無須再經其他主管機關同意之決定[32]。

## 三、形成作用

即計畫經確定後，擬定計畫機關與權利或利益受計畫影響之人之公法上關係，即受確定計畫內容之影響與決定，而產生、變動其間之權利與義務，使當事人間形成新的法律關係。亦即，確定計畫裁決主要內容與附隨內容，包括例如土地重新取得、補償請求權、特殊負擔之確定等，均自該計畫確定時發生新的狀態，此謂之「確定行政計畫裁決之形成效力」[33]。

申言之，對擬定計畫機關而言，其實施計畫而採行經確認為適法之必要措施時，縱該措施對第三人權益造成不利，其行為仍有合法之依據，該

---

[31] 行政院經濟建設委員會，前揭研究，頁105。

[32] 同前註，頁105至106。

[33] 李惠宗，前揭書，頁404。

第三人有容忍之義務。另一方面，對權利或利益受計畫影響之人而言，如確定計畫之裁決有課予擬定計畫機關採行必要防護措施或設置必要防護設施之義務者，如擬定計畫機關未採行或設置時，則權利或利益因此受害之人，即得請求擬定計畫機關履行其義務[34]。

---

34　同前註，頁107。

# 第六章 | 行政指導

## 第一節　行政指導之概念

### 第一項　行政指導之意義與重要性

#### 一、行政指導之意義

行政指導就是國家行政機關在其管轄事務的範圍內，對於特定的人、企業、社會團體等，運用非強制手段，獲得相對人的同意或協助，以實現一定行政目的的行為。本法第165條立下定義規定為：「本法所稱行政指導，謂行政機關在其職權或所掌事務範圍內，為實現一定之行政目的，以輔導、協助、勸告、建議或其他不具法律上強制力之方法，促請特定人為一定作為或不作為之行為。」

行政指導屬於行政機關的行政行為，也是行政機關活動的一種方法，以行政指導方法調整的行政機關同所管理對象之間的一種關係就形成行政指導關係。

#### 二、行政指導之緣起與發展

現代政府職能隨著社會變遷而日益擴大，舉凡社會、經濟、文化等繁雜的社會形成活動，無不假手於行政主體而完成，因此行政機關遂扮演多樣化的角色。有時為了維持社會秩序而對人民命令、強制，有時則以給付主體而提供生活必須的財貨、勞役、資金、物品等，甚至還擔當起「經濟嚮導行政」而規制經濟活動，或介入經濟的循環過程中，誘導國民於一定的經濟秩序。

行政機關於實現上述行政活動過程當中，必須要求行政客體、個人、企業、為一定之作為或不作為時，原則上以遵從法的決定正式的發布命令、委派任務為常態。但是行政機關以行政行為的形式發布命令，固然

以法律之根據爲必要。可是遇有新事態發生時，有時因尚未訂立適切應付新事態的法規範下，有時因難以根據法律的一律性執行來確實應付行政的需要。在此等情況之下，行政機關亦不容置之不問，因爲行政主體負有補充法律不完善，應付行政需要的責任。因此，在此情形下，唯有藉助於非權力行政手段，其中尤以輔導、協助、勸告、希望、建議等行政指導成爲重要的行政行爲[1]。

因行政指導具有平等、自治、協商、合作等人文主義之優點，故戰後日本成功將之作爲作爲管理市場經濟活動之重要手段。在美國行政法上則稱爲「指導意見」（advisory opinions），在德國則稱爲「非行使統治權之經濟嚮導」。我國學者認爲係相當於一般所謂「道德勸說」之性質[2]。

綜上，行政指導體現了現代行政管理民主化的發展趨勢。行政機關採用行政指導手段，更符合行政相對方的意願，從而更有利於減少相對方對行政管理的阻力，更有利於行政管理任務的完成。

## 第二項　行政指導之特色

現代由於行政權擴大之結果，行政作用之型態甚多，如行政處分、行政立法、行政強制、行政契約等皆是，行政指導如與這些行政作用相比較，則具有如下特色：

### 一、行政指導之優越性

現代國家的行政業務，不僅趨向於專業化，而且日益科技化，許多行政業務的內涵，均涉及相當的科技知識，而行政機關於資訊、知識等方面均優於一般人民，具有參考價值、誘導性方能達成指導之目的，如行政機關向社會大眾，針對某些農、工、商品，甚至地區之安全性及其他危險所提出的警告呼籲行爲，這種行政機關所爲的意思表示，不僅具有優越性，

---

1　林重魁，從行政法學觀點論日本行政指導制度（中國文化大學法律學研究所，碩士論文，1984年5月），頁8至9。

2　吳庚，行政法之理論及實用（台北：自印本，2016年9月），頁588。

而且有強烈及明顯的公益取向。故「行政指導」與「行政要求」不同，後者係行政機關與人民立於對等地位，要求人民作為或不作為，如地方公共團體要求大企業前來設廠以增加就業機會即是。

## 二、行政指導之主動性

行政指導是適應多元化社會管理需求的主動行為，因其為非權力行為之活動，故與發動公權力行為之行政立法、行政處分、行政強制等不同，行政指導恆用指示、希望、警告、勸告等方法，其措施可供行政客體任意的或選擇的遵循。此等行為，形式上雖與下命行為相類似，然並無法的拘束力或強制力，故縱令相對人不服從其指導，亦不受處罰或強制執行之處分，即在法律上有服從與否之自由。惟在民主意識不甚發達之國家，猶存官尊民卑之觀念，行政指導雖為非權力的、主動的、任意的行為，然因行政機關握有公權力之故，相對人恆感心理上之壓力，實際上服從行政指導者，當不在少數[3]。

## 三、行政指導之積極性

行政指導，是適應範圍廣泛，方活靈活多樣、柔軟簡便、追求效率的行為，乃行政機關主觀上具有使相對人為一定行為的積極意思存在。不僅運用於經濟領域，也適用於治安、人權、文化領域。亦即積極地誘導人民以形成一定之秩序，協調相對人自願配合政府行政目的之達到，以彌補相關國會立法和委任立法尚未完善之處，促使行政政策與計畫得以順利實現，如對法規或申設案件申請程序及作業規定之指導，此與提供勞務之事實行為、發動公權力之事實行為或設置公共設施之事實行為有別[4]。

## 四、行政指導為單純之事實行為

行政指導並不以法律根據為必要，以便應付變動不居的行政業務，行

---

3 林紀東，行政法，修訂再版（台北：三民書局，1994年11月），頁435。

4 劉宗德，「論日本之行政指導」，收錄於行政院經建會委託台灣大學法律學研究所執行之專題研究報告，行政程序法研究，（1990年12月），頁427。

政指導，縱令具有法令上之根據，然因其不直接發生法的效果，故爲單純之事實行爲，但亦有下述例外：(1)法律有規定於爲命令、強制、處罰等公權力行爲之前須先對之「事前勸告」者，此種事前勸告之行政指導即爲公權力行爲之事前程序，而生行政程序上之效力。(2)對造人民於承諾服從行政指導時，法律有明文規定該項承諾之法律效果者，如不服從，得科以行政罰[5]。

### 五、行政指導之社會性

行政指導是指向相對人但不直接產生法律效果的行爲，其指導之對象，爲特定之個人、法人或團體，此種措施之探行，在於促使行政客體自願與行政機關協調配合，或接受行政機關的意見與援助，以實現公私雙方的共同利益。故與上級行政機關，本於指導監督權之發動，對於下級行政機關爲訓示，以維護公益者，亦有區別，因此等行爲，係在行政機關內部之組織關係上所爲之監督行爲，非以一般國民爲對象[6]。

## 第三項　行政指導之功能

行政指導，爲依法行政原理與國民要求有差距時，所爲之補偏救弊之措施，具有補充和替代、輔導和促進、協調和疏通、預防和抑制等作用，茲分述其功能二點如下：

### 一、發揮應急效能

命令、強制等公權力行爲，基於法治主義，侵害保留理論之前提，須有法律根據方可爲之，反之，行政指導係對造任意服從之非權力行爲，不須有法律根據即可爲之。故在行政對象擴大，多樣化及流動之現代社會，行政機關如遇有緊急行政需要發生，因無法律根據而不能以公權力行爲處理時，則行政指導可配合政府資訊公開，發揮其應急效能，其對擔任綜合

---

5　同前註。

6　林紀東，前揭書，頁435。

性行政任務的行政機關來說，具有很多利益，而對行政權行使主體的對方
而言，相對的亦有反射性之效果[7]。

## 二、避免事前紛爭

　　行政機關在發動權限前，爲避免發動強權之摩擦，期待行政客體自動
地協力以達到公行政目的而爲行政指導，可發揮避免事前紛爭之效果。

　　即使是在依法律規定而施行的行政處分、行政強制等場合，也常因行
政機關與對方之見解不同，而產生不必要的摩擦，甚至最後訴諸於法庭，
若預測得這樣的情事，在行政行爲得到結果之前，或到此行政行爲階段之
前，以某種行政指導，尋求合理的協助行爲，其所得到的結果，在實質上
仍然一樣，然後者所得的結果，即使不實行行政行爲等，也不構成違法或
不當，且不傷害對方之權利、利益，若再無法達成時，也可實行行政行
爲，與其任由引起紛爭，不如選擇行政指導，使行政能順利進展[8]。由此
可見，行政指導是對某些僵硬法律手段的有效替代，具有以柔軟之行政手
段，化解官民間之紛爭，減少涉訟發生之效能。

## 三、協調利益和疏導衝突

　　行政指導對於可能發生的妨害社會經濟秩序和社會公益的行爲，可以
起到防患於未然的作用；對於剛萌芽的妨害行爲，則可以起到防微杜漸的
抑制作用。

　　行政指導的非強制性和自主抉擇，使其在緩解和平衡各種利益主體間
的矛盾與衝突中具有特殊有效的作用。尤其是對於社會經濟組織之間的衝
突，更需要通過行政指導進行協調和斡旋。行政指導即是對現行法律不完
備的補充，是解決快速多變的社會生活與有侷限的立法活動矛盾的有效措
施。

---

[7]　新井隆一，行政法（東京：成文堂，1982年3月），頁70；劉宗德，前揭文，頁428。
[8]　新井隆一，前揭書，頁71。

## 第四項　行政指導之種類

關於行政指導之方法並無種類之限制，學者所見頗爲複雜[9]，然一般均以1.法源之有無；2.機能之差異爲分類標準，茲分述如下：

### 一、以法源之有無爲標準

#### （一）正式行政指導

爲法律明文規定，得爲勸告、希望、建議等行爲者，可謂爲「正式行政指導」。

#### （二）彌補法律不足之行政指導

行政機關欲進行行政指導之事項，法律雖未明文規定得直接進行行政指導，然對該事項法律賦與機關命令、許可、撤銷、停止等處分權限者，行政機關以該權限爲背景，爲勸告、希望、建議等行爲。蓋法律既予以對人民爲不利處分之權力，則於爲不利處分之先，先爲溫和之措置，自爲法之所許，事實上亦甚爲適宜。

社會生活特別是經濟生活的複雜化、多樣化，在一定階段出現立法漏洞現象已不可避免，爲了彌補法律手段之不足，行政主體可以採取靈活的行政指導手段達到調整社會關係的目的。

### 二、以機能差異爲標準

在行政管理的一定階段行政主體採用強制手段尚無必要或者效果並不一定理想時，行政主體可以採取行政指導的手段來達到同樣的目的。對行政相對人來說，也希望行政主體通過建議、勸告、指引等方式來對其實施指導，可見行政指導相對行政主體的其他行政手段有時是一種極好的輔助

---

9　學者歸納指導行爲方式有如下情形：(1)指導、輔導、協助；(2)通知、提議；(3)勸導、說服；(4)告戒、勸阻；(5)建議、意見；(6)商討、協商、溝通；(7)贊同、表揚、提倡；(8)宣傳、推荐、示範、推廣；(9)激勵、勉勵、獎勵；(10)斡旋、調解、協調；(11)指導性計畫（規劃）；(12)導向性行政政策（綱要行政）；(13)發布新聞資訊公布實情等。

手段。其又可分爲：

### （一）規制性、抑制性之行政指導

即爲達到行政上之目的，對於危害公益或妨害秩序之行爲，加以規制、預防或抑制之行政指導，如違章建築之抑制、物品價格之抑制、青少年之輔導或交通指導、頒布醫療法人章則訂定範例、勸告特定銀行不要委託不良資產管理公司催收卡債等是。

### （二）調整性之行政指導

當各關係團體、關係企業、利害對立，相持不下，從而難於達到一定之目的時，主管機關仍介入其中，爲調整與妥協之行政指導，如對申請人進行事前勸告或更正勸告、對於同一行業者間摩擦所爲之協調指導，又如房屋仲介業者與買賣任一方當事人發生糾紛時所爲之指導，建築業者與鄰近居民發生建築糾紛所爲之指導是。

### （三）促進性或輔導性之行政指導

以促進、保護、幫助對方利益爲目的之行政指導，通常附隨補助金或獎勵金之交付、或融資等利益，如欲使中小企業合理化、效能化所爲之指導，農政主管機關對於農民提供農業改良技術之指導、鼓勵米農轉作其他作物、督促農民適當方法使用農藥，以及對職業安定或訓練之指導、證券交易所發布股票期貨指數、爲促進外籍新娘融入當地社會所行之指導等是。

## 第二節　行政指彎之一般程序

綜合各國行政指導之實際經驗，因行政指導之方式具多樣化，故仍有不完全定型化之情形，惟如下程序規定和實際做法則是比較普遍存在的，其中相當一部分屬於慣例，並非法定程序，但值得特別參考：

一、行政指導以行政機關依職權主動發動爲主，但也可例外由依人民申請而發動，申請者無須是當事人。

二、進行調查了解眞實情況，確定有無進行該指導行爲之必要性。

三、在進行專業技術類行政指導時，先向學者、專家或專業部門諮詢論證，以確定該指導行為的適當方式和配套措施。

四、與有關相對人進行研討、協商或其他方式之溝通，以取得理解、諒解和配合。

五、選擇進行指導之適當時機，如在正式行政行為前實施行政指導，使指導作為前置程序。

六、通知和說明關於指導行為之目的、內容、負責人員等。通知分為書面和口頭方式。如相對人要求書面通知，而此前尚未以書面通知者，則應滿足其要求。如指導對象為多數，只要無行政上的特別障礙，則應將指導目的、內容和負責人員等予以通告。

七、依職權主動或應請求提供與該指導行為有關之文件、資料、數據供利害關係人和有關監督部門參考。

八、主動聽取利害關係人和其他相對人之意見。

九、留出足夠時間由利害關係人辨明理由、提出意見，或作書面紀錄。

十、重大的行政指導行為，還可應相對人的申請舉行或依職權主動舉行聽證會、專題審議會等[10]。

# 第三節　行政指導之限制

行政指導存有行政責任不明確、法治主義之空洞性、權利救濟手段之不備等弊端[11]，故為了避免行政機關濫用行政指導，致人民之權益受到重大損害，各國行政程序法有關行政指導之規定重心，皆側重於其行使上之限制[12]。故本法第166條即規定：「行政機關為行政指導時，應注意有

---

[10] 莫于川，行政指導要論（北京：人民法院出版社，2002年12月），頁109至110。

[11] 劉宗德，行政法基本原理（台北：學林文化事業有限公司，1998年8月），頁197至198。

[12] 林明鏘，「行政程序法草案之重要內容行政契約與行政指導」，收錄於國立台灣大學

關法規規定之目的，不得濫用。相對人明確拒絕指導時，行政機關應即停
止，並不得據此對相對人爲不利之處置。」歸納前揭法條之限制有三個原
則，茲分述如下：

## 一、濫用禁止原則

行政機關之任務、職掌與權限，恆於組織法中定之，亦有定於行政作
用法中者。此類規定，不僅爲行政機關行使權限之根據，在對國民或其他
機關之關係上，亦爲該機關行使權限之範圍，故行政指導，不得逾越此項
範圍。又關於行政機關權限之規定，未必明白確定，頗有含義不甚清晰，
而具有相當之彈性，行政指導亦僅能於其範圍內爲之，如逾越其範圍，仍
發生違法或不當之問題。

行政機關應當說明行政指導之目的、內容和其他情況。法規對於行政
指導之要件、內容、形式、程序定有明文規定者，自應從其規定。如法規
規定行政機關，爲勸告等措施時，應先聽取審議會之意見者，行政指導自
不得超越行政計畫之範圍，如行政機關未聽取審議會之意見而爲勸告，或
超越行政計畫之範圍而爲指導時，即發生違法或不當之問題。又法規對於
行政指導之要件、程序等，雖未設規定，如行政指導不當侵害憲法所保障
之人權，或與現行法律正面牴觸時，自亦法所不許。

再者，倘行政機關爲行政指導時，違反行政規則規定之目的者，相對
人得依行政法上之一般法律原則，例如信賴保護原則、平等原則、權利濫
用禁止原則等處理[13]。

## 二、拒絕接受指導應行停止原則

行政指導係不具法效性之行爲，相當於一般所謂「道德勸說」之性
質，故行政指導之正當性必須爭取民眾普遍之信賴，即應於相對人同意或

---

法律學系印，行政程序法草案研究者論文集（1999年2月），頁77。

[13] 法務部，「行政程序法各條文中法規之涵議彙整表」，2000年7月20日律決字第258號
函各機關附件，頁24。

協助下進行，相對人有權對行政指導聲明異議、或表達意見，若已明確表示拒絕或不服從之態度時，即應停止。

### 三、事後不利處置禁止原則

前項情形，相對人明確拒絕指導時，行政機關除應即停止外，如須採取行政處分或其他公權力等措施時，不得導致相對人受有不利益。

### 四、被指導者受有損失之適當補償

行政指導者因自身的資訊有誤，而誤導了被指導者，結果使被指導者受到較大損害，行政指導者應考慮行政機關占有資訊方面的全面性、權威性而負有一定的補償責任。行政指導本身沒有任何瑕疵，但接受指導者因其他原因遭受一定損失，這時行政指導者應基於信賴保護原則，向被指導者表示道歉，並給予一定的補償。

## 第四節　行政指導之方式

為使行政指導責任明確化，指導公開化，本法乃針對行政指導應遵循之方式加以明定，即：行政機關對相對人為行政指導時，應明示行政指導之目的、內容、及負責指導者等事項。前項明示，得以書面、言詞或其他方式為之。如相對人請求交付文書時，除行政上有特別困難外，應以書面為之（本法第167條）。

由前揭法條觀之，行政指導以不要式為原則，如在相對人請求及行政上無特別困難條件下，行政機關始應採書面指導方式，但為確保行政指導之公正性與效率化，減少官民衝突，如行政指導之內容有下列情形之一者，似宜以書面為之，並交付相對人：

一、建議或勸告相對人變更申請內容或撤回申請者。

二、建議或勸告相對人容忍法令所定以外之負擔者。

三、為預防或解決私人間糾紛所為之協調者。

四、法令規定對拒絕接受行政指導之相對人得公布其姓名或名稱、事

實或得課予利益處分者。

　　綜上，行政指導本爲行政機關爲補充法律所規定行政手段之不足，以自願協力之實現爲方式且爲靈活處理行政事務所採之非正式手段，具有主動性、引導性、任意性、示範性、補充性、靈活性、柔軟性、簡易性、協商性等性質之事實行爲，而非行政處分或其他公權力措施。故一般通說認爲，行政指導不需有法律之明文規定即可行之，亦即縱法律對行政機關能否爲行政指導並無明文規定，行政機關尚非不得依其組織法上所規定之一般權限自行裁量而爲妥適之行政指導。另行政機關爲行政指導之際，除對於本法第166條及第167條之規定，亦當一併注意外，並應受平等原則、比例原則、誠實信用原則及信賴保護原則等行政行爲原則之拘束（本法第6條至第8條參照）[14]。

---

[14] 　法務部2000年11月16日法89律字第0141289號函釋。

# 第七章 | 陳 情

## 第一節　陳情之概念

### 第一項　陳情之意義

　　陳情在人民與政府的溝通上，是一個用途廣泛而靈活的途徑。昔者當人民權益受官署損害時，以上書方式向官署陳情，懇求救濟。此法行之已久，人民耳濡目染，至今仍多習慣此方式。除涉訴訟案件以外，幾乎任何與政府發生關聯的各類事務都可以提出陳情，如當人民權益因政府的作爲而受損，或爲爭取、維護權益及表達意願時，仍然常以書面方式函寄有關機關，以致有捨法定的「請願」途徑而不用的普遍情形。但政府爲恢宏便民的功效，確保人民權益，並擴大政治參與，乃遷就現實情況，行政院於本法公布後於2000年5月正式頒布「行政院暨所屬各機關處理人民陳情案件要點」。

　　陳情一詞，原非現行法律上的術語，茲本法特予法文化，並採取從寬原則，將陳情界定爲：「人民對於行政興革之建議、行政法令之查詢、行政違失之舉發或行政上權益之維護，得向主管機關陳情」（本法第168條）。基此，凡行政事務，皆列入陳情之可能範圍。例如人民向環保主管機關陳訴某公共客運公司烏賊車的情況嚴重。

　　但依法律規之申訴，則非本法所規定之陳情。例如勞動基準法第74條第1項明定：「勞工發現事業單位違反本法及其他勞工法令規定時，得向雇主、主管機關或檢查機構申訴。」

　　陳情，原則上固然應向主管該行政事務之機關提出，但不以此爲限，案件特別複雜或牽涉其他有關機關者，其上級機關或其他有機關，亦不妨爲陳情之對象。是一種非正式之行政救濟，與訴願之爲形式化之行政

救濟有別[1]。訴願，係當行政處分影響人民權益時，人民認該行政處分有違法或不當之情形時，即得依法請求行政處分機關或其上級機關重新審查其合法性或妥適性。

## 第二項　陳情與請願之區別

請願，依請願法第2條規定：「人民對國家政策、公共利害或其權益之維護，得向職權所屬之民意機關或主管行政機關請願」。陳情與請願之異同點如下：

### 一、相同點

（一）主體相同：兩者皆以人民為主體。

（二）標的相同：以機關的措施為其提起之對象。

（三）性質相同：對受理機關無強制之拘束力，僅陳述希望或了解實情。

（四）目的相同：對權益之維護陳述希望。

（五）法定期間相同：均無期間之限制。

（六）次數相同：兩者均無次數之限制。

### 二、相異點

（一）**法律依據不同**

1.陳情：依行政程序法及行政院暨所屬各機關處理人民陳情案件要點。

2.請願：憲法第16條及請願法之規定。

（二）**範圍不同**

1.陳情：行政興革之建議、行政法令之查詢、行政違失之舉發或行政上權益之維護。

---

1　林騰鷂，行政法總論（台北：三民書局，2014年3月），頁513。

2.請願：國家政策、公共利害、權益之維護，故請願範圍較廣。（請
　　願法第2條）。

## （三）方式不同

1.陳情：得以書面或言詞爲之。

2.語願：應備請願書，並有法定記載事項。（請願法第5條）

## （四）時點不同

1.陳情：係行政機關現在或過去之行政措施予以陳情。

2.請願：對現在，過去與未來之事項均得請願。

## （五）受理機關不同

1.陳情：向主管之行政機關陳情，不包括職權所屬之民意機關。

2.請願：含行政機關與民意機關。

## （六）拘束力不同

1.陳情：受理機關對人民陳情事項有處理或告知之義務，有一定程度
　　之拘束力。

2.請願：僅係陳述希望之行爲，故無拘束力。

# 第三項　陳情之方式

　　爲便於人民陳情，無論以言詞或書面提出皆可，以書面提出者，其格
式亦無一定之限制，故本法第169條明文規定：「陳情得以書面或言詞爲
之；其以言詞爲之者，受理機關應作成紀錄，並向陳情人朗讀或使閱覽後
命其簽名或蓋章。陳情人對紀錄有異議者，應更正之。」以示審愼，並作
爲處理之憑藉。書面包括電子郵件及傳眞在內。

# 第二節　行政機關對陳情之處理

## 第一項　迅速及保密之處理

### 一、確實迅速處理

　　為落實陳情制度之功能，宜由專人負責，增進處理之效率，俾有效解決人民之問題，進而確保人民對行政之信賴[2]。故本法第170條特規定：「行政機關對人民之陳情，應訂定作業規定，並指派人員迅速、確實處理之。人民之陳情有保密必要者，受理機關處理時，應不予公開。」

### 二、採取適當措施及通知陳情人

　　得陳情之範圍十分廣泛，陳情之內容不一而足，行政機關因應之方式自亦無法一成不變。本法第171條即規定：「受理機關認為人民之陳情有理由者，應採取適當之措施；認為無理由者，應通知陳情人，並說明其意旨。受理機關認為陳情之重要內容不明確或有疑義者，得通知陳情人補陳之。」

　　前述何謂適當之措施，則依個案而定。至於無理由之情形，兼含程序及實體方面因素。例如，陳情案件欠缺具體內容，或同一事項經予適當處理，而仍一再陳情者皆是。

## 第二項　無法受理時之告知及移送

　　陳情之事項，究應由何機關處理，陳情人未必知悉。發現錯誤時，受理機關應告知陳情人，促其另行提出陳情。但受理機關衡酌情形，認為適當時，可逕行移送其他機關處理，以收便民之效。故本法第172條第1項明定：「人民之陳情應向其他機關為之者，受理機關應告知陳情人。但受理機關認為適當時，應即移送其他機關處理，並通知陳情人。」

---

2　立法院，第3屆第6會期第12次會議，「立法院議案關係文書」，院總字第1584號（1998年9月29日），頁645。

　　再者，陳情之事項，依法有其他正式之救濟方法者，受理機關應告知陳情人，使其不致延誤或錯失救濟機會。故本法規定：陳情之事項，依法得提起訴願、訴訟或請求國家賠償者，受理機關應告知陳情人（第172條第2項）。至於受理機關是否續為陳情之處理，宜由其自由判斷，本法並未明定。

　　此外，行政院暨所屬各機關處理人民陳情案件要點第15點亦明定，人民陳情案件有下列情形之一者，受理機關應通知陳情人依原法定程序辦理：

　　（一）檢、警、調機關進行偵查中者。

　　（二）訴訟繫屬中或提起行政救濟者。

　　（三）經判決或決定確定，或完成特定法定程序者。

## 第三項　得不予處理之情形

　　為避免不負責任之匿名、捏名濫控，或內容荒誕不經，無理取鬧，或以副本分函陳情主管機關及其他相關機關，而增加行政負荷情形，及為迅速處理結案，增進行政效率起見，本法第173條特明定：「人民陳情案有下列情形之一者，得不予處理：

　　一、無具體之內容或未具真實姓名或住址者。

　　二、同一事由，經予適當處理，並已明確答覆後，而仍一再陳情者。

　　三、非主管陳情內容之機關，接獲陳情人以同一事由分向各行政機關陳情者。」

　　但尤須注意者，乃人民陳情案具有上開法定情形者，機關得不予受理，惟機關如仍予受理者，亦非法所不許[3]。

---

[3]　法務部解釋：本件有關直轄市、縣（市）政府對匿名檢舉、陳情違章建築案件，得否基於如內政部來函說明二所敘：「……主管建築機關受理違章建築之檢舉、陳情案，主要為查明該地點是否確有違建發生，而無關檢舉人之姓名住址是否真實。除檢舉之違建地點不詳無法查報外，匿名檢舉、陳情違建案可彌補主管建築機關漏失應查報之違章建築，……」之考量仍予以受理乙節，本部敬表同意（參照法務部2001年4月24日法80律字第012271號函）。

# 第八章 ┃ 行政聽證與公聽會之舉行

## 第一節　聽證制度之原理

### 第一項　聽證制度之概念

#### 一、聽證之意義

聽證（hearing），即行政機關作出決定之前，給予當事人、利害關係人提供意見、提出證據之機會，俾對特定事實進行質證、辯駁之程序。

聽證是當事人之一項權利，而不是必須履行之義務。由於聽證程序耗時費錢費力，當事人往往放棄聽證，尋求更加簡便之解決方式。此外，如果當事人超過法定期限，未提出聽證要求或意願書者[1]，則視為放棄聽證權利。

#### 二、聽證制度之演進

聽證制度，原僅適用於有關司法權能之行使。司法是維持公平正義，故在審判過程中須經聽證，才能實現自然正義。後來，用於立法方面，即國會為蒐集或獲得最新資料，制定合理可行之法律，保障人民權益，邀請政府官員、學者專家、當事人與議案有關的關係人或議員同僚到委員會陳述意見，以為審查議案之依據或參考，此種制度，學者稱之為「立法聽證」。

最後，因行政機關所行使之權力，常具有立法及司法之權能，如法規制定與行政處分等，故當行政機關行使其權力以剝奪人民憲法上之權利之

---

[1] 內政部舉行聽證作業要點第6點第1項第12款規定，聽證通知及公告內容包括表示出席聽證意願之期限，並有附件——出席聽證意願書。

前，依辯論或審訊，或二者兼備之口頭程序，合稱之爲「行政聽證」[2]。其目的在使行政機關於法規制定或處分個案時能依循公平、精確、效率和可接受性之原則，以防止行政專制，保障民權，及提高行政效能[3]。

## 第二項　美國國會聽證制度之簡介

### 一、國會聽證之概念

#### （一）國會聽證之意義

　　美國爲總統制國家，國會議員無質詢權，總統及部會首長亦無須列席國會備詢，因此國會若要追究行政官員之責任，必須依靠調查權以釐清行政首長是否有失職或違法之事實，並依法行使彈劾權等。此外，美國國會調查之事由尚包括行政監督、立法準備、政策形成、揭發弊案及行使人事同意權等。爲了便於國會行使調查權，美國法律賦予調查委員會一定的職權，如召開聽證會、調閱文件、傳喚證人、處罰僞證等。根據議員的要求，被調查的當事人都必須參加聽證會。如果證人拒不合作、拒絕出席聽證會，或者拒不提供證言、證物和有關材料，委員會得報請院會訴諸刑事強制手段，以「藐視國會罪」罪名由國會向檢察官提出後，經由法院判決可處以監禁一個月至十二個月，或科以罰金一千美元。

　　國會聽證制度是當代美國國會政治相當重要之一環，參眾兩院的常設委員會、小組委員會或特別委員會，均得舉行聽證會。至於委員會是否召開聽證會，應先確定所需之資訊，評估期望溝通之政策或政治議題，然後再決定召開聽證會是否爲達成目標之最佳方案[4]。

---

[2]　Henry Campbell Black, Black's Law Dictionary, 15th ed. (St. Paul, Minn.: West Publishing Co., 1979), p. 42.

[3]　Ernest Gellhorn and Barry B. Boyer, Administrative Law and Process (St. Paul, Minn.: West Publishing Co., 1987), pp. 5-6.

[4]　立法院法制局整理，「美國國會調查及聽證實務」，國會月刊，第37卷第1期（2009年1月），頁56。

## （二）國會聽證之類別

依聽證目的之不同，美國國會聽證大致分成四類如下[5]：

### 1. 立法性聽證

國會立法一般都要先進行聽證，聽證被認爲是獲得資訊及知識的重要程序，是立法過程不可或缺之一環。在聽證會中，各種不同利益集團的代表就某件法案向議員們陳述意見，議員可以由此彌補專業知識之不足，同時還可以與各方面意見進行溝通和協調，使法案的制定更加周延。

### 2. 監督性聽證

參議院在行使人事同意權，包括對內閣級官員、高級法官、駐外大使和高級將領等的任命時，也要舉行聽證會，以考核提名人的背景，確定此人是否勝任未來的工作，同時國會還可以對行政當局的政策走向形成制衡，這種聽證就是監督性聽證。國會在批准條約時的聽證也屬於同一性質。

### 3. 審查性聽證

預算之聽證屬於典型的審查聽證會，主要是藉此對政府施政進行審查。其他如「日落法」聽證、「立法否決」聽證以及彈劾聽證等也屬於此類型聽證。

### 4. 調查性聽證

調查性聽證經常於懷疑政府施政或民間企業缺失而發動，通常由國會中專責該事務之常設委員會、小組委員會或成立特別委員會來承辦。調查性聽證將可能導致相關問題的立法，司法訴訟亦可能接續國會調查。

因調查性聽證會具有準司法性，採正式聽證方式，至於立法性、監督性或審查性之聽證會則較爲單純，採非正式聽證方式進行。

## 二、國會聽證之參加人

## （一）主席

常設委員會、小組委員會或成立特別委員會主席，就是聽證會之主

---

5　同前註，頁57。

席。其職權如下：

### 1.聽證會準備時之職權

(1)決定是否召開聽證會。

(2)同意多數黨職員進行預備詢問。

(3)小組委員會主席決定召開聽證會應於二週前通知委員會主席。

(4)決定邀請證人之人選及其作證之順序與方式，並發出邀請信函邀請作證。

(5)決定聽證會主題和開會時間、地點並發布通知。

(6)預備作證之證人因具備充分理由者決定其書面證言之豁免。

(7)決定是否採行職員預備詢問、是否宣誓及究竟採邀請或傳訊。

(8)簽發傳票或授權議員簽發，傳訊證人或調取文件與紀錄。

(9)核准電視媒體攝影機進入聽證會場之數量及其位置之安排。

(10)核准得進入聽證會場採訪照相之攝影記者。

### 2.聽證會召開時之職權

(1)開會前應確認會場人數是否達召開聽證會之法定人數。

(2)主持聽證會，擔任聽證會主席。

(3)決定聽證會公開與否。

(4)說明聽證會之主題、要旨及緣由，並且第一順位作開場陳述。

(5)安排委員提出開場陳述之順序。

(6)介紹證人並主持證人宣誓。

(7)第一順位詢問證人，並安排委員詢問證人之順序。

(8)決定授權職員詢問證人並決定其詢問時間。

(9)維持聽證會會場秩序。

(10)主導聽證會之結果。

(11)保障少數黨之額外聽證傳喚權。

(12)發表會議結論，並決定聽證之中止、結束及再聽證。

### （二）黨團

#### 1. 多數黨團之權利

主導聽證全部議程之進行，包括：

(1)聽證之前置作業，如應以何種方式進行、是否需要聘僱顧問或借調其他機關人員、預算充分與否等。

(2)確定聽證以何方案或事項為主題、舉辦日期及次數、證人選擇、幕僚準備之各種資料（備忘錄、背景資料、開場陳述等）。

(3)中間或最後報告之撰擬。

#### 2. 少數黨團之權利

在舉辦聽證等居於劣勢，僅能提供參考意見。但有權在聽證完成前要求主席傳喚其等選擇之證人在聽證舉辦期間至少一日出席作證。

### （三）議員之職權

議員之職權如下：

1. 得經同委員會主席之指定，主持證人宣誓。

2. 依多數黨及少數黨之資深順序進行開場陳述。

3. 依多數黨及少數黨之資深順序詢問證人。

4. 提議決定預備作證證人書面證言之豁免。

5. 提出傳喚其他證人到會作證之要求。

6. 提出動議要求授權職員詢問證人。

7. 同意職員對證人進行預備詢問。

8. 提案要求將證人證言摘要列入聽證紀錄。

### （四）委員會幕僚人員

1. 負責該聽證專案之幕僚：於聽證進行前應將兩黨共同討論之資料夾備妥置於各議員席位。

2. 兩黨團幕僚：將其個別為該黨議員準備之意見或背景資料置入個別議員資料夾內。

3. 幕僚人員於聽證進行時坐在所屬議員席位正後方幕僚人員席位，或視聽證進行狀況提供議員詢問證人所需問題或背景資料。

## （五）其他相關工作人員

委員會有時可視聽證會舉辦情況增加協助之支援人員。參議院經程序及行政委員會，而眾議院經行政委員會同意後，可聘僱顧問或向其他政府部門、單位借調職員如下：

### 1. 聘僱顧問契約

(1)對象：參議院包括個別顧問或組織，眾議院則僅限顧問。

(2)期間：必須係短期、臨時性的服務，且不得超過一年或當屆國會屆滿。

(3)身分及費用支給：聘僱顧問係以獨立契約承辦人身分執行職務，而非委員會職員；顧問之薪俸不得超過付給委員會一般職員最高每日津貼。顧問之交通費或旅行相關費用可依據支付議員及職員之規定核銷。

(4)工作範圍：提供議員或幕僚人員專業諮詢意見。

### 2. 借調其他部門人員

(1)書面要求：應向借調單位或機關之預算相關單位首長提出書面要求，並取得同意。

(2)期間：借調不得超過一年或當屆國會屆滿。

(3)工作範圍：如具審計專長GAO人員，或有軍事專業之國防部人員或調查專長之FBI人員等，其工作範圍主要在提供議員或幕僚人員專業諮詢意見。

### 3. 其他支援人員

(1)實習及志工：即給予獎學金、實習及志工等計畫而提供協助之人員，其專業程度從高中及大學、略有經驗或甚至無經驗，至訓練有素之專業人員及某一領域專家。

(2)法律顧問辦公室：提供有關包括草擬法案及相關文件等各種服務。任職該局之律師通常在法案草擬過程直接派遣至提出需求之委員會，並與該會人員緊密合作。

## （六）證人

證人之權利義務如下：

1. 證人有權委任輔佐人出庭，若無輔佐人應提前通知委員會。

2. 證人應事先提供簡歷資料及書面證言。

3. 非政府部門之證人，需另提交當前及之前二個會計年度中，該曾收受任何聯邦政府補助或契約之價金或來源之相關資料。

4. 證人得在主席或其他主持議員所認定之合理時間內以口頭陳述證言。

5. 證人得事先提出有關聽證會之疑問及了解聽證流程。

6. 證人之證言如有虛假，可能面臨虛偽陳述罪、偽證罪、妨礙國會調查罪等罪名起訴。

## （七）輔佐人

### 1. 輔佐人之地位

參眾兩院不論舉辦何種類型聽證會，受邀或受傳喚之證人均有權委任輔佐人（通常係律師）出庭，多數委員會定有輔佐人相關規則，明定聽證會之證人作證得基於保障個人憲法權利，由輔佐人陪同出席。而主席得因輔佐人違背相關命令、禮儀及職業倫理將受責難或遭逐出聽證會，委員會則得以其行為涉及藐視國會提報院會。

### 2. 輔佐人之權責

(1)陪伴出席聽證作證或應訊。

(2)輔佐人不得妨礙、中斷或擾亂聽證。

(3)輔佐人陪同證人出席涉及機密之秘密會議，應須檢附安全檢查證明。

(4)輔佐人之行為應符合倫理及職業道德。

(5)輔佐人不得直接交叉詢問證人，但得以書面提出問題或建議提出其他證據或傳喚其他證人。

## （八）媒體

委員會應規劃聽證會議之媒體報導和其他宣傳事宜，例如要求聽證會

應對社會大眾公開，也要開放給廣播、電視台及平面媒體；除非有特殊原因，如處理涉及危害國家安全的資訊，並經委員會投票表決才會進行秘密聽證。

## 三、聽證之幕僚前置作業

無論性質屬立法、監督、調查，或是帶有各種組合性質之聽證會，其籌備過程之各項基本要素幾乎都是共通的，其前置作業如下[6]：

### （一）聽證會之發動

**1. 聽證之發動程序**

(1)主席認為有必要召開，或有委員會三名以上議員向主席提出召開之書面要求。

(2)三名以上議員向主席提出書面要求，應敘明舉辦日期及時間。

(3)幕僚人員接獲上項通知後，應通報所有委員會議員有關舉辦及其日期、時間等訊息。

**2. 擬訂聽證評估備忘錄及請示主席**

多數黨幕僚擬訂聽證評估備忘錄，向主席請示是否召開聽證，備忘錄之內容應包括下列事項：

(1)聽證之目的。

(2)聽證之範圍。

(3)聽證之預期結果。

(4)聽證之政治考量（例如一旦舉行聽證會可能對外界傳達之訊息等）。

(5)可能傳喚之證人。

(6)預估聽證進行日數。

(7)少數黨之意見（視實際需要列入）。

**3. 主席裁示**

主席裁示後，幕僚即根據聽證評估備忘錄之內容，或主席指示之其他

---

6　同前註，頁58。

意見，進行聽證會之準備作業。

## （二）聽證日程之決定與通知

### 1. 日程擇定

舉行聽證會之決定一旦作成，幕僚工作的第一步便是以主席時間為準，依一般原則安排召開日程，並避免與院會或主席及議員之其他會議行程互相撞期，排定後則須預訂會議室。

### 2. 日程公告及通知

主席必須在聽證會開始之前至少一週的時間做出公布其主題和時間、地點等之公開通知。如果主席在取得少數黨領袖的同意或委員會以多數決做出聽證會應予提前舉行之決定時，主席亦應儘早做出通知。

### 3. 發布新聞稿並通知重要媒體

聽證會日程公告後，即發出新聞稿以知會媒體，但是對於重要媒體，委員會公關幕僚應有更加周到的個別聯繫管道進行通知確認。

## （三）證人（證物）之決定及邀請（取得）

證人（證物）之決定及邀請（取得）直接關係到聽證會能否成功舉行，並且獲致預期成果。茲分別敘述如下：

### 1. 證人之決定

聽證會證人名單之決定，主席及幕僚分別扮演著極為重要的角色，尤其是多數黨幕僚。當幕僚整理完畢後將結果呈送主席，主席有權作最後定奪。為避免多數黨有意為政府護航，而失去調查、監督之原有精神與真義。國會對此為委員會之少數黨提供了正式和非正式兩種管道以為補救：

(1)在正式管道方面：少數黨有權在完成所有聽證程序之前，經由黨內多數議員向委員會主席提出書面要求者，則可在剩餘聽證程序中的至少一天，傳喚少數黨所挑選的證人出席。

(2)在非正式管道方面：少數黨可藉由與多數黨間之合作，以對少數黨應有之尊重為基礎，共同邀請若干足以表達少數黨立場之證人出席。

### 2. 證人之邀請

主席裁定證人名單後，其幕僚即對證人們發出由主席簽名之聽證會正式邀請函。邀請函應告知證人該次聽證會之基本資訊，包括目的、主題、日期、時間、地點，該收件證人應陳述之範圍等，通常並要求證人事先提供簡歷資料及書面證言送交委員會。

相關幕僚有時會在聽證會舉行前與證人見面，回答證人提出有關聽證會之疑問，並事前推演聽證會的流程。

### 3. 證物之取得

證物或相關證明文件由委員會幕僚於聽證準備期間負責查訪、尋找。幕僚必須如同證人名單一般，整理先前調查過程所蒐集且預備於聽證會中提出，其處理情形如下：

(1)證物或相關文件之持有人或保管人，亦為未來聽證會的證人之一時，委員會可在時效允許下，以同一份邀請函同時解決證人出席及證物。

(2)證物或相關文件由特定人士擁有或保管者，則視實際情況，由幕僚聯繫，或由主席或少數黨領袖以信函方式要求取得。

(3)證物或相關文件屬公務機關持有或保管者，則由主席具名以信函方式要求提供或調閱。

### 4. 傳票

傳票為對於證人之傳喚通知以及對於證物或相關文件之調閱（取）通知。其具有刑事或民事之法律拘束力。但傳票之簽發仍受到限制，即其最直接面臨之兩大阻撓：

(1)行政部門援引「行政特權」，導致兩造必須經歷漫長的爭議、甚至訴訟過程，方能定奪該傳票之正當性及拘束力。

(2)當總統所屬政黨同時擁有議院多數席次，且有護航心態時，欲使該委員會簽發傳票以迫使行政部門官員提供證言、證物，可謂幾近緣木求魚。故實務上，傳票之使用有越來越少之趨勢。

## （四）證人陳述之安排

1. 證人預提書面證言之準備。

2. 非政府部門之證人，需另提交個人簡歷及附註當前及之前二個會計年度中，該名證人或其所代表之機構所收受任何聯邦政府補助或契約之價金或來源。

3. 證言陳述方式之預排，可分為傳統與分組兩種：

   (1) 傳統方式：為一個證人簡要陳述其所提交之書面證言後，接受在座議員依序提問，直到當場次最後一位證人接受完提問為止。

   (2) 分組方式：則是把針對關鍵論述之觀點較為一致或差異較大之數人編為同一分組，前者目的在使該分組火力集中，把砲口對準接受調查之另一分組證人（通常為行政部門主管代表）；後者目的則在使委員會議員有機會在同一時間內針對同一關鍵論述接觸到不同說法或訊息。

   分組方式進行流程可因應現場狀況作彈性調整，原則上同一分組之所有證人輪流陳述證言後，再由在座委員會議員依序向該分組證人提問。每次台上坐滿相關委員會的議員，台下只有一位應邀作證者，接受議員的連番質詢，其他人只能坐在後方旁聽席洗耳恭聽；今天是某產業的資方代表，明天可能是勞方，再下兩次換另一個產業的勞資代表。

   國會議員仔細聆聽相關各界「盍各言爾志」之後，據以草擬或修訂要提出的法案，就不易發生立法「過猶不及」的錯誤。

4. 證言陳述順序之安排：

   (1) 大使或其他各部會首長等高階政府官員前來作證者，由於多為代表受調查或評估之行政部門發表意見，慣例上多單獨列為第一個或第一分組證人，亦為發表陳述後隨即離去。

   (2) 學者、政府官員、利益團體代表或其他個人，其出場安排往往即代表最有利於資訊呈現或傳遞委員會意旨之順序。

   (3) 知名度較高之證人，因為較能吸引媒體及一般大眾之目光，其

出場順序更須經仔細構思，經常安排於委員會議員出席率高的時段。

### （五）爲聽證會議員之資料準備

幕僚人員必須爲委員會主席及議員整理、準備一系列資料，形式可概分爲以下數種類型[7]：

#### 1. 會前報告

會前報告通常作爲聽證會召開或討論之重要依據，在聽證會各種開會資料中以及聽證會實際進行之間，都會被一再援引或談論。會前報告依撰擬者大致可分爲兩類：

(1)委員會幕僚報告：可能由多數黨幕僚獨力完成，文末視情形加入少數黨觀點；亦可能在多數黨及少數黨意見分歧不大的狀況下，由兩黨幕僚聯合執筆。

(2)機關（構）報告：委員會可委託調查機關（構）或行政機關、單位進行調查、評估工作。如有關預算方面之監督性聽證會有可能委託國會預算局評量研究，調查性聽證會之委託調查單位幾乎皆爲國會專司調查職責的監察審計總署，僅在少數牽涉刑事或海外等犯罪事實時可能委託聯邦調查局（FBI）或中央情報局（CIA）等機構參與調查。報告完成後約十天送交相關委員會。

#### 2. 會前備忘錄

委員會幕僚通常於聽證會前二至三天，有時遲至前一天甚至當天，會發布會前備忘錄，爲主席或其他議員將該次聽證會作大約三至五頁摘要、重點式的整理或立場說明。

#### 3. 簡報手冊

幕僚人員通常於聽證會前二至三天爲委員會主席或議員準備之書面參考資料；主席及其他多數黨議員之簡報手冊由多數黨幕僚準備，少數黨議員之簡報手冊則由少數黨幕僚準備之。

---

[7] 同前註，頁78。

　　資料內容包括事件發展紀要、事件新聞剪報、相關單位（如監察審計總署或聯邦調查局等之）調查報告、依出席作證順序編列之證人名單、預備詢問之結果摘要、書面證言之影印本或摘要、基本履歷資料，以及陳閱對象在開場陳述或詢問證人時所應提出的談話要點或問題，有時包括更小的細節如提醒證人之一係來自陳閱對象之選區等。

## （六）聽證會會場布置[8]

### 1. 場地

(1)議員席：視會議室空間設計為馬蹄形，或橫列數排（二或三排），最中間為主席的位子；該區除議員、議員助理及工作人員，任何人不准進入。

(2)幕僚與助理席：於議員席後側，有一排座位供幕僚與助理使用，以隨時提供議員諮詢或提供相關資料。

(3)證人席：在主席的正對面，安排最重要的證人席，多為四至六人之長型會桌、椅，若有多組證人則分批輪流先後入座，此次參訪洽見殘障證人出席，安排於桌子的側邊，以方便進出。

(4)旁聽席：在議員席對面，證人席後，大約一半的會議室空間，有多排排列整齊的椅子供旁聽人就坐。

(5)證人保留座：於旁聽席之最前方，視需要設一至二排證人保留座，供未上場或退場之證人、證人之輔佐人及親屬友人使用。

(6)記者保留席：在旁聽席旁（一側或兩側），設記者保留席，供媒體記者採訪使用。

(7)攝影區：通常設於會場中間兩側、證人席旁，以方便取得議員、證人或其他與會人員之理想鏡頭。

(8)記錄人員席：在議員席為馬蹄形的會議室中，於議員至證人席間設一個（或二個，左右各設一個）位子，供記錄人員使用。

(9)準備室：供議員、幕僚、助理及工作人員使用，部分較特別的證

---

8　同前註，頁87-89。

人（如現任或卸任之高階政府官員）亦在裡面休息，直至發言時才入場。

## 四、預備詢問

國會行使調查權過程中，除舉行正式聽證會，及運用幕僚非正式的訪談方式，蒐集調查聽證所需的準備資訊外，有時亦會在舉行正式聽證之前，經由特別之授權，先進行預備詢問，做為行使調查權的一項工具。預備詢問有由國會議員主持，亦有由幕僚主持者，其程序如下[9]：

### （一）預備詢問之授權

依議事規則或議院之決議授權。

### （二）預備詢問之進行

1. 詢問人：可由委員會議員、或委員會幕僚，主要為法律顧問等進行詢問。
2. 通知：應經主席或其指定之幕僚人員授權後發出。通知應指定時間、地點、主持預備詢問之委員或幕僚人員姓名。
3. 詢問對象：通常為調查案件之證人，亦有可能經由預備詢問或非正式訪談後，將之排除正式聽證之證人之列。
4. 輔佐人（律師）：被詢問人在預備詢問時，可由其律師陪伴出席，以提供其法律權利等意見。
5. 地點：通常是在進行調查案件委員會之小型會議室，必要時亦可於國會大廈以外之地點，通常採不公開方式進行。
6. 程序：
   (1) 證人應在獲有當地法律授權者（公證人）之主持下進行宣誓。
   (2) 由議員或幕僚提出問題訊問之。
   (3) 證人對於問題形式提出之異議應於紀錄中註記。
   (4) 如證人提出異議，並基於關聯性或特權而拒絕作證，主持之委

---

9　同前註，頁81-84。

員或幕僚可繼續進行預備詢問，或經由電話或其他方式請求主席或其指定之人對異議予以裁定。

## （三）預備詢問之優缺點

### 1. 優點

(1)議員無須出席冗長而證人卻可能無具體證言的聽證。

(2)私下進行的宣誓證言可能比公開聽證更能暢所欲言。

(3)如果證言有損及他人名譽或控訴第三者罪行者，則可在舉行公開聽證之前先做求證。

(4)可提供委員會公開聽證之問題準備，或提供過濾程序以排除一些不必要的傳喚。

(5)可於國會所在地華盛頓特區以外的地方舉行，可減少國會議員出席實地田野聽證的不方便。

### 2. 缺點

未受限制的幕僚可能進行離題的詢問、產生一些無用處的訊問紀錄、證言可能不如有議員出席取得的有用等[10]。

## 五、聽證會之進行程序

### （一）證人會前報到及進場

聽證會前證人提交書面證言時，一併告知幕僚人員將出席之報到程序。

### （二）聽證進行之一般程序

#### 1. 原則上應全程公開

但委員會得基於以下原因，決定不公開聽證會：

(1)討論事項涉及國家機密。

(2)與委員會人事、管理或議事程序有關。

(3)涉及侵害個人隱私、損及個人信譽、專業地位或指控個人有犯罪

---

10 同前註，頁87。

或疏失之嫌。

(4)可能洩露執法行動之相關身分或造成破壞。

(5)可能洩露商業機密。

(6)可能洩露基於其他法律或規定應保守之秘密。

2. 進行程序

聽證會大致遵行之順序為[11]：

(1)主席發表開場陳述。

(2)少數黨領袖發表開場陳述。

(3)若主席同意，其他委員會議員亦可依資深制輪流發表開場陳述。

(4)主席監督證人宣誓（調查聽證會較常適用）。

(5)證人依序發表證言摘要。

(6)答詢時間：委員會議員輪流詢問證人，證人回答。

(7)主席及少數黨領袖發表結論。

(8)主席宣布散會（adjourn）。

3. 議員詢問證人之順序

(1)較普遍者，為兩黨以資深制輪流排序。首先詢問者為主席及少數
黨領袖，接下來由多數黨及少數黨相互輪流。

(2)依議員抵達委員會先後順序詢問之所謂「早鳥制」。

4. 議員詢問證人之時間

(1)參議院：五名以上議員出席時，每名詢問時間限五分鐘；若少於
五名議員，每名詢問時間則可達十分鐘。

(2)眾議院：通常為五分鐘。

5. 證人口頭做證之時間

(1)參議院：證人發表證言時間限為十分鐘或不得超過主席或其他主
持議員所認定之合理時間。

(2)眾議院：每輪五分鐘為原則。

---

11　同前註，頁97-98。

6. 非委員會或小組委員會議員之詢問

(1)非委員會或小組委員會議員之詢問：某些眾議院委員會允許議員出席非其所屬小組委員會舉辦之聽證會，惟相關規定互異。在若干情況下，決定權專屬全體委員會主席及少數黨領袖。如多數委員會允許主席及少數黨領袖乃所有小組委員會之法定成員，並可推定允許其等出席小組委員會聽證。

(2)委員會幕僚人員之詢問：參議院通常由主席徵得少數黨領袖同意後，決定在何種情況下得允許幕僚人員詢問證人。眾議院則以規定或動議允許多數黨或少數黨幕僚人員使用相同時間詢問證人。委員會議事規則有時甚至賦予幕僚人員較多詢問證人之權力。

## （三）聽證相關人員之保密意義

由於調查聽證往往涉及較敏感之國家機密，因此參眾兩院委員會中較具調查權者多對聽證相關人員要求對接觸之資訊保密。幕僚人員亦應嚴遵保密義務。

# 六、聽證會後之處理事項[12]

## （一）主席發表會議結論

結論包括經由聽證之舉辦獲得何種調查結論及未來計畫推動之後續調查。

## （二）幕僚人員準備證人證言摘要及函詢證人後續問題

委員會得指導幕僚人員就證人檢送之書面證言製作每日摘要，亦可要求幕僚人員將某特定日證人發表之口頭證言準備摘要。經主席及少數黨領袖核准，委員會得將前述口頭證言摘要納入聽證紀錄公告，並檢送委員會議員及媒體。

## （三）印製聽證紀錄

隸屬於秘書長（Clerk of the House）管理之公報處提供速記員紀錄聽

---

[12] 同前註，頁114-117。

證，應逐字記錄，並保存其相關聽證紀錄。

## 第三項 聽證之分類及其區辨

### 一、正式聽證、非正式聽證、混合式聽證

依美國行政程序法規定，聽證分為如下兩種形式[13]：

#### （一）正式聽證（formal hearing）

指機關於制定法規或作成裁決時，依法律規定應給予聽證之機會，使當事人得以提出證據、反證、對質或詰問證人，然後基於聽證紀錄作成決定之程序。其又被稱之為審訊型之聽證、準司法式的聽證、基於證據的聽證、裁決式的聽證、對造型的聽證等。

#### （二）非正式聽證（informal hearing）

指機關制定法規或作成裁決，只須給予當事人以口頭或書面陳述意見之機會，以供機關之參考，不須基於紀錄作成決定之程序，其又被稱之為辯明型之聽證、準立法式的聽證、陳述的聽證、及法規訂定的聽證等。

前述正式與非正式聽證之主要區別，約有下列數端：

1. 正式之聽證，各當事人皆有機會知悉及答辯對方所提出之證據與辯論意旨；非正式之聽證，不在提出證據，只是陳述意見而已。

2. 正式之聽證，用於解決司法裁判性之事實問題；非正式之聽證，則用以解決非事實方面之法律及政策爭執問題與自由裁量問題。

3. 正式的聽證，手續繁重，經常用法庭式之審訊方式，花費之時間較多。而非正式的聽證，程序簡易，常用聊天式之對話方式。

4. 正式之聽證多由行政法法官（administrative law judges）為之。而非正式之聽證，普通行政官員亦可主持，以求簡易可行。

5. 正式聽證時，包括以下內容：及時得到通知的權利、以口頭闡述意見、反駁對自己不利的觀點、聽證公開舉行、獲得充分資訊、聘請

---

[13] Kennecth Culp Davis, Administrative Law (St. Paul, Minn.: West Publishing Co., 1980), p. 157.

律師、要求以聽證紀錄作爲制作決定之依據、對決定不服申訴的權利等；而非正式程序中，就是表達意見並反駁不利於自己的觀點而已。

簡言之，正式聽證之核心在於提出證據進行相互質證，採用準司法性之手續；非正式聽證，可稱之爲評論程序（common process），手續之進行具有較大之自由裁量權。

### （三）混合式聽證

在1970至1980年代期間，美國行政聽證程序中又產生了一種「混合式法規訂定」（hybrid rulemaking）程序。所謂混合聽證程序，是指行政機關在訂定法規時採用書面、輿論評論、口頭評論、會議評論以及聽證會等多種公眾參與方式聽取意見，主持人可以向參加人提出問題，參加人也可向主持人了解有關情況，如果條件允許，主持人也可提供互相辯論之機會。

混合聽證程序緩和了正式聽證程序的過分正式性，和某些過於煩瑣的手續，依據歷年來美國法院的判例，只要求行政機關做到以下五點，即符合混合式法規制定程序[14]：

1. 爲保障公正和司法審查的必要，機關須公開採用這些可行標準的方法和所根據的重要資料（disclosure of methodology）。

2. 解釋運用案卷中重要資料的目的和理由，及其不運用某些資料的主要理由。

3. 答覆重要相對人的評論意見（response to cogent comments），包括機關對其決定提出完整的理由說明。

4. 如果擬議制定的法規涉及兩方面的利益衝突時，禁止與任何一方作做片面的接觸（prohibition on ex parte contacts）。

5. 如果出現某些重要爭議，需要當事人進行當面口頭辯論才澄清

---

[14] Ernest Gellhorn & Barry B. Boyer, Administrative Law and Process (St. Paul Minn: West Publishing Co. 1997), p. 255

事實、得出準確結論時，機關應召集雙方當事人進行相互詰問（cross-examination）。

在美國，這種混合式聽證程序雖然沒有行政程序法的明文規定，但它符合現代行政管理的客觀需要，從某種意義上說，它是行政機關裁量權擴張的結果[15]。在具體操作上，在聽證過程中，聽證陳述人可以書面形式提出意見，也可以口頭形式表達意見，聽證人可以向聽證陳述人提出問題，聽證陳述人也可以向聽證人了解有關情況。目前，混合聽證方式是各國普遍採用的聽證方式。這種情況大都適用於社會保障和福利津貼方面的聽證[16]。

## 二、多數當事人聽證與比較聽證

依各國之法制經驗，在遇有許多當事人或有競爭申請執照而裁決時，尚可分別舉行下列之聽證：

### （一）多數當事人聽證（multi-party hearing）

當立即處分爲必要時，由情況相同之多數當事人參加一次聽證程序，以簡化手續。例如桃園航空城計畫機場園區特定區特定農業區農牧用地納入徵收，徵收高達3,155公頃，按照徵收土地位置，分爲機場園區（蛋黃區）與附近地區（蛋白區），土地所有權人高達二萬餘人，交通部民航局於2015年10月共召開二十四場預備聽證，2016年4月底舉行三天正式聽證會。

### （二）比較聽證（comparative hearing）

在同一案例中遇有二個以上利害關係相衝突之申請人，其申請爲同一目的時，機關爲避免二次聽證發生偏見，故合併在同一時間同一程序舉行，以便比較那一當事人之條件較符合公益後，再做處分。例如廣播電視執照或航空線路申請審議，數家申請人競爭一個機會時就得使用比較聽證。

---

15　汪全勝，立法聽證研究（北京：北京大學出版社，2003年1月），頁77

16　聽證制度，http://www.wiki.mbalib.com/zh-tw（最後瀏覽日期2017.05.01）。

## 三、立法聽證、行政決策聽證及具體行政行為聽證

（一）立法聽證：包括議會制定法律、人事同意或重要單純決議、彈劾調查、自治條例等之聽證。

（二）行政決策聽證：包括訂定法規命令、地方自治法規、政策規劃及其他抽象行政行為之聽證。

（三）具體行政行為聽證：包括行政處罰、行政許可、行政強制、土地徵收、計畫確定裁決、勞資爭議裁決、重大行政給付等具體行政行為決定之聽證。

以上各類聽證，絕大多數仍以非正式或混合式為之，以正式方式舉辦者極為少數。

## 四、聽證與公聽會

### （一）聽證與公聽會之差異

聽證一詞，英文原文為「hearing」，翻譯引進到我國，主要淪為各說各話的「公聽會」（又稱public hearing），我國行政程序法並無公聽會相關定義與程序規定，其他法律直接明定應舉行公聽會者甚多，其程序則由實務經驗發展而來。

依本法及其他法律之規定，聽證權確可區分為聽證與公聽會二種，二者雖皆源自民主參與程序，惟其仍有許多相異之處兩者有如下之差異[17]：

#### 1. 性質不同

聽證為正式程序且富司法色彩，得舉行辯論、交叉詰問，並基於紀錄作成決定，具裁決性質。而公聽會則為非正式，因不具司法色彩，故僅廣泛聽取專家學者、利害關係人、及有關團體政府代表等意見的程序，不一定如聽證有正式辯論及提出證據，故只具有諮詢性質。

---

[17] 林秀蓮，「行政程序法有關聽證制度之檢討」，刊於台灣行政學會主編，行政法人與組織改造、聽證制度評析（台北：元照出版公司，2005年1月），頁267-268。

## 公聽會與聽證之區別簡表

| | 公聽會 | 聽證 |
|---|---|---|
| 性質 | 諮商民意，尋求民主正當性 | 不利益處分前之權利保障 |
| 目的 | 廣泛蒐集意見（含政策、裁量） | 釐清事實及法律上爭點 |
| 進行方式 | 聽取利害關係人意見 | 兩造言詞辯論、協商 |
| 別稱 | 辯明型、陳述型 | 審訊型、準司法型 |
| 紀錄意義 | 無須基於紀錄作成決定 | 須基於紀錄作成決定 |
| 程序 | 簡易 | 繁重、耗時長 |
| 拘束力 | 參考 | 斟酌及說理義務 |
| 後續程序 | 無差異 | 免除訴願及先行程序（準訴願） |

### 2. 適用範圍不同

依本法第54條規定，僅有本法或其他法律規定時始適用聽證程序規定，故目前僅有行政處分、法規命令及行政計畫等行政行為舉行聽證程序，而非一律全面適用於所有行政行為。

### 3. 關係人不同

聽證係相對人為不利益處分時所為的程序，公聽會則係對申請者以外有利害關係人之意見而為者，係盡力性規定，並非考量利害關係人的利益。

### 4. 程序嚴密不同

聽證係依本法第一章第十節進行的正式程序，包括進行前的期日通知、預告；進行中主持人的權限、當事人的權利；結束後聽證紀錄的內容等等，均有明文規定。而公聽會則為一便宜性措施，未受嚴格的程序保障與限制。

### 5. 效力不同

再者，行政機關於作成應經聽證的行政處分時，應斟酌聽證結果，法規如有特別規定，聽證紀錄將拘束行政機關的裁量權限。反之，公聽會對

行政機關並無一定的法拘束力。

## （二）環境影響評估法修正之立法理由

1994年12月公布制定之環境影響評估法第12條原規定第二階段應舉行「聽證會」，惟2003年1月修正公布為「公聽會」，其立法理由說明：該法所稱公聽會，係指目的事業主管機關向環境影響評估委員會委員會、有關機關、專家學者、團體及當地居民，廣泛蒐集意見，以利後續環境影響評估委員會審查之會議，其性質、目的與行政程序法之「聽證」有所不同，爰將「聽證會」修正為「公聽會」，以利執行。

## （三）最高行政法院認定二者差異之判決

最高行政法院曾於94年度判字第1620號判決中謂[18]：聽證程序主要是用於行政機關作成不利益決定（尤其是不利益處分或授益行政處分之撤銷）時，對處分之相對人或利害關係人所提出之陳述相關事實、釐清法律問題，以及主張或提出證據之機會，而於當事人意見經充分陳述，事件已達可為決定之程度時，終結聽證，並斟酌全部聽證結果，作成行政決定，類似於訴訟程序中之「言詞辯論」程序。至於公聽會，乃是行政機關於作成諸如行政命令、行政計畫或其他影響多數人權益之處分時，向相對人、專家學者或社會公正人士，甚至一般民眾在內之多數人廣泛蒐集意見，以資為參考的制度，兩者於法理上不盡相同。

另台聯黨主席黃昆輝不服其所領銜ECFA公投提案，被中選會駁回一案，遞經上訴至最高行政法院，該院於2012年6月14日亦判決確定謂[19]：公投審議委員會應舉辦聽證會而非公聽會，且中選會應針對黃昆輝等人的ECFA公投提案，依公投法第10條等法定要件和程序，如公審會對提案進行審核、審核符合規定者，應於十日內舉行聽證會、確定公投案的提案內容等情。

---

18　參照最高行政法院94年度判字第1620號判決（2005年10月20日）。

19　楊國文、曾韋禎、范正祥、王貝林報導，自由時報，2012年6月15日。

## 五、行政處分聽證、法規命令聽證、行政計畫確定裁決聽證

依本法規定,聽證程序分下列三種:

### (一)行政處分聽證

行政機關在作成不利益決定時(尤其是不利益行政處分或授益處分之撤銷)使當事人及利害關係人到場,就事實及法律問題,陳述意見、提出證據,經主持人同意,並得對機關指定之人員、證人、鑑定人、其他當事人或代理人發問之程序。

### (二)法規命令聽證

行政機關訂定法規命令,得依職權舉行聽證。故機關是否舉行聽證得依職權爲之,並無強制性。但如有制定法規定,法規的訂定須基於聽證的紀錄及其結果始得確定者,則應舉行正式聽證程序。此種程序因其手續繁雜,因此,若無法律特別規定,平時很少採用。實務上,法規命令的訂定僅屬於意見聽取,採用公聽會方式即可達成目的。

### (三)行政計畫確定裁決聽證

行政計畫有關一定地區土地之特定利用或重大公共設施之設置,涉及多數不同利益之人及多數不同行政機關權限者,確定其計畫之裁決,應經公開及聽證程序,並得有集中事權之效果。此一程序設計,目的是要讓政府於制定此種影響人數眾多、層面廣且深遠的重大決策時,必須於決策拍板定案前,集合所涉各目的事業主管機關與不同利害關係人,儘早透過資訊公開及聽證程序,聽取、蒐集各方意見,調整、釐訂計畫,兼顧並調和各方利益,以做出最具高度共識的決策,以大幅降低計畫未來的執行阻力。

茲將其異同之比較,表列如下[20]:

---

[20] 行政院經建會,委託台大法律研究所廖義男教授主持專題研究計畫,行政計畫確定程序可行性之研究(1999年6月),頁158。

| 程序之種類<br>比較之事項 | 行政處分之聽證 | 法規命令之聽證 | 計畫確定裁決<br>之聽證 |
|---|---|---|---|
| 聽證程序之客體 | 過去特定之事項 | 未來一般之事項 | 未來特定之事項 |
| 聽證程序之目的 | 調查事實、<br>適用法律 | 彙整意見 | 彙整意見及<br>調和利害衝突 |
| 聽證程序之效力 | 拘束性（中） | 參考性（弱） | 拘束性（強） |

## 六、行政聽證與陳述意見

### （一）行政聽證

行政聽證程序主要適用於行政機關在作成不利益處分時，為發現真實，而對相對人或利害關係人所提供之陳述相關事實、提出證據、質疑證據之機會，因其以言詞為之，甚至可以提供交叉詢問之機會。

### （二）陳述意見

陳述意見則是比行政聽證更為簡略之程序，其目的在於提供行政決定相對人或利害關係人陳明其主張之機會，通常對於侵害程度較低之行政決定僅以提供陳述意見之機會為已足，包括提出口頭或書面意見。

## 第四項　聽證制度之法理基礎

## 一、自然正義

英國行政程序的法律規制，是依自然正義的原理和以此為基礎而將其補充的制定法所發展出來的，在此所稱的自然正義係存於人類之理性，指所有各種權限正當行使其所必要的基本原則，包括：

### （一）任何人不得就自己的案件當裁判官（no man shall be judge in his own cause）的原則

又稱為「排除偏見」的原則（the rule against bias），而此處所說的「自己案件」，是指金錢的利害關係或其他可能成為偏見原因的利害關係，包括足以影響行政決定之非財產因素，即物質因素、感情因素和精神

因素[21]。

## （二）任何人之辯護必須被公平地聽取（a man's defence must always be fairly heard）之原則：

又稱為雙方聽證的原則[22]，意即公平「聽另一方之意見」（audi alteram partem, "hear the other side"），早於1724年，英國某法院之判決曾揭示：「上帝從伊甸園（Eden）驅逐亞當（Adam）時，同時也給予他辯白之機會」。由此可見，聽證為自然正義之核心[23]。

英國自然正義之法理，嗣被美國所繼承而列入憲法增修條文為正當法律程序之條款，誠如英國行政法學者韋德（H. W. R. Wade）所比喻：「自然正義於英國，其根本性如同正當程序條款之於美國」[24]。

## 二、正當法律程序

「正當法律程序」（due process of law），亦即法律程序必須符合正當之謂。所謂「正當性」就社會學之定義是指：在一定的容忍範圍，對於內容尚未完全確定之決定，一般的願予接受之情況。

美國制憲時，師承英國大憲章及自然正義之觀念，於聯邦憲法增修條文第5條及第14條中二度提到「不得未經正當法律程序，即剝奪任何人之生命、自由或財產。」至於何謂「正當法律程序」，憲法並無明文規定，政府必須根據已確立的程序上慣例與方式，及法院依具體案件所做的判決意旨來行事，一般包括如下[25]：

---

21 杉村敏正，兼子仁合著，行政手續、行政爭訟法（東京：筑摩書房，1973年11月），頁31。

22 同前註，頁25。

23 手島孝著，趙倫秀譯，「行政聽證之法理」，憲政思潮，第23期（1973年7月），頁1。

24 Bernard Schwartz and H. W. R. Wade, Legal Control of Government (Oxford: Oxford University Press, 1972), p. 241.

25 Richard J. Pierce; Sidney A. Shapiro & Paul R. Verkuil, Administrative Law and Process, (Mineola, New York: The Foundation Press, 2014), p. 255.

（一）政府對人民權利加以干涉時，必須有管轄權且公正無私。

（二）擬議行動及所主張依據之通知。

（三）說明為何不採取擬議行動之理由。

（四）提出證物的權利，包括傳喚證人的權利。

（五）知道反方證據的權利。

（六）交互詰問的權利。

（七）完全依據所提出之證據做裁決。

（八）聘請律師協助的權利。

（九）法庭必須準備已提出證據之紀錄。

（十）法庭必須準備事實發現及決定理由之書面說明。

## 三、基督教文化

美國的立國之本是以聖經為基礎的，其獨立宣言和憲法都充滿基督教的精神，如憲法的基礎包括自由、民主、法治、人人平等、人權不容剝奪、分權等都是來自基督教聖經的概念，並認為自然法乃上帝所制訂，憲法是對自然法則的理解[26]。茲舉聖經對自然法則的一些啟示如下：

（一）路加福音第六章提到：「耶穌說，你們希望人怎樣待你們，你們也要怎樣待人。」這就是自然法的思想，亦即待人應做到已所不欲，勿施於人，已所欲，施於人。

（二）早於1724年，英國某法院之判決就曾引用創世紀第三章的故事，並揭示謂：「上帝從伊甸園（Eden）驅逐亞當（Adam）時，同時也給予他們辯白之機會」。由此可見，聖經早已有聽取對立意見之自然正義。

（三）創世紀第十八章紀載著：「上帝說：我若在所多瑪城裡看到五十個無辜的人，我就為他們的緣故，饒過全城的人。」亞伯拉罕不斷與上帝爭辯（人數請求減少），上帝最後答應：「只要在城裡找到十個無辜

---

26 基督教文化對美國人之影響，https://read01.com/BenO0K.html（最後瀏覽日期：2017.05.02）。

的人，爲了那十人，我就不毀滅全城的人。」這則聖經故事看出：全能的上帝當然能夠區別何人有罪與何人無辜，但是對於凡人來說，僅能得知眞相並不足夠，更需要一套程序來區分出無辜與有罪的人。基此，西方現代正當法律程序精神，他們「寧可錯放十個有罪的人，也要盡力避免讓任何一個無辜的人蒙冤」。

再者，聖經文化更深深地滲透於美國政治生活之中。如總統就職宣誓必手按聖經；美國的鈔票上印著「我們信仰上帝」；美國的國歌裡有「上帝保佑美國」的歌詞；國會參眾兩院的每一屆會議都是以國會牧師主持的祈禱開始；法官判案要手按聖經等。如就美國之現代人而言，「正當程序」就是上帝。

## 第五項　聽證制度之功能

聽證實質上是一種自然正義，也是正當法律程序之保障，其功能如下：

### 一、詳盡調查，發現事實真相

因爲質疑是發現眞實的手段，歧見是發現盲點的最好機會。發現眞實即指行政機關負有詳盡調查與聽證，以發現眞正事實之義務。正式程序中的聽證程序，包括利害關係人應獲正式通知，有權提出證據及辯駁對方證據，要求作證，調閱有關卷宗，並得交互詰問對方證人等等。在上述的聽證程序中最值得注意的是閱覽卷宗及聽證的規定。當事人欲主張自己之權利，維護其法律上利益，須先了解案情，而欲了解案情，自須閱覽卷宗，故當事人之卷宗閱覽權與聽證之原則，有密切之關聯。這也是發現眞實之基本要求，不僅足以保護當事人或利害關係人之利益，且可防止承辦人員之刁難舞弊，進而早日發覺錯失或疏忽，以資補正。

### 二、監督行政，避免恣意專斷

公務員可能存在偏見盲點，容易選擇站在我們這邊的證據，而忽視其他客觀的訊息，造成恣意武斷。而正當程序是約束、克制公務員的方法，

其對立物是恣意，即正當程序要求決定者有意識地暫時忘卻，或阻隔過早考慮眞正關心的實質性問題，並按部就班地進行，以防止恣意和武斷。其次，正當程序是爲了結果在未知狀態下可以使各種觀點和方案得到充分考慮，實現優化選擇，而能做出不受偏見影響的決策。

　　詳言之，監督行政兩個最重要的概念是「公平性」和「政治責任」。公平性具有來自正當程序的法律意義，本質上屬個別性、程序取向的概念。政治責任則是屬民主政治最後須以選票爲政治手段控制的問題，其本質上屬集體性，爲實質取向的概念。在行政程序中，這兩個概念彼此是結合在一起的。亦即公平性的義務係政治責任的補充，做爲監督行政的一種手段，同樣地，政治責任也必須包括行政決定應遵守公平的義務[27]。

## 三、平等參與，增進人民信賴

　　平等權爲個人尊嚴及自尊之先決條件，是現代憲法保障民權的基礎權利。美國耶魯大學法學院教授馬紹（J. L. Mashaw）認爲：「程序之平等就是參與平等，程序只爲了參與者之可預知、明晰及理性而設，而可預知、明晰及理性顯然有助於保護任何當事人之自尊心」[28]。故公開、中立及嚴格的參與平等則是裁決聽證之原則，因爲如果人類相互尊重，以和平討論來消除歧見，則必須以平等立場行之。大家必須彼此平等對待，然後才能討論，平等乃是討論所不可或缺之物。此外，美國行政法學者勞奇（R. S. Lorch）教授曾說：「扁鑽和鐵槌是中立的，因爲工具在使用者間是沒有偏私，而聽證程序則是一種工具，人民無論貴賤都可自由地使用它」[29]。亦即聽證程序是透過機會的公平和直觀的公正，來間接支持結果的妥當性。裁決結果是否客觀眞實，往往是難以檢驗的。因此，只好由平

---

[27] Richard J. Pierce, Sidney A. Shapiro & Paul R. Verkuil, Administrative Law and Process (Mineola, N.Y.: The Foundation Press, 2014), p. 483.

[28] Jerry L. Mashaw, Due Process in the Administrative State (New Haven: Yale University Press, 1985), p. 176.

[29] Robert S. Lorch, Democratic Process and Administrative Law (Detroit: Wayne State University Press, 1980), p. 36.

等對待來滿足人們對公正的信賴心理,進而支持結果的妥當性。

### 四、公平公開,提供程序保障

公平公開是保障人民權益的重要手段,權益保障必然要求程序公平,可見公平程序與權益保障是互為表裡之關係。公平程式關鍵之所在是作決定者必須保持中立,不偏袒任何一方。裁決者沒有超然獨立的地位,不保持中立、客觀公正的立場,在認定事實和適用法律方面就難以保持公正、無偏私,必須有中立裁決者。

再者,聽證以公開為原則,不公開為例外。聽證過程公開的目的在於提高行政機關執法的透明度,在公眾的監督下防止行政權力的濫用。只有程序公開才能要求公平、合理與公正,公開是公正的前提和基礎,否則在「幕後或黑暗」中,從何談起公平與公正?又怎麼能說是合理?聽證過程公開、行政決定公開和行政資訊公開不僅使政務公開,解決行政行為透明度不高的弊端,便於公民監督,而且能有效防止政府工作人員腐敗現象的發生與蔓延。聽證體現了行政程序的民主化和透明化[30]。

# 第二節　行政處分聽證之舉行

## 第一項　行政處分聽證之概念

### 一、行政處分聽證之意義

本法所稱行政處分,係指行政機關就公法上具體事件所為之行政決定或其他公權力措施而對外直接發生法律效果之單方行政行為。行政處分聽證,即行政機關為不利益處分前的一種特別調查程序,目的在給予當事人申辯權的充分行使,聽證所獲得的意見、證據為作成行政決定的重要依據。其性質屬事前之程序保障,而非為事後的救濟。因聽證是一種權利保障,當事人可以隨時放棄。

---

30　聽證制度,http://www.wiki.mbalib.com/zh-tw(最後瀏覽日期:2107.05.15)。

## 二、舉行行政處分聽證之目的

行政機關固然擁有其職掌業務範圍內較高的專業知識，但於自由民主社會，政府存在目的本是為服務人民，因此於做成攸關人民權益的決策時，理應多加聽取人民意見。尤其，如其所做決定，直接影響特定人民憲法所保障的基本人權時，更應透過更嚴謹的機制，確保其決定的正當性、正確性與妥當性。

## 三、行證處分聽證與司法審判之區別

（一）性質不同：行政處分聽證屬於不利益處分前之特別調查，具有準司法性質；而司法審判為事後救濟之訴訟制度。

（二）目的不同：行政處分聽證目的在公私利益之調和；司法審判目的在追求個別正義。

（三）程序不同：行政處分聽證是一種權利，當事人可以放棄，主動權掌握在當事人，且任何階段均可試行和解而終止聽證，較類似民事訴訟，聽證程序之彈性較大；司法審判須踐行調查、辯論、最後陳述、裁判、宣判等階段，程序甚為嚴格。

（四）裁決者是否親臨不同：行政處分為組織（機關）決定，機關首長得委任其他人員主持聽證而不必親臨；司法審判之法官必須親自開庭審理，不得委任他人。

# 第二項 行政處分聽證之法源

## 一、辦理聽證之法源依據

應否舉辦聽證之決定，可依其法源分成下列四種：

### （一）法規明定應依聽證紀錄作成處分者

本法第108條規定：「行政機關作成經聽證之行政處分時，除依第四十三條之規定外，並應斟酌全部聽證之結果。但法規明定應依聽證紀錄作成處分者，從其規定。」質言之，聽證程序的效果有二種：

1.聽證之結果僅供行政機關參考並斟酌，此與前述陳述意見沒有太大

差別，只是必須斟酌聽證記錄罷了。

2. 本條但書規定，若是法規明訂應依聽證紀錄而做成決定者，此時效力甚強，因爲聽證紀錄具有拘束行政機關決定之效力，尤其法律如果是明文規定應依聽證紀錄做出決定，行政機關如無聽證紀錄可爲依據，或未依照聽證紀錄結果做成處分，該處分應屬無效。

## （二）法規明文規定應舉行聽證者[31]

1. 土地徵收條例第10條第3項。
2. 國家通訊傳播委員會組織法第9條第7項。
3. 公民投票法第10條第3項。
4. 政黨及其附隨組織不當取得財產處理條例第14條。
5. 農村社區土地重劃條例第6條第1項。
6. 低放射性廢棄物最終處置設施場址設置條例第10條第1項。
7. 放射性物料管理法第8條3項、第17條第2項。
8. 貨品進口救濟案件處理辦法第11條至第15條、第20條、第26條。

## （三）依受處罰者之申請，經行政機關同意舉行聽證者

行政罰法第43條規定：「行政機關爲第二條第一項及第二項之裁處前，應依受處罰者之申請，舉行聽證[32]。但有下列情形之一者，不在此限：一、有前條但書各款情形之一。二、影響自由或權利之內容及程度顯屬輕微。三、經依行政程序法第一百零四條規定，通知受處罰者陳述意見，而未於期限內陳述意見。」

## （四）行政機關認爲有舉行聽證之必要者

舉辦聽證，在於避免行政機關之恣意專斷，保障當事人之權益。但若規定任何行政處分作成前均應舉行聽證，恐對人力、財力造成不必要之

---

31 如依各級都市計畫委員會組織規程第十條規定，都市計畫委員會開會時，得允許與案情有關之公民或團體代表列席說明等，並非有關應舉行聽證之規定，故主管機關無須依本法第107條第1款規定舉行聽證（2002年4月1日法律字第0910010061號函）。

32 第一項爲限制或禁止行爲之處分；第二項爲剝奪或消滅資格或權利之處分。

浪費，而影響行政效率。故本法第107條第2款規定：「行政機關認爲有舉行聽證之必要者，舉行聽證。」亦即，即除非法規有明文規定應舉行聽證者，否則聽證宜否舉行，屬行政機關之職權，由行政機關斟酌有無必要，裁量決定之。此種規定，雖使行政機關對於應否舉行聽證，有裁量之空間，但行使此裁量權時，仍應符合法規授權之目的。如爲維護當事人之重大權益，有必要使當事人充分陳述意見並對機關人員、證人、鑑定人或其他當事人發問，以澄清事實及釋明理由，而不至於嚴重稽延行政之決定者，即應考量舉行聽證，始爲合義務之裁量[33]。

## 二、得免辦聽證之情形

如未舉行聽證，仍能維護當事人之重大權益，或若舉行聽證而並無實益者，爲行政效率考量，得免辦聽證。例如下列情形：

### （一）行政罰法第43條但書情形

行政機關爲第2條第1項及第2項之裁處前，應依受處罰者之申請，舉行聽證。但有下列情形之一者，不在此限：

一、有前條但書各款情形之一。

二、影響自由或權利之內容及程度顯屬輕微。

三、經依行政程序法第一百零四條規定，通知受處罰者陳述意見，而未於期限內陳述意見。

### （二）都市更新案件

符合下列情形者得不舉行聽證：

1. 都市更新事業計畫以獲得全體土地及合法建築物所有權人之同意者。
2. 土地及合法建築物全數爲公有者。

---

[33] 廖義男，「行政程序法草案之重要內容適用範圍、行政處分與法規命令」，收錄於國立台灣大學法律學系編，行政程序法草案研究會論文集（1999年2月），頁36。

## （三）不適用本法所定程序之事項

軍事、外交或其他重大事項而涉及國家機密或安全國家安全等情形，或對於涉及個人隱私、營業秘密以及而不宜公開舉行聽證者，均應不舉行或改開秘密聽證。

# 第三項　舉行行政處分聽證之指導原則

## 一、公開原則

所謂「公開原則」是針對聽證主持人安排聽證程序時應當允許旁聽的要求。

公開聽證是一項有效的保證，用以對抗武斷方法所進行之程序[34]。因為公開聽證可藉公眾參加之監督，維持聽證之公平與客觀，且公開為言詞辯論可防止行政機關之獨斷，似較符合保障人民權益，擴大民眾參與之目的。

惟如聽證之公開顯然有違背公益之虞或對當事人利益有造成重大損害之虞者，例如：公開顯然有害於善良風俗與公共秩序，或公開將嚴重影響當事人名譽、信譽或經濟利益等權利或利益，則主持人得依職權或當事人之申請，決定全部或一部不公開[35]。故本法第59條規定：「聽證，除法律另有規定外，應公開以言詞為之。有下列各款情形之一者，主持人得依職權或當事人之申請，決定全部或一部分不公開：一、公開顯然有違背公益之虞者。二、公開對當事人利益有造成重大損害之虞者。」

## 二、公正原則

程序是透過機會的公平和直觀的公正，來間接支持結果的妥當性。裁決結果是否客觀真實，往往是難以檢驗的。因此，只好由平等對待來滿足

---

[34] Kenneth Culp Davis, Administrative Law (St. Pual, Minn.: West Publishing Co., 1980), p. 106.

[35] 立法院，第3屆第6會期第12次會議，「立法院議案關係文書」，院總字第1584號（1998年9月29日），頁454至455。

人們對公正的信賴心理，進而支持結果的妥當性。

公正一向被視爲成功及適當程序之基礎，公平程序最重要的一點是作決定的人必須中立。因程序正義在很大程度上依據人們對程序的信任。而信任即來自於「程序公正」。程序公正就是要求行政程序對當事人應當不偏不倚，使當事人受到同樣的對待。本法第一章第四節「迴避」規定及第47條第1項禁止程序外片面接觸，即是基於「公正」要求予以法制化。

### 三、職能分離原則

英美法系側重程序保障，聽證制度爲程序保障之核心，故正式處分聽證採嚴守職能分離原則。所謂職能分離原則，是指行政機關內部在同一行政處分案件中從事調查取證、主持聽證會與行政決定的行政人員三者間應彼此獨立，各司其責，不得從事與其職權不相容的活動。其目的在於能使專業訓練和經驗豐富之程序主導者作出合理的判斷。

因行政機關與法院不同，其不是一個專門的裁判機關，法律在授權行政機關一定職責的同時，也同樣授予對進行調查、取證、主持聽證和裁決的權力。這些職權的合併，將使調查官員與主持聽證官員的權力結合在一起，不僅有違行政行爲的公正性，而且更不利於執法責任制的落實。雖然要使主持聽證官員與負責調查或檢舉之官員完全隔離，在實務上幾乎是不可能的，但是爲盡力使之對於處理的案件，不致發生不良影響，美國行政程序法設置了獨立的行政法法官，保證其任期，並限制其須與當事人隔離，且不得向從事調查或檢舉職權之任何官員爲諮詢或受其指揮，值得參考。

我國行政程序法係從德、日立法例，不採美國職能分離原則，故聽證之主持人，可由行政機關之首長親自主持，但一般而言，行政機關之首長均公務繁忙，難以事必躬親，本法容許行政機關首長指定特定人員爲聽證之主持人。但實務上，機關首長於遇到依法律，應斟酌聽證紀錄而爲決定之處分案件，應儘量指定能確保聽證程序公正、超然立場之專家學者、律師或社會公正人士從事聽證主持工作，並應特別指示其注意職能分離原

則[36]。

至於公聽會，基於機關蒐集各方面資料，以爲公共利益考量及作綜合判斷之目的，則不生職能分離之問題。

## 四、直接言詞原則

所謂「直接言詞原則」，是指參與案件事實認定的公務員必須聽審案件，與當事人和案件、資料直接接觸，當事人、證人或鑑定人等對案件事實的陳述和辯論，原則上以口頭方式進行[37]。

溝通是程序正當性基礎，故聽證程序將意見溝通制度化，意即使當事人有權利進行意見陳述、辯論和說服，並且是直接參與，平等對話的，以達到集思廣益、促進理性決定的效果。溝通是一種互動的方式，表現爲主體之間自由開放、不受壓制的環境中，誠意地進行討論和對話，眞誠地嘗試了解對方的觀點，以和平而理性的方式來尋求共識，故聽證採直接言詞原則。

基此，本法第61條即規定：「當事人於聽證時，得陳述意見、提出證據，經主持人同意後並得對機關指定之人員、證人、鑑定人、其他當事人或其代理人發問。」前揭「發問」，即所謂「證據之質證」，即出席聽證之調查人員和當事人間，就對方在聽證程序中所提供的證據提出質疑。

## 五、案卷排他性原則

聽證紀錄之功能，包括：（一）它有助於確保管轄機關不至沒有充分的事實基礎，即作出決定；（二）它給予反對的當事人有向管轄機關針對

---

36 交通部民航局於2015年間，舉行桃園航空城計畫機場園區特定區特定農業區農牧用地納入徵收預備聽證時，即選聘外部之專家學者擔任聽證主持人；內政部爲確立聽證主持人於程序處理的公信力特於2016年8月對外廣徵聽證主持人人選。嗣於同年10月27日正式發布第1屆聽證主持人名單，包括政治大學公共行政學系教授杜文苓、台灣大學法律學院教授林明昕、張文貞、政治大學地政學系教授陳立夫、政治大學法律學系副教授傅玲靜，以及律師林三加、高烊輝、蔡志揚、羅秉成。聘期二年。

37 應松年主編，行政程序法研究（北京：中國法制出版社，2001年3月），頁140。

推理過程及決定的正確性，提出異議的機會；（三）它給予審查機關有得充分評估行政決定正確性之機會。

因聽證紀錄爲行政機關作成決定之重要依據，故應依案卷排他性原則行之。所謂「案卷排他性原則」，指行政機關按照正式聽證程序所作出的決定只能以案卷爲根據，不能在案卷以外，以當事人未知悉和未論證的事實爲根據。這一原則能夠確實保障當事人陳述意見，駁斥不利事實的權利，以及自己的意見得到充分尊重的權利，而且在行政爭訟進入訴訟階段有利司法機關審查行政行爲的合法性，其根本意義在於維護聽證程序的實在性，實現其公正，防止聽證流於形式。

美國最高法院大法官迪萬特（Van Devanter）曾說：「制定法所規定，行政決定時對未列入聽證紀錄者，一概不得加以考慮之原則必須遵守，否則聽證之權利就變得毫無意義，如果決定者在作成行政處分中隨意背離紀錄，或諮詢另一人所爲之事實認定或法律見解，則在正式聽證中所提出之證據和辯論，尚有何眞正價値呢？」美國行政法學者史華滋（B. Schwartz）教授亦認爲：「專用紀錄是公平聽證權利之核心，沒有此原則，聽證本身只不過是一個幌子」[38]。

## 第四項　行政處分聽證之參加人

聽證之參加人，是指與會人員，茲列舉如下：

### 一、聽證主持人

聽證主持人負責規劃及主持聽證程序之進行。

### （一）聽證主持人產生原則

聽證程序目的之一係在於確保利害關係各造公平論證之機會，故聽證主持人之公信力與專業性，乃成爲不可或缺之資格條件。依各國立法例，約略有以下三種：

---

[38] Bernard Schwartz, Administrative Law (Little, Brown and Company, 1984), p. 368.

1. 機關首長。

2. 組成機關之成員：指合議制組織機關之成員，包括合議制者之委員。

3. 行政法法官（administrative law judge）、行政監察官（inspectors）、或其他依法律授權指定特定官員主持特定案件之聽證者[39]：如移民法官、特別審訊官等。

美國行政法法官實際上係一特種公務員，並非美國聯邦憲法第3條所稱之「法官」。為使其能獨立、公正地主持聽證、採擇證據、並建議裁決，法律規定其懲戒僅能由功績制度維護委員會（Merit System Protection Board）經聽證後為之，其薪給係由人事行政總處決定，亦不受各該任用機關首長之左右[40]。

本法第57條前段即規定：「聽證，由行政機關首長或其指定人員為主持人。」必要時，由機關首長選聘公正、且具調解能力之律師或相關專業人員擔任主持人。

我國並無行政法法官之建置，行政機關為求公正超然起見都儘量選聘外部人員擔任聽證主持人，例如桃園航空城計畫機場園區特定區特定農業區農牧用地徵收案之主辦機關就選聘八位學者專家、律師或退休公務員擔任，內政部更事先徵選公告一批學者專家、律師名單為其未來之聽證主持人。

---

[39] 美國聽證之審理官，於1972年起改稱為「行政法法官」。在英國之調查聽證（inquiry），由調查官（inspectors）主持，調查官為各部內公務員，負責調查與政策有關之爭訟案件，如土地徵收、公路發展計畫等，其目的在提出建議，協助部長作出最佳決定，以符公益。而裁決聽證，則由獨立於部長權力之外的行政法庭（tribunal）負責，行政法庭由律師兼任庭長和庭員，負責裁決與政策無關之案件。設置此種特別法庭之理由有五：1.專家知識；2.經濟；3.迅速；4.彈性；5.簡便。

[40] 湯德宗，行政程序法，收於翁岳生編，行政法（下冊）（台北：翰蘆圖書，2000年3月），頁827-828。

## （二）聽證主持人之素質要求

聽證主持人的建置，是聽證成功與否的關鍵。因此，聽證主持人的素質要求，一般認為應符合：

1. 要熟悉法律。
2. 要基本懂得業務。
3. 要有較強的邏輯思維和判斷能力。
4. 要有良好的職業道德和品德修養等條件。

## （三）內政部選聘聽證主持人之資格條件

內政部鑑於業務中都市計畫、土地徵收、都市更新等均涉及各種公共利益權衡與人民權益的影響[41]。決策程序的設計如何能反映決策理性的提升與社會團體的期待，一直是其重大課題，為確保聽證之公信力，特對外徵選聽證主持人人選，其要求之資格條件如下[42]：

1. 曾任司法院大法官一任以上，聲譽卓著者。
2. 曾任各級法院法官或各級法院檢察署檢察官十年以上者。
3. （曾）任大學校院教授、副教授五年以上，以法律相關領域者尤佳。
4. 具律師資格，執行業務十年以上，聲譽卓著者。
5. 現任或曾任公務人員簡任職務滿十年以上者，富有豐富行政經驗者。
6. 熟稔行政程序實務及法規，並有處理程序問題之專業與經驗者。

## （四）聽證主持人之立場和職權

### 1. 聽證主持人之中立立場

聽證主持人應本於公正超然之基本立場為之，以確保當事人之權益，維護行政機關之威信，故本法第62條第1項明定：「主持人應本中立

---

[41] 內政部於2016年10月27日部務會報通過內政部舉行聽證作業要點，盼透過理性辯論的聽證制度，釐清土地徵收個案爭點，以保障民眾權益、強化決策品質。

[42] 參照內政部新聞發布，2016年8月19日。

公正之立場，主持聽證。」

2.聽證主持人在聽證程序中之職權

為使聽證有效率及順利進行，外國立法例較多採職權進行主義，例示明定主持人之職權，本法從之，於第62條第2項規定：「主持人於聽證時，得行使下列職權：

一、就事實或法律問題，詢問當事人、其他到場人，或促其提出證據。

二、依職權或當事人之申請，委託相關機關為必要之調查。

三、通知證人或鑑定人到場。

四、依職權或申請，通知或允許利害關係人參加聽證。

五、許可當事人及其他到場人之發問或發言。

六、為避免延滯程序之進行，禁止當事人或其他到場之人發言；有妨礙聽證程序而情節重大者，並得命其退場。

七、當事人一部或全部無故缺席者，逕行開始、延期或終結聽證。

八、當事人曾於預備聽證中提出有關文書者，得以其所載內容視為陳述。

九、認為有必要時，於聽證期日結束前，決定繼續聽證之期日及場所。

十、如遇天災或其他事故不能聽證時，得依職權或當事人之申請，中止聽證。

十一、採取其他為順利進行聽證所必要之措施。」

主持人依前項第9款決定繼續聽證之期日及場所者，應通知未到場之當事人及已知之利害關係人。

3.聽證主持人之權利

(1)維持秩序權：應居於公正超然地位，嚴格執行聽證規則，維持發言秩序，及維護參與者發言權利。

(2)和解權：聽證為公私利益之調和及解決爭執，可以試行和解，如調解成立，將有利提高行政效率，並減少未來浪費訴訟資源。

(3)建議權：聽證結果後提出包括雙方陳述主張有無理由，及如何作出行政決定表示步建議之報告，提供機關首長裁決時予以有效斟酌。

## 二、聽證員

聽證員是指在聽證會舉行過程中，協助聽證主持人組織聽證或維持秩序的人員。

### （一）聽證員之產生原則

由行政機關指定內部一至二名非本案調查人員擔任。原則上指定行政機關法制單位人員或非法制單位而熟悉專門技術之人員。由聽證主持人根據聽證案件的實際需要提名律師或其他專業人員，經行政機關核准後擔任。

依行政程序法第57條後段，必要時得由律師、相關專業人員或熟諳法令之人員在場協助。由於行政事務包羅萬象，錯綜複雜，故除律師外，其他相關專業人員如會計師、建築師、醫師、藥師、土木技師等，或其他熟諳法令之人員亦應准許到場協助，以保障人民權益。

### （二）聽證員之職責

1. 協助聽證主持人維持秩序，對違反聽證紀律的行為予以警告和制止。
2. 協助聽證主持人把握聽證的目的和主題，不使程序的進行離題或延滯。
3. 有權就案件的事實或與之相關的法律問題，進行詢問。
4. 有權要求聽證參加人提供或補充依據，
5. 有權在聽證過程中，就案件相關的事件和法律問題，以及聽證程序問題向聽證主持人提出建議。

## 三、當事人及利害關係人

本法第55條規定，行政機關舉行聽證，應以書面記載其所規定事項，通知當事人及已知利害關係人，必要時並公告知。依此規定可知，有

權參加聽證的人，包括當事人與利害關係人。

## （一）當事人

所謂當事人，通常即指行政處分的相對人。舉行聽證的行政處分案件有直接的利害關係，得主動要求行政機關舉行聽證會，並參與聽證程序的人。

聽證當事人之權利，是指當事人有權解釋其立場，提出有利之證據，其功能如下：

1. 使參與當事人獲得信任。
2. 澄清違法事實。
3. 保證聽證主持人之公正無私。
4. 產生紀錄支持決定之基礎。

因此，聽證權利無異提供了雙重保障：一方面它保障了平等權，因當事人可以參加有關規定的程序，並允許言詞辯論，以維護其合法權益；另一方面，對行政程序的關係人而言，它保障了行政的正確性，因為行政機關在作決定之前舉行聽證程序，可以得到詳盡的資料。此外，它尚能促使行政機關與人民之間建立互信、互助的氣氛[43]。

基此，本法第61條即規定：「當事人於聽證時，得陳述意見、提出證據，經主持人同意後並得對機關指定之人員、證人、鑑定人、其他當事人或其代理人發問。」前揭「發問」，即所謂「證據之質證」，即出席聽證之調查人員和當事人間，就對方在聽證程序中所提供的證據提出質疑。

## （二）利害關係人

利害關係人，指其法律上的權益會因行政處分、計畫或法規命令受影響之第三人。至於是否為當事人或利害關係人，則依個案情形判斷。以案例最多的撤銷環評結論訴訟而言，行政法院目前一致的見解，認為開發單位是環評結論行政處分的相對人（當事人）；會因該開發案的取水、空氣

---

[43] J. Forrester Davison and Nathan D. Grundstein, Administrative Law (Westport: Greenwood Press, Publishers, 1970), p. 41.

污染、水污染、交通與噪音而使身體健康、財產權等受影響的周邊居民，則是利害關係人，因此，周邊居民也可以對環評結論提起行政救濟。

例如都市更新案件，依釋字第709號解釋理由書意旨，都更範圍內的土地、建築物所有權人，其他如抵押權、地上權等權利人、甚至更新單元外之人的權利也會受到不同程度的影響。因此，可以區別出土地、建築物所有權人是當事人；其他如抵押權、地上權等權利人、更新單元外一定範圍內會受該更新案影響權益之人，則均是利害關係人。至於徵收，由以上二項案例推衍，顯而易見，徵收處分的相對人即土地或房屋被徵收的所有權人，應該均屬當事人無疑。

此外，商標、專利事件，如認為審定或註冊之商標、專利，因近似或其他事由損害其權益者，即屬於第三人地位；又如土地徵收程序中，已與土地所有人訂立買賣契約而尚未完成過戶登記之人，應使其有參加之機會，以確保其權益。

## 四、代理人

在法治國家之行政程序中，當事人之法律上利益，無論在法律上或事實上，必須皆能由其本人，或由其所授權之人主張之。因此，行政程序之當事人應得委任「代理人」。代理人，指在行政程序及賦予辯明機會的程序中，能夠代替當事人及參加人，為當事人及參加人進行有關行政程序及賦予辯明機會程序之一切行為者。代理人在其權限範圍內進行的行為，被視為當事人和參加人本人之行為。每一當事人委任之代理人，不得逾三人。代理人應於最初為行政程序行為時，提出委任書。

## 五、輔佐人

輔佐人乃隨同當事人到場而予以協助當事人為程序行為之人。輔佐人協同當事人在言詞辯論中支持當事人，其所為之效果應及於當事人。例如當事人及參加人是外國人或者有語言障礙時，輔佐人輔佐其陳述；作為法人的會計事務承辦者就財務事項輔佐法人代表等，此外，當事人及參加人欠缺專業知識時，也可以由有關的專家為輔佐人。

輔佐人所為之陳述，當事人或代理人未立即提出異議者，視為其所自為。

輔佐人之陳述具有被視為當事人及參加人陳述之效力，此與代理人並無區別。

## 六、案件調查人員

案件調查人員是指行政機關在行政處分案件中負責調查取證工作單位的主管或承辦人員。案件調查人員是聽證程序的主體之一，是與聽證當事人相對而存在的一個主體。在調查取證呵和聽證中，案件調查人員不得少於二人。

## 七、其他聽證參加人

### （一）證人

行政調查程序中的證人證言是指未介入行政違反行為的其他公民，就其所了解所知道的有關情況，向行政機關調查人員或案件當事人所作的陳述。

證人提供證言，一般並不要求必須書面形式，可以以口頭陳述，如果證人願意自行書寫證言者，應當允許之。有時為了證據的穩定性，行政調查人員或當事人在蒐集證據時，這種筆錄也是證人證言的一種形式，但需要注意者，乃將證人的證言製成筆錄時，應當完整地記錄證人的陳述，不能夾帶詢問人的主觀意見。此外，該筆錄應由證人查閱無誤簽名或蓋章後，才能作為證人的書面證言。

### （二）鑑定人

鑑定是對案件的專門問題進行鑑別和判斷的活動。英美稱鑑定人為專家證人。鑑定結論是指鑑定人運用自己所掌握的專業知識或特有工具，根據所提供的案件有關事實材料或提出自己待解的問題進行分析鑑定後得出的結論性意見。

現代科學發達，分工精細，各種社會問題亦變化多端，行政決定遇有專業性案件，以現有人員設備，如無特別知識之人配合協助，實不足以資

因應，故行政機關基於調查證據之必要，得選定對特定事物有專業知識或特別經驗之人爲鑑定。鑑定人對於鑑定之經過及結果，負有以言詞或書面報告之義務。

實務上，有鑑定人義務者，以下列之人爲限：從事於鑑定所需之學術、技藝或職業者，例如律師、會計師、醫師、工程師、大學教師等；經機關委任有鑑定職務者，例如法醫師、檢驗員等。

## 第五項　行政處分聽證之準備

### 一、聽證之準備階段

#### （一）聽證研擬階段

1. 擬訂本機關旁聽注意事項與準備旁聽證[44]。
2. 指定聽證主持人、聽證員、紀錄。
3. 確定聽證時間及地點。
4. 選擇和邀請證人、鑑定人。

#### （二）聽證通知與寄發階段

##### 1. 聽證之通知

通知，指行政機關在實施行政行爲或其他管理活動時，將應該讓公民了解的事項通過一定的途徑告知，以使當事人有所準備進行防衛。通知的對象不僅指當事人，有時也針對一般公眾。在合理的時間前得到通知是當事人的權利，也是程序公平的最低要求[45]。

##### 2. 聽證之公告

行政機關如基於個案，認行政行爲可能涉及多數利害關係人，而有使知悉，俾其亦得參與聽證之必要，亦應公告周知。故本法第55條規定：「行政機關舉行聽證前，應以書面記載下列事情，並通知當事人及其他已

---

44 可參考勞動部所頒布之「裁決委員會審理案件旁聽注意事項」，訂頒本機關之聽證旁聽注意事項。

45 羅豪才，現代行政法的平衡理論（北京：北京大學出版社，1998年3月），頁181。

知之利害關係人，必要時並公告之：

  一、聽證之事由與依據。

  二、當事人之姓名或名稱及其住居所、事務所或營業所。

  三、聽證之期日及場所。

  四、聽證之主要程序。

  五、當事人得選任代理人。

  六、當事人依第六十一條所得享有權利。

  七、擬進行預備程序者，預備聽證之期日及場所。

  八、缺席聽證之處理。

  九、聽證之機關。」

### （三）變更聽證期日或場所

  聽證期日及場所雖經通知或公告，惟如有正當理由，行政機關仍得依職權或當事人申請變更之，以符實際需要，但為維護當事人之權益，仍應踐行通知與公告之程序。

## 第六項　預備聽證

### 一、預備聽證之概念

  預備聽證（prehearing）在美國，係在正式聽證前解決爭執之手段，其目的在提供資訊，簡化爭端及達至初步共識之方法。以彈性之非正式會議取代正式程序，即聽證主持人可以在正式聽證前召開預備會議，盡力促使雙方妥協讓步，解決爭端，以避免進入正式聽證程序，俾因而獲得行政效率。依美國實務經驗，這種預備聽證所引起的作用越來越大，故有「最重要的武器」之比喻[46]。

---

[46] Peter Woll, Administrative Law: The Informal Process (Berkeley: University of California Press, 1994), p. 35-36.

## 二、預備聽證之功能

（一）使當事人之間有機會通過協商解決爭端，避免費時費錢的正式聽證。預備聽證可試行和解，因聽證是一種權利，如和解成立就得解決爭執，避免進入正式聽證程序。

（二）簡化爭端，即篩選當事人所爭議的事實，使正式會議只對確定存在的爭議進行審理。如機關對於當事人有意延滯案件之進行，或因機關必須採行緊急措施，或依法律規定聽證應在某特定時間舉行時，機關均得舉行預備聽證，如運用得宜常有助於聽證之順利進行[47]。

簡言之，主持人在預備聽證中試行和解，為相互信任及維護尊嚴起見，其程序可以不必公開，並依下列結果處置：

1. 和解成立：避免進入正式聽證程序。

2. 和解不成立：做爭點整理，準備進入正式聽證程序。

## 三、本法有關預備聽證之規定

關於證據之調查，本法原則上固然係採職權進行主義，而與民事訴訟法原則上係採當事人進行主義及辯論主義有別，然而，行政聽證制度中之預備聽證程序，其得為之事項，依本法第58條規定為：「行政機關為使聽證順利進行，認為必要時，得於聽證期日前，舉行預備聽證。預備聽證得為下列事項：

一、議定聽證程序之進行。

二、釐清爭點。

三、提出有關文書及證據[48]。

四、變更聽證之期日、場所與主持人。」

依前揭規定，預備聽證僅屬「得」而非「應」舉行之程序，是以，縱

---

[47] Walter Gellhorn, Clark Byse and Peter L. Strauss, Administrative Law, 8th ed. (Mineola: The Foundation Press, 1987), p. 680.

[48] 當事人申請調查文書時，應提出申請書。申請書應記載文書之名稱、文書之作成者、文書之持有者以及待證事實。

未舉辦預備聽證亦不影響聽證之效力，殆屬無疑。

然就其進行內容而言，與民事訴訟之準備程序類似，如再就預備聽證之舉行係為使正式聽證程序順利進行之角度以觀，預備聽證在功能上係相當於民事訴訟中之準備程序[49]。

本法規範之預備聽證主要在於釐清爭點、提出有關文書證據，而無如美國法得試圖協商解決爭執之規定，不無缺漏，建議修法增訂得協商解決爭執之相關規定，以督促當事人善盡在預備聽證程序中之協力義務，並避免進入耗時費錢費力之正式聽證程序。

## 第七項　行政處分正式聽證之舉行

### 一、聽證開始前之核對身分

聽證開始前，承辦單位應先核對出席聽證人員之身分證件，或代理人之委任狀，以確認是否有出席資格。出席聽證人員，應主動出示身分證明文件以供查驗；未能提示且無法適時補正者，主持人得不准其出席聽證，並將該情形記載於聽證紀錄。

### 二、聽證之開始階段

#### （一）說明案由

在進入聽證議題之前，主持人必須先說明召開聽證之案由、目的或其重要性，使參加人明瞭聽證之背景。

#### （二）介紹出席聽證人員及詢問對出席人員資格有無異議

聽證開始前，先由主持人介紹出席聽證人員，並詢問當事人對出席人員資格有無異議。

#### （三）請求主持人或聽證員迴避之處理

如當事人提出異議，要求迴避時，為提高行政效率，其處理原則如下：

---

[49]　林秀蓮，前揭文，頁287。

1. 要求聽證主持人迴避者，主持人應當宣布暫停聽證，立即報請行政機關首長裁定是否應予迴避。
2. 要求聽證員迴避者，由聽證主持人當場裁定。

### （四）告知發言順序、時間

主持人應先告知聽證預定使用的時間、發言時間分配、次數限制、確定聽證紀錄者及指導相關場所的位置。

### （五）宣讀聽證會場規則

為維護聽證會之紀律，主持人應宣讀聽證會場規則，其事項包括如下：

1. 禁止吸煙或飲食，並將行動電話關閉或靜音。
2. 對於發言者之意見陳述，應避免鼓掌或鼓譟。
3. 他人發言時，不得干擾或提出質疑。
4. 發言時應針對案件相關事項陳述意見，不得為人身攻擊。
5. 除經主持人許可外，聽證進行中不得錄音、錄影或照相。
6. 請發言者於發言前，先說明代表之事業名稱或機關單位、職稱、姓名，俾利聽證會進行錄音及紀錄。
7. 每位發言者所分配時間結束前二分鐘會按鈴一聲提醒發言者，發言時間結束時會按鈴二聲，發言者應立即停止發言。
8. 為避免延滯聽證程序進行，主持人得禁止當事人或其他相關人員發言；有妨礙聽證程序而情節重大者，並得命其退場。
9. 為維持會場秩序，新聞媒體不得在會場內對出席者進行採訪。

## 三、聽證程序之進行

### （一）聽證程序之順序

1. 案件調查人員報告本案處理情形及陳述意見，並出示證據資料。
2. 當事人及聽證代理人陳述意見。
3. 利害關係人、證人、鑑定人陳述意見。
4. 案件調查人員、利害關係人、證人、鑑定人回答有關聽證參加人之

詢問。

5.聽證參加人就事實和法律問題進行質證和辯論。

6.當事人作最後陳述。

7.案件調查人員作最後陳述。

## （二）質疑證據之內容

聽證主持人應當給予調查人員和當事人以充分質證機會，讓他們對對方所舉證據加以質疑，至於質疑的內容，一般包括：

1.證據的證明對象。

2.證據的證明力。

以下事項可採為證據，故須於聽證中提出給當事人辯駁或表示意見：

(1)親臨檢查所發現之證據、例行試驗分析。

(2)統計資料，可被大眾接受者。

(3)行政機關之檔案或其他紀錄。

(4)官方認知，即機關專業技術之資料，如醫學、建築及工程等。

(5)傳聞證據。

## （三）對於權宜問題及秩序問題之處置

權宜問題及秩序問題均屬會議規範中的偶發動議，主席應優先處理。所謂權宜問題是針對會場中的偶發事件，可能影響到會眾的權益者，所提出的動議，而秩序問題則是針對會場所進行的議事程序，有不合乎議事應有秩序的事實時，所提出的動議。

# 四、聽證之終結、中止或延期

## （一）聽證終結

聽證終結之時機，應授權由主持人裁量。本法第65條即規定：「主持人認當事人意見業經充分陳述，而事件已達可為決定之程度者，應即終結聽證。」

### （二）聽證之中止

在聽證的進行中，由於某種原因，如遇天災或其他事故，影響案件聽證過程的正常進行，或不能繼續聽證時，依法暫停正在進行中的聽證程序時，主持人得依職權或當事人之申請，中止聽證。

### （三）聽證之延期

有些案情複雜的聽證難以一次完成者，聽證主持人認為聽證程序還未完竣，或當事人對相關事實、理由和證據仍有異議，而要求延期聽證的理由成立，可以決定再開聽證。亦即從保障當事人的權利出發，聽證次數不宜限制。

## 五、聽證程序中之異議與處置

### （一）對聽證程序中之聲明異議

聽證主持享有廣泛之程序主導權。其所為處置如有違法或不當，自應予當事人異議之機會。對於此項異議，主持人並應即予裁決。故本法第63條規定：「當事人認為主持人於聽證程序進行中所為之處置違法或不當者，得即時聲明異議。主持人認為異議有理由者，應即撤銷原處置，認為無理由者，應即駁回異議。」

### （二）不服聲明異議裁決之救濟

為謀行政效率，避免因當事人或利害關係人動輒對行政機關之行政程序行為聲明不服，而影響行政程序之進行，並減輕行政機關與法院之負擔，原則上，當事人或利害關係人不得對行政機關之行政程序行為聲明不服，僅得於行政程序終結後，對實體決定聲明不服時主張行政程序行為之違法性。例如委任代理人之拒絕、代理之指定、當事人之指定、更換或增減、申請迴避之拒絕、申請調查事實或證據之拒絕、鑑定人之選定、申請閱覽、抄寫、複印或攝影有關資料或卷宗之拒絕、舉行聽證之決定、拒絕及其他相關決定等均屬之。

此外，按法務部之研究結論，認本條本文所稱「對實體決定聲明不服時，係指法律明定之正式救濟途徑，例如申請複查、聲明異議、複審、再

複審、訴願、行政訴訟等而言；惟並不排斥行政機關基於便民之需要，另以行政規則就行政程序中所爲之決定或處置，規定其他非正式救濟途徑之聲明不服之方式[50]。

## 六、再聽證之時機

行政程序中之聽證權旨在保障人民在行政機關作成行政決定前，有答辯或說明之機會，其側重於事前之程序保障，當事人如係因非可歸責於己之事由致未參加聽證，應不具非難性，宜重新賦予其程序保障之機會。因此，聽證程序結束後，如當事人又提出新證據，或行政機關首長對聽證紀錄存有異議時，得重新再開聽證。

# 第八項　行政處分聽證紀錄與效力

## 一、聽證紀錄之作成

### （一）聽證紀錄之內容

本法爲明定聽證紀錄之作成及其內容，特於第64條規定：「聽證，應作成聽證紀錄。前項紀錄，應載明到場人所爲陳述或發問之要旨及其提出之文書、證據，並記明當事人於聽證紀錄進行中聲明異議之事由及主持人對異議之處理」。參照美國實務經驗上，聽證紀錄之內容，應包括如下事項：

1. 案由。
2. 到場聽證參加人之姓名、住所。
3. 聽證之期日及場所。
4. 聽證參加人所爲之陳述意見及其提出之文書、證據。包括：
   (1) 陳述人發言、發問要旨及提出之證物。
   (2) 通知書、請求書及答辯狀等文件。

---

[50] 立法院，第3屆第6會期第12次會議，「立法院議案關係文書」，院總字第1584號（1998年9月29日），頁649。

(3) 調查單位之調查報告、研究或分析報告、統計資料、官方認知
資料等。

(4) 擬議之決定（主持人報告及相關參考之證據）。

5. 當事人於聽證程序中，聲明異議之事由及主持人對異議之處理。

6. 詢問事項及受詢者答復之要旨。

再者，紀錄可分詳記與略記二種，建議未來修法授權聽證主人得視個
案之繁簡程度，決定是否以大略代替要旨[51]。

## （二）輔以錄音、錄影

為因應時代進步之需求，並確保紀錄之真實，聽證紀錄，得以錄
音、錄影輔助之。建議未來採用以錄音、錄影為主、書面文字為輔之現代
化科技保存。

## （三）聽證紀錄之簽章

為使在場陳述人或發問人得充分了解聽證紀錄之內容，聽證紀錄當場
製作完成者，由陳述或發問人簽名或蓋章；未當場製作完成者，由主持人
指定日期、場所供陳述或發問人閱覽，並由其簽名或蓋章。陳述或發問人
拒絕簽名或蓋章或未於指定日期、場所閱覽者，應記明其事由。

## （四）聽證紀錄之法律效果

依本法第108條第1項規定，聽證紀錄的法律效果有二種：

1. 行政機關作成行政處分（如核准或否准徵收）時，除應遵守本法第
43條規定，斟酌全部陳述與調查事實及證據之結果，依論理法則及
經驗法則判斷事實真偽外，並應斟酌全部聽證之結果。

2. 法律已明定應依聽證紀錄作成處分，則從其規定。

惟查，目前尚無直接明定應依聽證紀錄作成處分的法律規定，僅有
第一種情形，即應斟酌全部聽證之結果，做為作成行政處分的依據。且依
釋字第709號解釋意旨，尚需針對聽證各項爭點的各式各樣論點與所舉事
證，詳述採納或不採納的理由。

---

51 林秀蓮，前揭文，頁292。

### （五）遠距聽證之可能性

所謂「遠距訊問」者，係指法官、檢察官對未到庭之證人，利用法庭與證人所在處所之聲音及影像相互同步傳送之科技設備進行直接訊問而言。查司法院及法務部已利用視訊科技設備，透過ADSL寬頻網路，由法官及檢察官對遠地收容人、證人及訴訟關係人實施直接訊問，成效良好。

在行政聽證程序，固不發生訊問收容人之問題，但通知證人或鑑定人到場係屬聽證主持人得行使之職權，而當事人對證人、鑑定人、其他當事人或其代理人發問（交互詰問），係當事人於聽證程序中之重要權利，故仿效上開審、檢作法，於行政聽證程序引進遠距聽證作業，應有其價值[52]。

## 二、對紀錄異議之處置

### （一）異議之處理方式

#### 1. 當場製作完成之聽證紀錄

由於聽證紀錄之記載攸關當事人權益，其內容如有疑義，自應予當事人異議之機會。陳述人或發問人對聽證紀錄之記載有異議者，得即時提出。主持人認異議有理由者，應予更正或補充；無理由者，應記明其異議。

#### 2. 非當場製作完成之聽證紀錄

由主持人指定期日、場所供陳述人或發問人閱覽，並由其簽名或蓋章，陳述人或發問人對其記載有異議者，應審酌該異議有無理由，並於必要時調閱錄音或錄影帶後，為適當之修正或處理；另將前述異議之提出及處理結果，附記於聽證紀錄內供參。

### （二）拒絕簽章之處理

前二項情形，陳述人或發問人拒絕簽名、蓋章或未於指定日期、場所閱覽者，應記明其事由。

---

52　同上註，頁293。

## （三）有增刪或變更之處理

聽證紀錄有增刪或變更者，應於增刪或變更處蓋章，並於紀錄紙上方逐行載明增刪字數，加以簽認。刪除處應留存字跡，俾得辨認。

## 三、聽證之採證法則

### （一）得要求提出之證據資料

行政機關基於調查事實及證據之必要，得要求當事人或第三人提供必要之文書、資料或物品，包括書證、物證、視聽資料、法律規範文件等資料。

### （二）自由心證主義

本法第43條明定：「行政機關為處分或其他行政行為，應斟酌全部陳述與調查事實及證據之結果，依論理及經驗法則判斷事實之真偽，並將其決定及理由告知當事人。」亦即，行政機關經斟酌全部意見陳述內容及調查證據之結果，得依自由心證，判斷事實之真偽。但應告知當事人心證之結果及其所以得此心證之理由，以求慎重確實。

## 四、聽證之效力

### （一）不服聽證作成處分之救濟

為保障人民權益及符合行政經濟原則，本法第109條規定：「不服依前條作成之行政處分者，其行政救濟程序，免除訴願及其先行程序。」其立法意旨即鑑於對經聽證作成之行政處分不服者，倘若仍率由舊章，必須先踐行現行訴願程序，乃至於訴願前之先行程序，始得提起行政訴訟，則不符程序經濟原則及提高行政效能之立法目的[53]。

---

53 疑義解釋案例：關於不服經聽證作成之行政處分，其行政救濟即提起撤銷訴訟之期間如何，行政訴訟法並無明文，而行政程序法第109條又僅規定其行政救濟程序免除訴願及其先行程序，亦未另定其行政救濟期間，似有疑義，案經司法院秘書長於2000年10月5日以89秘台廳行一字第21502號函復：惟查上開所詢情形，與行政訴訟法第106條關於行政救濟期間之規定，僅在有無免除訴願及其先行程序上差異而已，其規範目的要無不同，似得予類推適用，以資解決（參照法務部2000年10月12日法89律字第037933號函）。

## （二）應舉行而未舉行聽證之法律效果

行政機關如有依法規規定應舉行聽證而未舉行者，基於貫徹依法行政，保障當事人聽證權利，以及法規規定應事先舉行聽證之意旨，無論該行政機關是否須依聽證紀錄作成行政處分，都應認為該行政處分具有重大而明顯之瑕疵，依本法第111條第7款規定而無效。

# 第三節　公聽會之舉行

## 第一項　公聽會之原理

### 一、公聽會之基本概念

#### （一）公聽會之意義

公聽會是政府在政策規劃、計畫確定或法規制定等決策之前，聽取專家學者、利害關係人或社會團體、政府代表等意見的諮詢會議。其目的在於以蒐集資訊或聽取意見，集思廣益、消除決策偏頗，提高人民對決策的接受力，及追求民主的正當性。

公聽會又可稱之為評論程序（common process），主要在意見聽取，集思廣益，主要目的在達到民主正當性。而前述之行政處分聽證之核心乃在提供證據，相互質證，調和公私利益，圓滿解決爭端，屬於準司法程序，主要目的在於對當事人及利害關係人之權利保障。

#### （二）公聽會相當於美國之非正式聽證

我國之公聽會就是美國的非正式聽證，及美國所稱之辯明型聽證、陳述意見聽證、準立法式聽證或法規制定聽證。

#### （三）公聽會之出席人員

公聽會的出席人員，除被邀請的專家學者、利害關係團體或相關公民團體代表、政府機關代表等特定人士外，並得從公告規定須經報名的民眾中產生。出席人在美國稱為「證人」，在日本就叫做「公述人」。

## （四）公聽會不適用本法之聽證程序

公聽會爲非正式，不適用行政程序法的聽證，程序從實務發展而成。包括主持人說明目的與旁聽規則、政府機關、利害關係人或團體代表、專家學者依序陳述意見，此外，主持人或委員亦得進一步詢問出席人。

## （五）公聽會之原則

公聽會以事前通知、正反比例相當、公開、公正等原則爲之，除出席人員外，民眾也可參與旁聽。

## （六）公聽會之特徵

1. 係對申請者以外有利害關係人之意見而爲者，係盡力性規定，並非考量利害關係人的利益。
2. 爲一便宜性措施，未受嚴格的程序保障與限制，一般即給予應邀人員在一定時間內分別發表意見供參。
3. 公聽會結果或紀錄對行政機關並無一定的拘束力。

## 二、公聽會程序之基本特性

公聽會基本上是一種典型的群體互動過程，也被稱爲是集團思考的場所，其內涵中包括有四項特質，如下：

## （一）時點之同一性

同一性是決定公聽會性質的一項重要內容之一，亦即公聽會的原則是要求許多與會者在同一時間，同一地點，圍繞同一議題展開意見陳述。至於視訊公聽會則因其議題、時間、地點仍然保持同一性，故此種新科技之應用，因實際需要而逐漸被接受。

## （二）意見之多樣性

開放不同意見的交流是召開公聽會的另一個必備要件。經過意見交流，或許能夠產生集合各家優點的創意，而這也就是召開公聽會另一項優

點[54]。在許多情況下，出席公聽會者是來自複數的各種組織團體代表、專家學者。再者，多數性不僅僅是指組織、階層等形式上和表面上的不同，就出席會議的人而言，其對議題的思考方法及採取的態度也有可能不同，公聽會的本質就是與會者對議題持各式各樣的想法，經過平等對話，及各種角度的質疑和溝通後，意見就會逐漸獲得統一或共識。

### （三）程序之公式性

所謂公式性，即除了非正式的會晤或商談外，公聽會也存在著拘泥於儀式、禮儀和形式性的一面。

### （四）溝通之雙向性

所謂雙向性，即為兩面對立之謂，也就是與會者的角色和意見往往是對立的關係，例如在會議上會出現兩種情況，即「講者」與「聽者」、「說明的人」與「接受說明的人」、「有決定權的人」與「無決定權的人」、「會議的主辦者」與「會議的參加者」等雙方關係完全對立者。此外，在意見表白方面，往往也形成利害關係的對立，由於雙方意見對立的情況，而難免造成激烈的討論。會議也就因此而需透過雙向的溝通討論，以達成共識。會議中的溝通討論應該是雙向的交流，而非單向的陳述。也正因為公聽會客觀上存在著兩面對立性，所以更必需有站在中立位置，能客觀地維持秩序及做出判斷的主持人[55]。

## 三、公聽會之功能

功能是事物在客觀上所能發揮的作用。成功的公聽會所具有的功能主要如下：

### （一）加強決策正當性

世人無法以科學方法，就政治或社會上不同的理念或信仰，精確判

---

54 八幡紕户巾著，范蓓怡譯，溝通無障礙（台北：華文網股份公司，2001年10月），頁6。

55 劉歡，會議的召開、進展與總結技術（台北：超越企管顧問公司，2000年8月），頁49。

定何者才是真理。真理只存在於政客口中、哲學家心中、宗教家的傳道內容中。而科學只在研究事實，找出真相，不在追求真理。科學之本質永遠不會得到終極真理，只找到非常接近「真值」（true value）的測量值。因此，倡言各種信念，必須原則上賦予同等地位，平等尊重其價值，並經過質疑和討論的過程。

公聽會是科學決策的一個環節，甚至是不可跨越的一個環節。通過公聽會，管理者了解了情況，獲得了必要的信息，了解了整體與局部的關係，避免了工作中重複與遺漏，找到了最佳的方法與對策。所以，許多科學的決策都是公聽會成果的結晶。另一方面，對自己參加討論，陳述意見的會議所作的決定或協議，任何人都會有責任感，這種感受遠比單方面用命令或通告傳達者效果大。反之，一件事情，如果沒有事先經過大眾意見溝通，而是由一人或少數人片面決定，則在執行時，可能就會陽奉陰違，相互推諉敷衍塞責，事倍功半，難有良好結果。

換言之，公聽會有助於民眾與利益團體意見之表白，強化決策的正當性與客觀性，同時增加公權力的理性功能和可信度。經過公聽會的參與和溝通，其決策才具有正當性，有了正當性之決策才足以使人順從，終而統合執行力量。

## （二）促進民主參與

因為民主政治的民意政治，統治者的權力建築在被統治者的同意上，所以在一個民主的社會，政府的施政應該以民意為依歸，民眾對政府的施政有「知」的權利，民眾可以對公共事務表達意見，政府在決定重大政策前，應儘量聽取人民意見，因此要有供民意參與的管道和制度。民主政治強調參與，避免權力過於集中，即以集會議事來決定與大家有關的各種事務，故公聽會是實施民主政治的方式，為了達到群策群力的目的，公聽會必須在與會者之間實現多向而不是單向的溝通。

因此，哲學家盧梭認為，參與決策過程中的參與，是保障民權及保證

建立良好政府之方法[56]，民主參與具有以下三種功能：

1. 參與能使個人成為並保持自己的主人，增加自由對自己的價值；
2. 參與能使集體的決定更容易被個人接受；
3. 參與能加強個別人民覺得他們是屬於他們自己的團體，有統合的功能。

## （三）界定公共利益

公共行政所要追求的終極價值就是公共利益，然公共利益是一個不確定的法律概念。公共利益的實質內涵並非公共對手的任何一方的參與者能夠片面決定，包括行政行為在內，所以，關於公共利益的論述，應該採取過程取向較為適當。誠如最高行政法院曾在一項判決中宣示：「所謂公益，係指組成政治社會各分子事實上利益，經比較交互影響過程所形成之理想狀態總和，即由特殊私益與公共利益共同組成之整合概念。」[57]是以適用公益原則，必須從具體事件中各方利益之比較及其交互影響，加以探討，求其平衡完備無所偏廢。質言之，公共利益沒有絕對的標準，但只有一個原則，就是其具體內涵必須在政策利害關係人，擁有平等的表意機會之前提下參與界定。亦即，過程取向意味著公共利益的具體內涵永遠是一個未定之數，其隨著參與者、時空系絡的變遷，可以不斷地更換其實質內容，其沒有永恆不變的特質，也沒有至高無上的優越地位，只有不斷地遭到修正、補充、乃至於推翻的可能性。因此，公聽會程序成為現代政府與人民平等對話的機制，也是界定公共利益的最佳途徑。

質言之，多人交換意見和提出質疑，可擴大視野改變成員態度，質疑是打破盲點的機會，即會有使人產生聰明的效果，而不致成為「井底之蛙」。如將之伸延，則可能產生出更新的創意。只自己一個人時，總是會陶醉在自己的主觀裡，不會有飛躍的表現，多人的時候可以從他人之發言，得到啟示而會有想像不到智慧產生。因此，公聽會是集思廣益，群策

---

[56] Carole Patemen原著，朱堅章主譯，參與民主原理（Participation and Democracy Theory），（台北：幼獅文化事業公司，1978年5月），頁30至32。

[57] 最高行政法院2006年8月3日95年度判字第1239號行政判決。

群力的重要場所，是資訊和智慧的交換站。公聽會能夠通過對話、報告、發言討論以及透過與會者各種形式的溝通，使與會者對某些事務由不知到知，由知之片面到知之全面，進度形成自覺的、步履一致的行動，亦即會議能將出席者提供不同的資源、經驗、專業知識及智慧，加以匯集。

### （四）協調公私利益

民主政治是民意政治，民意的表示也是多元的，不可能整齊劃一，沒有衝突。爲了給予不同利益和力量以制度性的表白途徑，以理說服對方，使利益衝突能達成某種程度的共識，現代民主國家均盡力舉行公聽會，以公共和理性的溝通途徑來化解衝突，尤其賦予利害關係團體、專家學者或有關政府代表，參與表示意見之機會，使多元利益代表能直接參与決策機制，實現人民直接民主。而且，以公開參與的方式制訂行政法規或規劃政策方案，廣泛聽取各方面的意見，綜合各方面利益衝突之所在，再以協調、疏導、說服等方法，使人人摒棄一部分小我之利益，再以社會整體利益爲重，由此方式制定出來的法律，執行起來不但不會遇到困難，同時社會大眾與政府之間必能建立融洽的關係，進而加強人民對政府之向心力，而使政治上合法權力的基礎日趨穩固。

### （五）培養團隊意識

一個組織推動業務，因涉及其他組織或團體的職權，故非取得其他組織或團體的支持與合作不可，而取得其他組織或團體支持與合作的方法，就是透過舉行公聽會，在會中說明有關的情況，並請其他組織或團體提供建議或質疑意見，同時盡可能的採納其他組織或團體的建議而作成結論。此種結論因包括有其他組織或團體的意見在內，將可取得其他組織或團體的支持，並可以共同負責。

公聽會是促進與會者彼此了解，聯絡感情，培養團隊意識的紐帶。再者，在民主生活方式之中，群體的活動，是多種多樣的，惟有議事活動，必須遵循一種有組織、有系統的程序規則，始可順利進行。每一公民置身於會議場合，不僅可以經由對事務自由討論、交換意見，作出正確的決定；而且可以聆聽他人發言，增進相互認識與了解，進而建立感情。這

樣一來，可使每一公民獲得適應群體生活的新知識，養成合群互助的好習慣，從而提升團隊精神。

## 第一項　公聽會之種類

### 一、政策方案規劃公聽會與立法論證公聽會

依政策制定過程所舉行之公聽會，可分為政策方案規劃公聽會和立法論證公聽會二種：

#### （一）政策方案規劃公聽會

政策方案規劃，指決策者為解決政策問題，採取科學方法，廣泛蒐集資料，設計一套以目標為取向，以變革為取向、以選擇為取向、以理性為取向的未來行動方案之動態過程。其特徵包括：

1. 解決「如何操作」的問題，不是「為什麼」的問題。
2. 未來導向，是對未來事物的預測，需要未來相關資訊。
3. 為達成政策目標，要有明確的目標或價值觀，以利規劃。
4. 充滿變數，需要降低未來不確定性。
5. 系統工程的概念及產物，須整合不同專業。

政策方案規劃之確切有效或需要修廢，係與是否為人民所可接受息息相關，畢竟政策合法化後恆為人類社會生活而為規範，自須以合乎人民需要，為人民所可接受為前提。然政策規劃往往仁智互見，故草案架構及內容難免具有可爭辯性。尤其須就政策目的、必要性、適當性、可行性及對產業的衝擊等進行論證及準備為所起草之內容進行辯護。事前得到一個可以為社會所接受的可行方案，政策過程才能進展順利，因此需要辦理公聽會。

#### （二）立法論證公聽會

立法論證是立法主體在立法之前，就所擬制定之法案的可行性與必要性進行論證，也有就立法過程中出現的某一個問題召開公聽會。

再者，立法論證中一般需進行法案衝擊影響評估，即於作成意思決定法案內容前，評估對於消費者、產業、社會及機關產生的效益及成本：以

量化及非量化方式，分析各種替代措施成本與效益，提供政策評估時，公共選擇的理性基礎。其主要目的是用以決定社會資源分配，於法制作業時對於擬定法律草案作事前評估，而非對於已生效執行之法律作事後評估，評斷其執行績效。立法論證公聽會除可蒐集資訊，並可進一步了解法案對各界之衝擊影響。

在美國，當立法論證涉及到兩方面有利益衝突，即出現某些重要爭議，需要口頭辯論，才能澄清事實，並得出正確結論時，主辦機關就盡可能採用混合式聽證，我國宜稱之為進階式公聽會，即在條件允許下可限定問題給予雙方互相辯論之機會，以避免全面進行正式聽證而造成耗時費錢費力之困境。此種「進階式」公聽會之優點，在於當不同意見出現而法規草案所附簡要說明，仍難以解釋清楚時，主辦機關就須對參加人所提出之意見予以回應說明。

此種介於正式和非正式間的混合式公聽會，可避免主辦機關僅將公聽會當成一種虛應故事之「過場形式」，值得國人重視採用。

## 二、行政機關起草法案公聽會與立法院委員會審查公聽會

根據法案草案所處的階段所舉行之公聽會，分成行政機關起草法案公聽會和立法院委員會審查公聽會二種：

### （一）行政機關起草法案公聽會

行政機關起草法案公聽會，是法案起草機關在發案起草過程中為集思廣益，博採周諮所進行關於法案有關內容之公聽會。

因法案的性質僅屬公共政策構想及解決問題之方案，法案起草過程為使規範及執行忠實反應政策目標，謀求法秩序之調和，避免衝突牴觸，以達成確保公共政策賦予以法律效果之任務，起草機關應盡力舉辦此種公聽會。

### （二）立法機關委員會審查公聽會

#### 1. 立法機關委員會審查公聽會之概念

立法機關委員會審查公聽會，是法案進入立法院，並由院會交付常設委員會進行審查時所進行關於法案有關內容之公聽會。立法機關常設委員

會舉行公聽會並非強制性，而是由召集委員決定舉行，並由召集委員擔任主持人。

## 2. 立法機關委員會審查公聽會之作用

立法機關委員會審查公聽會，除發揮前述功能外，尚能在立法程序中發揮如下的作用[58]：

### (1)發現事實

因為審查公聽會時，有主管機關的代表、利害關係人、專家學者或公共團體的代表等各種人，從各種觀點來表達意見或提出質疑[59]。如此不但可使利益的表白制度化及利益衝突的理性化，而且能集思廣益，博採周諮，使法案內容更為妥當，更為合理可行，故公聽會是事實發現的主要手段，可免除立法的粗糙，防止制度機關的偏頗。

### (2)政治溝通

政府民主化的途徑，政治溝通為其中之一。蓋能使政府與人民的意見溝通，才可增進民主意外，消弭誤會，消除歧見，加強團結，而國會的審查公聽會，就是從政治溝通的任物，經由這種途徑，蒐集民意或使民意得以表達，得以匯集，從而判斷民意，此對國會議員而言，亦有好處，其為代表選區選民表示意見的好機會。

### (3)認識和協調社會利益

立法是分配和合理配置權利和義務的一種國家活動，並以法律通過對利益的調整，實現對社會的控制。故從其體縣的社會關係來說，立法實質上是各種利益關係的分配、界定和協調。為了全面正確認識各種社會利益，現代國家均建立立法聽證制度，以公共和理性的溝通途徑來化解衝突，尤其賦予利害關係人參與表示意見的機會，使人民能直接參與決策機制，實現人民直接的民主。

---

[58] 羅傳賢，國會與立法技術（台北：五南圖書，2004年11月），頁27-29。

[59] Malcolm E. Jewell & Samuel c. Patterson. T. the Legislative Process in the United States, 3rd ed. (New York: Random House, Inc., 1997), p. 417。

### (4) 立法宣傳並教育公民

審查公聽會是一種宣傳管道，通過它使公眾有所知悉，並且使得它的某些內容部分地得到鞏固和強化[60]。亦即透過聽證可使專業的研究者，或是實務工作者就一項問題作深入而切實的分析與陳述，對立法者、行政官員、以及社會大眾，都會產生一定的教育功能。再者，一般公民也可藉傳播媒體獲得公聽會的發情形，不僅可以了解到擬議立法政策的內容及其可能產生的後果，而且可以學到正當法律程序與知的權利等公法知識，可堅定人民之民主信念，消除人民的政治冷漠。

### (5) 緩和社會緊張情緒

法案或重大政策問題往往牽涉到社會的利害衝突，而國會可藉公聽會的舉行，使反對者感受到尊重，及了解其他不同社會上意見，然後加以折衷調和，減少政治衝突。另一方面社會上主張不同利益的個人、團體，可利用公開的公聽會，來表達他們的要求、質疑、或者宣洩他們的怨憤，這有助於緩和社會緊張情緒由此可見，此種聽證不僅具有「安全瓣」（safety valve）的功能。並可進而引發民眾支持，故有論者認為公聽會是政治藝術的運用。

### (6) 衡量政治態度

委員會的公聽會尚可用來評估某個法案贊成或反對的強度，測試某位行政官員的能力，突顯那些具有政治野心的委員會主席及成員的角色[61]。因為委員會往往藉著公聽會中對兩種力量的估計以及可能在政治利益上造成的得失，表示自己的政治態度。

### 2. 立法院委員會舉行公聽會之規定

我國立法院並無正式的聽證制度，但於立法院職權行使法第九章中明訂「委員會公聽之舉行」專章，茲列舉其規定內容如下：

---

[60]　汪全勝，立法聽證研究（北京：北京大學出版社，2003年1月），頁18。

[61]　Walter J. Oleszek, Congressional Procedures and the Policy Process, 4th ed. (Washington D. C. Congressional Quarterly. Inc., 1996), pp. 68-69。

(1) 舉行公聽會的法源

依立法院職權行使法第54條前段規定，各委員會為審查院會交付之議案，得依憲法第67條第2項之規定舉行公聽會。按憲法第67條第2項之規定為：「各種委員會得邀請政府人員及社會上有關係人到會備詢。」

(2) 舉行公聽會的要件

依立法院職權行使法第55條之規定，委員會舉行公聽會，必須經各委員會輪值之召集委員同意，或經各委員會全體三分之一以上之連署或附議，並經議決後，始得為之。

(3) 公聽會的主席及出席人員

依立法院職權行使法第56條之規定，委員會公聽會之主席為該委員會之召集委員；而出席人員為政府人員及社會上有關係人員。由於公聽會為諮詢性質，為充分了解民意，並利公聽會之進行，應依正反意見之相當比例邀請出席人員，但以不超過十五人為原則。有關出席人員之人選，由各委員會決定，且出席人員非有正當理由，不得拒絕出席。

(4) 公聽會相關資料的送達時限

為使出席人員有相當時間準備相關資料，立法院職權行使法第57條之明定，委員會應於開會日五日前，將開會通知、議程等相關資料，以書面送達出席人員。但同一議案舉行多次會議時，的由主席於會中宣告下次舉行日期，不受五日之限制。

(5) 公聽會報告的提出

依立法院職權行使法第58條之規定，委員會應於公聽會終結十日內，依出席者之正、反意見提出公聽會報告，並送交立法院全體委員及出席者。

(6) 公聽會報告的法律效果

依立法院職權行使法第59條之規定，委員會公聽會之報告，僅作為審查該特定議案之參考。

## 三、法定性公聽會與任意性公聽會

行政機關公聽會可依是否由法規硬性規定，而進行劃分為任意性公聽

會及法定性公聽會等二種：

## （一）任意性公聽會

依本法第155條規定，行政機關訂定法規命令，得依職權舉行聽證。故機關是否舉行聽證得依職權爲之，並無強制性。因此，實務上，法規命令的訂定並非採用本法第一章第十節規定的正式聽證程序，而係採用公聽會的方式辦理，即以廣泛聽取學者專家、利害關係人、有關團體代表及政府代表之意見，以作爲訂定命令之參考。

本法聽證程序係學習美國法制而來，但由於美國正式法規制定之聽證程序，爲審訊型的口頭聽證程序，且僅在個別法律規定機關應給予聽證機會，且基於其紀錄而制定者，始有正式聽證程序的適用。鑑於我國未有美國的司法制度及相關司法聽證的配套措施，且爲符合我國國情，並落實及擴大人民實質參與及提高行政效能，有法學者建議將現行規定的法規聽證修正爲公聽會，且爲任意公聽會的性質。[62]

## （二）法定性公聽會

即法律明確規定，行政機關實施某種行政行爲因對人民權益影響重大或有民主參與之必要而必須履行公聽會之義務。例如下列之法律或施行細則規定：

1. 文化資產保存法第37條：擬定古蹟保存計畫公聽會。
2. 水下文化資產保存法第28條第2項：水下文化資產保護區劃設公聽會。
3. 環境影響評估法第12條：環境影響評估公聽會。
4. 土地徵收條例第10條第2項：需用土地計畫公聽會。
5. 都市更新條例第10第1項：擬具事業概要公聽會。
6. 新市鎮開發條例法第5條第2項：擬定新市鎮特定區計畫公聽會。
7. 貿易法第8條：經濟貿易事務與外國協議前得舉辦之公聽會。
8. 大眾捷運法第10第2項：辦理大眾捷運系統規劃公聽會。

---

[62] 林秀蓮，前揭文，頁302。

9.野生動物保育法第10第2項：保護區劃定公聽會。

10.離島建設條例施行細則第6條第2項：離島綜合建設實施方案公聽會。

11.農地重劃條例施行細則第39第1項：重劃區土地之分配公聽會。

12.農村社區土地重劃條例施行細則第18條：重劃土地分配公聽會。

13.台北市社區參與實施辦法第5條：辦理社區參與公聽會。

## 四、計畫初期公聽會與爭議處理聽證之二階段程序

有些行政行為須兼備意見聽取、利益調和及權利保障，故需要進行二階段程序，即先舉行公聽會，遇爭議處理時再舉行聽證。亦即計畫初期，因為議題事前難以預測，為發揮說明計畫及意見蒐集之功能，應先進行公聽會；等到計畫較成熟後，特定利害關係人可以進行通知、爭議點已臻明確，為達到處理爭端及程序保障之目的，就應該辦理聽證程序。例如下列情形：

### （一）土地徵收條例

土地徵收條例第10條第2項規定，需用土地人於事業計畫報請目的事業主管機關許可前，應舉行公聽會。但同條例第3條則規定，特定農業區經行政院核定為重大建設須辦理徵收者，若有爭議，應依行政程序法舉行聽證。

### （二）都市更新條例

土地徵收條例第10條第1項規定，經劃定應實施更新之地區，其土地及合法建築物所有權人得就主管機關劃定之更新單元，或依所定更新單元劃定基準自行劃定更新單元，舉辦公聽會，擬具事業概要。嗣據釋字第709號解釋意旨，都市更新事業計畫之核定，限制人民財產權及居住自由尤其直接、嚴重，本條例並應規定由主管機關以公開方式舉辦聽證，使利害關係人得到場以言詞為意見之陳述及論辯後，斟酌全部聽證紀錄，說明採納及不採納之理由作成核定。

## 第三項　公聽會之基本原則

公聽會所採行之基本原則，歸納據學者之研究，有如下數種[63]：

### 一、公開之原則

為昭大信於人，公聽會原則上公開為之。但在日本，如有公益上之必要，或對於當事人之利益將有重大損害者，主持人得依聲請或依職權決定不公開。在美國，主辦機關如有正當理由，認知公開之程序窒礙難行，無此必要，或有悖公共利益者，得不公開之。

### 二、公正之原則

公聽會之目的，原在追求公正。是故主持公聽會之人員，應以開放、公正之態度、機會均等原則，聽取各方面之意見，不能先入為主，存有成見；亦不能循私偏袒。如主持公聽會之人員，對於法規有利害關係時，應聲請迴避。

### 三、公平之原則

舉行公聽會時，對於利害關係人，不論是贊成抑或反對，皆應給予公平的表示意見之機會，且決定公聽會之日期及地點，亦應兼顧利害關係人之方便，不能厚此薄彼，有失公平。但當事人因故意或重大過失，未於適當時機對案件陳述意見時，主持人認為將延滯公聽會之終結者，得禁止其陳述。

### 四、效率原則

所謂有效率，就是公聽會的收益應當大於成本。公聽會的決定可能帶來的效益就是會議的收益，無論是契約可能帶來的利潤，還是好的建議可能會大大節約成本，以及與會者在會上的感受，這些都是公聽會的收益。效率化的關鍵在於排除所謂的徒勞、無用、勉強等因素，而能順利達成公

---

63　張劍寒，「民主國家之法規聽證制度」，憲政思潮，第23期（1973年7月），頁1。

聽會的目標，不召開名存實亡的公聽會。即欲使公聽會圓滿成功，欲求議事功能顯著，一方面要有充分而又詳盡的討論，另一方面還要講求高度的議事效能，俾能達成時間減半、成果倍增的會議目的。

## 第四項　不須舉行公聽會之法規

下列法規，不適用聽證制度[64]：

### （一）內部行政法規

所謂內部行政法規，即規定機關內部關係之法規，包括機關與機關之關係，機關與公務員之關係，公務員相互間之關係。如機關組織法規，公務員服務法規，辦事細則及分層負責之法規等是。此類法規因與人民無直接權利義務關係，故毋須舉行公聽會。如為慎重合理，只要召集有關機關之代表開會協調，或約請專家學者諮詢即可。

### （二）國防或外交機密法規

國之機密，不可以示人，而國防外交方面之機密法規，涉及國家安全及公共利益，為保密防諜，皆不舉行公聽會。本法第151條已明定排除軍事外交或其他重要事項而涉及國家機密或安全者適用法規命令訂定程序。

### （三）緊急性法規

情形急迫，或因公共利益有緊急之需要，必須立即制頒者，不必舉行公聽會，以免公聽會費時，坐失機宜，有害公益。如緊急救災法規，危急救難法規等，皆不能實行公聽會。

### （四）解釋性法規

即機關本於職權對所執行之法律，所作之解釋規定或指示規定，如補充規定，注意事項，或處事須知等皆屬之，猶如目前我國政府公報中之「政令」。此類法規只是機關針對特定事實所表示之意見，法院在所涉及

---

[64] 張劍寒，「行政程序法中聽證制度之研究」，憲政思潮，第31期（1975年7月），頁19。

之法律問題中，可自由表示自己之判斷，不受其拘束，對人民權益不致有決定性之影響，故亦不必舉行公聽會。

### （五）私經濟行爲法規

如公產、借款、補助、收益、契約法規，此類法規係政府私經濟行爲，與人民法律關係乃意思對等關係，無命令強制之色彩，自亦無須舉行公聽會。

## 第五項　公聽會之程序

### 一、公聽會程序之重要性

管理是達成組織目標運用的一種程序，即經由一種正當程序對於人員、財物、事務、時間等加以處理和運用，使一個團體的組成分子獲得統合、協調與運用，以有效果的與有效率的達成組織的目標。因會議是一種資源，可以透過管理而獲得更多的效果，故會議管理，就是各種組織或團體希望運用會議爲手段，以達成組織目標時，幫助其管理者探索如何貫徹會議的執行與順利完成其事務的具體技術、方法與程序。

### 二、公聽會之發動

#### （一）實施者

實施者依更新條例第10、19及29條分別於事業概要申請前、擬定或變更都市更新事業計畫期間、擬定或變更權利變換計畫期間等時機舉辦公聽會。

如都市更新事業計畫與權利變換計畫併送時，擬定期間之公聽會得一併辦理。

#### （二）一般申請人

土地及合法建築物所有權人等一般申請人依更新條例第10條規定，於事業概要申請前辦理公聽會。

#### （三）各級主管機關

依更新條例第19條規定，都市更新事業計畫及權利變換計畫擬定或

變更後，送各級主管機關審議前，應於各該直轄市、縣（市）政府或鄉（鎮、市）公所公開展覽三十日，並舉辦公聽會。

## 三、舉辦公聽會之前置作業

### （一）確認與會者名單、場所與時間

#### 1. 確認與會者名單

依更新條例第10條、第19條、施行細則第6條規定，應邀請有關機關、學者專家及當地居民代表參加，並通知更新單元範圍內土地、合法建築物所有權人、他項權利人、囑託限制登記機關及預告登記請求權人參加。

#### 2. 確認場所與時間

選擇所擬公聽會議題附近且可容納多數人之場所。時間需在公告後十日以上才能舉辦公聽會。

### （二）公告

公聽會之日期及地點，於十日前刊登當地政府公報或新聞紙三日，並張貼於當地村（里）辦公處之公告牌。

#### 1. 公告方式

(1)刊登政府公報或新聞紙：十日前刊登當地政府公報或新聞紙三日。

(2)張貼公告：張貼於直轄市、縣（市）政府、鄉（鎮、市、區）公所及當地村（里）辦公處之公告牌。

#### 2. 公告時間

公聽會當日不計入該十日之計算，刊登日期至少一日位於十日前即可（例如：5月14日將召開公聽會，至少應在5月3日開始登刊於新聞紙三日、張貼公告）。

### （三）通知

由一般申請人或實施者寄發公聽會開會通知及相關會議資料。

### 1. 通知對象

利害關係人如都市更新事項，為更新單元範圍內土地、合法建築物所有權人、他項權利人、囑託限制登記機關及預告登記請求權人參加，及邀請之學者專家、有關團體代表、政府機關代表。

### 2. 通知方式

(1) 郵務送達：交由郵政機關以掛號附回執（雙掛號）方式寄送，申請報核時應檢附通知證明文件正本於附件冊。

(2) 自行送達：應檢附證明文件。

## 四、公聽會之主持人

公聽會僅具諮詢性質，故其主持人與行政處分聽證據裁決性質需遵守職能分離原則，最好遴聘學者專家或律師擔任者不同，實務上公聽會主持人約有下列數種人員：

（一）主管該法規之機關首長或法定審議會之主任委員。

（二）有關機關各代表所共同推舉之人。

（三）法制部門之主管或經機關首長指定之人員。

重大之法規或有關審議事項多由機關首長主持公聽會，複雜之議題牽涉眾多機關者，則採第二種方式推舉主持人，一般法規之聽證，則由第三種人員主持。

## 五、公聽會之會議

### （一）簽到

公聽會當天由主辦單位備齊相關資料供到場與會人士取閱，並準備簽到簿簽到用。

### （二）議程

1. 公聽會開始。

2. 主持人致詞：主持人介紹出席人、說明案由與公聽目的、公聽會規則及其他注意事項（如發言順序及分配時間、不得人身攻擊、他人發言時不得干擾或提出質詢等）。

3. 公聽事項之內容簡報。

4. 意見表示與回應：

(1) 相關政府機關代表陳述意見。

(2) 利害關係人或團體代表陳述意見（得指定發言次序或依報到先後順序）。

(3) 專家學者依序陳述意見（依報到先後順序發言）。

(4) 主持人詢問出席人（主持人或主辦單位幕僚人員亦得於出席人發言後當場詢問）。

5. 主持人結語（現場不作結論）。

6. 散會。

## 六、後置作業——整理會議紀錄

於公聽會後整理詳實之會議紀錄，宜附上公聽會照片，並由主席與紀錄確認無誤後簽名。

## 七、公聽會之旁聽

為求維持陳述意見的秩序，必要時得斟酌旁聽席位的多寡，核發旁聽證，無旁聽證者不得進入，並得訂定旁聽規則，要求旁聽人應保持肅靜，不得有大聲交談、鼓掌、喧譁、吸菸或飲食物品、對於執行職務人員或出席人等加以批評、嘲笑或其他妨害秩序或不當的行為。

## 一、中文部分

李惠宗，行政法要義，台北：元照出版公司，2016年9月。

李惠宗，行政程序法要義，台北：五南出版公司，2009年9月。

李震山，行政法導論，台北：三民書局，2015年10月。

汪宗仁，行政程序法論，台中：康德文化出版社，2000年8月。

林明鏘，行政法講義，台北：新學林出版公司，2017年2月。

林明鏘，行政契約論，台北：翰盧出版公司，2006年4月。

林紀東，行政法，再版，台北：三民書局，1994年11月。

林錫堯，行政法要義，台北：元照出版公司，2016年8月。

林騰鷂，行政法總論，台北：三民書局，2014年3月。

吳　庚，行政法之理論及實用，台北：自印本，2016年9月。

城仲模，行政法之基礎理論，增訂再版，台北：三民書局，1999年3月。

城仲模主編，行政法之一般法律原則，台北：三民書局，1999年3月。

城仲模教授祝壽論文集編輯委員會，憲法體制及法治行政，台北：三民書局，
　　　1999年8月。

翁岳生，行政法及現代法治國家，台北：三民書局，2015年9月。

翁岳生，法治國家之行政法與司法，台北：月旦出版公司，1994年8月。

翁岳生等，行政法，上下冊，台北：自印本，1998年3月。

翁岳生等，資訊立法之研究，台北：行政院研究發展考核委員會，1985年11月。

孫笑俠，法的現象與觀念，濟南：山東人民出版社，2001年4月。

孫笑俠，法律對行政的控制，濟南：山東人民出版社，2001年1月。

許宗力，憲法與法治國行政，台北：元照出版公司，2000年3月。

陳　敏，行政法總論，台北：自印本，2016年9月。

陳春生，行政法之學理與體系──行政行為形式論。台北：三民書局，1996年8
　　　月。

陳新民，行政法學總論，台北：自印本，2015年9月。

張家洋，行政法，台北：三民書局，1996年8月。

程明修，行政法之行為與法律關係理論，台北：新學林出版公司，2006年9月。

湯德宗，行政程序法論，台北：元照出版公司，2000年10月。

黃　異，行政法總論，台北：三民書局，1996年1月。

黃舒芃，行政命令，台北：三民書局，2011年13月。

董保成，行政法講義，台北：自印本，1994年9月。

葉俊榮，面對行政程序法，台北：元照出版公司，2010年3月。

廖義男，國家賠償法，台北：自印本，1994年8月。

劉宗德，行政法基本原理，台北：學林文化事業有限公司，2000年2月。

蔡志方，行政罰法釋義與運用解說，台北：三民書局，2006年11月。

蔡茂寅、李建良、林明鏘、周志宏，行政程序法實用，台北：學林文化事業有限
　　公司，2000年11月。

應松年，比較行政程序法，北京：中國法制出版社，1999年1月。

應松年等，行政程序法立法研究，北京：中國法制出版社，2001年3月。

羅傳賢，行政程序法基礎理論，台北：五南圖書，1993年7月。

立法院公報處，行政程序法案，法律案專輯，第252輯，2000年7月。

行政院經建會委託台大法研所教授翁岳生主持專題研究計畫，行政程序法之研
　　究，台北：行政院經建會健全經社法規工作小組，1990年12月。

法務部，行政程序法各條文中法規之涵義彙整表，2000年7月20日。

法務部，行政程序法解釋及諮詢小組會議紀錄彙編，2001年12月。

國立台灣大學法律系編印，行政程序法草案研討會論文集，1999年2月。

台北市政府訴願會編印，訴願程序與行政程序相關專論暨法令選輯，2000年7
　　月。

台灣行政法學會，行政法人與組織改造、聽證制度評析，2005年1月。

台灣行政法學會，當事人協力義務／行政調查／國家賠償，2006年11月。

## 二、英文部分

Asimow, Michael R. Administrative Law. 10th ed., Chicago: Harcourt Brace
　　Jovanovich Legal and Professional Publication, Inc., 2016.

Baxter, Lawrence. Administrative Law. Wynberg, Cape Town: Juta & Co. Ltd., 1984.

Beryer, Stephen G. and Stewart, Richard B. Administrative Law and Regulatory Policy. Boston: Little, Brown and Company, 2006.

Craig, P. P. Administrative Law. 6nd ed., London: Sweet & Maxwell, 2008.

Davis, Kenneth Culp, Administrative Law. Text St. Paul, Minn.: West Publishing Co., 1980.

Davis, Kenneth Culp and Pierce, Richard J. Jr. Administrative Law 4rd ed., Boston: Little, Brown, 2001.

Davison, J. Forrester and Grundstein Nathan D. Administrative Law. Westport, Connecticut: Greenwood Press, Publishers, 1970.

Gellhorn, Ernest and Boyer, Barry B. Administrative Law and Process. St. Paul, Minn: West Publishing Co., 1997.

Gellhorn, Walter, Byse, Clark and Strauss, Peter L. Administrative Law, 8th ed., Mineola: The Foundation Press, 1987.

Jones, David Phillip and Villars, Anne S. de. Principles of Administrative Law. Tornonto: The Carswell Co. Ltd., 2014.

Lorch, Robert S. Democratic Process and Administrative Law. Detroit: Wayne State University Press, 1980.

Mashaw, Jerry L. Due Process in the Administrative State. New Haven: Yale University Press, 1985.

Molan, Michael T. Administrative Law. London: HCT Publications, 2013.

Pierce, Richard J.; Shapiro sidney A. and Verkuil Paul R. Administrative Law and Process. Mineola, New York: The Foundation Press, Inc., 2014.

Pound, Roscoe, Administrative Law, Littleton. Colorado: Fred B. Rothman & Co., 1981.

Reid, Robter F. & David, Hillel. Administrative Law and Practice. 3nd ed. London: Butterworth & Co. Ltd., 2010.

Robinson, Glen O.; Gellhorn, Ernest and Bruff, Harold H. The Administrative Process. 2nd ed. St. Paul, Minn.: West Publishing Co., 1994.

Rosenbloom, David H. Public Administrative and Law. New York: Marcel Dekker, Inc., 1997.

Schwartz, Bernard. Administrative Law. 3nd ed. Boston: Little, Brown and Company, 1991.

Schwartz, Bernard and Wade, H. W. R. Legal Control of Government: Administrative Law in Britain and the United States. London: Oxford: Clarendon Press, 1972.

Wade, H. W. R. Administrative Law. 10th ed. Oxford: Oxford University Press, 2009.

Williams, David John Parry. Investigation by Administrative Agencies. Sydney: The Law Book Co. Ltd. 1987.

Woll, Peter. Administrative Law: The Informal Process. Berkeley: University of California Press, 1974.

Warren, Kenneth F. Administrative Law in The Political System. New Jersey: Prentice Hall, Inc, 2010.

# 附錄一｜行政程序法

1999年2月3日總統令公布全文175條

2000年12月27日總統令增訂公布第174條之1

2001年6月20日總統令修正公布第174條之1

2001年12月28日總統令修正公布第174條之1

2005年12月28日總統令刪除公布第44、45條

2013年5月22日總統令修正公布第131條

2015年12月30日總統令修正公布第127、175條

## 第一章　總則

### 第一節　法　例

第一條（立法目的）

　　為使行政行為遵循公正、公開與民主之程序，確保依法行政之原則，以保障人民權益，提高行政效能，增進人民對行政之信賴，特制定本法。

第二條（行政程序與行政機關之定義）

　　本法所稱行政程序，係指行政機關作成行政處分、締結行政契約、訂定法規命令與行政規則、確定行政計畫、實施行政指導及處理陳情等行為之程序。

　　本法所稱行政機關，係指代表國家、地方自治團體或其他行政主體表示意思，從事公共事務，具有單獨法定地位之組織。

　　受託行使公權力之個人或團體，於委託範圍內，視為行政機關。

第三條（適用範圍）

　　行政機關為行政行為時，除法律另有規定外，應依本法規定為之。

　　下列機關之行政行為，不適用本法之程序規定：

　　　一、各級民意機關。

　　　二、司法機關。

　　　三、監察機關。

　　下列事項，不適用本法之程序規定：

　　　一、有關外交行為、軍事行為或國家安全保障事項之行為。

　　　二、外國人出、入境、難民認定及國籍變更之行為。

　　　三、刑事案件犯罪偵查程序。

四、犯罪矯正機關或其他收容處所為達成收容目的所為之行為。

五、有關私權爭執之行政裁決程序。

六、學校或其他教育機構為達成教育目的之內部程序。

七、對公務員所為之人事行政行為。

八、考試院有關考選命題及評分之行為。

第四條（一般法律原則）

行政行為應受法律及一般法律原則之拘束。

第五條（行政行為之內容）

行政行為之內容應明確。

第六條（行政行為之平等原則）

行政行為，非有正當理由，不得為差別待遇。

第七條（行政行為之比例原則）

行政行為，應依下列原則為之：

一、採取之方法應有助於目的之達成。

二、有多種同樣能達成目的之方法時，應選擇對人民權益損害最少者。

三、採取之方法所造成之損害不得與欲達成目的之利益顯失均衡。

第八條（行政行為之誠信原則）

行政行為，應以誠實信用之方法為之，並應保護人民正當合理之信賴。

第九條（行政程序對當事人有利及不利之情形）

行政機關就該管行政程序，應於當事人有利及不利之情形，一律注意。

第十條（行政裁量之界限）

行政機關行使裁量權，不得逾越法定之裁量範圍，並應符合法規授權之目的。

## 第二節　管　轄

第十一條（行政機關之管轄權及管轄權不得隨意設定或變更）

行政機關之管轄權，依其組織法規或其他行政法規定之。

行政機關之組織法規變更管轄權之規定，而相關行政法規所定管轄機關尚未一併修正時，原管轄機關得會同組織法規變更後之管轄機關公告或逕由其共同上級機關公告變更管轄之事項。

行政機關經裁併者，前項公告得僅由組織法規變更後之管轄機關為之。

前二項公告事項，自公告之日起算至第三日起發生移轉管轄權之效力。但公告特定有生效日期者，依其規定。

管轄權非依法規不得設定或變更。

第十二條（管轄權之補充規定）

　　不能依前條第一項定土地管轄權者，依下列各款順序定之：

　　　一、關於不動產之事件，依不動產之所在地。

　　　二、關於企業之經營或其他繼續性事業之事件，依經營企業或從事事業之處
　　　　　所，或應經營或應從事之處所。

　　　三、其他事件，關於自然人者，依其住所地，無住所或住所不明者，依其居所
　　　　　地，無居所或居所不明者，依其最後所在地。關於法人或團體者，依其主
　　　　　事務所或會址所在地。

　　　四、不能依前三款之規定定其管轄權或有急迫情形者，依事件發生之原因定
　　　　　之。

第十三條（行政機關管轄權競合時之解決方法）

　　同一事件，數行政機關依前二條之規定均有管轄權者，由受理在先之機關管轄，不
　　能分別受理之先後者，由各該機關協議定之，不能協議或有統一管轄之必要時，由
　　其共同上級機關指定管轄。無共同上級機關時，由各該上級機關協議定之。

　　前項機關於必要之情形時，應為必要之職務行為，並即通知其他機關。

第十四條（行政機關管轄權爭議之解決方法）

　　數行政機關於管轄權有爭議時，由其共同上級機關決定之，無共同上級機關時，由
　　各該上級機關協議定之。

　　前項情形，人民就其依法規申請之事件，得向共同上級機關申請指定管轄，無共同
　　上級機關者，得向各該上級機關之一為之。受理申請之機關應自請求到達之日起十
　　日內決定之。

　　在前二項情形未經決定前，如有導致國家或人民難以回復之重大損害之虞時，該管
　　轄權爭議之一方，應依當事人申請或依職權為緊急之臨時處置，並應層報共同上級
　　機關及通知他方。

　　人民對行政機關依本條所為指定管轄之決定，不得聲明不服。

第十五條（行政機關將其權限委託或委任其他機關）

　　行政機關得依法規將其權限之一部分，委任所屬下級機關執行之。

　　行政機關因業務上之需要，得依法規將其權限之一部分，委託不相隸屬之行政機關
　　執行之。

　　前二項情形，應將委任或委託事項及法規依據公告之，並刊登政府公報或新聞
　　紙。

第十六條（行政機關將其權限委託民間或個人處理）

　　行政機關得依法規將其權限之一部分，委託民間團體或個人辦理。

　　前項情形，應將委託事項及法規依據公告之，並刊登政府公報或新聞紙。

第一項委託所需費用，除另有約定外，由行政機關支付之。

第十七條（行政機關對管轄權之有無之處置）

行政機關對事件管轄權之有無，應依職權調查；其認無管轄權者，應即移送有管轄權之機關，並通知當事人。

人民於法定期間內提出申請，依前項規定移送有管轄權之機關者，視同已在法定期間內向有管轄權之機關提出申請。

第十八條（管轄權變更之處理）

行政機關因法規或事實之變更而喪失管轄權時，應將案件移送有管轄權之機關，並通知當事人。但經當事人及有管轄權機關之同意，亦得由原管轄權機關繼續處理該案件。

第十九條（執行職權時得請求其他機關協助及有不同意見之解決方法）

行政機關為發揮共同一體之行政機能，應於其權限範圍內互相協助。

行政機關執行職務時，有下列情形之一者，得向無隸屬關係之其他機關請求協助：

一、因法律上之原因，不能獨自執行職務者。

二、因人員、設備不足等事實上之原因，不能獨自執行職務者。

三、執行職務所必要認定之事實，不能獨自調查者。

四、執行職務所必要之文書或其他資料，為被請求機關所持有者。

五、由被請求機關協助執行，顯較經濟者。

六、其他職務上有正當理由須請求協助者。

前項請求，除緊急情形外，應以書面為之。

被請求機關於有下列情形之一者，應拒絕之：

一、協助之行為，非其權限範圍或依法不得為之者。

二、如提供協助，將嚴重妨害其自身職務之執行者。

被請求機關認有正當理由不能協助者，得拒絕之。

被請求機關認為無提供行政協助之義務或有拒絕之事由時，應將其理由通知請求協助機關。被請求協助機關對此有異議時，由其共同上級機關決定之，無共同上級機關時，由被請求機關之上級機關決定之。

被請求機關得向請求協助機關要求負擔行政協助所需費用。其負擔金額及支付方式，由請求協助機關及被請求機關以協議定之；協議不成時，由其共同上級機關定之。

## 第三節　當事人

第二十條（當事人之範圍）

　　本法所稱之當事人如下：

　　　　一、申請人及申請之相對人。

　　　　二、行政機關所為行政處分之相對人。

　　　　三、與行政機關締結行政契約之相對人。

　　　　四、行政機關實施行政指導之相對人。

　　　　五、對行政機關陳情之人。

　　　　六、其他依本法規定參加行政程序之人。

第二十一條（行政程序當事人之範圍）

　　有行政程序之當事人能力者如下：

　　　　一、自然人。

　　　　二、法人。

　　　　三、非法人之團體設有代表人或管理人者。

　　　　四、行政機關。

　　　　五、其他依法律規定得為權利義務之主體者。

第二十二條（得為有效行政程序行為之資格）

　　有行政程序之行為能力者如下：

　　　　一、依民法規定，有行為能力之自然人。

　　　　二、法人。

　　　　三、非法人之團體由其代表人或管理人為行政程序行為者。

　　　　四、行政機關由首長或其代理人、授權之人為行政程序行為者。

　　　　五、依其他法律規定者。

　　無行政程序行為能力者，應由其法定代理人代為行政程序行為。

　　外國人依其本國法律無行政程序之行為能力，而依中華民國法律有行政程序之行為能力者，視為有行政程序之行為能力。

第二十三條（通知參加為當事人）

　　因程序之進行將影響第三人之權利或法律上利益者，行政機關得依職權或依申請，通知其參加為當事人。

第二十四條（委任代理）

　　當事人得委任代理人。但依法規或行政程序之性質不得授權者，不得為之。

　　第一當事人委任之代理人，不得逾三人。

　　代理權之授與，及於該行政程序有關之全部程序行為。但申請之撤回，非受特別授

權，不得為之。

行政程序代理人應於最初為行政程序行為時，提出委任書。

代理權授與之撤回，經通知行政機關後，始對行政機關發生效力。

第二十五條（單獨代理原則）

代理人有二人以上者，均得單獨代理當事人。

違反前項規定而為委任者，其代理人仍得單獨代理。

代理人經本人同意得委任他人為複代理人。

第二十六條（代理權之效力）

代理權不因本人死亡或其行政程序行為能力喪失而消滅。法定代理有變更或行政機關經裁併或變更者，亦同。

第二十七條（當事人之選定或指定）

多數有共同利益之當事人，未共同委任代理人者，得選定其中一人至五人為全體為行政程序行為。

未選定當事人，而行政機關認有礙程序之正常進行者，得定相當期限命其選定；逾期未選定者，得依職權指定之。

經選定或指定為當事人者，非有正當理由不得辭退。

經選定或指定當事人者，僅得由該當事人為行政程序行為，其他當事人脫離行政程序。但申請之撤回、權利之拋棄或義務之負擔，非經全體有共同利益之人同意，不得為之。

第二十八條（選定或指定當事人單獨行使職權）

選定或指定當事人有二人以上時，均得單獨為全體為行政程序行為。

第二十九條（選定或指定當事人之更換或增減）

多數有共同利益之當事人於選定或經指定當事人後，仍得更換或增減之。

行政機關對於其指定之當事人，為共同利益人之權益，必要時，得更換或增減之。

依前二項規定喪失資格者，其他被選定或指定之人得為全體為行政程序行為。

第三十條（選定、指定、更換或增減當事人之生效要件）

當事人之選定、更換或增減，非以書面通知行政機關不生效力。

行政機關指定、更換或增減當事人者，非以書面通知全體有共同利益之當事人，不生效力。但通知顯有困難者，得以公告代之。

第三十一條（輔佐人之規定）

當事人或代理人經行政機關之許可，得偕同輔佐人到場。

行政機關認為必要時，得命當事人或代理人偕同輔佐人到場。

前二項之輔佐人，行政機關認為不適當時，得撤銷其許可或禁止其陳述。

輔佐人所為之陳述，當事人或代理人未立即提出異議者，視為其所自為。

## 第四節　迴　避

第三十二條（公務員應自行迴避的事由）

公務員在行政程序中，有下列各款情形之一者，應自行迴避：

一、本人或其配偶、前配偶、四親等內之血親或三親等內之姻親或曾有此關係者為事件之當事人時。

二、本人或其配偶、前配偶，就該事件與當事人有共同權利人或共同義務人之關係者。

三、現為或曾為該事件當事人之代理人、輔佐人者。

四、於該事件，曾為證人、鑑定人者。

第三十三條（當事人申請公務員迴避之理由及其相關）

公務員有下列各款情形之一者，當事人得申請迴避：

一、有前條所定之情形而不自行迴避者。

二、有具體事實，足認其執行職務有偏頗之虞者。

前項申請，應舉其原因及事實，向該公務員所屬機關為之，並應為適當之釋明；被申請迴避之公務員，對於該申請得提出意見書。

不服行政機關之駁回決定者，得於五日內提請上級機關覆決，受理機關除有正當理由外，應於十日內為適當之處置。

被申請迴避之公務員在其所屬機關就該申請事件為准許或駁回之決定前，應停止行政程序。但有急迫情形，仍應為必要處置。

公務員有前條所定情形不自行迴避，而未經當事人申請迴避者，應由該公務員所屬機關依職權命其迴避。

## 第五節　程序之開始

第三十四條（行政程序之開始）

行政程序之開始，由行政機關依職權定之。但依本法或其他法規之規定有開始行政程序之義務，或當事人已依法規之規定提出申請者，不在此限。

第三十五條（當事人向行政機關提出申請之方式）

當事人依法向行政機關提出申請者，除法規另有規定外，得以書面或言詞為之。以言詞為申請者，受理之行政機關應作成紀錄，經向申請人朗讀或使閱覽，確認其內容無誤後由其簽名或蓋章。

## 第六節　調查事實及證據

第三十六條（行政機關應依職權調查證據）

行政機關應依職權調查證據，不受當事人主張之拘束，對當事人有利及不利事項一

律注意。

第三十七條（當事人得自行提出證據及向行政機關申請調查）

當事人於行政程序中，除得自行提出證據外，亦得向行政機關申請調查事實及證據。但行政機關認為無調查之必要者，得不為調查，並於第四十三條之理由中敘明之。

第三十八條（行政機關調查後得製作書面紀錄）

行政機關調查事實及證據，必要時得據實製作書面紀錄。

第三十九條（行政機關得通知相關之人到場陳述）

行政機關基於調查事實及證據之必要，得以書面通知相關之人陳述意見。通知書中應記載詢問目的、時間、地點、得否委託他人到場及不到場所生之效果。

第四十條（行政機關得要求提供文書、資料或物品）

行政機關基於調查事實及證據之必要，得要求當事人或第三人提供必要之文書、資料或物品。

第四十一條（選定鑑定人）

行政機關得選定適當之人為鑑定。

以書面為鑑定者，必要時，得通知鑑定人到場說明。

第四十二條（行政機關得實施勘驗）

行政機關為瞭解事實真相，得實施勘驗。

勘驗時應通知當事人到場。但不能通知者，不在此限。

第四十三條（行政機關採證之法則）

行政機關為處分或其他行政行為，應勘酌全部陳述與調查事實及證據之結果，依論理及經驗法則判斷事實之真偽，並將其決定及理由告知當事人。

## 第七節　資訊公開

第四十四條（刪除）

第四十五條（刪除）

第四十六條（申請閱覽卷宗）

當事人或利害關係人得向行政機關申請閱覽、抄寫、複印或攝影有關資料或卷宗。但以主張或維護其法律上利益有必要者為限。

行政機關對前項之申請，除有下列情形之一者外，不得拒絕：

　　一、行政決定前之擬稿或其他準備作業文件。

　　二、涉及國防、軍事、外交及一般公務機密，依法規規定有保密之必要者。

　　三、涉及個人隱私、職業秘密、營業秘密，依法規規定有保密之必要者。

　　四、有侵害第三人權利之虞者。

　　五、有嚴重妨礙有關社會治安、公共安全或其他公共利益之職務正常進行之虞
　　　　者。

前項第二款及第三款無保密必要之部分，仍應准許閱覽。

當事人就第一項資料或卷宗內容關於自身之記載有錯誤者，得檢具事實證明，請求
相關機關更正。

第四十七條（公務員與當事人進行行政程序外之接觸）

公務員在行政程序中，除基於職務上之必要外，不得與當事人或代表其利益之人為
行政程序外之接觸。

公務員與當事人或代表其利益之人為行政程序外之接觸時，應將所有往來之書面文
件附卷，並對其他當事人公開。

前項接觸非以書面為之者，應作成書面紀錄，載明接觸對象、時間、地點及內
容。

## 第八節　期日與期間

第四十八條（期間之計算）

期間以時計算者，即時起算。

期間以日、星期、月或年計算者，其始日不計算在內。但法律規定即日起算者，不
在此限。

期間不以星期、月或年之始日起算者，以最後之星期、月或年與起算日相當日之前
一日為期間之末日。但以月或年定期間，而於最後之月無相當日者，以其月之末日
為期間之末日。

期間之末日為星期日、國定假日或其他休息日者，以該日之次日為期間之末日；期
間之末日為星期六者，以其次星期一上午為期間末日。

期間涉及人民之處罰或其他不利行政處分者，其始日不計時刻以一日論；其末日為
星期日、國定假日或其他休息日者，照計。但依第二項、第四項規定計算，對人民
有利者，不在此限。

第四十九條（郵送期間之扣除）

基於法規之申請，以掛號郵寄方式向行政機關提出者，以交郵當日之郵戳為準。

第五十條（回復原狀之申請）

因天災或其他不應歸責於申請人之事由，致基於法規之申請不能於法定期間內提出
者，得於其原因消滅後十日內，申請回復原狀。如該法定期間少於十日者，於相等
之日數內得申請回復原狀。

申請回復原狀，應同時補行期間內應為之行政程序行為。

遲誤法定期間已逾一年者，不得申請回復原狀。

第五十一條（行政機關對人民申請之處理期間）

行政機關對於人民依法規之申請，除法規另有規定外，應按各事項類別，訂定處理期間公告之。

未依前項規定訂定處理期間者，其處理期間為二個月。

行政機關未能於前二項所定期間內處理終結者，得於原處理期間之限度內延長之，但以一次為限。

前項情形，應於原處理期間屆滿前，將延長之事由通知申請人。

行政機關因天災或其他不可歸責之事由，致事務之處理遭受阻礙時，於該項事由終止前，停止處理期間之進行。

## 第九節　費　用

第五十二條（行政程序所生費用之負擔）

行政程序所生之費用，由行政機關負擔。但專為當事人或利害關係人利益所支出之費用，不在此限。

因可歸責於當事人或利害關係人之事由，致程序有顯著之延滯者，其因延滯所生之費用，由其負擔。

第五十三條（證人或鑑定人得請求給付費用）

證人或鑑定人得向行政機關請求法定之日費及旅費，鑑定人並得請求相當之報酬。

前項費用及報酬，得請求行政機關預行酌給之。

第一項費用，除法規另有規定外，其標準由行政院定之。

## 第十節　聽證程序

第五十四條（適用聽證程序）

依本法或其他法規舉行聽證時，適用本節規定。

第五十五條（聽證之通知及公告）

行政機關舉行聽證前，應以書面記載下列事項，並通知當事人及其他已知之利害關係人，必要時並公告之：

　　一、聽證之事由與依據。

　　二、當事人之姓名或名稱及其住居所、事務所或營業所。

　　三、聽證之期日及場所。

　　四、聽證之主要程序。

　　五、當事人得選任代理人。

　　六、當事人依第六十一條所得享有之權利。

　　七、擬進行預備程序者，預備聽證之期日及場所。

　　八、缺席聽證之處理。

　　九、聽證之機關。

依法規之規定，舉行聽證應預先公告者，行政機關應將前項所列各款事項，登載於政府公報或以其他適當方法公告之。

聽證期日及場所之決定，應視事件之性質，預留相當期間，便利當事人或其代理人參與。

第五十六條（變更聽證期日或場所）

行政機關得依職權或當事人之申請，變更聽證期日或場所，但以有正當理由為限。

行政機關為前項之變更者，應依前條規定通知並公告。

第五十七條（聽證之主持人）

聽證，由行政機關首長或其指定人員為主持人，必要時得由律師、相關專業人員或其他熟諳法令之人員在場協助之。

第五十八條（聽證之預備程序）

行政機關為使聽證順利進行，認為必要時，得於聽證期日前，舉行預備聽證。

預備聽證得為下列事項：

　　一、議定聽證程序之進行。

　　二、釐清爭點。

　　三、提出有關文書及證據。

　　四、變更聽證之期日、場所與主持人。

預備聽證之進行，應作成紀錄。

第五十九條（聽證公開之原則及例外）

聽證，除法律另有規定外，應公開以言詞為之。

有下列各款情形之一者，主持人得依職權或當事人之申請，決定全部或一部不公開：

　　一、公開顯然有違背公益之虞者。

　　二、公開對當事人利益有造成重大損害之虞者。

第六十條（聽證之開始）

聽證以主持人說明案由為始。

聽證開始時，由主持人或其指定之人說明事件之內容要旨。

第六十一條（聽證當事人之權利）

當事人於聽證時，得陳述意見、提出證據，經主持人同意後並得對機關指定之人員、證人、鑑定人、其他當事人或其代理人發問。

第六十二條（聽證主持人之職權）

　　主持人應本中立公正之立場，主持聽證。

　　主持人於聽證時，得行使下列職權：

　　一、就事實或法律問題，詢問當事人、其他到場人，或促其提出證據。

　　二、依職權或當事人之申請，委託相關機關為必要之調查。

　　三、通知證人或鑑定人到場。

　　四、依職權或申請，通知或允許利害關係人參加聽證。

　　五、許可當事人及其他到場人之發問或發言。

　　六、為避免延滯程序之進行，禁止當事人或其他到場之人發言；有妨礙聽證程序而情節重大者，並得命其退場。

　　七、當事人一部或全部無故缺席者，逕行開始、延期或終結聽證。

　　八、當事人曾於預備聽證中提出有關文書者，得以其所載內容視為陳述。

　　九、認為有必要時，於聽證期日結束前，決定繼續聽證之期日及場所。

　　十、如遇天災或其他事故不能聽證時，得依職權或當事人之申請，中止聽證。

　　十一、採取其他為順利進行聽證所必要之措施。

　　主持人依前項第九款決定繼續聽證之期日及場所者，應通知未到場之當事人及已知之利害關係人。

第六十三條（當事人申明異議）

　　當事人認為主持人於聽證程序進行中所為之處置違法或不當者，得即時聲明異議。

　　主持人認為異議有理由者，應即撤銷原處置，認為無理由者，應即駁回異議。

第六十四條（聽證紀錄之作成及內容）

　　聽證，應作成聽證紀錄。

　　前項紀錄，應載明到場人所為陳述或發問之要旨及其提出之文書、證據，並記明當事人於聽證程序進行中聲明異議之事由及主持人對異議之處理。

　　聽證紀錄，得以錄音、錄影輔助之。

　　聽證紀錄當場製作完成者，由陳述或發問人簽名或蓋章；未當場製作完成者，由主持人指定日期、場所供陳述或發問人閱覽，並由其簽名或蓋章。

　　前項情形，陳述或發問人拒絕簽名、蓋章或未於指定日期、場所閱覽者，應記明其事由。

　　陳述或發問人對聽證紀錄之記載有異議者，得即時提出。主持人認異議有理由者，應予更正或補充；無理由者，應記明其異議。

第六十五條（聽證之終結）

　　主持人認當事人意見業經充分陳述，而事件已達可為決定之程度者，應即終結聽

證。

第六十六條（行政機關得再為聽證）

聽證終結後，決定作成前，行政機關認爲必要時，得再爲聽證。

## 第十一節　送　達

第六十七條（送達由行政機關為之）

送達，除法規另有規定外，由行政機關依職權爲之。

第六十八條（送達方式及送達人）

送達由行政機關自行或交由郵政機關送達。

行政機關之文書依法規以電報交換、電傳文件、傳眞或其他電子文件行之者，視爲自行送達。

由郵政機關送達者，以一般郵遞方式爲之。但文書內容對人民權利義務有重大影響者，應爲掛號。

文書由行政機關自行送達者，以承辦人員或辦理送達事務人員爲送達人；其交郵政機關送達者，以郵務人員爲送達人。

前項郵政機關之送達準用依民事訴訟法施行法第三條訂定之郵政機關送達訴訟文書實施辦法。

第六十九條（對無行為能力人之送達）

對於無行政程序之行爲能力人爲送達者，應向其法定代理人爲之。

對於機關、法人或非法人之團體爲送達者，應向其代表人或管理人爲之。

法定代理人、代表人或管理人有二人以上者，送達得僅向其中之一人爲之。

無行政程序之行爲能力人爲行政程序之行爲，未向行政機關陳明其法定代理人者，於補正前，行政機關得向該無行爲能力人爲送達。

第七十條（對外國法人之送達）

對於在中華民國有事務所或營業所之外國法人或團體爲送達者，應向其在中華民國之代表人或管理人爲之。

前條第三項規定，於前項送達準用之。

第七十一條（對代理人之送達）

行政程序之代理人受送達之權限未受限制者，送達應向該代理人爲之。但行政機關認爲必要時，得送達於當事人本人。

第七十二條（送達之處所）

送達，於應受送達人之住居所、事務所或營業所爲之。但在行政機關辦公處所或他處會晤應受送達人時，得於會晤處所爲之。

對於機關、法人、非法人之團體之代表人或管理人爲送達者，應向其機關所在

地、事務所或營業所行之。但必要時亦得於會晤之處所或其住居所行之。

應受送達人有就業處所者,亦得向該處所爲送達。

第七十三條 (補充送達及留置送達)

於應送達處所不獲會晤應受送達人時,得將文書付與有辨別事理能力之同居人、受僱人或應送達處所之接收郵件人員。

前項規定於前項人員與應受送達人在該行政程序上利害關係相反者,不適用之。

應受送達人或其同居人、受僱人、接收郵件人員無正當理由拒絕收領文書時,得將文書留置於應送達處所,以爲送達。

第七十四條 (寄存送達)

送達,不能依前二條規定爲之者,得將文書寄存送達地之地方自治或警察機關,並作送達通知書兩份,一份黏貼於應受送達人住居所、事務所、營業所或其就業處所門首,另一份交由鄰居轉交或置於該送達處所信箱或其他適當位置,以爲送達。

前項情形,由郵政機關爲送達者,得將文書寄存於送達地之郵政機關。

寄存機關自收受寄存文書之日起,應保存三個月。

第七十五條 (對不特定人之送達方式)

行政機關對於不特定人之送達,得以公告或刊登政府公報或新聞紙代替之。

第七十六條 (送達證書之製作及附卷)

送達人因證明之必要,得製作送達證書,記載下列事項並簽名:

　　一、交送達之機關。

　　二、應受送達人。

　　三、應送達文書之名稱。

　　四、送達處所、日期及時間。

　　五、送達方法。

除電子傳達方式之送達外,送達證書應由收領人簽名或蓋章;如拒絕或不能簽名或蓋章者,送達人應記明其事由。

送達證書,應提出於行政機關附卷。

第七十七條 (對第三人送達之處理方式)

送達係由當事人向行政機關申請對第三人爲之者,行政機關應將已爲送達或不能送達之事由,通知當事人。

第七十八條 (公示送達之原因與方式)

對於當事人之送達,有下列各款情形之一者,行政機關得依申請,准爲公示送達:

　　一、應爲送達之處所不明者。

　　二、於有治外法權人之住居所或事務所爲送達而無效者。

三、於外國或境外爲送達，不能依第八十六條之規定辦理或預知雖依該規定辦
　　理而無效者。

有前項所列各款之情形而無人爲公示送達之申請者，行政機關爲避免行政程序遲
延，認爲有必要時，得依職權命爲公示送達。

當事人變更其送達之處所而不向行政機關陳明，致有第一項之情形者，行政機關得
依職權命爲公示送達。

第七十九條（行政機關依職權之公示送達）

依前條規定爲公示送達後，對於同一當事人仍應爲公示送達者，依職權爲之。

第八十條（公示送達之方式）

公示送達應由行政機關保管送達之文書，而於行政機關公告欄黏貼公告，告知應受
送達人得隨時領取；並得由行政機關將文書或其節本刊登政府公報或新聞紙。

第八十一條（公示送達之生效日期）

公示送達自前條公告之日起，其刊登政府公報或新聞紙者，自最後刊登之日起，經
二十日發生效力；於依第七十八條第一項第三款爲公示送達者，經六十日發生效
力。但第七十九條之公示送達，自黏貼公告欄翌日起發生效力。

第八十二條（公示送達證書之附卷）

爲公示送達者，行政機關應製作記載該事由及年、月、日、時之證書附卷。

第八十三條（送達代收人之送達）

當事人或代理人經指定送達代收人，向行政機關陳明者，應向該代收人爲送達。

郵寄方式向行政機關提出者，以交郵地無住居所、事務所及營業所者，行政機關得
命其於一定期間內，指定送達代收人。

如不於前項期間指定送達代收人並陳明者，行政機關得將應送達之文書，註明該當
事人或代理人之住居所、事務所或營業所，交付郵政機關掛號發送，並以交付文書
時，視爲送達時。

第八十四條（得爲送達之時間）

送達，除第六十八條第一項規定交付郵政機關或依第二項之規定辦理者外，不得於
星期日或其他休息日或日出前、日沒後爲之。但應受送達人不拒絕收領者，不在此
限。

第八十五條（不能爲送達時之處理方式）

不能爲送達者，送達人應製作記載該事由之報告書，提出於行政機關附卷，並繳回
應送達之文書。

第八十六條（於外國或境外送達之方式）

於外國或境外爲送達者，應囑託該國管轄機關或駐在該國之中華民國使領館或其他
機構、團體爲之。

不能依前項規定爲送達者，得將應送達之文書交郵政機關以雙掛號發送，以爲送達，並將掛號回執附卷。

第八十七條（對駐外人員之送達）

對於駐在外國之中華民國大使、公使、領事或其他駐外人員爲送達者，應囑託外交部爲之。

第八十八條（對現役軍人之送達）

對於在軍隊或軍艦服役之軍人爲送達者，應囑託該管軍事機關或長官爲之。

第八十九條（對在監所人之送達）

對於在監所人爲送達者，應囑託該監所長官爲之。

第九十條（對有治外法權人之送達）

於有治外法權人之住居所或事務所爲送達者，得囑託外交部爲之。

第九十一條（對囑託送達結果通知之處理）

受囑託之機關或公務員，經通知已爲送達或不能爲送達者，行政機關應將通知書附卷。

# 第二章　行政處分

## 第一節　行政處分之成立

第九十二條（行政處分與一般處分之定義）

本法所稱行政處分，係指行政機關就公法上具體事件所爲之決定或其他公權力措施而對外直接發生法律效果之單方行政行爲。

前項決定或措施之相對人雖非特定，而依一般性特徵可得確定其範圍者，爲一般處分，適用本法有關行政處分之規定。有關公物之設定、變更、廢止或其一般使用者，亦同。

第九十三條（行政處分附款之容許性及種類）

行政機關作成行政處分有裁量權時，得爲附款。無裁量權者，以法律有明文規定或爲確保行政處分法定要件之履行而以該要件爲附款內容者爲限，始得爲之。

前項所稱之附款如下：

　　一、期限。

　　二、條件。

　　三、負擔。

　　四、保留行政處分之廢止權。

　　五、保留負擔之事後附加或變更。

第九十四條（行政處分附款之限制）

前條之附款不得違背行政處分之目的，並應與該處分之目的具有正當合理之關聯。

第九十五條（行政處分之方式）

行政處分除法規另有要式之規定者外，得以書面、言詞或其他方式為之。

以書面以外方式所為之行政處分，其相對人或利害關係人有正當理由要求作成書面時，處分機關不得拒絕。

第九十六條（書面行政處分之應記載事項）

行政處分以書面為之者，應記載下列事項：

　　一、處分相對人之姓名、出生年月日、性別、身分證統一號碼、住居所或其他足資辨別之特徵；如係法人或其他設有管理人或代表人之團體，其名稱、事務所或營業所，及管理人或代表人之姓名、出生年月日、性別、身分證統一號碼、住居所。

　　二、主旨、事實、理由及其法令依據。

　　三、有附款者，附款之內容。

　　四、處分機關及其首長署名、蓋章，該機關有代理人或受任人者，須同時於其下簽名。但以自動機器作成之大量行政處分，得不經署名，以蓋章為之。

　　五、發文字號及年、月、日。

　　六、表明其為行政處分之意旨及不服行政處分之救濟方法、期間及其受理機關。

前項規定於依前條第二項作成之書面，準用之。

第九十七條（書面行政處分得不記明理由之情形）

書面之行政處分有下列各款情形之一者，得不記明理由：

　　一、未限制人民之權益者。

　　二、處分相對人或利害關係人無待處分機關之說明已知悉或可知悉作成處分之理由者。

　　三、大量作成之同種類行政處分或以自動機器作成之行政處分依其狀況無須說明理由者。

　　四、一般處分經公告或刊登政府公報或新聞紙者。

　　五、有關專門知識、技能或資格所為之考試、檢定或鑑定等程序。

　　六、依法律規定無須記明理由者。

第九十八條（告知救濟期間錯誤之處理及未告知之處理效果）

處分機關告知之救濟期間有錯誤時，應由該機關以通知更正之，並自通知送達之翌日起算法定期間。

處分機關告知之救濟期間較法定期間為長者，處分機關以通知更正，如相對人或利害關係人信賴原告知之救濟期間，致無法於法定期間內提起救濟，而於原告知之期間內為之者，視為於法定期間內所為。

處分機關未告知救濟期間或告知錯誤未為更正，致相對人或利害關係人遲誤者，如自處分書送達後一年內聲明不服時，視為於法定期間內所為。

第九十九條（未告知受理聲明不服之管轄機關或告知錯誤）

對於行政處分聲明不服，因處分機關未為告知或告知錯誤致向無管轄權之機關為之者，該機關應於十日內移送有管轄權之機關，並通知當事人。

前項情形，視為自始向有管轄權之機關聲明不服。

第一百條（行政處分之通知）

書面之行政處分，應送達相對人及已知之利害關係人；書面以外之行政處分，應以其他適當方法通知或使其知悉。

一般處分之送達，得以公告或刊登政府公報或新聞紙代替之。

第一百零一條（行政處分顯然錯誤之更正）

行政處分如有誤寫、誤算或其他類此之顯然錯誤者，處分機關得隨時或依申請更正之。

前項更正，附記於原處分書及其正本，如不能附記者，應製作更正書，以書面通知相對人及已知之利害關係人。

## 第二節　陳述意見及聽證

第一百零二條（作成限制或剝奪人民自由或權利之行政處分前給予相對人陳述意見之機會）

行政機關作成限制或剝奪人民自由或權利之行政處分前，除已依第三十九條規定，通知處分相對人陳述意見，或決定舉行聽證者外，應給予該處分相對人陳述意見之機會。但法規另有規定者，從其規定。

第一百零三條（無須給予相對人陳述意見之情形）

有下列各款情形之一者，行政機關得不給予陳述意見之機會：

　　一、大量作成同種類之處分。

　　二、情況急迫，如予陳述意見之機會，顯然違背公益者。

　　三、受法定期間之限制，如予陳述意見之機會，顯然不能遵行者。

　　四、行政強制執行時所採取之各種處置。

　　五、行政處分所根據之事實，客觀上明白足以確認者。

　　六、限制自由或權利之內容及程度，顯屬輕微，而無事先聽取相對人意見之必要者。

七、相對人於提起訴願前依法律應向行政機關聲請再審查、異議、復查、重審
　　或其他先行程序者。

八、為避免處分相對人隱匿、移轉財產或潛逃出境，依法律所為保全或限制出
　　境之處分。

第一百零四條（通知相對人陳述意見之方式）

　　行政機關依第一百零二條給予相對人陳述意見之機會時，應以書面記載下列事項通
知相對人，必要時並公告之：

　　一、相對人及其住居所、事務所或營業所。

　　二、將為限制或剝奪自由或權利行政處分之原因事實及法規依據。

　　三、得依第一百零五條提出陳述書之意旨。

　　四、提出陳述書之期限及不提出之效果。

　　五、其他必要事項。

　　前項情形，行政機關得以言詞通知相對人，並作成紀錄，向相對人朗讀或使閱覽後
簽名或蓋章；其拒絕簽名或蓋章者，應記明其事由。

第一百零五條（陳述書之內容及不提出陳述書之效果）

　　行政處分之相對人依前條規定提出之陳述書，應為事實上及法律上陳述。

　　利害關係人亦得提出陳述書，為事實上及法律上陳述，但應釋明其利害關係之所
在。

　　不於期間內提出陳述書者，視為放棄陳述之機會。

第一百零六條（相對人或利害關係人得以言詞代替陳述書）

　　行政處分之相對人或利害關係人得於第一百零四條第一項第四款所定期限內，以言
詞向行政機關陳述意見代替陳述書之提出。

　　以言詞陳述意見者，行政機關應作成紀錄，經向陳述人朗讀或使閱覽確認其內容無
誤後，由陳述人簽名或蓋章；其拒絕簽名或蓋章者，應記明其事由。陳述人對紀錄
有異議者，應更正之。

第一百零七條（聽證之範圍）

　　行政機關遇有下列各款情形之一者，舉行聽證：

　　一、法規明文規定應舉行聽證者。

　　二、行政機關認為有舉行聽證之必要者。

第一百零八條（經聽證作成處分應斟酌之事項）

　　行政機關作成經聽證之行政處分時，除依第四十三條之規定外，並應斟酌全部聽證
之結果。但法規明定應依聽證紀錄作成處分者，從其規定。

　　前項行政處分應以書面為之，並通知當事人。

第一百零九條（不服經聽證作成處分之救濟）

　　不服依前條作成之行政處分者，其行政救濟程序，免除訴願及其先行程序。

## 第三節　行政處分之效力

第一百十條（行政處分之效力）

　　書面之行政處分自送達相對人及已知之利害關係人起；書面以外之行政處分自以其他適當方法通知或使其知悉時起，依送達、通知或使知悉之內容對其發生效力。

　　一般處分自公告日或刊登政府公報、新聞紙最後登載日起發生效力。但處分另訂不同日期者，從其規定。

　　行政處分未經撤銷、廢止，或未因其他事由而失效者，其效力繼續存在。

　　無效之行政處分自始不生效力。

第一百十一條（行政處分無效之判斷標準）

　　行政處分有下列各款情形之一者，無效：

　　　一、不能由書面處分中得知處分機關者。

　　　二、應以證書方式作成而未給予證書者。

　　　三、內容對任何人均屬不能實現者。

　　　四、所要求或許可之行為構成犯罪者。

　　　五、內容違背公共秩序、善良風俗者。

　　　六、未經授權而違背法規有關專屬管轄之規定或缺乏事務權限者。

　　　七、其他具有重大明顯之瑕疵者。

第一百十二條（行政處分一部無效之效力範圍）

　　行政處分一部分無效者，其他部分仍為有效。但除去該無效部分，行政處分不能成立者，全部無效。

第一百十三條（行政處分無效之確認程序）

　　行政處分之無效，行政機關得依職權確認之。

　　行政處分之相對人或利害關係人有正當理由請求確認行政處分無效時，處分機關應確認其為有效或無效。

第一百十四條（瑕疵行政處分之補正）

　　違反程序或方式規定之行政處分，除依第一百十一條規定而無效者外，因下列情形而補正：

　　　一、須經申請始得作成之行政處分，當事人已於事後提出者。

　　　二、必須記明之理由已於事後記明者。

　　　三、應給予當事人陳述意見之機會已於事後給予者。

　　　四、應參與行政處分作成之委員會已於事後作成決議者。

　　五、應參與行政處分作成之其他機關已於事後參與者。

　前項第二款至第五款之補正行為，僅得於訴願程序終結前為之；得不經訴願程序者，僅得於向行政法院起訴前為之。

　當事人因補正行為致未能於法定期間內聲明不服者，其期間之遲誤視為不應歸責於該當事人之事由，其回復原狀期間自該瑕疵補正時起算。

第一百十五條（違反土地管轄之效果）

　行政處分違反土地管轄之規定者，除依第一百十一條第六款規定而無效者外，有管轄權之機關如就該事件仍應為相同之處分時，原處分無須撤銷。

第一百十六條（違法行政處分之轉換）

　行政機關得將違法行政處分轉換為與原處分具有相同實質及程序要件之其他行政處分。但有下列各款情形之一者，不得轉換：

　　一、違法行政處分，依第一百十七條但書規定，不得撤銷者。

　　二、轉換不符作成原行政處分之目的者。

　　三、轉換法律效果對當事人更為不利者。

　羈束處分不得轉換為裁量處分。

　行政機關於轉換前應給予當事人陳述意見之機會。但有第一百零三條之事由者，不在此限。

第一百十七條（行政處分之撤銷及其限制）

　違法行政處分於法定救濟期間經過後，原處分機關得依職權為全部或一部之撤銷；其上級機關，亦得為之。但有下列各款情形之一者，不得撤銷：

　　一、撤銷對公益有重大危害者。

　　二、受益人無第一百十九條所列信賴不值得保護之情形，而信賴授予利益之行政處分，其信賴利益顯大於撤銷所欲維護之公益者。

第一百十八條（行政處分撤銷之效力）

　違法行政處分經撤銷後，溯及既往失其效力。但為維護公益或為避免受益人財產上之損失，為撤銷之機關得另定失其效力之日期。

第一百十九條（信賴不值得保護之情形）

　受益人有下列各款情形之一者，其信賴不值得保護：

　　一、以詐欺、脅迫或賄賂方法，使行政機關作成行政處分者。

　　二、對重要事提供不正確資料或為不完全陳述，致使行政機關依該資料或陳述而作成行政處分者。

　　三、明知行政處分違或因重大過失而不知者。

第一百二十條（違法授益處分經撤銷後之信賴補償）

　授予利益之違法行政處分經撤銷後，如受益人無前條所列信賴不值保護之情形，其

因信賴該處分致遭受財產上之損失者，爲撤銷之機關應給予合理之補償。

前項補償額度不得超過受益人因該處分存續可得之利益。

關於補償之爭議及補償之金額，相對人有不服者，得向行政法院提起給付訴訟。

第一百二十一條（撤銷權之除斥期間與受益人信賴補償請求權之時效）

第一百十七條之撤銷權，應自原處分機關或其上級機關知有撤銷原因時起二年內爲之。

前條之補償請求權，自行政機關告知其事由時起，因二年間不行使而消滅；自處分撤銷時起逾五年者，亦同。

第一百二十二條（非授益處分之廢止）

非授予利益之合法行政處分，得由原處分機關依職權爲全部或一部之廢止。但廢止後仍應爲同一內容之處分或依法不得廢止者，不在此限。

第一百二十三條（授益處分之廢止）

授予利益之合法行政處分，有下列各款情形之一者，得由原處分機關依職權爲全部或一部之廢止：

一、法規准許廢止者。

二、原處分機關保留行政處分之廢止權者。

三、附負擔之行政處分，受益人未履行該負擔者。

四、行政處分所依據之法規或事實事後發生變更，致不廢止該處分對公益將有危害者。

五、其他爲防止或除去對公益之重大危害者。

第一百二十四條（授益處分行行使廢止權之除斥期間）

前條之廢止，應自廢止原因發生後二年內爲之。

第一百二十五條（行政處分廢止之效力）

合法行政處分經廢止後，自廢止時或自廢止機關指定較後之日時起，失其效力。但受益人未履行負擔致行政處分受廢止者，得溯及既往失其效力。

第一百二十六條（廢止授益處分之信賴補償）

原處分機關依第一百二十三條第四款、第五款規定廢止授予利益之合法行政處分者，對受益人因信賴該處分致遭受財產上之損失，應給予合理之補償。

第一百二十條第二項、第三項及第一百二十一條第二項之規定，於前項補償準用之。

第一百二十七條（受益人不當得利返還義務）

授予利益之行政處分，其內容係提供一次或連續之金錢或可分物之給付者，經撤銷、廢止或條件成就而有溯及既往失效之情形，受益人應返還因該處分所受領之給付。其行政處分經確認無效者，亦同。

前項返還範圍準用民法有關不當得利之規定。

行政機關依前二項規定請求返還時，應以書面行政處分確認返還範圍，並限期命受益人返還之。

前項行政處分未確定前，不得移送行政執行。

第一百二十八條（申請撤銷、廢止或變更處分之要件與期間）

行政處分於法定救濟期間經過後，具有下列各款情形之一者，相對人或利害關係人向行政機關申請撤銷、廢止或變更之。但相對人或利害關係人因重大過失而未能在行政程序或救濟程序中主張其事由者，不在此限：

一、具有持續效力之行政處分所依據之事實事後發生有利於相對人或利害關係人之變更者。

二、發生新事實或發現新證據者，但以如經斟酌可受較有利益之處分者為限。

三、其他具有相當於行政訴訟法所定再審事由且足以影響行政處分者。

前項申請，應自法定救濟期間經三個月內為之；其事由發生在後者，自發生或知悉時起算。但自法定救濟期間經過後已逾五年者，不得申請。

第一百二十九條（申請撤銷、廢止或變更原處分之處置）

行政機關認前條之申請為有理由者，應撤銷、廢止或變更原處分；認申請為無理由或雖有重新開始程序之原因，如認為原處分為正當者，應駁回之。

第一百三十條（證書與物品之繳還）

行政處分經撤銷或廢止確定，或因其他原因失其效力後，而有收回因該處分而發給之證書或物品之必要者，行政機關得命所有人或占有人返還之。

前項情形，所有人或占有人得請求行政機關將該證書或物品作成註銷之標示後，再予發還。但依物之性質不能作成註銷標示，或註銷標示不能明顯而持續者，不在此限。

第一百三十一條（時效中斷）

公法上之請求權，除法律有特別規定外，因五年間不行使而消滅；於請求權人為人民時，除法律另有規定外，因十年間不行使而消滅。

公法上請求權，因時效完成而當然消滅。

前項時效，因行政機關為實現該權利所作成之行政處分而中斷。

第一百三十二條（時效不中斷）

行政處分因撤銷、廢止或其他事由而溯及既往失效時，自該處分失效時起，已中斷之時效視為不中斷。

第一百三十三條（時效之重行起算）

因行政處分而中斷之時效，自行政處分不得訴請撤銷或因其他原因失其效力後，重行起算。

第一百三十四條（重行起算之時效期間）

　　因行政處分而中斷時效之請求權，於行政處分不得訴請撤銷後，其原有時效期間不滿五年者，因中斷而重行起算之時效期間爲五年。

# 第三章　行政契約

第一百三十五條（行政契約的容許性）

　　公法上法律關係得以契約設定、變更或消滅之。但依其性質或法規規定不得締約者，不在此限。

第一百三十六條（締結和解契約之特別要件）

　　行政機關對於行政處分所依據之事實或法律關係，經依職權調查仍不能確定者，爲有效達成行政目的，並解決爭執，得與人民和解，締結行政契約，以代替行政處分。

第一百三十七條（雙務契約之特別要件）

　　行政機關與人民締結行政契約，互負給付義務者，應符合下列各款之規定：

　　一、契約中應約定人民給付之特定用途。

　　二、人民之給付有助於行政機關執行其職務。

　　三、人民之給付與行政機關之給付應相當，並具有正當合理之關聯。

　　行政處分之作成，行政機關無裁量權時，代替該行政處分之行政契約所約定之人民給付，以依第九十三條第一項規定得爲附款者爲限。

　　第一項契約應載明人民給付之特定用途及僅供該特定用途使用之意旨。

第一百三十八條（締約前之公告與意見表示）

　　行政契約當事人之一方爲人民，依法應以甄選或其他競爭方式決定該當事人時，行政機關應事先公告應具之資格及決定之程序。決定前，並應予參與競爭者表示意見之機會。

第一百三十九條（締結行政契約之方式）

　　行政契約之締結，應以書面爲之。但法規另有其他方式之規定者，依其規定。

第一百四十條（行政契約之特別生效要件）

　　行政契約依約定內容履行將侵害第三人之權利者，應經該第三人書面之同意，始生效力。

　　行政處分之作成，依法規之規定應經其他行政機關之核准、同意或會同辦理者，代替該行政處分而締結之行政契約，亦應經該行政機關行政契約之核准、同意或會同辦理，始生效力。

第一百四十一條（行政契約無效之原因）

　　行政契約準用民法規定之結果爲無效者，無效。

　　行政契約違反第一百三十五條但書或第一百三十八條之規定者，無效。

第一百四十二條（代替行政處分之行政契約構成無效原因之特別規定）

　　代替行政處分之行政契約，有下列各款情形之一者，無效：

　　一、與其內容相同之行政處分爲無效者。

　　二、與其內容相同之行政處分，有得撤銷之違法原因，並爲締約雙方所明知
　　　　者。

　　三、締結之和解契約，未符合第一百三十六條之規定者。

　　四、締結之雙務契約，未符合第一百三十七條之規定者。

第一百四十三條（行政契約之一部無效）

　　行政契約之一部無效者，全部無效。但如可認爲欠缺該部分，締約雙方亦將締結契
　　約者，其他部分仍爲有效。

第一百四十四條（行政機關之指導與協助）

　　行政契約當事人之一方爲人民者，行政機關得就相對人契約之履行，依書面約定之
　　方式，爲必要之指導或協助。

第一百四十五條（契約外公權力行使之損失補償）

　　行政契約當事人之一方爲人民者，其締約後，因締約機關所屬公法人之其他機關契
　　約關係外行使公權力，致相對人履行契約義務時，顯增費用或受其他不可預期之損
　　失者，相對人得向締約機關請求補償其損失。但公權力之行使與契約之履行無直接
　　必要之關聯者，不在此限。

　　締約機關應就前項請求，以書面並敘明理由決定之。

　　第一項補償之請求，應相對人知有損失時起一年內爲之。

　　關於補償之爭議及補償之金額，相對人有不服者，得向行政法院提起給付訴訟。

第一百四十六條（行政機關單方調整或終止契約之權利）

　　行政契約當事人之一方爲人民者，行政機關爲防止或除去對公益之重大危害，得於
　　必要範圍內調整契約內容或終止契約。

　　前項之調整或終止，非補償相對人因此所受之財產上損失，不得爲之。

　　第一項之調整或終止及第二項補償之決定，應以書面敘明理由爲之。

　　相對人對第一項之調整難爲履行者，得以書面敘明理由終止契約。

　　相對人對第二項補償金額不同意時，得向行政法院提起給付訴訟。

第一百四十七條（情事變更後契約之調整或終止）

　　行政契約締結後，因有情事重大變更，非當時所得預料，而依原約定顯失公平
　　者，當事人之一方得請求他方適當調整契約內容。如不能調整，得終止契約。

前項情形，行政契約當事人之一方為人民時，行政機關為維護公益，得於補償相對
人之損失後，命其繼續履行原約定之義務。

第一項之請求調整或終止與第二項補償之決定，應以書面敘明理由為之。

相對人對第二項補償金額不同意時，得向行政法院提起給付訴訟。

第一百四十八條（自願接受執行之約定）

行政契約約定自願接受執行，債務人不為給付時，債權人得以該契約為強制執行之
執行名義。

前項約定，締約之一方為中央行政機關時，應經主管院、部或同等級機關之認
可；締約之一方為地方自治團體之行政機關時，應經該地方自治團體行政首長之認
可；契約內容涉及委辦事項者，並應經委辦機關之認可，始生效力。

第一項強制執行，準用行政訴訟法有關強制執行之規定。

第一百四十九條（行政契約準用民法之相關規定）

行政契約，本法未規定者，準用民法相關之規定。

# 第四章　法規命令及行政規則

第一百五十條（法規命令之定義）

本法所稱法規命令，係指行政機關基於法律授權，對多數不特定人民就一般事項所
作抽象之對外發生法律效果之規定。

法規命令之內容應明列其法律授權之依據，並不得逾越法律授權之範圍與立法精
神。

第一百五十一條（法規命令程序之適用範圍）

行政機關訂定法規命令，除關於軍事、外交或其他重大事項而涉及國家機密或安全
者外，應依本法所定程序為之。但法律另有規定者，從其規定。

法規命令之修正、廢止、停止或恢復適用，準用訂定程序之規定。

第一百五十二條（法規命令之提議）

法規命令之訂定，除由行政機關自行草擬者外，並得由人民或團體提議為之。

前項提議，應以書面敘明法規命令訂定之目的、依據及理由，並附具相關資料。

第一百五十三條（法規命令提議之處理原則）

受理前條提議之行政機關，應依下列情形分別處理：

一、非主管之事項，依第十七條之規定予以移送。

二、依法不得以法規命令規定之事項，附述理由通知原提議者。

三、無須訂定法規命令之事項，附述理由通知原提議者。

四、有訂定法規命令之必要者，著手研擬草案。

第一百五十四條（法規命令之預告程序）

　　行政機關擬訂法規命令時，除情況急迫，顯然無法事先公告周知者外，應於政府公報或新聞紙公告，載明下列事項：

　　　一、訂定機關之名稱，其依法應由數機關會同訂定者，各該機關名稱。

　　　二、訂定之依據。

　　　三、草案全文或其主要內容。

　　　四、任何人得於所定期間內向指定機關陳述意見之意旨。

　　行政機關除為前項之公告外，並得以適當之方法，將公告內容廣泛周知。

第一百五十五條（行政機關得依職權舉行聽證）

　　行政機關訂定法規命令，得依職權舉行聽證。

第一百五十六條（聽證前應行預告之事項及內容）

　　行政機關為訂定法規命令，依法舉行聽證者，應於政府公報或新聞紙公告，載明下列事項：

　　　一、訂定機關之名稱，其依法應由數機關會同訂定者，各該機關之名稱。

　　　二、訂定之依據。

　　　三、草案之全文或其主要內容。

　　　四、聽證之日期及場所。

　　　五、聽證之主要程序。

第一百五十七條（法規命令之發布）

　　法規命令依法應經上級機關核定者，應於核定後始得發布。

　　數機關會同訂定之法規命令，依法應經上級機關或共同上級機關核定者，應於核定後始得會銜發布。

　　法規命令之發布，應刊登政府公報或新聞紙。

第一百五十八條（法規命令無效之事由及一部無效之處理原則）

　　法規命令，有下列情形之一者，無效：

　　　一、牴觸憲法、法律或上級機關之命令者。

　　　二、無法律之授權而剝奪或限制人民之自由、權利者。

　　　三、其訂定依法應經其他機關核准，而未經核准者。

　　法規命令之一部分無效者，其他部分仍為有效。但除去該無效部分，法規命令顯失規範目的者，全部無效。

第一百五十九條（行政規則之定義）

　　本法所稱行政規則，係指上級機關對下級機關，或長官對屬官，依其權限或職權為規範機關內部秩序及運作，所為非直接對外發生法規範效力之一般、抽象之規定。

行政規則包括下列各款之規定：

一、關於機關內部之組織、事務之分配、業務處理方式、人事管理等一般性規
定。

二、爲協助下級機關或屬官統一解釋法令、認定事實、及行使裁量權，而訂頒
之解釋性規定及裁量基準。

第一百六十條（行政規則之下達與發布）

行政規則應下達下級機關或屬官。

行政機關訂定前條第二項第二款之行政規則，應由其首長簽署，並登載於政府公報
發布之。

第一百六十一條（行政規則之效力）

有效下達之行政規則，具有拘束訂定機關、其下級機關及屬官之效力。

第一百六十二條（行政規則之廢止）

行政規則得由原發布機關廢止之。

行政規則之廢止，適用第一百六十條之規定。

# 第五章　行政計畫

第一百六十三條（行政計畫之定義）

本法所稱行政計畫，係指行政機關爲將來一定期限內達成特定之目的或實現一定之
構想，事前就達成該目的或實現該構想有關之方法、步驟或措施等所爲之設計與規
劃。

第一百六十四條（行政計畫確定程序之適用範圍及程序）

行政計畫有關一定地區土地之特定利用或重大公共設施之設置，涉及多數不同利益
之人及多數不同行政機關權限者，確定其計畫之裁決，應經公開及聽證程序，並得
有集中事權之效果。

前項行政計畫之擬訂、確定、修訂及廢棄之程序，由行政院另定之。

# 第六章　行政指導

第一百六十五條（行政指導之定義）

本法所稱行政指導，謂行政機關在其職權或所掌事務範圍內，爲實現一定之行政目
的，以輔導、協助、勸告、建議或其他不具法律上強制力之方法，促請特定人爲一
定作爲或不作爲之行爲。

第一百六十六條（行政指導之原則）

行政機關爲行政指導時，應注意有關法規規定之目的，不得濫用。

相對人明確拒絕指導時，行政機關應即停止，並不得據此對相對人為不利之處置。

第一百六十七條（行政指導明示之方法）

行政機關對相對人為行政指導時，應明示行政指導之目的、內容、及負責指導者等事項。

前項明示，得以書面、言詞或其他方式為之。如相對人請求交付文書時，除行政上有特別困難外，應以書面為之。

# 第七章　陳情

第一百六十八條（陳情之定義）

人民對於行政興革之建議、行政法令之查詢、行政違失之舉發或行政上權益之維護，得向主管機關陳情。

第一百六十九條（陳情之方式）

陳情得以書面或言詞為之；其以言詞為之者，受理機關應作成紀錄，並向陳情人朗讀或使閱覽後命其簽名或蓋章。

陳情人對紀錄有異議者，應更正之。

第一百七十條（陳情案件之處理原則）

行政機關對人民之陳情，應訂定作業規定，指派人員迅速、確實處理之。

人民之陳情有保密必要者，受理機關處理時，應不予公開。

第一百七十一條（陳情案件之處理方式）

受理機關認為人民之陳情有理由者，應採取適當之措施；認為無理由者，應通知陳情人，並說明其意旨。

受理機關認為陳情之重要內容不明確或有疑義者，得通知陳情人補陳之。

第一百七十二條（行政機關的告知義務）

人民之陳情應向其他機關為之者，受理機關應告知陳情人。但受理機關認為適當時，應即移送其他機關處理，並通知陳情人。

陳情之事項，依法得提起訴願、訴訟或請求國家賠償者，受理機關應告知陳情人。

第一百七十三條（對人民陳情案件得不處理之情形）

人民陳情案有下列情形之一者，得不予處理：

一、無具體之內容或未具真實姓名或住址者。

二、同一事由，經予適當處理，並已明確答覆後，而仍一再陳情者。

三、非主管陳情內容之機關，接獲陳情人以同一事由分向各機關陳情者。

# 第八章　附則

第一百七十四條（不服行政機關之行政程序行為之救濟方法）

　　當事人或利害關係人不服行政機關於行政程序中所為之決定或處置，僅得於對實體決定聲明不服時一併聲明之。但行政機關之決定或處置得強制執行或本法或其他法規另有規定者，不在此限。

第一百七十四條之一（職權命令）

　　本法施行前，行政機關依中央法規標準法第七條訂定之命令，須以法律規定或以法律明列其授權依據者，應於本法施行後二年內，以法律規定或以法律明列其授權依據後修正或訂定；逾期失效。

第一百七十五條（施行日）

　　本法自中華民國九十年一月一日施行。

　　本法修正條文自公布日施行。

# 附錄二｜內政部舉行聽證作業要點

2016年10月31日內政部訂定發布全文27點

一、內政部（以下簡稱本部）爲規範舉行聽證之作業程序，以促進 民眾參與，並符合正當行政程序，特訂定本要點。

二、本部審理都市計畫、重要濕地、海岸管理、都市更新、土地徵收及市地重劃等案件，於作成行政處分前，依法規規定應舉行聽證，或依職權認有舉行聽證之必要者，依本要點規定辦理（流程如附圖）。

三、本部各業務單位或所屬機關（以下簡稱主管單位或機關）處理由本部作成第二點之行政處分案件，遇有下列情事之一者，得舉行聽證：

（一）全案案情複雜、適用法規之基礎事實或證據（以下簡稱事證）分歧或爭點眾多，認有舉行聽證必要。

（二）案件審理過程中，涉及技術性、專業性之事證或爭點，經相關委員會、審議小組或其他會議就該事證或爭點，認有舉行聽證必要。

（三）其他經主管單位或機關審認有舉行聽證必要。

主管單位或機關審認有無舉行聽證必要，應斟酌下列事項：

（一）事證是否爲公眾周知或顯爲職務上已知。

（二）事證是否已經其他機關調查，或調查是否周延完備。

（三）同一事證或爭點，是否已由其他機關舉行聽證。

（四）事證或爭點，是否得經由舉行聽證獲致結論或澄清。

（五）事證或爭點之釐清，對全案決策有無關鍵影響。

（六）案件、事證或爭點所涉及對象之確定有無困難。

（七）是否受法定期間之限制，舉行聽證顯然不能遵行。

當事人或利害關係人得敘明理由，建議舉行聽證，主管單位或機關應併第一項審酌。

四、主管單位或機關認本部有舉行聽證之必要，應擬具聽證計畫，載明下列事項，簽報部、次長核可後實施：

（一）案件背景、概要及目前處理情形。

（二）依法規或第三點舉行聽證者，其法規依據或理由。

（三）涉及之事證或爭點。

（列）席資格。

　　未能提示身分證明文件且未適時補正者，主持人得禁止其出（列）席聽證，並將該情形記載於聽證紀錄。

十二、聽證之主持，由本部遴選之聽證主持人為之；必要時，得由律師、相關專業人員或其他熟諳法令之人員在場協助之。

十三、聽證應用我國語言舉行。當事人及利害關係人或其代表人、代理人為外國籍或聾啞人者，應有翻譯人員到場翻譯。

十四、聽證，除法律另有規定外，應公開以言詞為之。

　　有下列各款情形之一者，主持人得依職權或當事人之申請，決定全部或一部不公開：

　　（一）公開顯然有違背公益之虞。

　　（二）公開對當事人利益有造成重大損害之虞。

十五、聽證依下列程序進行。但主持人得視個案情形，予以調整：

　　（一）主持人報告：介紹出（列）席聽證之人員，並詢問當事人、利害關係人或其代表人、代理人對於出（列）席人員資格有無異議；如無異議，由主持人說明案由、發言順序、時間及其他應注意事項。

　　（二）主管單位或機關摘要報告案件案情及處理情形。

　　（三）當事人及利害關係人或其代表人、代理人陳述意見：發言順序及時間，依預備聽證議定順序及時間或依主持人說明所定發言順序及時間。

　　（四）主管單位或機關宣讀未出席者之書面意見。

　　（五）詢問證人、鑑定人或相關人員。

　　（六）經主持人同意，當事人、利害關係人或其代表人、代理人得向主管單位、機關或其他出（列）席者發問。

　　（七）經主持人同意，其他出（列）席人員得向主管單位、機關或其他出（列）席人員發問。

　　（八）詢問出（列）席者有無最後陳述。

十六、主持人應本中立公正之立場，主持聽證。

　　主持人於聽證時，得行使下列職權：

　　（一）就事實或法律問題，詢問當事人、利害關係人或其代表人、代理人、其他到場人，或促其提出證據。

　　（二）詢問證人、鑑定人或相關人員。

　　（三）許可當事人、利害關係人或其代表人、代理人及其他到場人之發問或發言。

（四）爲避免延滯程序之進行，禁止當事人、利害關係人或其代表人、代理人或其他到場之人發言；有妨礙聽證程序且情節重大者，得命其退場。

（五）當事人、利害關係人或其代表人、代理人一部或全部無故缺席者，逕行開始、延期或終結聽證。

（六）當事人、利害關係人或其代表人、代理人曾於預備聽證中提出有關文書者，得以其所載內容視爲陳述。

（七）認爲有必要時，於聽證期日結束前，決定繼續聽證之期日及場所。

（八）如遇天災或其他事故不能聽證時，得依職權或當事人之申請，中止聽證。

（九）採取其他爲順利進行聽證所必要之措施。

主持人依前項第七款決定繼續聽證之期日及場所者，主管單位或機關應通知未到場之當事人及利害關係人，並應簽報部、次長知悉。

十七、聽證開始後，有下列情事之一者，主持人得依職權或當事人之申請，中止聽證程序：

（一）提出之文書或證據等資料，於聽證中無法確認或證實，且對聽證有重大影響。

（二）個案事實另有應行調查釐清事項。

（三）參加聽證者有違反第十八點情事，經制止仍不聽從，嚴重影響聽證之進行。

（四）其他須中止聽證之情事。

主持人作成中止聽證之決定及事由，應記明於聽證紀錄。

十八、聽證程序進行時，當事人、利害關係人或其代表人、代理人及其他到場之人應遵守下列規定：

（一）禁止吸煙或飲食，並應關閉行動電話。

（二）應經主持人同意，始得發言。

（三）發言應簡明扼要，並於主持人所定發言時間內爲之。

（四）發言時應針對案件相關事項陳述意見，不得爲人身攻擊。

（五）他人發言時不得有喧嚷或鼓譟等干擾行爲。

（六）就主持人已處置或明白告知爲同一問題或事項者，不得再爲重複發言。

（七）錄音、錄影或照相應於指定之媒體專區內爲之。

（八）旁聽者不得發言及發問。

（九）不得有其他妨礙聽證程序秩序、影響聽證場所安全或其他干擾聽證進

行之行為。

十九、當事人、利害關係人或其代表人、代理人認為主持人於聽證程序進行中所為之處置違法或不當者,得即時聲明異議。

主持人認為異議有理由者,應即撤銷原處置,認為無理由者,應即駁回異議。

二十、聽證,應於聽證期日結束十五日內作成聽證紀錄。

前項紀錄,應載明下列事項,並由主持人簽名:

（一）案由。

（二）聽證之期日及場所。

（三）到場當事人及利害關係人或其代表人、代理人、證人、鑑定人及其他出（列）席者之姓名。

（四）到場當事人及利害關係人或其代表人、代理人、證人、鑑定人及其他出（列）席者所為之陳述要旨及其提出之文書、證據。

（五）未出席者之書面意見及其宣讀。

（六）當事人、利害關係人或其代表人、代理人於聽證程序中,聲明異議之事由及主席對異議之處理。

（七）詢問事項及受詢者答覆之要旨。

（八）其他經主持人裁示記載之事項。

前項第七款事項,得以問答方式摘要紀錄。

聽證紀錄,應以錄音或錄影輔助之。

二十一、聽證紀錄當場製作完成者,應由陳述人或發問人簽名或蓋章,陳述人或發問人對其記載有異議者,得即時提出。主持人認異議有理由者,應予更正或補充;無理由者,應記明其異議。

陳述人或發問人拒絕簽名或蓋章者,應予註記。

二十二、聽證紀錄未當場製作完成者,由主持人指定期日、場所供陳述人或發問人閱覽,並由其簽名或蓋章。

陳述人或發問人對聽證紀錄之記載有異議者,主持人應審酌該異議有無理由,並於必要時調閱錄音或錄影資料後,認異議有理由者,應予更正或補充;無理由者,應記明其異議。

陳述人或發問人拒絕簽名、蓋章或未於指定日期、場所閱覽者,應予註記。

第一項期日,不得少於五日。

二十三、主持人於到場當事人及利害關係人或其代表人、代理人、證人、鑑定人及其他出（列）席者之意見已充分陳述,且已達可釐清爭點之程度時,應即終結

聽證。

聽證終結後，決定作成前，主管單位或機關認為有必要時，得依第四點規定簽報部、次長核可後，再為聽證。

二十四、主持人於聽證紀錄完成，並依第二十一點或第二十二點更正或補充後，應就已達成共識之觀點及已釐清之爭點或事證整理呈現，並就未達成共識之觀點與未釐清之爭點或事證及其原因、事由羅列，提出總結。

二十五、聽證及預備聽證程序引用之文書、資料及紀錄，應於本部及主管單位或機關網站公開之。

二十六、案件依規定應提（送）本部所設之委員會、審議小組或相關會議審查、審議或決議者，於該案件舉行聽證時，本部得邀請各該委員會、審議小組或相關會議之委員以列席身分參與聽證。

前項列席之委員，不發問及發言，亦不接受當事人與利害關係人或其代表人、代理人及其他到場人之發問。

二十七、新訂或擴大都市計畫案件有重大爭議者，得準用本要點規定舉行聽證。

## 附圖：內政部舉行聽證流程圖

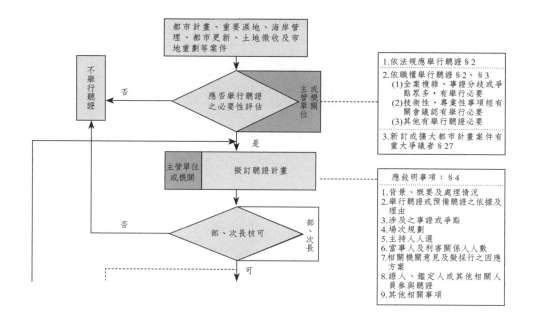

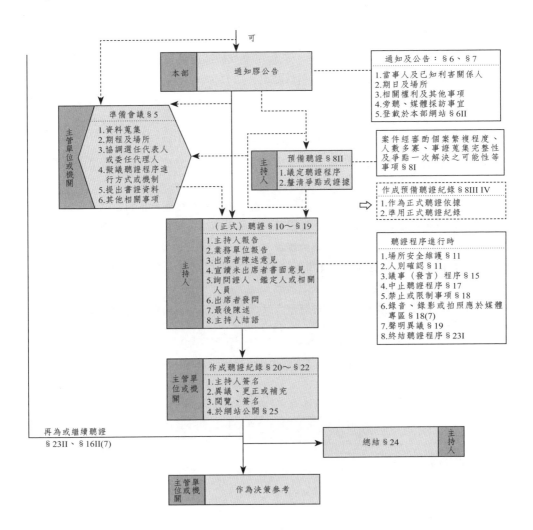

可

| 本部 | 通知膠公告 |

通知及公告：§6、§7
1.當事人及已知利害關係人
2.期日及場所
3.相關權利及其他事項
4.旁聽、媒體採訪事宜
5.登載於本部網站§6II

準備會議§5
主管單位或機關
1.資料蒐集
2.期程及場所
3.協調選任代表人或委任代理人
4.擬議聽證程序進行方式或機制
5.提出書證資料
6.其他相關事項

| 主持人 | 預備聽證§8II
1.議定聽證程序
2.釐清爭點或證據 |

案件經審酌個案繁複程度、人數多寡、事證蒐集完整性及爭點一次解決之可能性等事項§8I

作成預備聽證紀錄§8III IV
1.作為正式聽證依據
2.準用正式聽證紀錄

主持人
（正式）聽證§10～§19
1.主持人報告
2.業務單位報告
3.出席者陳述意見
4.宣讀未出席者書面意見
5.詢問證人、鑑定人或相關人員
6.出席者發問
7.最後陳述
8.主持人結語

聽證程序進行時
1.場所安全維護§11
2.人別確認§11
3.議事（發言）程序§15
4.中止聽證程序§17
5.禁止或限制事項§18
6.錄音、錄影或拍照應於媒體專區§18(7)
7.聲明異議§19
8.終結聽證程序§23I

主管單位或機關
作成聽證紀錄§20～§22
1.主持人簽名
2.異議、更正或補充
3.閱覽、簽名
4.於網站公開§25

再為或繼續聽證
§23II、§16II(7)

| 總結§24 | 主持人 |

主管單位或機關
作為決策參考

附件

## 出席聽證意願書

案由：（請填寫案由）案聽證

| 姓名<br>（名稱） | | □當事人 | | □利害關係人 | |
| --- | --- | --- | --- | --- | --- |
| | | □親自出席 | | □不克出席 | |
| | | □委任 | | 代理本人出席 | |
| | | | | | |
| 聯絡地址 | | | | | |
| 聯絡電話 | | | | | |
| 手機號碼 | | | | | |
| 傳真號碼 | | | | | |
| E-MAIL | | | | | |
| 本（委任）人： | | | | | （簽章） |
| 代理（受任）人：<br><br><br><br><br><br>（簽章） | | | | | |
| 注意<br>事項 | ※如有陳述意見者，請檢附相關資料。<br>※出席聽證意願書請於　　年　　月　　日前送交本部。<br>※出席聽證，應攜帶國民身分證或其他身分證明文件，以供核對。<br>※出席聽證意願書送交方式：<br>　得以親送、郵件、快遞、電傳（FAX）或網際網路等方式向本部提出。<br>　本部地址：<br>　傳真號碼：(02)　　　　　　　E-MAIL： | | | | |

# 附錄三｜台北市政府所屬各機關辦理公聽會應行注意事項

2016年1月15日修正發布名稱及全文9點

一、為維護公眾參與公共政策權益，並廣納各方意見，基於民主原則及開放政府理念，俾使台北市政府（以下簡稱本府）暨所屬各機關、學校及公營事業機構（以下簡稱執行機關）辦理公聽會之政策溝通流程更臻完善，特訂定本注意事項。

二、執行機關所規劃之政策，得於行政行為作成前召開公聽會。

三、執行機關應選擇適當地點、時間，以公開方式舉辦，並書面通知當事人及有關機關。

執行機關應於召開會議十日前，將下列事項公告：

（一）開會事由及依據。

（二）規劃案內容要旨。

（三）日期、進行時間及場所。

（四）主要程序。

（五）參與人員。

（六）執行機關。

（七）書面表示意見之期間。

（八）索取規劃案內容摘要之方式。

前項公告內容由執行機關刊載於新聞紙，或以其他適當方法公告，並刊載於執行機關之網站。公聽會期日或場所如有變更時，亦同。

四、執行機關辦理公聽會時，得視實際需要邀請下列人士參加：

（一）專家學者。

（二）相關權益團體。

（三）意見領袖。

（四）有關機關（含民意機關）。

（五）其他非政府組織或已知之利害關係人。

執行機關於必要時得召開預備會議（會前會），先與各方針對議題進行初步溝通，確認議題爭點、不同立場之論述、證據等。

五、執行機關應於會前廣泛蒐集輿情，包含訴求之彙整、機關對策之研擬（QA），如有涉及其他機關者，應事前通知有關機關並分送相關資料。

六、公聽會之主持人，應由執行機關首長或其指定之人員擔任，並得邀請民間公正人士擔任共同主持人，必要時，得由相關專業人員在場協助。

公聽會進行原則如下：

（一）會議開始時，由主持人或其指定人員說明案由及相關規劃內容。

（二）參與人員得以書面或言詞方式陳述意見，主持人得請其表明身分。

（三）主持人主持會議除應力求各方意見均衡表達外，尚應確保正反兩方皆有不低於三分之一的發言時間，一方無意見時，不在此限，並有相互言詞辯論機會。

（四）會議之參與人員於公告期間內或於會議結束前，得以書面向執行機關表示意見。

（五）如遇天災或其他事故致公聽會無法續行時，主持人得依職權或到場參與人員之申請，中止公聽會。

七、公聽會結束前，主持人如認有必要時，得決定擇日續行，相關作業仍應依本注意事項辦理。

八、公聽會應作成紀錄，並載明到場參與人員所為書面或言詞之陳述意見，包含執行機關之處理情形。公聽會紀錄得以錄音、錄影輔助之。

會議紀錄由執行機關於公聽會結束後二星期內完成，並於適當地點公開陳列至少卅日，同時刊載於執行機關網站。

執行機關應於會後卅日內作成報告書，納入參與人員陳述意見內容及機關處理情形，並說明意見採納情形及未採納之原因；屬同一議題或案由者，得於公聽會全數辦理完成後，統一製作報告書。

九、執行機關辦理公開說明會、座談會等供民眾表述意見之管道，得參考本注意事項規定辦理。

附件

## 作業程序流程圖

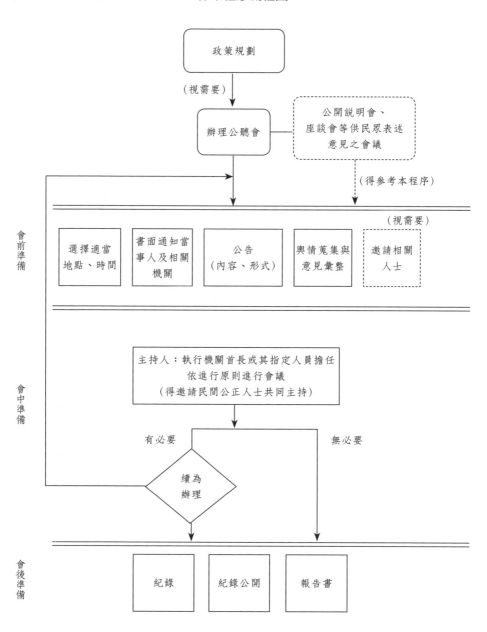

# 附錄四｜行政院及所屬各機關處理人民陳情案件要點

2014年9月25日修正發布第11、17點

一、行政院為督促所屬各級行政機關（以下簡稱各機關）加強為民服務，有效處理人民陳情案件，特依行政程序法第一百七十條第一項規定，訂定本要點。

二、本要點所稱人民陳情案件，係指人民對於行政興革之建議、行政法令之查詢、行政違失之舉發或行政上權益之維護，以書面或言詞向各機關提出之具體陳情。

三、人民陳情得以書面為之，書面包括電子郵件及傳真等在內。

前項書面應載明具體陳訴事項、真實姓名及聯絡方式。

本要點所稱聯絡方式包括電話、住址、傳真號碼或電子郵件位址等。

四、人民陳情得以言詞為之，受理機關應作成紀錄，載明陳述事項、真實姓名及聯絡方式，並向陳情人朗讀或使閱覽，請其簽名或蓋章確認後，據以辦理。

各機關得利用公共設施設置協談室或其他指定地點，聆聽陳訴、解答民眾施政問題或辦理首長與民有約活動。

五、各機關對人民陳情案件，應本合法、合理、迅速、確實辦結原則，審慎處理。

六、人民陳情案件由陳情事項之主管機關受理；非屬收受機關權責者，應逕移主管機關處理，並函知陳情人。但涉及二個以上機關權責並遇有爭議，由其共同之上級機關處理。

前項陳情案件之內容涉及風紀或原機關顯有處置不當者，應由上級機關或上級機關交由所屬其他適當機關處理。

七、人民之陳情符合訴願法第八十條第一項：「提起訴願因逾法定期間而為不受理決定時，原行政處分顯屬違法或不當者，原行政處分機關或其上級機關得依職權撤銷或變更之。」之規定者，受理機關應依上開規定予以適當處理。

八、各機關受理人民陳情案件後，應將陳情之文件或紀錄及相關資料附隨處理中之文卷，依分層負責規定，逐級陳核後，視情形以公文、電子公文、電話、電子郵件、傳真、面談或其他方式答復陳情人。但人民陳情案件載明代理人或聯絡人時，受理機關得逕向代理人或聯絡人答復。

前項人民陳情案件係數人共同具名且載明各陳情人聯絡方式而無代理人或聯絡人時，受理機關應逐一答復。但受理機關得對經依行政程序法第廿七條規定選

定或指定爲當事人者，逕爲答復。

第一項以電話及面談方式答復陳情人，得製作書面紀錄存查。

九、各機關處理人民陳情案件，得視案情需要，約請陳情人面談、舉行聽證或派員實地調查處理。

十、各機關答復人民陳情案件時，應針對案情內容敘明具體處理意見及法規依據，以簡明、肯定、親切、易懂之文字答復陳情人，並副知有關機關。

十一、各機關處理人民陳情案件應予登記、分類、統計及列入管制，並視業務性質分別訂定處理期限，各種處理期限不得超過三十日；其未能在規定期限內辦結者，應依分層負責簽請核准延長，並將延長理由以書面告知陳情人。

十二、人民對依法得提起訴願、訴訟、請求國家賠償或其他法定程序之事項提出陳情時，收文機關應告知陳情人，或逕移送主管機關並副知陳情人。

十三、人民陳情案件經主管機關處理後，陳情人如有不同意見再向其上級機關陳情時，該上級機關應視案情內容，依權責逕予處理，或指示處理原則後函轉原機關處理，並由原機關將處理情形以書面陳報該上級機關。

前項向其上級機關陳情之內容涉及風紀或原機關顯有處置不當者，應準用第六點第二項規定處理。

十四、人民陳情案件有下列情形之一者，受理機關得依分層負責權限規定，不予處理，但仍應予以登記，以利查考：

（一）無具體內容或未具眞實姓名或聯絡方式者。

（二）同一事由，經予適當處理，並已明確答復後，而仍一再陳情者。

（三）非陳情事項之主管機關，接獲陳情人以同一事由已分向各主管機關陳情者。

前項第二款一再向原受理機關或其上級機關陳情而交辦者，受理機關得僅函知陳情人，並副知交辦機關已爲答復之日期、文號後，予以結案。

十五、人民陳情案件有下列情形之一者，受理機關應通知陳情人依原法定程序辦理：

（一）檢、警、調機關進行偵查中者。

（二）訴訟繫屬中或提起行政救濟者。

（三）經判決或決定確定，或完成特定法定程序者。

十六、各機關處理人民陳情，應定期將陳情案件數量及涉及問題性質、類別及處理結果等，加以檢討分析，提出改進建議，供機關首長及有關單位參採。

十七、各主管機關應定期瞭解各該所屬機關陳情案件處理績效，並於每年度二月底前彙總前一年度所屬機關陳情案件統計資料及作業情形，綜合檢討分析，研提改進建議，分送所屬機關參考改進。

各主管機關應適時辦理教育訓練，以提升陳情案件處理專業知能。

十八、人民陳情案件有保密之必要者，受理機關應予保密。

十九、各機關對於處理績效優良者，得予以獎勵；對於違反本要點各點規定者，應按
　　　情節輕重，分別依有關規定予以懲處。

二十、各機關受理外國人以英文信件為陳情時，應以英文回復為原則。

國家圖書館出版品預行編目資料

行政程序法論—兼論聽證與公聽會制度／羅傳
賢著. －－五版. －－臺北市：五南, 2017.09
　　面；　公分

ISBN 978-957-11-9277-2（平裝）

1.行政程序法
588.135　　　　　　　　　106011863

1U81

# 行政程序法論—兼論聽證與公聽會制度

作　　　者— 羅傳賢（412）

發 行 人— 楊榮川

總 經 理— 楊士清

主　　編— 劉靜芬、張若婕

責任編輯— 秦渼瑜、何欣恩

封面設計— 姚孝慈

出 版 者— 五南圖書出版股份有限公司

地　　址：106台北市大安區和平東路二段339號4樓

電　　話：(02)2705-5066　　傳　　真：(02)2706-6100

網　　址：http://www.wunan.com.tw

電子郵件：wunan@wunan.com.tw

劃撥帳號：01068953

戶　　名：五南圖書出版股份有限公司

法律顧問　林勝安律師事務所　林勝安律師

出版日期　2000年 9 月初版一刷
　　　　　2001年 5 月二版一刷
　　　　　2002年 9 月三版一刷
　　　　　2004年 9 月四版一刷
　　　　　2017年 9 月五版一刷
　　　　　2018年12月五版二刷

定　　價　新臺幣520元